国家教师资格考试通用教材

教育知识与能力
（中学）

刘延金　赵　波　主编

北京大学出版社
PEKING UNIVERSITY PRESS

图书在版编目(CIP)数据

教育知识与能力. 中学 / 刘延金，赵波主编. —北京 : 北京大学出版社，2019. 1
(国家教师资格考试通用教材)
ISBN 978-7-301-29384-3

Ⅰ. ①教… Ⅱ. ①刘… ②赵… Ⅲ. ①中学教师—教学能力—资格考试—教材 Ⅳ. ①G451. 1

中国版本图书馆 CIP 数据核字（2018）第 036339 号

书　　名	教育知识与能力（中学） JIAOYU ZHISHI YU NENGLI（ZHONGXUE）
著作责任者	刘延金　赵　波　主编
责任编辑	周　伟
标准书号	ISBN 978-7-301-29384-3
出版发行	北京大学出版社
地　　址	北京市海淀区成府路 205 号　100871
网　　址	http：//www. pup. cn　　新浪微博：@北京大学出版社
电子信箱	zyjy @ pup. cn
电　　话	邮购部 010-62752015　发行部 010-62750672　编辑部 010-62754934
印 刷 者	北京市科星印刷有限责任公司
经 销 者	新华书店
	787 毫米×1092 毫米　16 开本　25. 5 印张　597 千字
	2019 年 1 月第 1 版　2020 年 12 月第 3 次印刷
定　　价	60. 00 元

编　委　会

前言

一、编写背景

2011 年秋，我国开始在湖北、浙江两省试行国家教师资格考试和定期注册制度，然后逐步向全国推广，并于 2013 年 8 月发布了《中小学教师资格考试暂行办法》和《中小学教师资格定期注册暂行办法》。2015 年，我国全面推行国家教师资格考试。现行的国家教师资格考试改革在关注学历资格的基础上更加突出能力导向功能、专业导向功能及实践导向功能，并且打破了之前教师资格考试只针对不具备《中华人民共和国教师法》规定教师资格学历的公民的局面，改变了通过师范学历教育和资格考试并进选拔人才的制度，师范生毕业时自然取得教师资格证也就成为了历史。国家教师资格考试内容拓宽、考试科目增多、考试难度加大、报考条件更加严格，按照“国标、省考、县聘、校用”的思想，实行国家统一命题、阅卷、笔试统一划线的原则，使得国家教师资格考试制度更加严谨，教师人才选拔标准大大提高，教师选拔渠道更加多元、开放。

二、教材的特点

国家教师资格考试制度的改革，统一了考试标准、考试大纲和命题内容，完善了考试科目设置。本书紧扣考试标准和考试大纲编写而成，与同类国家教师资格考试的教材相比，具有以下几个鲜明的特点：

1. 精析考试标准和考试大纲，帮助考生全面把握考试内容

在本书的编写过程中，我们的编写团队既精准分析了考试大纲，同时也深入研读了考试标准，并以此为基础精心设计了本书的编写体例：书中的每个模块均设置了“考纲要求”和“考试权重”，每章也均设置了“知识体系及思维脉络”和“核心考点及学习提示”，以便考生清楚地了解本书的逻辑结构，这样既方便考生明确复习内容，又能使考生提高复习效率。

2. 精选真题，帮助考生全面掌握复习的重点和难点

在内容上，本书根据学科知识结构和考试大纲的要求，详尽介绍了相关的理论知识，以便帮助考生全面掌握复习的重点和难点。另外，本书还配备了历次考试真题及其解析，引导考生准确理解相关的知识、理论和方法，加强了复习的针对性和实效性，全面提升了考生的应试实战水平。

3. 解读考试规律，科学命制预测试题

本书认真总结历次考试真题，经过一线教师的专业解析，要点清晰、技巧实用，并将预测试题以模块练习题的形式附加在每个模块后面，高度契合了考试的命题思路，

以便帮助考生领悟考试规律。

4. 使用二维码，满足多元化学习需求

本书是一本“互联网+”教材，为了满足考生多元化学习的需求，书中提供了大量的二维码资源，内容包括微视频、历次考试真题及其解析、模块练习题的答案，供教师教学和考生深入学习某个知识点时参考，使教师和考生能够更方便、更快捷地使用本书。

在本书的编写过程中，我们的编写团队参阅了大量的文献，主要参考文献已在书后进行了标注，在此向相关文献的原作者表示崇高的敬意。由于水平有限，加之时间与精力的限制，书中难免有不当之处，恳请各位读者批评指正，也敬请各位专家、学者多提宝贵意见。

最后，衷心感谢给予我们关心和大力支持的所有相关领导、命题专家、一线老师以及编辑工作人员，谨祝各位考生取得优异的成绩，顺利通过国家教师资格考试。

编　者

2018 年 8 月

目录

模块一 教育基础知识与基本原理

模块二 中学课程

模块三 中学教学

模块四 中学生学习心理

模块五 中学生发展心理

模块六 中学生心理辅导

模块七 中学德育

模块八 中学班级管理与教师心理

模块一　教育基础知识与基本原理

考纲要求

1. 了解国内外著名教育家的代表著作及主要教育思想。

2. 掌握教育的含义及构成要素；了解教育的起源、基本形态及其历史发展脉络；理解教育的基本功能，理解教育与社会发展的基本关系，包括教育与人口、教育与社会生产力、教育与社会政治经济制度、教育与精神文化等的相互关系；理解教育与人的发展的基本关系，包括教育与人的发展，教育与人的个性形成，以及影响人发展的主要因素——遗传、环境、教育、人的主观能动性等及它们在人的发展中的各自作用；了解青春期生理的变化，包括中学生的身体外形、体内机能、脑的发育、性的发育和成熟。

3. 理解义务教育的特点；了解发达国家学制改革发展的主要趋势；了解我国现代学制的沿革，熟悉我国当前的学制。

4. 掌握有关教育目的的理论；了解中华人民共和国成立后颁布的教育方针，熟悉国家当前的教育方针、教育目的及实现教育目的的要求；了解全面发展教育的组成部分(德育、智育、体育、美育、劳动技术教育)及其相互关系。

5. 了解教育研究的基本方法，包括观察法、调查法、历史法、实验法和行动研究法等。

考试权重

模块	分值比例	分值	题型	重点提示
教育基础知识与基本原理	约 19%	约 30 分	单项选择题 简答题 辨析题 材料分析题	本模块是国家教师资格考试“教育知识与能力(中学)”考查的重点。尤以教育的含义、教育的起源与发展、教育的社会功能、人的身心发展的一般规律、我国教育目的的实质、我国近现代学制沿革以及教育研究基本的方法等为重点

第 1 章　教育、教育学及其产生与发展

知识体系及思维脉络

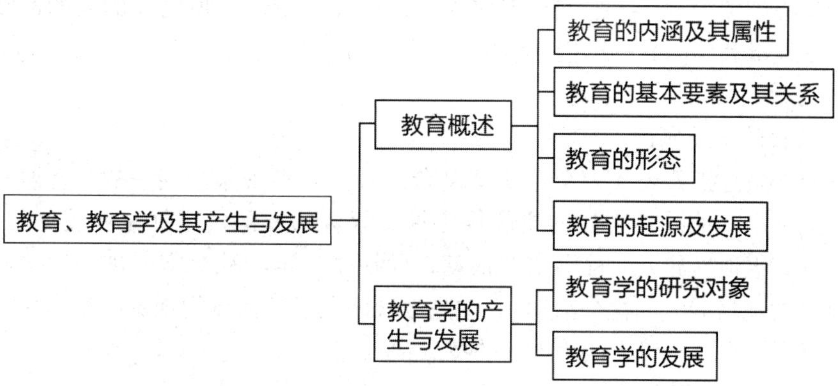

核心考点及学习提示

◆核心考点

教育的内涵，教育的起源，当代教育发展趋势，教育学的发展阶段及其代表人物、代表作和主要观点。

◆学习提示

考试重点：教育的内涵及其属性，教育的起源，《学记》与《论语》的教育思想；夸美纽斯、赫尔巴特、杜威、布鲁姆等人的教育理论及其主要观点。

考试难点：近代西方教育家的教育理论及其主要观点。

一、教育概述

（一）教育的内涵及其属性

1. 教育的内涵

（1）“教育”一词溯源。

教育是人类特有的一种社会现象，产生于人类的生产劳动，是传承社会文化、传递生产经验和社会生活经验的基本途径。“教”字早在甲骨文中已多次出现，古意指教化。但是，“教”和“育”这两个字在春秋以前尚未合成一词。“教育”一词最早出现于《孟子·尽心上》中。孟子曰：“君子有三乐，而王天下不与存焉。父母俱存，兄弟

无故，一乐也；仰不愧于天，俯不怍于人，二乐也；得天下英才而教育之，三乐也。”东汉的许慎在《说文解字》一书中，最早对“教育”进行了解释。他说：“教，上所施，下所效也，育，养子使作善也”。这里“教育”指的是教诲培育，已有我们今日所说“教育”的含义了。

（2）教育的概念。

从广义上说，凡是增进人们的知识和技能、影响人们的思想观念的活动，都是教育。它包括社会教育、学校教育和家庭教育。狭义的教育则主要包括学校教育，它是教育者根据一定的社会要求，有目的、有计划、有组织地通过学校的教育工作，对受教育者的身心施加影响，把他们培养成为一定社会（阶级）所需要的人的活动。学校教育由专职人员和专门教育机构来承担。

2. 教育的属性

真题及解析

（1）教育的本质属性。

教育的本质是指人类从古至今纷繁复杂的各类教育现象中同一的、普遍的、稳定的，且又区别于其他社会现象的质的规定性。教育的质的规定性是：教育是有目的、有计划、有组织地培养人的社会实践活动，即根据一定的社会需要进行的培养人的活动（或有目的地培养人的社会活动），这是教育区别于其他事物现象的根本特征，是教育的本质属性。它具有以下四个方面的特点：

① 教育是人类所特有的一种有意识的社会活动，是个体在社会的生存需要，在其他动物界是没有的。有些动物在养护幼小上虽与人类抚育子女有些类似，但它们是一种本能活动。

② 教育是有意识、有目的、自觉地传递社会经验的活动，它产生于社会生活的需要，而归根结底产生于生产劳动。人们在生产劳动的过程中不仅获得了物质生产经验，而且还产生了一定的生产关系。

③ 教育具有明确的目的性，它是以人的培养为直接目标的社会实践活动。

④ 在教育这种培养人的活动中，存在教育者、受教育者及教育影响三种要素之间的矛盾活动。

（2）教育的社会属性。

① 教育的永恒性。

教育的永恒性是指教育是人类所特有的社会现象，只要人类社会存在，就存在教育，它是一个永恒的范畴。

教育的永恒性是由教育的职能决定的。教育具有两大社会职能：一是使新生一代适应现存的生产力，成为生产斗争的工具；二是使新生一代适应现存的社会生产关系，在阶级社会成为阶级斗争的工具。

② 教育的历史性。

在不同的社会或同一社会的不同历史阶段，教育的性质、目的、内容等各不相同，每个时期的教育具有自己的特点，因此，教育具有历史性。

③ 教育的相对独立性。

教育受一定社会的政治经济等因素的制约，但教育作为一种培养人的社会活动，又具有相对独立性。教育的相对独立性主要表现在以下三个方面：

第一，教育具有继承性。教育不能脱离社会物质条件而凭空产生，但同时又是从以往的教育发展而来的，都与以往的教育有着渊源关系，正因为教育具有这种继承性，在同样的经济制度和生产力发展的国家，也会有不同特色的教育；不同民族的教育会表现出不同的传统和特点。

第二，教育要受其他社会意识形态的影响。教育虽然受政治经济制度与生产力发展水平的制约，但同时又和上层建筑中的其他意识形态（主要表现为政治思想、道德观念、哲学思想、宗教、文学、艺术、法律等）发生密切的联系，受这些意识形态的影响，主要表现在教育观点和教育内容上会有所不同。

第三，教育与社会政治经济发展水平不平衡。这种不平衡主要表现为两个方面：一种情况是教育落后于一定的政治经济发展水平，这时教育对政治经济制度的发展起着阻碍作用；另一种情况是教育超前于一定的政治经济发展水平，这时教育对新的政治经济制度的发展起着催生作用。

（二）教育的基本要素及其关系

教育是一个比较复杂的社会现象，是一个包含多因素、多层次的整体系统。教育者、受教育者和教育影响是构成教育活动的基本要素。

1. 教育者

教育者是指对受教育者在知识、技能、思想、品德等方面起到教育影响作用的人，包括学校教师，教育计划、教科书的设计者和编写者，教育管理人员以及参与教育活动的其他人员。教育者是教育活动的主导者，是构成教育活动的一个基本要素，离开了教育者，就不存在教育活动。其中，学校教师是教育者的主体，是最直接的教育者，对受教育者的发展起着很大的作用。

2. 受教育者

受教育者是指在各种教育活动中从事学习的人，既包括在各级各类学校中学习的儿童、少年和青年，又包括各种形式的成人教育中的学生。受教育者是教育的对象，是学习的主体，也是构成教育活动的基本要素。如果没有受教育者的积极参与，教育活动就不会获得很好的效果。

3. 教育影响

教育影响是教育实践活动的手段，是教育活动的中介，它置于教育者和受教育者之间，并把他们联系起来，主要包括教育内容、教育措施等。

教育者、受教育者和教育影响这三个基本要素既相互独立，又相互联系。没有教育者，教育活动就不可能展开，受教育者也不可能得到有效的指导。没有受教育者，教育活动就失去了对象，无的放矢。没有教育影响，教育活动就成了无米之炊、无源之水，再好的教育意图、再好的发展目标都无法实现。教育者是教育影响和受教育者之间的纽带，受教育者是教育者选择和施加教育影响的对象，教育影响是教育者对受教育者作用的桥梁，是教育实践活动的工具，是教育者和受教育者相互作用的中介。

（三）教育的形态

教育形态，即教育这一社会现象存在的形式和状态。从其存在的形态上看，有社会教育、学校教育和家庭教育三种基本形态。这三种基本形态构成了教育的总体，从不同的时间、不同的渠道，以不同的形式对人的发展和社会的发展起着不同的作用。

（1）依据教育的正规化程度，教育分为非形式化教育和形式化教育。

（2）依据不同历史阶段的社会形态，教育分为原始社会的教育、古代社会的教育和现代社会的教育。

（3）依据实施教育的机构，教育分为社会教育、学校教育和家庭教育。

（四）教育的起源及发展

1. 教育的起源

（1）神话起源说。

神话起源说是人类关于教育起源的最古老的观点，所有的宗教都持这种观点。神话起源说认为：教育与其他万事万物一样，都是由上帝创造的，教育就是体现神和上帝的意志，使人皈依于神或顺从于天。这种观点是根本错误的，是非科学的，主要是由当时人类认识能力的局限性所决定的。

（2）生物起源说。

生物起源说的代表人物有法国教育家勒图尔诺、英国教育家沛西·能和美国教育学家桑代克。

勒图尔诺在《动物界的教育》一书中指出，教育是一种生物现象，起源于一般的生物现象。动物是基于生存与繁衍的本能而产生了把“经验”“技巧”等传给小动物，这些行为便是教育的最初形式和发端。人类的教育不过是对动物界业已存在的教育形式的继承、改变和演进。沛西·能则在《教育原理》一书中指出，教育从它的起源来说是一个生物学的过程，不仅一切人类社会（不管这个社会如何原始）有教育，甚至在高级动物中也有低级形式的教育。

生物起源说认为，人类教育起源于动物界中各类动物的生存本能活动，把教育的起源归之于动物的本能行为，归之为天生的、像动物本能那样原本具有的生物行为，教育过程即按生物学规律进行的本能过程。这就完全否认了人与动物的区别，将人类社会有目的、有意识的行为与动物的本能混为一谈，否定了教育的社会性。

（3）心理起源说。

心理起源说的代表人物有美国教育家孟禄。

真题及解析

心理起源说批判了教育的生物起源说，认为其没有揭示人的心理与动物心理的本质区别。在《教育史教科书》一书中，孟禄认为，原始的教育形式和方法主要是日常生活中儿童对成人的无意识模仿。心理起源说同教育的生物起源说一样，都脱离了作为人类存在和发展的社会条件，孤立地看待教育现象，把教育这种有意识的活动混同为无意识的模仿，同样导致了教育的生物学化，因此不可能正确地说明教育起源的问题。

（4）劳动起源说。

劳动起源说的代表人物有苏联的米丁斯基、凯洛夫等教育史学家和教育学家。

劳动起源说者在评判生物起源说和心理起源说的基础上，运用恩格斯在《劳动在从猿到人转变过程中的作用》中阐述人和人类社会起源的观点，从恩格斯的“劳动在一定意义上创造了人类本身”这一基本命题出发，推断出教育起源于劳动，起源于劳动过程中社会生产需要和人的发展需要的辩证统一。

2. 教育的发展

（1）原始社会的教育。

原始社会的教育主要是指存在于原始社会中的教育。在原始社会，生产力水平低下，实行原始的公有制，教育的主要特点包括：

① 教育与生产活动、社会生活相互融合，具有非独立性；

② 教育没有阶级性，具有公平性；

③ 教育具有原始性，目的单一，内容较为贫乏（多以生活经验为主），教育手段和教育方法简单（多为言传身教）；

④ 教育具有同一性，表现在教育的内容、对象、目的等方面。

（2）古代社会的教育。

一般而言，古代社会的教育是指奴隶社会和封建社会时期的学校教育。不同的地域、不同的国家在不同的历史阶段具有不同的教育形态和教育特征。

① 奴隶社会的教育。

A. 中国奴隶社会的教育。

真题及解析

根据历史记载，中国早在4000年前的夏代，就有了学校教育的形态。《孟子·滕文公上》里说夏、商、周“设为庠、序、学、校以教之。庠者养也，校者教也，序者射也。夏曰校，殷曰序，周曰庠，学则三代共之，皆所以明人伦也”。这里不仅记载了我国古代学校教育起源的情况，而且也记载了当时教育的内容和宗旨。

西周以后，学校教育制度已经发展到比较完备的形式，建立了典型的政教合一的官学体系，并有了“国学”与“乡学”之分，即设在王城和诸侯国都的学校与设在地方的学校、设在闾里的塾校，形成了以礼、乐为中心的文武兼备的六艺教育。六艺由礼、乐、射、御、书、数六门课程组成：礼，包括政治、历史和以“孝”为根本的伦理道德教育；乐，包括音乐、诗歌、舞蹈教育；射，即射击教育；御，是以射箭、驾兵车为主的军事技术教育；书，是学字习写的书写教育；数，是简单数量计算教育。

B. 西方奴隶社会的教育。

a. 古印度。

在古印度，宗教权威至高无上，教育控制在婆罗门教和佛教的手中，教育的特点主要表现为宗教教育盛行。婆罗门教有严格的等级规定，把人分成四个等级：第一，处于最高等级的是婆罗门种姓，他们担任僧侣祭司，受到最优良的教育；第二，是刹帝利种姓，他们为军事贵族；第三，是吠舍种姓，他们仅能从事农工商业；第四，最低等级的是首陀罗种姓，他们被剥夺了受教育的权利，识字读经被认为是违反了神的旨意，可能会被处死。在上述四个种姓中，前两个种姓是天然的统治者。婆罗门教的教条是其教育的指导思想，婆罗门教的经典《吠陀经》是其主要教育内容，婆罗门教的僧侣是唯一的教师，教育活动主要是背诵经典和钻研经义。

b. 古埃及。

大约在4000多年前，古埃及就发展成强大的中王国，文化繁荣，教育也达到了鼎盛时期。根据文献记载，埃及在古王国末期已有宫廷学校，它是法老教育皇子皇孙和贵族子弟的场所。有学者经过考证，认为公元前2500年的埃及宫廷学校是人类有史可查的最古老的学校。中王国以后，宫廷学校已不能满足培养官吏的需要，因而国家开设了职官学校。这些学校以吏为师、以法为教，招收贵族和官员的子弟，肩负着文化训练和业务训练的任务。

古代埃及设置最多的是文士学校。文士精通文字，能写善书，执掌治事权限，比较受尊重，“学为文士”成为一般奴隶主阶级追求的目标。为了满足这种需要，许多文士便设立私学，招收生徒，同时，也有传授天文、数学、医学等实用知识的文士学校。于是“以僧为师”“以（书）吏为师”成为古埃及教育的一大特征。但是，农民子弟与奴隶子弟没有受教育的权利。

c. 古希腊。

真题及解析

古希腊教育以斯巴达和雅典两个城邦为代表。

斯巴达是古希腊最大的农业国，9000户奴隶主统治着25万余名奴隶，残酷的剥削和压迫经常引发奴隶暴动，斯巴达奴隶主为了维护统治，特别重视军事镇压。因此，斯巴达教育的唯一目的就是培养体格强壮的军人和武士，学习内容主要是“赛跑、跳跃、角力、掷铁饼、投标枪”，称为“五项竞技”。

雅典是一个商业、手工业和航海业发达的城邦国家，实施民主政治。雅典教育的目的是使雅典人的子弟具有从事商业和政治活动的综合能力，成为有文化修养和多种才能的政治家和商人，学习内容主要为读、写、算、音乐、文学、政治、哲学等方面。培养和谐发展的人是雅典教育的显著特点。

② 封建社会的教育。

A. 中国封建社会的教育。

春秋战国时期，官学衰微，私学大兴，儒、墨两家的私学成为当时的显学。其中，以孔子私学的规模最大，存在了40多年，共有弟子3000人。春秋战国时期私学的发展是我国教育史、文化史上的一个重要里程碑，促进并形成了百家争鸣的盛况。

西汉时期，汉武帝采纳了董仲舒提出的“罢黜百家，独尊儒术”的建议，实行了思想专制主义的文化教育政策和选士制度，对后世产生了深远的影响。

隋唐以后盛行的科举制度使得政治、思想和教育的联系更加制度化，它对于改变魏晋南北朝时期“上品无寒门，下品无士族”的严格的等级制度起到了积极的作用，为广大中小地主阶级子弟当官为吏开辟了道路，但也加强了对知识分子的思想和人格的控制。

宋代以后，程朱理学成为国学，儒家经典被缩减为“四书”（《大学》《中庸》《论语》《孟子》）“五经”（《周易》《尚书》《诗经》《礼记》《春秋》），特别是“四书”成为教学的基本教材和科举考试的依据，科学技术和文学艺术不再是科举考试的内容。儒家主张的“学而优则仕”，成为我国封建社会的教育目的，知识分子的毕生精力都用在了背诵经书上，目的就是为了能进入上层社会。

明代以后，“八股文”被规定为科举考试的固定格式，这不仅使社会思想受到钳制，而且就连形式上的创造性也被扼制。直到光绪三十一年（1905 年），科举制度再也不能适应社会发展的要求，清政府才下令废科举开学堂。

B. 西方封建社会的教育。

在西方封建社会出现了两种类型的教育——教会学校和骑士学校。

教会学校的目的是培养教士和僧侣。教育内容是经过宗教加工的“七艺”（三科：文法、修辞、辩证法；四学：算数、几何、天文、音乐）。

骑士学校的目的是培养除了皇室之外的贵族子弟，使其成为保护封建主利益的武士。教育内容除了通俗的教义之外，很少习文，而以“骑士七技”（骑马、游泳、投枪、击剑、打猎、下棋、吟诗）为主。

③ 近现代的教育。

近现代教育包括资本主义教育和社会主义教育两种形态。

A. 资本主义教育的特征。

第一，教育具有鲜明的生产性。资本主义教育目的在于为资产阶级巩固和维护其统治及利益服务，教育既要培养和选拔资产阶级的统治人才，又要给予广大的劳动人民以一定的文化科学知识，培养熟练的劳动力。

第二，在课程内容上注入了学科知识，增加了许多新的学科。

第三，在教学方法上更加多样，引进实验法、演示法、实习法等新方法，尊重学生学习积极性的启发教学法受到重视。

第四，教育日益大众化，扩大了受教育权，提出了普及教育的口号。世界上最早颁布义务教育法的国家是德国。1619 年，德国魏玛公国公布学校法令，它规定父母应送其 6—12 岁的子女入学，否则，政府将强迫其履行义务，这是义务教育的开端。1763 年，普鲁士国王威廉二世在世界上第一次颁布了义务教育法——《普通义务教育法》，规定 5—12 岁的儿童必须接受教育，否则要对其家长处以罚金。

真题及解析

第五，在教学组织形式上，班级授课制取代了个别教学制，成为最基本的教学组织形式。

第六，教育内容日益科学化。

第七，建立了现代学校教育制度，具有了完备的教育系统。

B. 社会主义教育的特征。

第一，社会主义教育是为维护劳动人民的利益和促进社会进步与发展服务的，教育目的在于培养社会主义事业的建设者和接班人。

第二，教育权为广大劳动人民所掌握。

第三，注重教育与生产劳动相结合。

④ 20 世纪以后的教育。

A. 20 世纪以后的教育的新特点。

第一，教育的终身化。终身化教育是适应科学知识的加速增长和人的持续发展的要求而逐渐形成的一种教育思想和教育制度，它的本质在于，现代人的一生应该是终身学习、终身发展的一生。

第二，教育的全民化。全民教育是指教育必须面向所有的人，即人人都有接受教育的权利，且必须接受一定的教育。

第三，教育的民主化。教育的民主化一方面追求让所有的人都受到同样的教育，教育起点的机会均等，教育过程中教育资源的机会均等，甚至包括教育结果的均等，这就意味着对处于社会不利地位的学生予以特别照顾。另一方面，教育的民主化追求教育的自由化，包括教育自主权的扩大，根据社会要求设置课程、编写教材的灵活性，价值观念的多样性等。

第四，教育的多元化。教育的多元化是世界物质生活和精神生活多元化在教育上的反映，具体表现为培养目标的多元化、办学形式的多元化、管理模式的多元化、教学内容的多元化、评价标准的多元化等。

第五，教育技术的现代化。教育技术的现代化是指现代科学技术（包括工艺、设备、程序、手段等）在教育上的运用，并由此引起教育思想、教育观念的变化。

第六，教育的国际化。教育从民族的、狭隘的观点转变为全球的观点，主要表现为教育领域的国际比较研究加强、国际间教育合作与交流密切化以及国际间的教育援助有所加强。

B. 20 世纪以后的教育的发展趋势。

20 世纪以后的教育特别是第二次世界大战以后的教育制度，呈现出一些共同的发展趋势：

第一，加强学前教育并重视与小学教育的衔接；

第二，强化普及义务教育，延长义务教育的年限；

第三，普通教育和职业教育朝着相互渗透的方向发展；

第四，高等教育的类型日益多样化；

第五，学历教育与非学历教育的界限逐渐淡化；

第六，教育制度有利于国际交流。

二、教育学的产生与发展

（一）教育学的研究对象

教育学是以教育现象、教育问题为研究对象，不断探索并揭示教育规律的一门社会科学。

教育现象是教育活动的外在的、表面的特征，包括教育社会现象和教育认识现象。其中，教育社会现象是反映教育与社会关系的现象，如学校布局的调整、教师工资的增长或拖欠、毕业生的去向、学校管理体制的改革等。

（二）教育学的发展

教育学的发展，根据其研究方法、研究理论的成熟水平，可以分为萌芽阶段、独立形态阶段、多元化发展阶段和深化发展阶段。

1. 教育学的萌芽阶段

（1）萌芽阶段中国的教育思想。

①《学记》。

《学记》是中国古代一部典章制度专著《礼记》中的一篇，写作于战国末期。据

真题及解析

郭沫若考证，其作者为孟子的学生乐克正。《学记》是中国教育史上和世界教育史上一部最早论述教育、教学问题的专著，因此也被人称为“教育学的雏形”。《学记》从正反两个方面总结了儒家的教育理论和教育经验，以言简意赅的语言和生动的比喻，系统地阐述了教育的作用和任务，教育、教学的制度、原则和方法，教师的地位和作用，师生关系和同学关系等，是罕见的世界教育思想的遗产。其中，《学记》记载了丰富的教育思想，如“化名成俗，其必由学”，“建国君民，教学为先”，教学相长、藏息相辅(“时教必有正业，退息必有居学”)、启发诱导(“道而弗牵，强而弗抑，开而弗达”)等。

《学记》提出，“化民成俗，其必由学”和“建国君民，教学为先”，揭示了教育的重要性和教育与政治的关系。

《学记》设计了从基层到中央完整的教育体制，提出了严密的视导和考试制度；要求“时教必有正业，退息必有居学”，即主张课内与课外相结合。

《学记》还提出了教学相长的辩证关系和“师严然后道尊”的教师观。

在教学方面，《学记》反对死记硬背，主张启发式教学，如“君子之教，喻也”“道而弗牵，强而弗抑，开而弗达”，主张教师要开导学生，但不是牵着学生走；对学生提出比较高的要求，但不要使学生灰心；指出解决问题的路径，但不要提供现成的答案。《学记》主张教学要遵循学生心理发展的特点，“学不躐等”，即循序渐进。这些原则和方法都已经达到了很高的认识水平。

② 孔子。

孔子是中国古代最伟大的教育家和思想家，以他为代表的儒家文化对中国文化教育的发展产生了极其深刻的影响。孔子的教育思想集中反映在《论语》一书中。

真题及解析

孔子从探讨人的本性入手，认为人的先天本性相差不大，个性的差异主要是后天形成的(“性相近也，习相远也”)，所以他很注重后天的教育工作，主张“有教无类”，希望把人培养成“贤人”和“君子”。因此，孔子大力创办私学，培养了大批人才。

孔子的学说以“仁”为核心和最高道德标准，并且把“仁”的思想归结到服从周礼上(“克己复礼为仁”)，主张“非礼勿视，非礼勿听，非礼勿言，非礼勿动”，强调忠孝和仁爱。

孔子继承了西周六艺教育的传统，其教学纲领是“博学于文，约之以礼”。孔子进行教育的基本科目分为诗、书、礼、乐、易、春秋，其教学思想和教学方法虽然承认先天差异，但更强调“学而知之”，重视因材施教。因材施教的基本方法是启发诱导。孔子说:“不愤不启，不悱不发。”朱熹注:“愤者，心求通而未得之意；悱者，口欲言而未能之貌。启，谓开其意；发，谓达其辞。”“启发”一词即由此而来。

孔子强调学习与思考相结合，提出了“学而不思则罔，思而不学则殆”，强调学习与行动相结合，要求学以致用，把知识运用到政治生活和道德实践中去。

③ 墨家。

先秦时期，以墨翟为代表的墨家与儒家同为显学。由于政治思想和社会观念的不同，墨家与儒家的教育主张也有所不同。墨家以“兼爱”和“非攻”为基本主张，不仅注重文史知识的掌握和逻辑思维能力的培养，而且还注重实用技术的传习。

对于获得知识的理解，墨家认为，主要有“亲知”“闻知”和“说知”三种途径，但前两种途径都不够全面和可靠，所以必须重视“说知”，即依靠推理的方法来追求理性知识。

④ 道家。

道家是中国传统文化的一个重要组成部分，由于它主张“绝圣弃智”“弃仁绝义”，所以长期不为教育理论所重视。其实，道家的许多教育思想也是很值得研究的。根据“道法自然”的哲学，道家主张回归自然、“复归”人的自然本性，认为一切顺其自然便是最好的教育。先秦道家在教育思想方面影响较大的是老庄学派，其代表人物为老子和庄子。

（2）萌芽阶段西方的教育思想。

在西方，要追溯教育学的思想来源，首先需要提到的是苏格拉底、柏拉图、亚里士多德和昆体良。

① 苏格拉底。

真题及解析

古希腊哲学家、教育家苏格拉底以雄辩和与青年智者的问答法而闻名，这种教学方法又称产婆术。这种问答法分为三步：第一步称为苏格拉底讽刺，他认为这是使人变得聪明的一个必要步骤，因为除非一个人很谦逊，“自知其无知”，否则他不可能学到真知；第二步称为定义，在问答中经过反复诘难和归纳，从而得出明确的定义和概念；第三步称为助产术，该方法强调教师要引导学生自己进行思索，自己得出结论。

② 柏拉图。

柏拉图是对哲学的本体论研究做出重要贡献的古希腊哲学家、思想家，他把可见的“现实世界”与抽象的“理念世界”区分开来，认为“现实世界”不过是“理念世界”的摹本和影子。

柏拉图的教育思想集中体现在他的代表作《理想国》中。他认为，人的肉体是人的灵魂的影子，灵魂才是人的本质。灵魂是由理性、意志和情感三个部分构成的，理性是灵魂的基础。理性表现为智慧，意志表现为勇敢，情感表现为节制。根据这三种品质中的一种在人的德行中占主导地位，他把人分成三种集团或等级：一是运用智慧管理国家的哲学家；二是凭借勇敢精神保卫国家的军人；三是受情绪驱动的劳动者。人类要想从“现实世界”走向“理念世界”，非常重要的途径就是通过教育，帮助未来的统治者获得真知，以“洞察”理想的世界。这种教育只有贯彻了睿智的哲学家和统治者的思想才能引导芸芸众生走向光明。教育与政治有着密切的联系，以培养未来的统治者为宗旨的教育，则是正义国家在“现实世界”中实现这种理想的工具。

柏拉图认为，教育的最高目标是培养哲学家兼政治家，教育的最终目的是促使“灵魂转向”；他认为女子应当和男子接受同样的教育，从事同样的职业；他重视早期教育，是“寓学习于游戏”的最早提倡者；他认为节制是一种对秩序或对快乐与欲望的控制，人应当用理性来指导欲望。

③ 亚里士多德。

亚里士多德是古希腊百科全书式的哲学家、教育家。他继承了柏拉图的理性说，认为追求理性就是追求美德，这是教育的最高目的。亚里士多德的教育思想主要体现在他的著作《政治学》中。他认为，教育应该是国家的，每个公民都属于城邦，全城邦应有一个共同目的，所有的人都应接受同样的教育，“教育事业应该是公共的，而不是私人的”。但是，他这里所说的“每个公民”是不包括奴隶的，他主张一部分人可以接受教育，一部分人（即奴隶）则是不可接受教育的。亚里士多德在历史上首次提出了“教育遵循自然”的原则，注意到了儿童心理发展的自然特点，主张按照儿童心理发展的规律对儿童进行分阶段教育，他是提出分阶段教育的历史第一人。同时，亚里士多德还提倡对学生进行和谐的、全面发展的教育，这也成为后来强调教育中注重人的发展的思想来源。

④ 昆体良。

西方古代最早的教育理论著作是古罗马帝国时期的教育家昆体良的《雄辩术原理》，又称《论演说家的教育》或《论演说家的培养》。在这一著作中，昆体良将学习过程概括为“模仿—理论—练习”三个阶段。

真题及解析

2. 教育学的独立形态阶段

随着资本主义教育的发展和近代科学的出现，教育学的发展也进入一个新的阶段，逐渐形成一门独立的学科。

（1）培根。

近代实验科学鼻祖、英国哲学家培根于 1623 年在《论科学的价值和发展》一文的科学分类中，首次提出把教育学作为一门独立的学科，为教育学的独立做出了重要的贡献。他提出的实验归纳法为教育学的发展奠定了方法论的基础。

（2）夸美纽斯。

捷克著名教育家夸美纽斯被誉为“教育学之父”。他深受人文主义精神的影响，具有强烈的民主主义思想。1632 年，夸美纽斯发表的《大教学论》是教育学形成一门独立学科的标志。夸美纽斯曾经赞誉教师为“太阳底下最光辉的职业”。他的主要观点可以概括为以下四个方面：

真题及解析

第一，关于教学原则，他提出了一条贯穿整个教育体系的根本性指导原则——教育要适应自然。人是自然的一部分，不能违背自然规律，教育要遵循人的自然发展的原则。同时，他还提出了几条具体的教学原则，如直观性原则、系统性原则、量力性原则、巩固性原则等。

第二，关于教学制度，他制定了统一的学年、学日制度，最早提出并系统论述了班级授课制。

第三，关于教学思想，他提出了把广泛的自然知识传授给普通人的“泛智教育”，认为它是“把一切事物交给一切人类的全部艺术”，主张建立泛智学校。

第四，关于教学内容，他规定了百科全书式的课程。

（3）卢梭。

法国思想家、教育家卢梭的代表作是《爱弥儿》，书中著名的一句话是：“出自造物主之手的东西都是好的，而一到人的手里就全变坏了。”卢梭倡导自然教育和儿童本位的教育观，他认为人的本性是善良的，但被现存的环境和教育所破坏。另外，他还主张高度尊重儿童。

真题及解析

(4) 康德。

教育学作为一门课程在大学里讲授，最早始于德国哲学家康德。他于1776年在德国的柯尼斯堡大学的哲学讲座中讲授教育学。康德认为，人的所有自然禀赋都有待于发展，“人是唯一需要教育的动物”，教育的根本任务在于充分发展人的自然禀赋，使人人都成为自身、成为本来的自我并得到自我完善。

(5) 裴斯泰洛齐。

瑞士教育家裴斯泰洛齐是世界教育史上第一个明确提出“教育心理学化”的教育家。他的代表作有《林哈德和葛笃德》以及阐述了和谐教育思想的《葛笃德如何教育她的子女》。裴斯泰洛齐根据教育适应自然的原则和要素教育理论，研究了小学各科教学法，奠定了小学各科教学法的基础，由此被称为“教育史上小学各科教学法的奠基人”。裴斯泰洛齐是西方教育史上第一位将“教育与生产劳动相结合”这一思想付诸实践的教育家。裴斯泰洛齐的主要教育思想可以概括为以下四个方面：

第一，倡导自然主义教育思想；

第二，最早提出“教育心理学化”的主张；

第三，提倡情感教育、爱的教育；

第四，提出要素教育理论。

真题及解析

(6) 洛克。

英国哲学家、思想家洛克在《教育漫话》中构建了完整的绅士教育理论，提出了教育要培养有德行、有智慧、懂礼仪的绅士。他认为，绅士教育是最重要的，绅士教育要把德行的教育放在首位，一旦绅士受到教育，走上正轨，其他人就都会很快走上正轨。另外，他还主张绅士教育应在家庭中实施。与此形成鲜明对照的是，洛克轻视国民教育，认为普通的学校里集中了“教养不良，品行恶劣，成分复杂”的儿童，不利于绅士的培养。

同时，洛克还提出了著名的“白板说”，认为人的心灵如同白板，观念和知识都来自后天，并且得出结论：天赋的智力人人平等，“人类之所以千差万别便是由于教育之故”。他主张取消封建等级教育，人人都可以接受教育。

真题及解析

(7) 赫尔巴特。

赫尔巴特是19世纪德国著名教育家。他明确提出了把教育学建成一门独立学科的设想，提出了完整的教育理论体系，被称为“科学教育学之父”“现代教育学之父”和“科学教育学的奠基人”。1806年，赫尔巴特的《普通教育学》的出版标志着规范教育学的建立。赫尔巴特的教育思想对19世纪以后的教育实践和教育思想产生了很大的影响，被看作是传统教育学的代表。

1809—1833年，赫尔巴特一直在哥尼斯堡大学继续着康德的哲学讲座，讲授教育学。1835年，他出版了《教育学讲授纲要》，第一个提出要使教育学成为一门科学。赫尔巴特最主要的教育观点可以概括为以下五个方面：

第一，赫尔巴特将伦理学和心理学作为教育学的理论基础，奠定了科学教育学的基础。赫尔巴特的贡献在于把教学理论建立在心理学的基础上，把道德教育理论建立在伦理学的基础上。

第二，赫尔巴特强调系统知识的传授，强调课堂教学的作用，强调教材的重要性，强调教师的权威作用和中心地位，形成了传统教育以教师、教材和课堂为中心的特点。

第三，赫尔巴特提出教学可以按照明了、联合、系统和方法四步去进行，这就是所谓的“四段教学法”。后来，他的学生又将其发展成“五段教学法”，即明了、联合、系统、方法和应用。

第四，在教学上，赫尔巴特把哲学中的统觉观念移用过来，强调教学必须使学生在接受新教材的时候，唤起心中已有的观念；认为多方面的教育应该是统一而完整的，学生所学到的一切应当是一个统一体。他在《教育学讲授纲要》提出了教育性教学的思想：“我想不到有任何无教学的教育。正如反过来，我不承认有任何无教育的教学。”

第五，赫尔巴特提出教育的目的是为了培养良好的社会公民。

3. 教育学的多元化发展阶段

（1）实验教育学。

19 世纪末和 20 世纪初，实验教育学的代表人物是德国教育家梅伊曼和拉伊，他们提出利用实验、统计和比较方法来研究教育问题。梅伊曼的代表作有《实验教育学入门讲义》和《实验教育学纲要》，拉伊的代表作有《实验教育学》。实验教育学所强调的定量研究成为 20 世纪教育学研究的一个基本范式，极大地推动了教育科学的发展。但是，实验教育学把科学的教育方法夸大为教育科学研究的唯一有效方法，走上了教育学研究中“唯科学主义”的迷途。

（2）文化教育学。

文化教育学又称精神科学教育学，是 19 世纪末以来出现在德国的一种教育学说。其代表人物是教育家狄尔泰、斯普朗格、利特等人，代表作有狄尔泰的《关于普遍妥当的教育学的可能》、斯普朗格的《教育与文化》和《教育学的展望》、利特的《职业陶冶与一般陶冶》等。文化教育学强调教育的过程是一种历史文化过程，教育的研究必须采用精神科学或文化科学的方法，亦即理解与解释的方法进行。教育的目的就是要培养完整的人格，而培养完整人格的主要途径就是“陶冶”与“唤醒”，发挥教师与学生个体两个方面的积极作用，构建和谐的对话的师生关系。文化教育一味地夸大了社会文化现象的价值相对性。

（3）实用主义教育学。

实用主义教育学是 19 世纪末 20 世纪初在美国兴起的一种教育思潮。其代表人物是美国实用主义教育家杜威、克伯屈，代表作有杜威的《我的教育信条》《民主主义与教育》和《我们怎样思维 · 经验与教育》。

杜威和他的《民主主义与教育》分别是 20 世纪初实用主义教育学的代表人物和代表作品。作为现代教育的代表人物、实用主义哲学的创始人、“实用主义哲学之父”，杜威的教育思想与赫尔巴特的教育思想针锋相对，《民主主义与教育》在体系上与赫尔巴特的《普通教育学》也大不相同。杜威的主要观点可以概括为以下五个方面：

① 教育为当下的生活服务，主张“教育即生活”“教育即生长”“教育即经验的改造”。由于生活是一个生长和发展的过程，所以教育也是生长、发展的，这是从教育的纵向说的；而从教育的横向来说，教育是人与环境的相互作用，并形成了个体的和集体的经验。由于生活环境是不断变化的，人要适应环境就需要不断改造或改

组经验。所以，教育实际上是经验的改造或改组，可以促进学生形成更新、更好的经验。

② 强调教法与教材的统一，强调目的与活动的统一，主张“在做中学”，在问题中学习。杜威认为教学的任务不仅在于教给学生科学的结论，更重要的是要促进并激发学生的思维，使他们掌握发现真理、解决问题的科学方法。

真题及解析

③ 提出新三中心论，即“儿童中心”“活动中心”和“经验中心”。杜威对传统教育的批判，不仅是对方法的批判，而且是对整个教育目的的批判。他认为，这种传统的教育目的使受教育者失去了思考的余地，限制了人的思维。受教育者不需要也不可能有自由思考、主动创造的空间，只能通过机械的注入法，消极地对教师所教的东西做出反应，成为教师和教科书的奴隶。因此，杜威强调儿童在教育中的中心地位，主张教师应以学生的发展为目的，围绕学生的需要和活动组织教学。

④ 学校即社会。

⑤ 提出五步教学法，即创设疑难情境—确定疑难所在—提出解决问题的种种假设—推断哪个假设能解决这个困难—验证这个假设。

此外，杜威还试图把“民主”和“科学试验方法”“进化论”“工业的改组”等因素联系起来，并探讨它们在教育上的意义。他在《民主主义与教育》一书中批判性地讨论了西方以往的教育思想，同时吸取现代哲学、社会学、生物学、心理学上的成就，形成了一个完整的实用主义教育思想体系。

真题及解析

（4）马克思主义教育学。

马克思、恩格斯、列宁等经典作家根据辩证唯物主义和历史唯物主义的原理，对教育的阶级性、人的全面发展等问题做出了科学的解释。马克思主义教育学的建立，也称教育学的科学化发展阶段。

苏联的一批教育家在确立和建设社会主义教育科学事业的过程中，运用马克思主义的世界观和方法论阐述教育问题，逐渐形成了社会主义教育理论。其代表人物、代表作及主要观点有以下五个方面：

① 克鲁普斯卡娅著有《国民教育与民主主义》。她是最早以马克思主义为基础，探讨教育问题的教育家，特别是根据马克思主义教育与生产劳动相结合的理论，论述了在苏联实施综合技术教育的问题。

② 苏联政治家加里宁著有《论共产主义教育》。

③ 苏联教育家马卡连柯著有《论共产主义教育》《塔上旗》《父母必读》和《教育诗》。他在流浪儿童和少年违法者的教育改造方面做出了杰出贡献，其核心是集体主义教育思想。

④ 1939 年，苏联著名教育家凯洛夫主编的《教育学》一书系统地总结了苏联 20 世纪 20—30 年代的教育经验，构建了教育学的理论体系，论述了全面发展的教育目的，极其重视智育即教养的地位和作用，提出了一套比较严格和严密的教学理论。这本书被公认为是世界上第一部马克思主义的教育学著作，对我国的教育产生了很大的影响。

⑤ 1930 年，我国教育家杨贤江以“李浩吾”为化名撰写的《新教育大纲》是我国第一本马克思主义的教育学著作。这本书阐述了教育的本质和作用，批判了教育超政治、超阶级的观点和教育万能论。

（5）批判教育学。

批评教育学是 20 世纪 70 年代之后兴起的一种教育思潮，也是当时在西方教育理论界占主导地位的思潮。其代表人物有美国的鲍尔斯、金蒂斯、阿普尔、吉鲁，法国的布迪厄等，代表作有鲍尔斯与金蒂斯的《资本主义美国的学校教育——教育改革与经济生活的矛盾》、布迪厄的《教育、社会和文化的再生产》、阿普尔的《教育中的文化与经济再生产》等。批判教育学是针对当代西方资本主义教育制度中种种的不平等、不公正现象而进行的精神分析与批判，是当代资本主义社会矛盾在教育理论层面上的反映。

4. 教育学的深化发展阶段

第二次世界大战后，世界进入新的技术革命的时代。为了适应经济与科技发展的要求，各国开展了广泛而深刻的教育改革，形成了大批现代教育理论。

（1）布鲁姆的教育目标分类学和掌握学习理论。

美国当代心理学家、教育家布鲁姆著有《布鲁姆教育目标分类学——分类学视野下的学与教及其评测》等著作，把教育目标分为认知、情感和动作技能三大领域，认为教学应该以掌握学习为指导思想，以教育目标为导向，以教育评价为调控手段，提出了掌握学习理论。掌握学习理论的中心思想是：只要提供最佳的教学并给予足够的时间，多数学习者能获得优良的学习成绩。

（2）布鲁纳的结构主义教学理论。

美国教育心理学家布鲁纳在《教学过程》一书中提出了结构主义学说和发现法，强调“无论我们选教何种学科，务必使学生理解该学科的基本结构”；倡导发现法，注重培养学生的科学探索精神、科学兴趣和创造能力；强调儿童的早期智力开发，主张教学要重视促进学生认知能力的发展。

真题及解析

（3）瓦·根舍的范例教学理论。

德国教育家瓦·根舍著有《范例教学原理》一书，创立了范例教学理论，提出改革教学内容，加强教材的基本性、基础性，并通过对范例的接触，培养学生独立思考、独立判断的能力。范例教学的基本特征有基本型、基础性、范例性，这也是选择范例的基本原则。

（4）赞可夫的发展主义教学理论。

苏联教育家赞可夫通过长期的小学教学改革实验，出版了《教学与发展》一书，其理论核心是“以最好的教学效果来达到学生最理想的发展水平”。

赞可夫把学生的一般发展作为教学的出发点，提出了发展性教学理论的五条教学原则，即高难度、高速度、理论知识起指导作用、理解学习过程、使所有的学生包括“差生”都得到一般发展的原则，这些原则推动了苏联 20 世纪 60 年代的教学改革。

（5）巴班斯基的教学过程最优化理论。

苏联教育家巴班斯基的教育思想具体体现在《教育教学过程最优化——一般教学论方面》一书中。

（6）皮亚杰的儿童认知发展理论。

瑞士教育家皮亚杰在《教育科学与儿童心理学》一书中论述了智力发展的阶段，强调活动的动作教学方法，认为教学的主要目的是发展学生的智力。

（7）保罗·朗格朗的终身教育思想。

1970 年，法国成人教育家保罗·朗格朗出版了《终身教育引论》一书，提出了终身教育的思想，这本书被公认为终身教育理论的代表作。

（8）苏霍姆林斯基的全面和谐发展的教育思想。

苏联教育实践家和教育理论家苏霍姆林斯基在其著作《帕夫雷什中学》《给教师的一百条建议》和《把整个心灵献给孩子》中阐述了他的全面和谐发展的教育思想，认为“全面”与“和谐”是儿童个性发展不可缺少的两个方面，对世界教育产生了很大的影响。苏霍姆林斯基的著作被称为“活的教育学”。

（9）霍华德·加德纳的多元智能理论。

美国心理学教授霍华德·加德纳在1983年的《智力的结构：多元智能理论》一书中指出：一方面，智力不是一种能力，而是一组能力；另一方面，智力不是以整合的方式存在，而是以相互独立的方式存在。在此基础上，他阐述了关于智力的种类及其基本性质的多元智能理论。

第 2 章　教育与社会的发展

知识体系及思维脉络

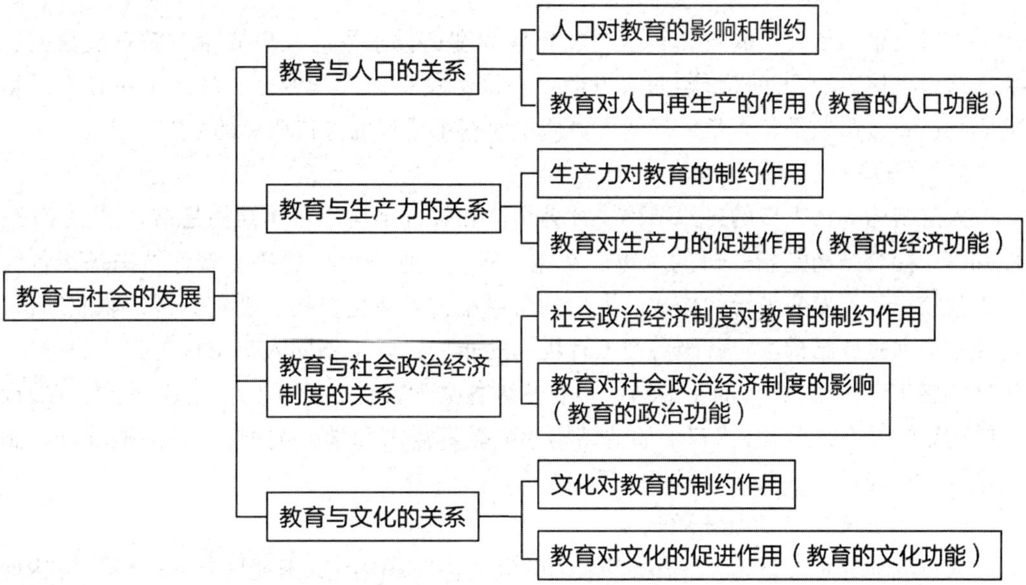

核心考点及学习提示

◆核心考点

教育与社会生产力的关系，教育与社会政治经济制度的关系，教育的文化功能。

◆学习提示

考试重点：教育的经济功能、政治功能和文化功能；社会生产力、社会政治经济制度对教育的制约作用。

考试难点：运用教育与社会生产力、社会政治经济制度的关系分析和评判我国中学教育教学中的实际问题。

一、教育与人口的关系

人口是指生活在一定社会、一定地区，具有一定数量、质量与结构的人的总体。教育与人口始终是相互影响、相互作用的。

（一）人口对教育的影响和制约

1. 人口数量影响教育发展的规模

一定的人口数量及增长率影响着教育事业发展的规模和速度。在一定的经济条件下，如果人口数量过多，教育的需求超越了社会实际，特别是社会经济条件能够承受的极限，就必然会制约或影响教育的规模。同时，人口数量过大，必然会降低教育经费和师资质量的平均水平，从而影响教育质量。人口增长还制约和影响着教育发展战略目标的实现和战略重点的转移。

2. 人口质量影响教育质量

人口质量是指人口的身体素质、文化修养和道德水平。人口质量对教育质量的影响表现为直接影响和间接影响两个方面：直接影响是指入学者已有的水平对教育质量的影响；间接影响是指年长一代的人口质量对新生一代的人口质量的影响。

3. 人口结构影响教育结构

人口结构包括人口的自然结构、社会结构和教育结构。自然结构是指人口的年龄、性别等。社会结构是指人口的阶级、文化、职业、地域、民族等。教育结构是指各级各类学校、各种专业教育的构成。人口的阶级结构、文化结构、性别结构、职业结构、地域结构和民族结构决定各级各类教育机构的布局，以及不同人口结构受教育的类型、规模和层次。例如，人口的年龄结构影响各级各类学校在教育结构中的比例；人口的社会结构影响教育的分配；人口的职业结构影响教育需求和学校类别；人口的地域分布制约学校的布局。

4. 人口流动对教育提出挑战

人口流动的种类包括：一是城乡之间的流动；二是国内贫困地区与国内经济发达地区之间的流动；三是不发达国家与经济发达国家之间的流动。

随着我国现代化、城市化进程的日益加快，劳动力资源在全国配置，社会流动加速，农业人口向城市迁移流动成为历史的必然。然而，流动人口的科学文化素质普遍偏低，使他们在选择职业、参与社会生活等方面都面临诸多困难，由此对农村教育的发展提出了严峻的挑战。

（二）教育对人口再生产的作用（教育的人口功能）

1. 控制人口数量

一个国家全体国民受教育程度的高低与人口出生率的高低成反比。其原因是，教育事业的发展刺激了家庭对教育的需要，而家庭教育需求的提高增加了抚养儿童的费用，这就能起到控制生育率的作用；教育程度的提高，也能改变人们传统的“多子多福”“重男轻女”的生育观和家庭观；教育程度的提高，也增加了育龄妇女的就业机会和就业需求，减少了生养子女的时间和精力。

2. 改善人口质量

人口素质的提高依靠教育的发展。教育在提高人口质量方面的功能首先表现在对青年一代的培养，其次还表现在对成人的教育上。教育是促进人的全面发展的活动，通过知识的传授和能力的培养，可以显著提高人口的身体素质、文化素质和道德水平。

3. 优化人口结构

教育可以优化人口结构，实现人口有序流动，使人口结构趋向合理化。例如，教育可以改变人们“重男轻女”的落后观念，进而调整新生儿的性别比例；教育也可以改变人口的城乡结构，通过扩大职业技术教育，提高人口的文化素质以及职业技能。

二、教育与生产力的关系

（一）生产力对教育的制约作用

1. 生产力的发展水平决定教育发展的规模和速度

真题及解析

生产力的发展水平对教育发展的规模和速度有着直接和最终的决定性作用。兴办教育需要一定的人力、物力和财力，而这些又来源于生产力。因此，任何社会教育发展的规模和速度必须取决于两个方面的条件：一方面是物质资料生产能为教育的发展提供的物质基础，即能提供多少劳动年龄人口、多少社会剩余产品、多少可以从事学习的富余时间，以及多少以教育经费形式表现出来的可以用于教育活动的条件；另一方面是生产力发展水平对教育提出的需要，包括需要的劳动力总量和各种劳动力的比例，它们分别决定整个教育发展的规模、速度和教育的体系、结构。

2. 生产力的发展水平制约人才培养规格与教育结构

教育结构通常指包括基础教育、高等教育、职业技术教育、成人教育在内的各种不同类型和层次的学校组合和比例构成，以及不同性质的专业之间的比例构成。生产力的发展水平以及在这个基础上形成的社会经济结构制约教育结构。生产力的不断发展引起产业结构、技术结构、消费结构和分配结构的变革，与此相适应，生产力的发展也必然引起教育结构的变化。

3. 生产力的发展水平制约教育内容、教学方法和教学组织形式的发展和改革

传播和继承人类已有的生产经验是教育活动最初的价值取向，由此决定了生产力的发展必然制约教育内容的选择。生产力的发展促进了科学技术的发展与更新，从而也要求教育内容不断调整与更新，使课程门类由少到多，使教学内容越来越丰富和深化。同时，学校的物资设备、教学实验仪器等都是一定的生产工具和科学技术在教育领域的应用，反映了当时的生产力发展水平。至于生产力的发展促进教学方法和教学组织形式的改革，则表现得更加明显。在今天，把新的科技成果引进教育领域，充分利用现有的科技成果改进我们的教学手段和教学设备，将大大提高教育技术现代化的水平。

（二）教育对生产力的促进作用（教育的经济功能）

真题及解析

生产力对教育具有制约作用，而教育对生产力也具有促进作用，主要表现在以下三个方面：

1. 教育再生产劳动力

劳动力的质量和数量是生产力发展的重要条件，教育承担着再生产劳动力的重任。马克思主义认为，作为劳动力的人是生产力中最活跃的因素。通过教育，可以使人掌握一定的知识、生产经验和劳动技能，即把可能的劳动力转化为现实的劳动力，从而形成新的劳动力，提高劳动效率，促进生产力发展。

2. 教育再生产科学知识

教育是实现科学知识再生产的重要手段，并且通过教育可以高效能地扩大科学知识的再生产，使原来为少数人所掌握的科学知识，在较短的时间内为更多的人所掌握，使科学知识得到普及，先进的生产经验得到推广，从而提高劳动生产效率，促进生产力的发展。

3. 教育是发展科学的一个重要手段

教育的主要职能是传递人类已有的科学知识，但它也担负着发展科学和产生新的科学知识的任务。尤其是高等教育，通过创造和发现新的科学技术，发挥、扩大科学知识再生产的功能，成了教学、科研、生产联合体。这充分说明教育对发展科学技术、促进生产发展、增加经济效益的巨大作用。

教育具有上述作用充分表明，教育是具有生产性的。

三、教育与社会政治经济制度的关系

视频讲解

教育与社会政治经济制度是相互制约的关系。一定的社会政治经济制度决定教育，而教育又对社会政治经济制度产生一定的积极影响和作用。

（一）社会政治经济制度对教育的制约作用

真题及解析

社会政治经济制度决定教育的性质，即社会政治经济制度决定教育的思想政治方向和为谁服务的问题，并非决定教育的一切。具体来说，其主要体现在以下四个方面：

1. 社会政治经济制度决定教育的领导权

在人类社会中，谁掌握了生产资料的所有权，谁掌握了国家政权，谁就能控制精神产品的生产，谁就能控制学校教育的领导权，并且通过教育方针政策的颁布、教育目的的制定、教育经费的分配、教育内容特别是意识形态教育内容的规定、教师和教育行政人员的任命聘用等，实现对教育领导权的控制。

2. 社会政治经济制度决定受教育的权利

一个国家设立怎样的教育制度，什么人接受什么样的教育，进入不同教育系列的标准怎样确定，基本上都是由社会政治经济制度决定的。社会主义社会为教育机会的均等提供了极大的可能，这是因为劳动人民在政治经济等方面取得了主人翁地位，从根本上铲除了教育不平等的障碍。在阶级社会中，不存在“超阶级”“超政治”的教育。

3. 社会政治经济制度决定教育目的的性质

社会政治经济制度不同，教育目的也就不同，社会政治经济制度特别是政治制度是直接决定教育目的的因素。占统治地位的阶级总是要控制教育目的的制定，使教育目的要符合统治阶级的要求，为统治阶级培养人才。一个国家的政治理念、意识形态，社会的伦理道德观，直接受到一个国家政治经济制度的制约；学校教育所培养人才的政治、道德素质同样也反映了一个国家政治经济制度的要求，国家的这种要求通过制定教育目的、规定政治思想教育的内容以及相应的考试评价手段来实现。

4. 社会政治经济制度影响部分教育内容

社会政治经济制度决定教育目的和教育性质，进而也决定教育内容的选择，尤其是思想品德教育的内容和选择。

（二）教育对社会政治经济制度的影响（教育的政治功能）

教育由一定的社会政治经济制度所决定，但是，教育对社会政治经济制度也有积极的反作用，主要表现在以下三个方面：

1. 教育培养合格的公民和社会政治经济制度所需要的人才

首先，教育通过培养人才实现对社会政治经济的影响，是教育作用于社会政治经济的主要途径。当今社会，由于科学文化技术的发展，全球经济联系的紧密，国际政治经济的日趋复杂，国家政治经济上所需要的人才，必须具有更高的科学文化水平，这就更需要依靠学校教育来培养人才。其次，教育通过促进个人社会化来为一定的社会政治经济制度服务。

2. 教育是一种影响政治经济制度的舆论力量

学校教育不仅向学生传播、灌输一定的政治思想意识，而且通过在校师生的言论和行动、学校的教材和刊物向社会宣传一定的思想意识，制造社会舆论，影响社会的风俗习惯和道德面貌等，起着巩固现有政治经济制度的作用。

3. 教育可以促进政治民主

一个国家的民主程度直接取决于这个国家的政体，但又间接取决于这个国家公民的文化程度和教育事业发展的程度。普及教育的程度越高，人们的知识越丰富，人民的权利意识就越强，并由此认识民主的价值，推崇民主的政策，推动政治的改革和进步。要不断推进我国民主化的进程，就不可忽视地要加速我国教育事业的发展，不断提高全民族的文化水平。

四、教育与文化的关系

文化是一个内涵极其丰富的范畴。英国人类学家爱德华·伯内特·泰勒在《原始文化》一书中将“文化”定义为：“文化是一个复合的状态，其中包括知识、信仰、艺术、道德、法律、风俗及人作为社会成员而获得的任何其他能力和习惯。”

文化的概念具有广义和狭义之分。广义上，文化是指人类在社会历史实践过程中所创造的物质财富和精神财富的总和；狭义上，文化则是指社会的意识形态，如社会的思想道德、科技、教育、艺术、文学、宗教、传统习俗等以及与之相适应的制度和机构的复合体，即社会的精神文化。通常，我们所说的文化一般是指狭义的文化，即社会的精神文化。

教育与文化的关系十分密切，它们是相互依存、相互制约的关系。任何文化特性或文化形态如果没有教育就难以延续。实践表明，取得成功的重大教育改革是与社会的主流文化保持一致的，即社会文化对教育具有制约作用。因此，研究教育与文化之间的关系及其变化发展方向具有十分重要的意义。

（一）文化对教育的制约作用

1. 文化影响教育目的的确立

教育目的的确立，除了取决于社会生产力的发展水平和社会政治经济制度之外，还受文化的影响。我国古代社会的主流文化是以儒学为核心的伦理型文化，反映在人才培养上，强调教育目的是“在明明德，在亲民，在止于至善”。

2. 文化影响教育内容的选择

教育的内容就是人类文化，不同时期的文化和不同国家与民族的文化影响教育内容的不同选择。首先，文化的发展影响教育内容的选择，主要表现在教育内容的不同选择。其次，不同的国家与民族的文化也使不同的国家与民族的教育内容具有一定的倾向性和一定的特色。如各民族都把本民族语言作为教育内容中的一个不可忽略的重要方面，各民族特有的礼仪、习惯、文学、音乐、美术、舞蹈、书法以及民族工艺在教育内容上也占据着相当重要的地位。

3. 文化影响教学方法的使用

不同的文化影响人们对知识及其来源的认识，在教育上影响人们对师生关系的认识，由此决定了人们对教学方法的不同使用。

4. 文化影响教育观念

每个民族都有自己特定的文化系统，即民族思想信念、道德观念、价值取向、风俗习惯以及思维和生活方式等。这些民族文化传统强烈地影响着教育。因为，民族文化传统，特别是优秀的文化传统，需要通过教育进行传递，因此文化就必然会影响并制约社会的教育观念。如孟子认为人性本善，教育的作用在于保持天性中的善性，即“存心养性”；而荀子则主张人性本恶，教育的作用在于“化性起伪”，主张“积善”。这些都与他们的哲学思想和政治思想直接相关。同时，民族文化传统的核心，即价值观念和取向，极大地影响了人们对教育目的的确定、教育地位的认识和教育内容和教学方法的选择，从而使教育处处体现着一个民族的价值倾向。

5. 文化影响对教育的需求

一般而言，一个社会或国家的人民的文化水平越高，对教育的需求程度就越高。在文化高度发展的社会里，各级各类教育也必然是十分发达的。同时，教育的社会背景也会对学校教育产生影响。特别是文化得到发展后，受教育的层次和范围将大大扩展，教育体系和办学形式将会多样化。多样的教育体系和办学形式则扩展了教育与不同层次、不同类型、不同行业人员的联系，使现代教育与社会生活各方面加强了联系，从而推动了教育事业的发展。

真题及解析

(二) 教育对文化的促进作用（教育的文化功能）

1. 教育具有筛选、整理、传递和保存文化的作用

教育通过培养人来传承人类积累的文化，为特定社会服务，实现个体的社会化，这就决定了教育必须按照社会的要求和人的身心发展规律及特点来选择教育内容。

2. 教育具有传播和交流文化的作用

教育通过传播文化，使不同的国家和民族的文化相互交流、相互交融，不断优化各自的文化，促进文化的发展。国际性的文化交流使各个民族之间的文化相互补充，使得各民族的文化精华汇合、交融起来，逐渐形成全人类共同的文化财富，这是民族文化融入全球文明的进程。

3. 教育具有更新和创造文化的作用

教育对文化的更新和创造作用主要表现在以下三个方面：

一是教育为社会文化的更新与创造提供大量的、具有创造力的人才，并通过他们去推动本民族的科学技术、文学、艺术及整个社会意识的发展；

二是教育通过选择文化并将选择后的文化确定为教育的内容，使得文化更具有生命力；

三是教育带来的文化交流，使原生文化在与异族文化的交融和优化中，激发出文化的生机和动力。

4. 教育具有选择、提升文化的作用

文化选择是对某种、某部分文化的吸收和舍弃。教育对文化的选择意味着价值的取舍和认知意向的改变，并且是为了文化自身的发展与进步。

第 3 章 教育与人的发展

知识体系及思维脉络

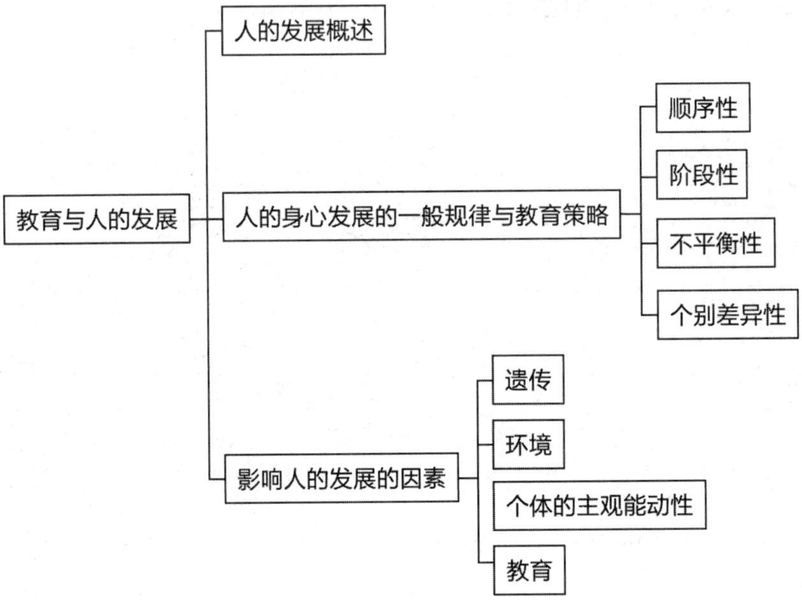

核心考点及学习提示

◆核心考点

人的发展的含义，人的身心发展的一般规律，影响人的发展的因素。

◆学习提示

考试重点：影响人的发展的因素；教育在人的身心发展中起主导作用的原因和条件；人的身心发展的一般规律。

考试难点：运用人的身心发展的一般规律评析我国中学教育教学中的实际问题。

一、人的发展概述

人的发展，即个体的身心发展，是指作为复杂整体的个体在生命开始到生命结束的全部人生过程中，不断发生的变化过程，特别是指个体的身心特点向积极的方面变化的过程。这是人的各方面潜在力量不断转化为现实个性的过程。人的发展包括生理的发展和心理的发展两个方面。

二、人的身心发展的一般规律与教育策略

（一）顺序性

个体身心的发展在整体上具有一定的顺序，身心发展的个别过程和特点的出现也具有一定的顺序。如身体的发展遵循着从上到下、从中间到四肢、从骨骼到肌肉的顺序，心理的发展总是由机械记忆到意义记忆，由具体思维到抽象思维，由喜怒哀乐等一般情感到理智感、道德感、美感等复杂情感。这被称为中心四周律和头尾律。

真题及解析

个体身心发展的这个顺序性是客观的、不以人的意志为转移的，因此，教育活动必须遵循循序渐进的原则，不能“揠苗助长”。无论是知识的学习、能力的培养还是品德的养成，都应由简入繁、由易到难、由具体到抽象地进行。

（二）阶段性

个体在不同的年龄阶段表现出身心发展不同的总体特征及主要矛盾，面临不同的发展任务，这就是身心发展的阶段性。现代心理学将人的身心发展阶段划分为婴儿期、幼儿期、儿童期、青少年期和成年期等。

视频讲解

如有些心理学家把青少年期称为危险期或心理断乳期。在这个时期，儿童将从心理上摆脱对成人的依赖，表现出追求独立的倾向。身体状态的剧变、内心世界的发现、自我意识的觉醒、独立精神的加强，是青少年期所表现出的总体性阶段特征。前后相邻的阶段是有规律地更替的，在一段时期内，发展主要表现为数量的变化，经过一段时间后，发展由量变到质变，从而发展水平达到一个新的阶段。

个体身心发展的这个特点要求教育要有针对性，教育工作必须从学生的实际情况出发，针对处于不同发展阶段的学生，制定不同的教育目标，采取不同的教育内容和教育方法，要根据实际情况区别对待。

（三）不平衡性

个体从出生到成熟并不总是按照相同的速度直线发展，而是体现出多元化的特点。个体身心发展的不平衡性表现在以下两个方面：

一方面是指身心发展的同一方面，在不同年龄阶段中的发展是不平衡的。如人的身高和体重有两个生长的高峰，第一个高峰出现在人出生后的第一年，第二个高峰则出现在青春期。

另一方面是指身心发展的不同方面发展速度不平衡。有的方面在较早的年龄阶段就已达到较高的发展水平，有的方面则要到较晚的年龄阶段才能达到较为成熟的水平。如在心理方面，感知成熟在先，思维成熟在后，情感成熟则更靠后。就儿童发展的整体而言，生理成熟是先于心理成熟的。十几岁的孩子就其身体发育而言，已经很接近成人的水平，而其心理的成熟程度却要比成人低得多。

人的身心的不同方面有不同发展期的现象，越来越多地引起心理学家的重视。心理学家通过实验研究提出了发展关键期（或发展最佳期）的概念。所谓发展关键期，

是指身体或心理的某一方面机能和能力最适宜于形成的时期。在这个时期中，对个体某一方面的训练可以获得最佳成效，并能充分发挥个体在这个方面的潜力。错过了发展关键期，训练的效果就会降低，甚至永远无法得到补偿。

(四) 个别差异性

个别差异性在个体身心发展的不同层次上存在着。从群体的角度上看，首先，表现为男女性别的差异，它不仅是自然性上的差异，而且还包括由性别带来的生理机能和社会地位、角色、交往群体的差别。其次，个别差异性表现在身心的所有构成方面。其中，有些是发展水平的差异，有些是心理特征表现方式上的差异。如人们常说，有的人早慧，有的人大器晚成；有的儿童在四五岁时运算能力就很强，而有的成人则对数字一直不够敏感。

教师要重视学生的个别差异，切实做到因材施教，充分发挥学生的潜能和积极因素，有的放矢地进行教学，使每个学生都能得到最大的发展。

三、影响人的发展的因素

真题及解析

(一) 遗传

1. 遗传的概念

遗传也叫遗传素质，是指从上代继承下来的生理解剖上的特点，如机体的结构、形态、感官和神经系统等特点。

2. 遗传的意义

(1) 遗传素质是人的身心发展的物质前提。

遗传素质是人的身心发展的物质前提，为人的身心发展提供了可能性，进而也为教育提供了可能性。

人的发展总是要以遗传素质获得生理组织、一定的生命力为前提，如果没有这个前提，人的发展便无法实现。如一个先天双目失明的人，就很难成为一位出色的画家。一个人在智力、情感、意志等方面具有的先天的心理特征，也会对他后天的学习和社会成就产生很大的影响。但是，遗传素质是人的先天素质的组成部分，而不是全部。遗传素质并不会直接转变为人的知识、才能、态度、道德品质等，如果离开了后天的社会生活和教育，遗传素质所给予人的发展的可能性便不能成为现实。

(2) 遗传素质的成熟程度制约人的身心发展的水平及其阶段。

遗传过程有一个发展过程，它表现在人的身体的各种器官的构造及其机能的发展变化上。只有当身体的发展具有了一定的条件，才能为学习一定的知识技能提供可能。人的遗传素质随着年龄的增长而不断成熟，它的成熟程度制约人的身心发展的水平及其阶段，为一定年龄阶段的身心发展提供了可能的限制。

(3) 遗传素质的差异性对人的身心发展有一定的影响作用。

人的遗传素质是有差异的，这种差异不仅表现在体态、感官等方面，而且也表现在神经活动的类型上。在每个人的身上表现出来的不同于其他人的特点，不管是智力、体形还是特长，都在一定程度上受到了遗传素质的影响。一个先天禀赋优异的儿童，如果后天能得到良好的教育就比较容易教育成才；一个天生有智力障碍的儿童教育起来就比较困难。

（4）遗传素质不能预定或决定人的发展，其在人的发展中的作用是不能夸大的。

遗传素质不能预定或决定人的发展，所以不能夸大其作用。但在历史上出现了一种片面夸大遗传素质作用的错误思想——遗传决定论。遗传决定论者把遗传素质看成是决定人发展的唯一因素，认为人的智力、能力和个性都是自然赋予的，是先天的。他们否定教育和环境对人的影响，认为社会生活条件和教育的作用只在于延迟或加速遗传能力的实现，这种观点是片面的、不可取的。

遗传决定论的代表人物有美国教育学家桑代克和美国心理学家霍尔等，其代表观点有霍尔的“一两遗传胜过一吨教育”。又如，我国的“生而知之”“唯上智与下愚不移”“天才论”“血统论”等。

（5）遗传素质具有可塑性。

随着环境、教育和实践活动的作用，人的遗传素质会逐渐发生变化，即遗传素质是具有可塑性的。一个在遗传素质上神经活动属于强而平衡、灵活的人，在不良的环境和教育下，也可以变成类似神经活动弱而不平衡、不灵活的人；一个在遗传素质上神经活动属于强而不平衡、不灵活的人，在良好的教育下，也会变成很有涵养、很守纪律的人。

（二）环境

1. 环境的概念

环境泛指在个体生活中影响个体身心的一切外部因素。环境包括自然环境和社会环境两大部分。教育学中所说的环境通常是指社会环境，是指由人与人之间的各种社会关系所形成的环境，包括政治制度、经济体制、文化传统、社会治安、邻里关系等，对人的发展有很大的影响。

2. 环境在人的发展中的作用

（1）环境使遗传素质提供的发展可能性变成现实。

遗传素质为个体的发展提供了可能性，环境的影响则把这种可能性发展变成现实。外部社会环境是个体身心发展、成熟的客观条件，对个体的发展起着很大的制约作用。

（2）环境对个体发展的影响有积极和消极之分。

在同一环境中，各种因素作用的方向、力量的大小是不相同的。对于教育者来说，分析、综合利用环境中的积极因素，抵制消极因素是极其重要和困难的工作。教育需要研究如何既保持校园小环境的有利条件，又积极加强个体与社会的联系，充分利用社会的有利教育力量，从而形成有利于个体发展的正向合力。

（3）环境不决定个体的发展。

环境虽然对个体的发展起着重要的作用，但是个体接受环境的影响不是消极、被动的，而是积极、能动的实践过程。个体是在社会实践的过程中，接受环境的影响，同时也改造环境，并在改造环境的过程中改造自己。如果离开了个体的实践活动，客观的环境条件没有成为主观的活动对象，那么再好的客观环境条件也不会对个体的发展起到什么作用。因此，夸大环境对个体的发展的作用，就会陷入环境决定论的错误之中。

环境决定论是一种片面夸大环境作用的错误思想，其代表人物是美国行为主义理论家华生。他说，“给我一打健康的婴儿，不管他们祖先的状况如何，我可以把他们任意培养成从领袖到小偷等各种类型的人”，他把人看成是环境的消极适应者，忽视了人的自主性。

真题及解析

(三) 个体的主观能动性

唯物辩证法认为，外因是变化的条件，内因是变化的根据，外因通过内因起作用。个体身心发展的内因在于人的主观能动性。环境和教育的影响只有通过个体自身的身心才能起作用，主要取决于个体自身的态度和付出。个体在与环境之间的相互作用中所表现出来的主观能动性，是促进个体发展从潜在的可能状态转向现实状态的决定性因素。

在教育活动中，教育者的教授只是一种外在因素，这种因素能否起作用取决于受教育者的学习自觉性和积极能动性。在这个意义上，教育只有变为自我教育，变为受教育者的主动学习，才能真正发挥作用。所以，个体的主观能动性是其自身发展的动力。

(四) 教育

这里的“教育”主要指学校教育。学校教育，在一定意义上是一种特殊的环境，学校把改造过的自然、人与人之间的关系、社会意识形态等因素，经过有目的的选择和提炼，按照人的发展特点，以系统化的形式作用于人，对人的影响巨大而深远，在人的发展中起主导作用，其原因包括以下三个方面：

1. 学校教育是有目的、有计划、有组织地培养人的活动，它规定人的发展方向

学校教育是根据社会的要求，按照一定的目标，选择合适的内容，采取有效的方法，利用集中的时间，有计划、系统地向学生进行各种科学文化知识教育和思想品德教育，对学生进行系统的培养。而环境中其他方面的影响，往往是自发的、偶然的、片段的，是不能与学校教育相比的。同时，我们也应该注意到那种片面夸大教育作用的思想“教育万能论”是错误的，如其代表人物英国哲学家、思想家洛克提出的“白板说”就是典型的体现。

2. 学校教育能有效地控制和协调影响学生发展的各种因素

学校能在一定程度上协调各种影响学生发展的因素，让学生处于最佳的发展环境之中，如按照性格或智力分班等。学校教育能够排除和控制一些不良因素的影响，给学生更多的正面教育，使学生按照一定的思想政治方向发展，从而有利于思想品德的培养，使年轻一代健康成长。

3. 学校教育由专门从事教育工作的教师负责

学校教育是由受过专门训练的教师来进行的。教师受社会的委托来教育学生，他们有明确的教育目的与教育任务，熟悉教育内容，掌握教学方法与教育手段，了解学生身心发展的规律和特点，能自觉地促进学生按照一定的方向去发展，因而可以确保教育工作的效果与效率。

第 4 章　教育目的

知识体系及思维脉络

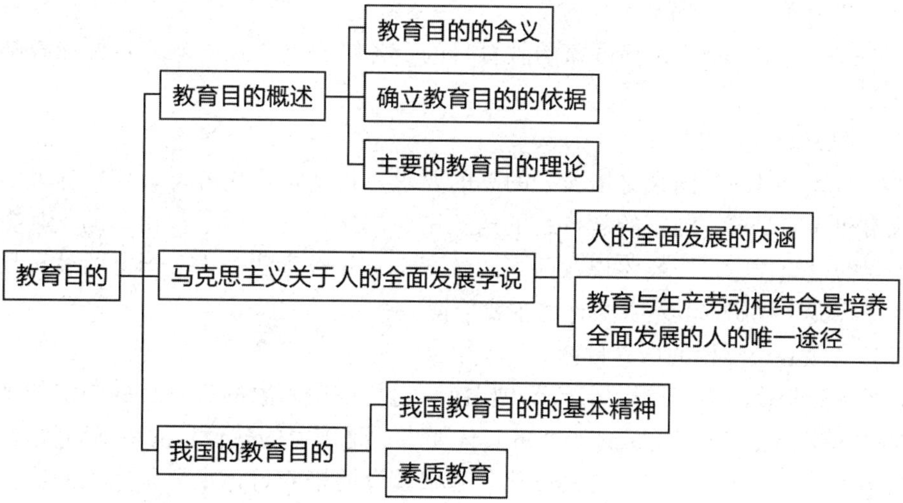

核心考点及学习提示

◆核心考点

教育目的的内涵，历史上主要的教育目的理论；我国的教育目的及基本精神。

◆学习提示

考试重点：教育目的的概念、作用；个人本位论和社会本位论；我国教育目的的基本精神；美育的概念、任务。

考试难点：运用教育目的理论分析和评判我国中学教育教学中的实际问题。

一、教育目的概述

（一）教育目的的含义

1. 教育目的的概念

教育目的是教育的核心问题，是国家对培养人的总的要求，它规定各类教育培养人的总的质量规格和标准要求，对教育工作具有全程性的指导作用。教育目的是整个教育工作的方向，是一切教育工作的出发点。教育目的的实现也是教育活动的归宿。

广义的教育目的，是指人们对受教育者的期望，即人们希望受教育者通过教育在身心诸方面发生什么样的变化或者产生怎样的结果。国家和社会的教育机构、学生的家长和亲友、学校的教师等都对下一代寄予这样或那样的期望，这些期望都可以理解为广义的教育目的。

狭义的教育目的，是指国家对把受教育者培养成为什么样的人才的总的要求，是国家为培养人才而确定的质量规格和标准要求，它是根据一定社会的政治、经济、文化、科技发展的要求和受教育者身心发展的状况确定的。各级各类学校无论具体培养什么领域和什么层次的人才，都必须努力使所有的学生都符合国家提出的总要求。

真题及解析

2. 教育目的的层次结构

教育目的的层次结构包括国家的教育目的、各级各类学校的培养目标和教师的教学目标。

（1）国家的教育目的。

国家的教育目的是国家对培养人的总的要求，它规定各级各类教育培养人的总的质量规格和标准要求。国家的教育目的居于第一层次，是由国家提出来的，其决策要经过一定的组织程序，一般体现在国家的教育文本和教育法令中。国家的教育目的是指导各级各类学校制定其培养目标的主要依据。

（2）各级各类学校的培养目标。

各级各类学校的培养目标居于第二层次。它是根据国家的教育目的制定的某一级或某一类学校、某一专业对人才培养的具体要求，是国家的教育目的在不同教育阶段、不同级别学校、不同专业方向的具体化。基础教育的培养目标主要是为人的成长发展奠定德、智、体各方面的基础，高等教育的培养目标则是培养各种专门人才。

教育目的与培养目标之间是普遍与特殊的关系。培养目标是由特定的社会领域和特定的社会层次的需要所决定的，也因受教育者所处的学校级别而变化。为了满足各行各业、各个社会层次的人才需求和不同年龄层次受教育者的学习需求，才有各级各类学校的建立。教育目的是针对所有的受教育者提出的，而培养目标是针对特定的教育对象提出的，各级各类学校的教育对象有各自不同的特点，制定培养目标需要考虑各自学校学生的特点。

（3）教师的教学目标。

教师的教学目标居于第三层次，是教育者在教育教学的过程中，在完成某一阶段（如一节课、一个单元或一个学期）的工作时，希望受教育者达到的要求或产生的变化。

教师的教育目标是微观层次的教育目的，是一切教育活动的基础，也是进一步具体化的培养目标，具有很强的操作性。

教学目标与教育目的、培养目标的关系是具体与抽象的关系，它们彼此相关，却相互不能取代。教育目的是最高层次的概念，它是培养各级各类人才的总的规定，各级各类学校的培养目标、教学目标都要依据教育目的制定。培养目标是不同类型、不同层次的学校培养人的具体的要求。教学目标是三者中最低层次的概念，它更为具体，微观到每堂课甚至是每个知识内容，教育目的和培养目标是制定教学目标的依据。目的与目标根本不同，目标能够测量，但目的不能测量。我们可以把教育目的和培养目标理解为教育意志，它们落实在一系列实现教育目标的行动上。教学目标有次序地渐进和积累是向教育目的和培养目标的接近。

3. 教育目的的作用

教育目的是一切教育工作的主题、灵魂，是整个教育工作的核心，是教育活动的依据和评判标准，也是一切教育活动的出发点和最终归宿。教育目的的实现则是教育活动的归宿，它贯穿于教育活动的全过程，对一切教育工作具有指导意义。教育目的对整个教育工作的指导意义是通过发挥以下四个作用来实现的：

（1）导向作用。

教育目的规定了教育活动所应培养的人才的质量和规格，实际上就是规定了教育活动的最大方向。因此，教育目的是教育活动的灵魂。它为教育政策的制定、教育制度的确立指明了方向，也为教育工作者指明了奋斗目标。

（2）调控作用。

教育目的对一个国家或地区的教育规划和教育结构的确立与调整等都具有指导、协调的作用；教育目的对具体教育内容的安排、教育活动的形式和教育手段、教育方法和教育技术的选择等都有支配、协调和控制、调节的作用。

（3）评价作用。

教育目的是教育活动的出发点和归宿，是检验教育活动成功与否的最根本标准。教育目的是整合所有具体的教育评价标准的精神内核，也是教育评价的最高准则。

（4）激励作用。

目的是一种结果指向。人类的活动既然是有目的、有意识、有计划的，那么也就应该有着明确的方向和目标。教育活动因为有可以达成的最终目标，最终目标就可以反过来成为一种激励的力量。

（二）确立教育目的的依据

1. 特定的社会政治、经济和文化背景

第一，不同的社会发展阶段有不同的教育目的。教育目的具有历史性、时代性、社会性，在阶级社会里具有鲜明的阶级性，随时代的变迁及社会条件的变化而变化。

第二，不同的社会制度有不同的教育目的。不同国家、不同时代的教育目的的制定，都受到当时的社会政治、经济、文化等因素的影响。教育目的的确立必须反映客观生产力和科学技术发展的实际需要。这是生产关系必须适应生产力发展的基本原理在教育目的上的具体体现。不同的社会、不同的时代由于生产力和科学技术发展水平的不同，对人才规格、类型和标准的需求就有所不同，因此，教育目的的具体内容就有所不同。

第三，不同国家的文化背景使教育培养的人各具特色。文化传统是一个民族、一个国家或一个地区世代沿袭下来的文化性格或文化模式。文化对教育具有重要影响，它会关系到人们对教育内容的选择。

2. 受教育者的身心发展特点与需要

第一，教育目的直接指向的对象是受教育者，是希望引起受教育者的身心发生预期变化，使其成长为具有一定个性的社会个体，离开了受教育者，既不能构成也无从实现教育目的。

第二，受教育者在教育活动中不仅是教育的对象，而且也是教育活动的主体。因此，确立教育目的：一要符合教育对象的身心发展程度，教育目的作为一种发展指向，必须考虑实现的可能性；二要符合教育对象的身心发展变化；三要符合不同类别的教育对象的不同需要。但是，需要注意的是，受教育者的身心发展特点并不决定教育目的的社会性质。

我国古代著名教育家孔子重视“因材施教”。因材施教就是要求教师根据个体发展的个别差异性，有针对性地进行培养和教育，促使学生的身心得到最大的发展。所以，在制定教育目的和培养目标时，要根据不同受教育者的特点和需要，确定不同的培养方向。

(三) 主要的教育目的理论

教育思想史上具有代表性的教育目的理论主要有以下两种：

真题及解析

1. 个人本位论和社会本位论

个人本位论和社会本位论是两种对立的观点，代表人物及其基本观点参见表 1–1。

表 1–1 个人本位论和社会本位论的代表人物及其基本观点

理论	代表人物	基本观点	进步意义	不足之处
个人本位论	卢梭、洛克、裴斯泰洛齐、福禄贝尔、康德、萨特、马斯洛、罗杰斯等	主张教育目的应依据个人的需要来确定。个人本位论认为：首先，人生来就具有健全的本能，教育的首要目的不在于谋求国家利益和社会发展，而在于发展人的理性和个性，主张教育目的是培养“自然人”，发展人的个性，增进人的价值，促进个人自我实现。其次，个人的价值高于社会价值，评价教育价值也应当以是否有利于人的发展为标准	个人本位论的兴起和盛行的时期正是欧洲资产阶级进行反封建斗争的时期，它反对宗教神学对人的思想的禁锢，反对封建蒙昧主义强加于个人的一切教育要求，提倡个性解放，尊重人的价值。它确立了儿童在学校教育中的地位，强调尊重儿童的发展需要，促使儿童个性的发展，否定了传统教育对儿童的压抑和灌输等弊端，在文艺复兴时期有反对封建教育的进步意义；它还提出了培养“自由的人”“自我实现的人”和健全人格的理论体系，倡导民主的教育观，对现代学校教育的发展具有一定的积极意义	个人本位论排斥社会对教育的制约，排斥人对社会的需要的观点是片面的，可能导致自然主义和自由主义的倾向
社会本位论	柏拉图、巴格莱、孔德、涂尔干、赫尔巴特、纳托普、凯兴斯泰纳等	主张教育目的应根据社会的需要来确定。社会本位论认为：个人的发展有赖于社会，教育结果也只能以其社会功能加以衡量。教育的一切活动都应服从和服务于社会需要，就是要使受教育者成为社会需要的人。教育是国家事业。教育除了社会目的之外，没有其他的目的。教育结果的好坏，主要是看它对社会贡献了什么、贡献的程度如何	社会本位论看到了教育目的受社会制约的一面，强调国家要承担国民教育的主要责任。这对保证教育的地位，发挥教育的社会功能，促进社会的发展都有积极意义	社会本位论完全否定了教育目的受个人的兴趣、爱好、心理规律、个性特征等因素制约的可能性，容易造成对学生个性发展的压抑，因此也是不全面的

2. 生活本位论

生活本位论的代表人物有英国教育家斯宾塞、美国实用主义教育家杜威等人。他们强调必须把教育目的和受教育者的生活紧密联系起来，这种观点或认为教育是为未来的生活做准备，或认为教育就是生活本身。他们把使受教育者学会怎样生活看得尤为重要。

（1）教育准备生活说。

斯宾塞第一次明确地提出了教育准备生活说的思想（也称教育预备说）。在斯宾塞看来，教育应当教导一个人怎样生活，使他获得生活所需要的各种科学知识，为完美的生活做好准备。

真题及解析

（2）教育适应生活说。

杜威正是不满于斯宾塞为完美生活做准备的教育观而提出了“教育即生活”“教育即生长”“学校即社会”等著名观点，即教育适应生活说。杜威认为，教育就是儿童现在生活的过程，而不是将来生活的预备。

二、马克思主义关于人的全面发展学说

马克思在《资本论》等著作中阐述了关于人的全面发展学说，这一学说是我国确立教育目的的理论依据。

真题及解析

（一）人的全面发展的内涵

第一，人的全面发展是指人的劳动能力，即人的体力和智力的全面、和谐、充分的发展，还包括人的道德的发展。

第二，人的全面发展是指克服人发展的一切片面性，实现人的个性（志趣、兴趣、意志等）的真正全面和自由的发展。

个性自由和全面发展是马克思主义关于人的全面发展学说的灵魂。20 世纪末在中国开始的“素质教育”运动实质上是马克思主义关于人的全面发展学说的具体实践。

（二）教育与生产劳动相结合是培养全面发展的人的唯一途径

教育与生产劳动相结合是马克思和恩格斯教育思想的重要内容之一，被视为培养全面发展的人的唯一途径。马克思说：“教育与生产劳动相结合，不仅是提高社会生产的一种方法，而且是造就全面发展的人的唯一方法。”

人的全面发展是整个人类全面发展的总趋势和总目标，也是教育活动的总目标。在社会生产发展允许的条件下，教育只是实现人的全面发展的途径之一，而教育与生产劳动相结合则是造就人的全面发展的唯一途径。

三、我国的教育目的

（一）我国教育目的的基本精神

从教育方针和教育目的的提出与确立中可以看出，我国的教育方针和教育目的集中反映了政治、经济变化的状况，体现了社会发展所带来的人才规格要求的变化；同

时，不同时期的教育目的又存在一定的连续性和稳定性，所有这一切都体现了我国社会对人才培养的基本精神。这种基本精神主要表现在三个方面：坚持走社会主义道路、坚持培养劳动者和坚持培养全面发展的人。

（二）素质教育

1. 素质教育是面向全体学生的教育

《中共中央国务院关于深化教育改革，全面推进素质教育的决定》指出："全面推进素质教育，要坚持面向全体学生。"这和传统的应试教育有着天壤之别。应试教育搞选拔、淘汰，属于精英教育，只能照顾到一部分人；而素质教育倡导人人有受教育的权利，强调在教育中每个人都得到发展，而不是只注重一部分人，更不是只注重少数人的发展。

每个学生都能得到发展，不仅是民主的基本观念，而且是每个学生的基本权利，我们应该尊重这种权利、保护这种权利，创造条件实现这种权利。

2. 素质教育是倡导全面发展的教育

《中共中央国务院关于深化教育改革，全面推进素质教育的决定》指出："实施素质教育，必须把德育、智育、体育、美育等有机地统一在教育活动的各个环节中。学校教育不仅要抓好智育，更要重视德育，还要加强体育、美育、劳动技术教育和社会实践，使诸方面教育相互渗透、协调发展，促进学生的全面发展和健康成长。"这意味着，素质教育要做到使学生在德、智、体、美等方面全面发展。

真题及解析

（1）全面发展教育的组成部分。

全面发展的教育目的决定了全面发展教育的整体内容，德育、智育、体育、美育和劳动技术教育是全面发展教育的基本组成部分。

① 德育。

A. 德育的含义。

德育是指培养学生正确的人生观、世界观、价值观，使学生具有良好的道德品质和正确的政治观念，形成学生正确的思想方法的教育。我国的德育体现了教育的社会主义性质，对学生的全面发展起着定向作用。

B. 德育的基本任务。

德育的基本任务主要包括：在思想政治方面，培养学生具有正确的政治方向和无产阶级世界观；在道德行为方面，培养学生具有共产主义道德品质；在个性品质和能力方面，培养学生具有道德评价和自我教育的能力。

C. 普通中学在德育方面的要求。

a. 帮助学生初步了解马克思主义的基本观点和具有中国特色的社会主义理论。

b. 热爱党，热爱人民，热爱祖国，热爱劳动，热爱科学。

c. 建立民主和法治的意识，养成实事求是、追求真理、独立思考、勇于开拓的思维方法和科学精神。

d. 形成社会主义的现代文明意识和道德观念。

e. 养成不断适应改革开放形势的开放心态和应变能力。

D. 德育的意义。

a. 德育是进行社会主义精神文明建设和物质文明建设的重要条件。

b. 德育在青少年思想品德的形成和发展中起主导作用，是培养社会主义新人的条件。

c. 德育是学校全面发展教育的基本组成部分，是实现教育的重要保证。

② 智育。

A. 智育的含义。

智育是指授予学生系统的科学文化知识、技能，发展他们的智力和与学习有关的非认知因素（如兴趣、情感、意志等）的教育。

B. 智育的基本任务。

智育的基本任务主要是用系统的科学文化知识武装学生，教给他们基本技能、基本技巧，使他们具有运用知识的本领，发展他们的智力。对学生的智力、能力的开发和培育，在个体的全面发展中处于中心地位。在实现全面发展的教育过程中，智育可以为其他各育提供科学文化知识基础和智力、能力基础，可以有效地促进其他各育的发展。因此，实施智育是学校的重中之重。

C. 普通中学在智育方面的要求。

a. 帮助学生在小学教育的基础上，进一步系统地学习科学文化基础知识，掌握相应的技能和技巧。

b. 发展学生的思维能力、想象能力和创造能力，养成良好的学习习惯和自学能力。

c. 培养学生良好的学习兴趣、情感、意志和积极的心理品质。

D. 智育的意义。

a. 智育在社会主义精神文明建设中起着不可缺少的作用。

b. 智育在个体的全面发展教育中居于基础地位。

③ 体育。

A. 体育的含义。

体育是指授予学生健康的知识、技能，发展他们的体力，增强他们的自我保健意识和体质，培养他们参加体育活动的需要和习惯，增强他们意志力的教育。体育的根本任务是增强学生的体质，增进学生的身心健康。体育的基本组织形式是体育课。

真题及解析

B. 体育的基本任务。

体育的基本任务是指导学生锻炼身体，使学生逐步掌握关于体育运动的基本知识、技能以及卫生保健知识。体力和体质的发展是个体全面发展的生理基础。人们从事生产劳动、社会活动都需要健康的体魄。因此，体育是全面发展教育的重要组成部分。

C. 普通中学在体育方面的要求。

a. 使学生掌握基本的运动知识和运动技能，养成坚持锻炼身体的良好习惯。

b. 培养学生的竞争意识、合作精神和坚强毅力。

c. 培养学生良好的卫生习惯，了解科学的营养知识。普通中学体育课的主要内容有田径、体操、球类、游戏、武术、游泳、军事体育、舞蹈等。

D. 体育的意义。

a. 体育能促进学生的身体健康发展，增强学生的体质。

b. 体育是促进学生全面发展的不可缺少的重要条件。

c. 青少年一代的身心健康水平关系整个国家和民族的强弱盛衰。

真题及解析

④ 美育。

A. 美育的含义。

美育也叫审美教育，是指通过文学艺术、社会生活和大自然美的教育，培养学生健康、正确的审美观，发展他们感受美、鉴赏美、表现美、创造美的能力，培养他们的高尚情操与文明素养的教育。美育不等于艺术教育，也不仅仅是“美学”的学习，它的内容要比艺术教育和“美学”学习宽得多。美育是全面发展教育的重要组成部分，在促进学生身心发展中具有重要作用。

德国剧作家、美学家席勒于 18 世纪末在《美学书简》中首先提出并使用了“美育”的概念，建立了相关的研究理论。蔡元培是我国近代美育思想的集大成者，他在 1912 年的《对于教育方针之意见》中，提出“以美育代宗教”。

B. 美育的基本任务。

美育的基本任务是培养学生对自然、社会和艺术的正确的审美观，培养学生鉴赏美、创造美的能力，发展学生艺术创作的兴趣和爱好。美育能陶冶学生的情操，培养他们的观察力、想象力和创造力，促进学生智力的发展。

C. 普通中学在美育方面的要求。

a. 提高学生感受美的能力，即对自然、社会中存在的现实美，对艺术作品的艺术美的感受能力。提高学生感受美的能力，从根本上说是提高人的整体性的精神素养。

b. 培养学生鉴赏美的能力，即具有美学的基础知识，具有分辨美与丑、文与野、优与劣的能力，具有区分美的程度和种类的能力，懂得各种类型美的特性与形态的丰富性，领悟美所表达的意蕴和意境，从而达到“物我同一”的审美境界，并使学生的人格与性情得到陶冶。

c. 形成学生表现美、创造美的能力，即能把自己独特的美感用各种不同的形式表达出来的能力，其中既包括艺术美的创造，又包括生活美的创造。形成学生创造美的能力是美育的最高层次的任务。

D. 美育的特点。

美育就其性质而言，是一种创造和再创造审美价值的人类实践活动。美育的特点包括：一是美育具有形象性和情感性的特点；二是美育就是以美感人，以情动人；三是美育使学生在自愿享受美的愉悦中，不知不觉地受到教育。总之，美育具有具体性、形象性、可感性的特点。

E. 美育的实施原则。

a. 美育内容的思想性与艺术性的统一。

b. 情绪体验和逻辑思维的正确结合。

c. 掌握艺术内容和掌握艺术方法的统一。

d. 内在美和外在美的统一。

F. 美育的实施途径。

普通中学美育的实施途径主要有课堂教学、课外活动和社会实践等。

a. 课堂教学。课堂教学是美育实施的重要途径。特别是美术、音乐与美育有着特殊的内在联系。普通中学其他课程的教学内容，也都涉及艺术的美、社会的美和自然的美，教师要充分挖掘利用各门课程的美育因素。因此，教师要有意识地将美育渗透到各科教学中。

b. 课外活动。课外活动是各门课程美育的继续。由于在课外活动中学生具有更多的自主性，因此更有利于学生创造性的发挥，更有利于学生个性的形成和全面发展。所以，教师对课外活动的指导切忌流于形式，以免美育的任务不能落到实处。

c. 社会实践。学生参加社会实践活动是美育的重要途径。现实生活是美的源泉，离开了现实生活，美就成了无源之水、无本之木。学生的社会实践一是走向自然，二是走向社会生活。

G. 美育的意义。

a. 美育能够促进学生的智力发展，扩大和加深了他们对客观世界的认识。

b. 美育能够促进学生科学世界观和良好道德品质的形成。

c. 美育能够促进体育，具有健身怡情的作用。

d. 美育能够促进劳动教育，使学生能体验到劳动创造带来的喜悦。

⑤ 劳动技术教育。

A. 劳动技术教育的含义。

劳动技术教育是指引导学生掌握生产技术知识和生产技能，形成劳动观点和劳动习惯的教育。

B. 劳动技术教育的基本任务。

劳动技术教育的基本任务是通过科学技术知识的教学和学生的劳动实践，使学生了解关于一般生产劳动的基本技术知识，掌握一定的职业技术知识和技能，提高动脑能力和动手能力，养成良好的劳动态度和劳动习惯。

C. 普通中学在劳动技术教育方面的要求。

a. 通过科学技术知识的教学和劳动实践，使学生了解物质生产的基本技术知识，掌握一定的职业技术知识和技能，培养学生的动手能力，养成良好的劳动态度、劳动习惯和艰苦奋斗的精神。

b. 结合劳动技术教育，还可以教授学生一定的商品经济知识，使学生初步懂得商品的生产、经营和管理，了解当地的资源状况和经济发展规划，以及国家的经济政策、法律法规，使其具有一定的收集和利用商品信息的能力。

D. 劳动技术教育的意义。

a. 劳动技术教育是促进学生全面发展的不可或缺的重要组成部分。

b. 劳动技术教育能促进学生优良品德的发展，有利于学生掌握知识、形成技能、发展智力、增强体质。

c. 劳动技术教育有利于学生完成升学和就业的双重任务，适应社会主义现代化建设的需要。

（2）“五育”之间的相互关系。

德育、智育、体育、美育和劳动技术教育关系密切，彼此相互促进、相互制约，而又不能相互取代，在学生的全面发展中缺一不可。

① 德育在全面发展教育中起着灵魂与统帅的作用，为其他各育提供了方向性的保证。

② 智育在全面发展教育中起着前提和支持作用，为其他各育提供了知识基础和能力基础。

③ 体育在全面发展教育中起着基础作用，为其他各育提供了物质基础。

④ 美育在全面发展教育中起着动力作用。

⑤ 劳动技术教育可以综合德育、智育、体育和美育的作用。

概括来讲,“五育”之间的关系特点为:一是渗透性,“五育”相互联系、相互包含、相互渗透；二是促进性,“五育”相互影响、相互促进、相互制约、相互作用；三是不可替代性,“五育”有各自特定的任务、内容和功能。

第 5 章　学校教育制度

知识体系及思维脉络

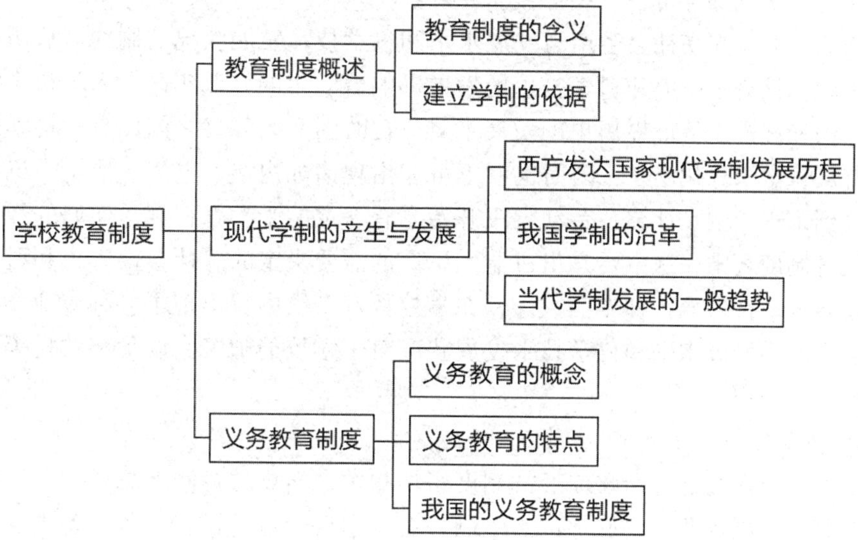

核心考点及学习提示

◆核心考点

教育制度的概念，当代学制发展的一般趋势，义务教育的概念和特点。

◆学习提示

考试重点：学制的概念；当代学制发展的一般趋势；义务教育的概念和特点。

考试难点：我国近现代学制的发展历程及其主要内容。

一、教育制度概述

（一）教育制度的含义

教育制度是指一个国家或地区各级各类教育机构与组织体系及其各项规定的总称。它包括相互联系的两个基本方面：一是各级各类教育机构与组织体系；二是教育机构与组织体系赖以存在和运行的一整套规则，如各种教育法律、规则、条例等。

教育制度有广义和狭义之分。

广义的教育制度，是指国民教育制度，是一个国家为实现其国民目的，从组织系统上建立起来的一切教育设施和有关规章制度。

真题及解析

狭义的教育制度即学校教育制度，简称学制，是指一个国家各级各类学校的总体系，具体规定各级各类学校的性质、任务、目的、要求、入学条件、修业年限及它们之间的相互衔接关系。

其中，学校教育制度处于国民教育制度的核心和主体地位，体现了一个国家国民教育制度的实质。

（二）建立学制的依据

1. 社会生产力发展水平和科学技术发展状况

学制的建立首先受社会生产力发展水平和科学技术发展状况的制约。从历史发展的过程来看，社会生产力和科学技术的发展影响着学生的修业年限、入学机会，以及学校的结构和规模。从世界历史的发展来看，在欧洲文艺复兴之前，自然科学的各部分还没有从哲学中分化出来，因而也就不可能出现诸如煤炭、电力、冶金、机械等专业学校。到了资本主义社会，劳动人民开始享有一定的受教育权利，他们的教育被纳入学校教育制度之中，这主要是由机器大生产的需要决定的。社会生产力和科学技术的发展还要求教育培养各种专门人才，在学校教育系统中就出现了各种专业学校。此外，社会生产力发展水平和科学技术发展状况对于学校的师资、设备和教材等因素具有重要的制约作用。

2. 社会的政治经济制度

学制的建立还与社会的政治经济制度密切相关，学校教育制度总是受一定的社会政治经济制度的制约并为之服务的。学制中关于学校专业的设置、各级各类学校教育目的、学制年限、入学条件等，直接受统治阶级的有关方针、政策的制约，反映了统治阶级的愿望和要求。

3. 青少年儿童身心发展规律

相较于不同的社会生产力和科学技术的发展水平、社会的政治经济制度，教育对象的身心发展规律对于学制的决定性则具有明显的恒定性，表现在：确定入学年龄、修业年限、各级各类学校的分段，都要考虑受教育对象的身心发展特点，切合他们的智力、体力等的发展水平。正是由于这个特点，虽然各国的政治制度不同，且很多国家的学制虽然历经改革，体系繁杂，类型多样，但教育对象的年龄大多固定在6—18岁。同时，为了适应人的身心发展的阶段性，把学校教育划分为小学、中学、大学等阶段，中学又大多分为初中阶段和高中阶段。这充分说明学制的建立与改革必须遵循青少年儿童身心发展规律，否则就有可能贻误对青少年儿童进行教育的最佳时机。

4. 本国学制的历史发展和外国学制的影响

作为一种教育制度，学制总是在不断地发展变化，总是在不断地完善，以适应发展变化了的阶段。但是，学制的这种发展变化总是以一定的现实条件为基础，任何国家学制的发展和变革都必须立足于本国的历史，都不是对过去的全盘否定，而是对过去继承基础上的发展。各国在建立新学制时，既不能脱离本国学制的历史沿革，也会吸收其他国家学制改革的有益经验，或多或少地根据国情加以改革。

真题及解析

二、现代学制的产生与发展

（一）西方发达国家现代学制发展历程

真题及解析

现代学制最早出现在欧洲。欧洲资本主义社会革命后，现代学校迅猛发展，其中学校系统的形成有两条途径。一条是自上而下的发展，是以最早的中世纪大学为顶端，向下延伸，产生了古典文科中学，经过长期发展形成了大学和中学系统。另一条是自下而上发展而来，是由最初面向广大劳动人民的国民小学到中学（包括初级中学、高级中学和职业学校等），并延伸至高等职业学校。到 19 世纪末，西方现代学制逐步形成。

由于各国历史和传统的不同，学校教育制度在发展过程中形成了不同的类型，比较典型的是双轨学制、单轨学制和分支型学制三种学制类型。

双轨学制、单轨学制和分支型学制的主要内容参见表 1–2。

表 1–2　双轨学制、单轨学制和分支型学制的主要内容

现代学制的类型	双轨学制	（1）形成时间：19 世纪 （2）代表国家：英、法、西德等欧洲国家 （3）特点：把学校系统分为两个互不相通、互不衔接的轨道：一条是为资产阶级的子女设立的，从上而下，从小学、中学到大学，具有较强的学术性；另一条是为劳动人民的子女设立的，从小学到中等职业学校，是为培养劳动者服务的。双轨学制在第二次世界大战后逐渐趋于单轨制 （4）评价：这种学制显然不利于教育的普及
	单轨学制	（1）形成时间：19 世纪末 20 世纪初 （2）代表国家：美国 （3）特点：由于美国没有像英国皇室那样的特权阶层，所以形成了典型的单轨制。其特点是所有的学生在同样的学校系统中学习，从小学、中学到大学，各级各类学校相互衔接 （4）评价：相对于双轨学制来说，单轨学制是历史上的一个进步，它有利于教育的普及，但是教育水平参差不齐，同级学校的教学质量相差较大，许多学校的教育水平不高
	分支型学制	（1）形成时间：20 世纪上半叶 （2）代表国家：苏联、中国 （3）特点：这种学制在初等教育阶段强调共同的基础性教育，到中等教育阶段分为职业教育和普通教育两个分支，即在初等教育阶段和中等教育的一定阶段由单一的学校系统构成，而在此后的阶段（初中以后）开始由分化的多种学校系统与之衔接。既有上下级学校间的相互衔接，又有职业技术学校横向的相互联系，形成了立体式的学制。其特点是“上通（高等学校）下达（初等学校），左（中等专业学校）右（中等职业学校）畅通” （4）评价：既有利于教育的普及，又使学术性保持较高的水平。但由于课时多、课程复杂，教学计划、教学大纲和教科书必须统一而使教学不够灵活，特别是地域性较强的课程得不到很好的发展

（二）我国学制的沿革

我国现代学制的建立比欧美国家晚，到清末才出现。清政府采取“废科举，兴学堂”的措施，开始了中国现代学制改革。

1. 旧中国学制的形成与发展

真题及解析

（1）壬寅学制。

1902 年，由清政府的管学大臣张百熙以日本的学制为蓝本拟定的《钦定学堂章程》正式公布，这是中国近代教育史上最早由国家正式颁布的第一个现代学制，时称“壬寅学制”。这一学制虽经公布却并未付诸实施，但成为新学制的先声。

（2）癸卯学制。

1903 年，清政府命张百熙、荣庆、张之洞等人拟定了《奏定学堂章程》，于 1904 年 1 月颁布执行，时称“癸卯学制”，这是中国近代第一个比较完整、正式公布并在全国范围内实施的学制。

癸卯学制从纵的方面把整个学程分为三段七级。第一阶段为初等教育，第二阶段为中等教育，第三阶段为高等教育。该学制的最大特点是修业年限长，儿童从 7 岁入学到通儒院毕业，时间长达 20 ～ 21 年，是我国修业年限最长的一个学制。该学制的指导思想是“中学为体，西学为用”，吸收了日本明治维新时期的学制形式，也保留了一定的封建科举制度的残余。在课程设置上，特别注重读经，另外，还规定不许男女同校，轻视女子教育，带有明显的半殖民地半封建性质。癸卯学制标志着封建传统教育的结束，标志着“中国教育近代化”的开始。

（3）壬子癸丑学制。

1912 年，中华民国教育部颁布了壬子学制。到 1913 年，又陆续公布了一系列法令，形成了一个新的学制系统，统称“壬子癸丑学制”，这是中国近代第一个资产阶级性质的学制。它在一定程度上标志着中国教育开始向现代化迈进。

中华民国成立后，在教育部长蔡元培的主持下，南京临时政府对旧学制进行了修订，颁布了壬子癸丑学制，壬子癸丑学制规定整个教育期限为 17 年或 18 年，共分三段四级。该学制废除了小学与师范学校的读经课程，充实了自然科学的内容，并将学堂改为学校，实行男女教育平等，允许初等小学男女同校，设置了专门学校，培养专科实用人才等。

（4）壬戌学制。

1922 年，在北洋军阀的统治下，留美派主持的全国教育联合会以美国学制为蓝本，颁布了壬戌学制，又称新学制或六三三学制，采用小学 6 年、初中 3 年、高中 3 年的分段法。该学制明确以学龄儿童和青少年身心发展规律作为划分学校教育阶段的依据，这在我国现代学制史上是第一次。此外，壬戌学制还规定在高中增设职业科，这是中国教育发展史上，中学阶段最早兼顾升学和就业双重需要的一个学制。国民党统治时期对该学制做了一些修改，但没有重大的变动，并一直沿用到中华人民共和国成立初期。

2. 新中国的学制改革

（1）1951 年颁布《关于学制改革的决定》。

1951 年 10 月 1 日，政务院颁发了《关于学制改革的决定》，确立了新中国的第一个学制。该学制具有社会主义性质，标志着我国的学制发展进入一个新的阶段。

新学制的组织系统分为幼儿教育（幼儿园）、初等教育（包括儿童、青年和成人的初等教育）、中等教育（包括中学、工农速成中学、业余中学、中等专业学校）、高等教育（包括大学、专门学院和专科学校），以及各级政治学校和政治训练班等。此外，还有各级各类补习学校、函授学校和特殊学校。

该学制的颁布实施标志着我国普通教育、职业教育和业余教育相结合的社会主义教育体系的形成，促进了我国教育事业的发展。

（2）1958 年的学制改革。

1958 年 9 月 19 日，中共中央、国务院公布了《关于教育工作的指示》，提出了“两条腿走路”的办学方针和“三结合六个并举”的具体办学原则。

“三结合”是：统一性与多样性相结合；普及与提高相结合；全面规划与地方分权相结合。“六个并举”是：国家办学与厂矿企业、农业合作并举；普通教育与职业教育并举；成人教育与儿童教育并举；全日制学校与半工半读、业余学校并举；学校教育与自学并举；免费教育与不免费教育并举。此外，明确规定全国将有三类学校：全日制学校、半工半读学校和业余学校。

（3）1993 年颁布《中国教育改革和发展纲要》。

1993 年，中共中央、国务院印发《中国教育改革和发展纲要》。《中国教育改革和发展纲要》中有关教育制度的内容如下：

① 确定了 20 世纪末教育发展的总目标，即“到本世纪末，我国要实现基本普及九年制义务教育，基本扫除青壮年文盲，要全面贯彻党的教育方针，全面提高教育质量，要建设好一批重点高等学校和一些重点学科”，简称“两基”“两全”“两重”。

② 调整中等教育结构。

③ 改革办学体制。

④ 改革高校的招生和毕业生分配制度，即改变“统招统分”和“包当干部”的就业制度，实行自主择业的制度。

⑤ 改革和完善教育投资体制：即增加教育经费（以国家财政拨款为主，辅之以征收教育税费、收取非义务教育阶段学生学杂费、校办产业收入、社会捐资集资和设立教育基金）。

（4）1995 年的《中华人民共和国教育法》。

1995 年 3 月 18 日，经第八届全国人民代表大会第三次会议通过的《中华人民共和国教育法》（以下简称《教育法》）是中华人民共和国成立以来的第一部教育大法。它以法律的形式巩固了学制的改革成果，并对我国基本教育制度做出了规定：国家实行学前教育、初等教育、中等教育、高等教育的学校教育制度；国家实行九年制义务教育制度。

（5）2006 年修订的《中华人民共和国义务教育法》对学制的规定。

2006 年 6 月 29 日，第十届全国人民代表大会常务委员会第二十二次会议修订通过了《中华人民共和国义务教育法》（以下简称《义务教育法》），明确提出我国义务教育学制主要有“六三三”制（小学 6 年、初中 3 年、高中 3 年）、“五四”制（小学 5 年、中学 4 年），以及不划分两个阶段的“九年一贯制”。其中，还有少数地区实行八年制的义务教育，即小学 5 年、中学 3 年。

真题及解析

3. 我国当前的学制改革

我国现行的学制可以从纵向结构和横向结构两个方面来划分。纵向结构分为四个阶段：(1)学前教育；(2)初等教育；(3)中等教育；(4)高等教育。横向结构分为三个方面：(1)普通教育；(2)职业教育；(3)成人教育。

从形态上来看，我国现行学制是从单轨学制发展而来的分支型学制。

2010 年，中共中央、国务院印发了《国家中长期教育改革和发展规划纲要(2010—2020 年)》(以下简称《教育规划纲要》)，并发出通知，要求各地区各部门结合实际认真贯彻执行。通知指出，《教育规划纲要》是 21 世纪我国第一个中长期教育改革和发展规划，是今后一个时期指导全国教育改革和发展的纲领性文件。

《教育规划纲要》指出，今后一个时期我国教育事业改革发展的工作方针是：优先发展，育人为本，改革创新，促进公平，提高质量。坚持把教育摆在优先发展的战略地位，把育人为本作为教育工作的根本要求，把改革创新作为教育发展的强大动力，把促进公平作为国家基本教育政策，把提高质量作为教育改革发展的核心任务。到 2020 年我国教育事业改革发展的战略目标是“两基本，一进入”，即基本实现教育现代化，基本建成学习型社会，进入人力资源强国行列。

坚持以人为本、全面实施素质教育是教育改革发展的战略主题，其核心是解决好培养什么人、怎样培养人的问题，目标是培养德、智、体、美全面发展的社会主义建设者和接班人，重点是提高学生的社会责任感、创新精神和实践能力，推进思路是坚持德育为先、能力为重、全面发展。

（三）当代学制发展的一般趋势

为了与整个社会变化相适应，各国都在进行学校教育制度的改革。现代教育制度呈现出一些共同的发展趋势。

1. 加强学前教育并重视与小学教育的衔接

第二次世界大战以前，学前教育很少被纳入国家教育体系。第二次世界大战以后，各国政府普遍加强了对学前教育的重视，很多国家将学前教育纳入国家教育系统，并重视与小学教育的衔接工作。学前教育与小学教育的衔接，是由儿童教育的全面性和持续性决定的，对于儿童的智力、心理、人格等的早期开发有着重要的意义。

2. 强化普及义务教育并延长义务教育年限

义务教育是国家采用法律形式规定的，对一定年龄的儿童实施确定年限的学校教育。自 19 世纪中叶，一些欧美国家颁布了初等教育的义务教育法以后，义务教育逐步成为国际潮流，被视为衡量一个国家是否文明的标志之一。现在，世界上有近 1/3 的国家提出了年限不等的普及义务教育目标。

3. 普通教育与职业教育朝着相互渗透的方向发展

普通教育主要是以升学为目标、以基础科学知识为主要教学内容的学校教育，而职业教育是以就业为目标、以从事某种职业或生产劳动所需要的知识和技能为主要教学内容的学校教育。第二次世界大战以后，综合中学的比例逐渐增大，出现了普通教育职业化、职业教育普通化的趋势。

4. 高等教育的类型日益多样化

随着社会生活的多样化和高等教育的大众化，传统的以学术性的强弱为衡量标准的单一大学逐渐发生变化。在形式上，不同学制、不同办学形式的学校纷纷出现；在内容上，基础性、应用性、工艺性的学校各显特色；入学目的、考试评价的方法也多种多样。

5. 终身教育体系的建构

20 世纪 60 年代提出的“终身教育”思想，对国际教育改革产生了重要的影响。它主张在时间上贯穿人的一生，在空间上打通学校与社会、家庭的阻隔，拓展到全社会。在这种思想的影响下，各国都对成人的继续教育给予了高度重视，许多国家把继续教育纳入到学制系统中来，并制定法律予以保证。由此可见，树立终身教育理念，运用终身教育理念指导、规划本国的教育战略，已成为世界教育改革与发展的共同趋势。

三、义务教育制度

视频讲解

（一）义务教育的概念

义务教育是指国家采用法律形式规定的适龄儿童、少年都必须接受的，国家、社会、学校、家庭都必须予以保证的带有强制性的国民教育。其实质是国家依照法律的规定对适龄儿童和青少年实施的一定年限的强迫教育的制度。

真题及解析

（二）义务教育的特点

1. 强制性

强制性又称义务性，是义务教育最本质的特征。强制性包括两层含义：一是适龄儿童必须接受教育；二是国家必须予以保障。义务教育依照法律的规定，由国家强制力保证推行和实施。任何违反义务教育法律规定、阻碍或破坏义务教育实施的行为，都应该承担法律责任，受到强制性处罚或制裁。

2. 普及性

在《教育法》中，从始至终强调在全国范围内实行统一的义务教育，这个统一包括要制定统一的义务教育阶段教科书设置标准、教学标准、经费标准、建设标准、学生公用经费的标准等。这些与统一相关的内容以不同的形式反映到法律的修改中来。如《义务教育法》第四条规定：“凡具有中华人民共和国国籍的适龄儿童、少年，不分性别、民族、种族、家庭财产状况、宗教信仰等，依法享有平等接受义务教育的权利，并履行接受义务教育的义务。”原则上，义务教育覆盖我国所有的适龄儿童、少年，也包括具有接受教育能力的盲、聋、哑、弱智和残疾的儿童、少年。

3. 免费性

免费性又称公益性，是指国家对接受义务教育的学生免除全部或者大部分的上学费用。根据我国《义务教育法》第二条的规定，国家对接受义务教育的学生免收学费、杂费。义务教育的免费性还表现在，对那些贫困的学生不仅免收学费，而且《义务教育法》还规定了国家设立助学金，帮助贫困学生就学。

4. 公共性

义务教育是一种社会公共事业，属于国民教育的范畴。公共性表现在：一是教育与宗教分离；二是义务教育由国家设立或批准的学校来实施；三是实施义务教育的学校和教师具有公共和公务性质；四是国家对实施义务教育进行有效的监督和管理。

5. 基础性

根据《教育法》的规定，所有的适龄儿童、少年都必须完成规定年限的教育，并接受基础知识、基本技能、基本方法和基本态度等方面的教育。义务教育的基础性表现在义务教育是一种全民性的教育，而不是英才教育。

(三) 我国的义务教育制度

中华人民共和国成立以后，党和政府十分重视基础教育，多次提出在全国普及初等教育。1985 年 5 月，中共中央颁布了《中共中央关于教育体制改革的决定》，明确提出了制定《义务教育法》、普及九年制义务教育的任务。

1986 年 4 月 12 日，第六届全国人民代表大会第四次会议审议通过的《义务教育法》，规定国家实行九年制义务教育，标志着我国已确立了义务教育制度。《义务教育法》对义务教育的主体、入学、教育教学、实施、物质保障等方面从法律上做出了比较全面的保证。这是一部意义深远的法律，它的颁布和实施意味着“国家实行九年制义务教育”从此成为法定义务，揭开了中国教育史上以法治教的新篇章，标志着我国基础教育普及发展到了一个新阶段，对于提高全民族的素质，促进两个文明的建设具有重要的意义。

2006 年 6 月 29 日，第十届全国人民代表大会常务委员会第二十二次会议对《义务教育法》进行了修订，规定了“国家实行九年制义务教育制度”“实施义务教育，不收学费、杂费”“义务教育实行国务院领导，省、自治区、直辖市人民政府统筹规划实施，县级人民政府为主管理的体制”等一系列制度，对于学龄儿童的入学年龄，接受义务教育的年限、权利和义务等都做了明文规定。

第6章　教育研究及其方法

知识体系及思维脉络

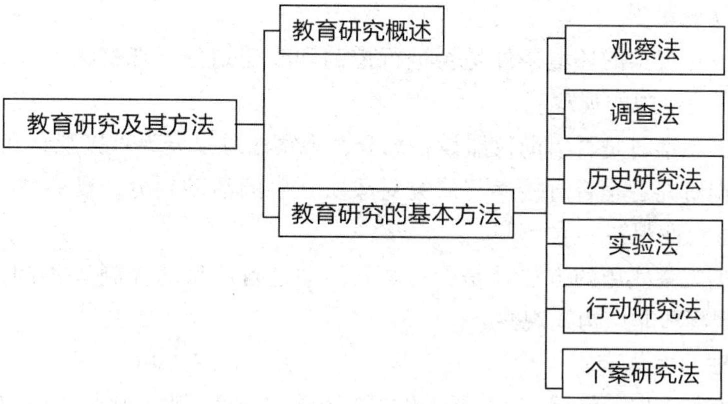

核心考点及学习提示

◆核心考点

教育研究的概念和基本要素，教育研究的基本方法。

◆学习提示

考试重点：教育研究的基本要素；教育文献的类型，教育研究计划（或方案）的主要内容；观察法、调查法、历史研究法、实验法、行动研究法和个案研究法的概念及其实施步骤。

考试难点：教育实验法。

一、教育研究概述

教育研究是指以教育现象或教育问题为对象，运用各种科学方法，遵循科学的认识过程，根据对收集到的事实材料的分析，对假设或理论进行检验，以揭示教育现象的本质及其客观规律的活动。教育研究是教育科学自身发展的基本途径。

教育研究一般由客观事实、科学理论和方法技术三个基本要素构成。

二、教育研究的基本方法

（一）观察法

1. 观察法的概念

观察法是指研究者在自然环境下，通过感官或借助于一定的科学仪器，有目的、有计划地对研究对象进行系统考察，从而获取经验事实的一种研究方法。观察法是教育研究中使用广泛的基本研究方法。

2. 观察法的类型

（1）根据对观察的环境条件是否进行控制和改变划分，观察法可以分为自然情景中的观察和实验室中的观察。

（2）根据观察时是否借助仪器设备划分，观察法可以分为直接观察和间接观察。

（3）根据研究者是否直接参与研究对象所从事的活动划分，观察法可以分为参观性观察和非参观性观察。

（4）根据观察实施的方法（是否对观察活动进行严格的控制）不同，观察法可以分为结构式观察和非结构式观察。

3. 观察法的实施步骤

观察法的实施步骤包括：(1) 事先做好充分的准备，制订观察计划；(2) 按照计划进行实际观察，并做好记录；(3) 及时整理和分析观察记录，得出结论。

（二）调查法

1. 调查法的概念

调查法是指研究者通过问卷、访谈、测验等方式，有目的、有计划地收集研究对象的有关资料，对取得的第一手资料进行分析综合，从而揭示事物的本质和规律，寻求解决实际问题的方案的一种研究方法。教育调查是了解教育情况、研究教育问题的基本方法。它对于制定教育规划、检查教育质量、总结教育经验都起着重要作用。

真题及解析

2. 调查法的类型

（1）按照调查对象的选择范围划分，调查法可以分为普遍调查、抽样调查和个案调查。

（2）依据调查内容划分，调查法可以分为现状调查、相关调查、发展调查和预测调查。

（3）依据调查的方法和手段划分，调查法可以分为问卷调查、访谈调查、测量调查和调查表法。

3. 调查法的实施步骤

（1）根据研究课题的性质、目的、任务，确定调查对象和调查地点，选择适当的调查类型和调查方式。

（2）拟订调查计划。

（3）做好研究者培训和调查资料、调查器材等的准备工作。

（4）进行试探性调查。

（5）实施调查。

（6）整理分析调查资料，写出调查研究报告。

（三）历史研究法

1. 历史研究法的概念

真题及解析

历史研究法是指通过考察事物发生和发展的过程，揭示其本质和发展规律的一种研究方法。对中学教师而言，即对所从事的教育教学工作过程加以回顾，通过分析和思考，将教育措施、教育现象与教育效果之间的关系的感性认识上升到理性认识的一种研究方法。

2. 历史研究法的实施步骤

（1）确定研究问题。

（2）收集、鉴别、分类和评价历史材料。

（3）将所得的历史材料加以综合整理，形成结论。

采用历史研究法探讨教育现象和教育问题有一定的局限性：一是由于只能在现存的文献与史料中寻找证据，资料的数量有限，加之资料本身是否可靠的问题，因此在应用上会受到一定的限制；二是研究中的史料由研究者解释，难免夹带主观成分，客观性不及其他的实证方法，因此在分析解释研究结论时要格外小心谨慎。

（四）实验法

1. 实验法的概念

真题及解析

实验法是指研究者按照研究目的，合理地控制或创设一定的条件，人为地影响研究对象，从而验证假设，探讨条件和教育现象之间的因果关系的一种研究方法。

2. 实验法的类型

（1）根据实验进行的场所划分，实验法可以分为实验室实验和自然实验。

（2）根据实验的目的划分，实验法可以分为确认性实验、探索性实验和验证性实验。

（3）根据同一实验中自变量因素的多少划分，实验法可以分为单因素实验和多因素实验。

3. 实验法的实施步骤

（1）实验的准备阶段。研究者选定实验研究的课题，决定实验的形式，确定实验的自变量和因变量，选择实验对象，制订实验计划，创造实验条件，准备实验用具。

（2）实验的实施阶段。研究者根据实验设计进行初试、编组、控制实验情境、后测、记录实验情况。

（3）实验结果的总结评价阶段。研究者整理和分析实验数据、确定误差范围，对研究假设进行检验，得出实验结论并编制报告。

（五）行动研究法

1. 行动研究法的概念

行动研究法是指将研究者和实践者、研究过程与实践过程结合起来，在现实情境中通过自主的反思性探索，解决实际问题的一种研究活动。行动研究法被国内外公认为是最适合中小学教师采用的研究方法。

2. 行动研究法的实施步骤

（1）研究者确定研究课题，发现教育问题，选定研究主题，并尽可能地明确研究问题的种类、范围、性质、形成过程及可能影响，使要研究的课题变得更具体、更清晰。

（2）研究者拟订研究计划，明确课题研究的总目标，并围绕总目标设计研究方法、研究程序和监控手段等。

（3）研究者实施行动研究，收集资料、拟订并实施有效的教育措施。

（4）研究者进行结果的总结评价。研究者对行动的过程和结果做出判断评价，根据各种信息反馈修正研究计划，再实施新一轮行动研究，直至实现研究总目标。

（六）个案研究法

1. 个案研究法的概念

个案研究法是指研究者在自然状态下，对单一的研究对象进行全面、深入的调查和分析来认识该研究对象的现状或发展变化的一种研究方法。

2. 个案研究法的实施步骤

（1）研究者确定研究对象。

（2）研究者收集个案资料，包括个案的个人资料、学校有关记录、家庭背景和社会背景等。

（3）研究者整理和分析收集到的各种资料。

（4）研究者形成研究结论，并进一步提出改进个案的建议。

模块一　练习题

答案解析

一、单项选择题

1. 西方教育史上第一位将“教育与生产劳动相结合”这一思想付诸实践的教育家是（　　）。

A. 裴斯泰洛齐　　B. 昆体良　　C. 夸美纽斯　　D. 卢梭

2. 我国唐代设立中央官学主要反映了古代教育的（　　）。

A. 刻板性　　B. 等级性　　C. 宗教性　　D. 民主性

3. 提出“只有受过一种适合的教育之后，人才能成为一个人”思想的教育家是(　　)。

A. 赫尔巴特　　B. 夸美纽斯　　C. 杜威　　D. 斯宾塞

4.《学记》中“藏息相辅”教学原则强调（　　）。

A. 教学要遵循一定的顺序进行　　B. 启发式教学

C. 教学要把握最佳时机　　D. 课内与课外相结合

5. 西汉时期实行的“废黜百家，独尊儒术”的文教政策体现了教育的（　　）。

A. 相对独立性　　B. 继承性　　C. 历史性　　D. 永恒性

6. 礼、乐、射、御、书、数是我国（　　）的教育内容。

A. 现代社会　　B. 奴隶社会　　C. 原始社会　　D. 封建社会

7. 我国教育的劳动起源说的代表是（　　）。

A. 康有为　　B. 陶行知　　C. 杨贤江　　D. 郑观应

8. 外部影响转化为内部发展的要素的根据是（　　）。

A. 实践　　B. 主观能动性　　C. 教育　　D. 训练

9. 孟禄认为“全部教育都归之于儿童对成人的无意识模仿”，这种观点是教育起源论中的（　　）。

A. 生物起源说　　B. 交往起源说　　C. 心理起源说　　D. 劳动起源说

10. 提出“泛智”教育思想，探讨“把一切事物教给一切人类的全部艺术”的教育家是（　　）。

A. 夸美纽斯　　B. 赞可夫　　C. 苏霍姆林斯基　　D. 杜威

11. 明确提出“师严而后道尊，道尊然后民知敬学”的思想著作是（　　）。

A.《论语》　　B.《大学》　　C.《学记》　　D.《礼记》

12. 将人的灵魂分为营养的灵魂、感觉的灵魂和伦理的灵魂，并据此主张实施体育、德育和智育的古希腊教育思想家是（　　）。

A. 苏格拉底　B. 柏拉图　C. 亚里士多德　D. 毕达哥拉斯

13.《学记》中“道而弗牵，强而弗抑，开而弗达”体现了教学的（　）。

A. 直观性原则　B. 巩固性原则　C. 启发性原则　D. 循序渐进原则

14. 下列选项中，（　）是素质教育的时代特征。

A. 面向全体学生　B. 培养创新精神

C. 促进学生全面发展　D. 促进学生的个性发展

15.《论语》中“学而时习之”体现的教学原则是（　）。

A. 创新性原则　B. 启发性原则

C. 巩固性原则　D. 理论联系实际原则

16. 下列哪个选项没有说明社会环境对人的发展的影响？（　）

A. 近朱者赤，近墨者黑　B. 孟母三迁

C. 蓬生麻中，不扶自直　D. 出淤泥而不染

17. 教育目的是整个教育工作的核心，是教育活动的出发点和归宿，体现了教育目的的（　）。

A. 导向作用　B. 激励作用　C. 选择作用　D. 评价作用

18. 我国古代的“六艺”和欧洲中世纪的“七艺”都反映了古代教育的（　）特征。

A. 教育的阶级性　B. 教育形式的个别教育

C. 教育与生产劳动相脱离　D. 教育的普及

19. 学校中物质文化、制度文化、精神文化的高度统一体是（　）。

A. 校训　B. 文化　C. 校规　D. 校风

20. 20 世纪 20 年代，抱着教育救国思想，从事平民教育、乡村教育运动，创办晓庄师范、实践生活教育理论，著有《中国教育改造》的教育家是（　）。

A. 鲁迅　B. 徐特立　C. 陶行知　D. 梁启超

21. 提出通过集体、在集体中进行教育主张的教育家是（　）。

A. 苏霍姆林斯基　B. 马卡连柯　C. 赞可夫　D. 凯洛夫

22. 高尔顿统计了英国的法官，发现 1/9 有父子或兄弟关系。于是他得出结论说，当法官的能力是遗传的，这些法官天生就继承了当法官必备的品质。这种观点属于（　）。

A. 遗传决定论　B. 环境决定论　C. 社会决定论　D. 个人本位论

23.“吾十有五而志于学，三十而立，四十而不惑，五十而知天命，六十而耳顺，七十而从心所欲，不逾矩。”这段话体现出的教育思想是（　）。

A. 素质教育　B. 终身教育　C. 全人教育　D. 全纳教育

24. 个体身心发展的（　）决定了教育工作必须循序渐进。

A. 顺序性　B. 不平衡性　C. 阶段性　D. 个别差异性

25. 促进个体发展从潜在的可能状态转向现实状态的决定性因素是（　）。

A. 遗传素质　B. 学校教育

C. 社会环境　D. 个体的主观能动性

二、简答题

1. 为什么说学校教育对人的发展起主导作用？
2. 简述确立我国教育目的的依据。
3. 简述影响人的身心发展的因素。
4. 简述人的身心发展的一般规律及教育启示。

三、辨析题（判断正误，并说明理由）

1. 环境在个体的身心发展中起着决定作用。
2. 教学与教育两个概念是对同一事物的不同表述。
3. 教育教学管理中应该民主，所以，在教学过程中就不能以教师为主导。
4. “道而弗牵，强而弗抑，开而弗达”体现了教学的循序渐进原则。
5. 所有的教学活动中都渗透着德育。
6. 义务教育的实质是为高一级学校输送优质生源。

模块二　中学课程

考纲要求

1. 了解不同课程流派的基本观点，包括学科中心课程论、活动中心课程论、社会中心课程论等；理解课程开发的主要影响因素，包括儿童、社会以及学科特征等。

2. 掌握基本的课程类型及其特征，其中包括分科课程、综合课程、活动课程，必修课程、选修课程，国家课程、地方课程、校本课程，显性课程、隐性课程等。

3. 了解课程目标、课程内容、课程评价等含义和相关理论。

4. 了解我国当前基础教育课程改革的理念、改革目标及其基本的实施状况。

考试权重

模块	分值比例	分值	题型	重点提示
中学课程	约 6%	约 10 分	单项选择题 简答题 材料分析题	本模块是国家教师资格考试“教育知识与能力（中学）”考查的重点。要求理解并掌握课程的基础知识和基本理论，尤其是要能够运用新课程改革理念及相关知识分析解决中学教育教学中的实际问题

第 7 章　课程基础知识

知识体系及思维脉络

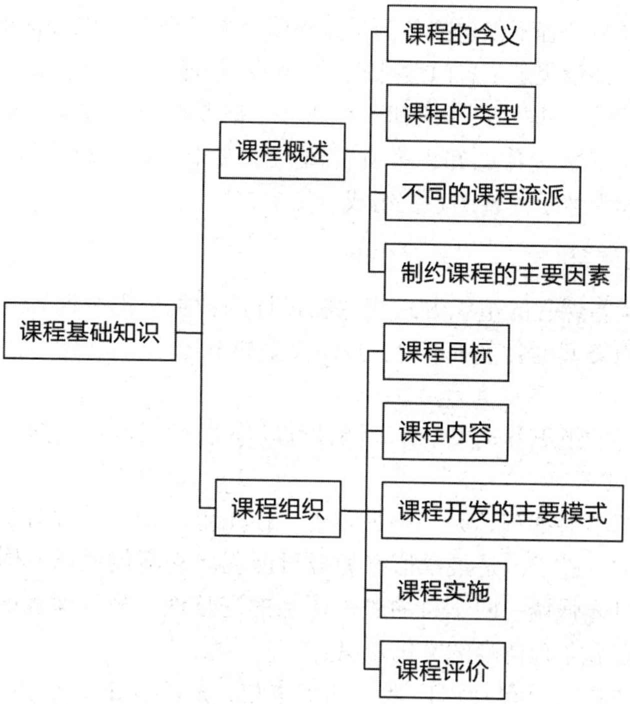

核心考点及学习提示

◆*核心考点*

课程的含义，课程的类型及其划分依据；课程内容的表现形式，课程评价。

◆*学习提示*

考试重点：课程的含义；分科课程，活动课程，隐性课程；课程计划，课程标准，教材；泰勒的目标模式；课程评价及其主要类型。

考试难点：运用课程基础知识和基本理论，分析、解决中学教育教学中的实际问题。

一、课程概述

(一) 课程的含义

课程即课业及其进程。课程有广义和狭义之分。广义的课程，是指为实现学校教育目的而规定的教育内容的总和及其进程安排；狭义的课程特指某一门学科。我们所研究的课程是广义的，是各级各类学校为了实现培养目标而规定的学习科目及其进程的总和。课程包含三个方面的含义：(1)课程指学校中所要进行的德、智、体、美等全部教育内容的总和；(2)课程不仅包括各门学科教学，而且还包括课外活动、家庭作业和社会实践等活动；(3)课程规定了各门学科的顺序和课时分配、学年编制和学周安排。

在我国，“课程”一词始见于唐朝。在西方，把课程用于教育科学的专门术语，始见于英国教育家斯宾塞《什么知识最有价值》一文中。作为教育科学的重要倡导者，斯宾塞把课程解释为教学内容的系统组成。

真题及解析

(二) 课程的类型

课程的类型是指课程的组织方式或课程设计的种类。由于课程类型划分的角度不同，所设计的课程类型也会有所不同，具体类型如下：

1. 分科课程、综合课程和活动课程

根据课程内容的组织方式来划分，课程可以分为分科课程、综合课程和活动课程。

(1) 分科课程。

真题及解析

分科课程又叫学科课程，是一种最古老、使用范围最广的课程类型。中国古代的“六艺”、西方的“七艺”，是最早形态的分科课程。它不仅强调不同学科门类之间的相对独立性，而且还强调一门学科的逻辑体系的完整性。分科课程的主导价值在于使学生获得逻辑严密和条理清晰的文化知识。

分科课程的主要特点包括：① 强调知识本位，从不同的知识体系出发设计课程；② 以知识的内在逻辑体系为核心编制课程；③ 重视学科的理论知识，强调把基本概念、基本原理、基本规律和基本事实教给学生。

(2) 综合课程。

综合课程又称广域课程，是指打破传统分科课程的知识区域，组合两个或两个以上的学科领域构成的课程。它由英国教育家怀特海率先提出，强调学科之间的关联性、统一性和内在联系。综合课程的主导价值在于通过相关学科的整合，促进学生认识的整体性发展，并把握解决问题的全面的视野和方法。其根本目的是克服学科课程分科过细的缺点。

综合课程的特点包括：① 符合科学发展的趋势，贴近社会现实和实际生活，有利于丰富和拓展学习内容的内涵和外延；② 有利于强化学生的学习动机，发挥学生的迁移能力，提高学习效率；③ 综合课程中的每门学科都具有自身的逻辑和结构，在实施过程中面临许多困难，如教材的编写、师资等问题。

(3) 活动课程。

活动课程也称经验课程、儿童中心课程，是指为了打破学科逻辑组织的界限，从儿童的兴趣和需求出发，以儿童的经验为基础，以活动为中心组织的课程。

活动课程有多种含义：① 如果强调以儿童活动为中心，则称活力课程或儿童中心课程；② 如果强调以儿童生活为中心，则称生活课程；③ 如果强调以改造儿童经验为目的，则称经验课程；④ 如果强调设计教学的方法，则称设计课程；⑤ 如果强调无固定教材，则称随机课程。

活动课程的特点包括：① 从儿童的需要、兴趣和个性出发设计课程；② 以儿童的心理发展顺序为中心编制课程；③ 主张儿童在活动中探索、尝试错误、学到方法，注重训练学生的综合能力和个性的养成。

2. 必修课程和选修课程

根据课程计划对课程实施的要求或对学生的学习要求的角度来划分，课程可以分为必修课程和选修课程。

（1）必修课程。

必修课程是指国家、地方或学校规定学生必须学习的公共课程，是为了保证所有学生的基础学习而开发的课程。必修课程通常包括公共课、基础课和专业课。必修课程的主导价值在于培养和发展学生的共性，体现对学生的基本要求。

（2）选修课程。

选修课程是指依据不同学生的特点与发展方向，容许个人选择的课程，是为了适应学生的个性差异而开发的课程。选修课程的主导价值在于满足学生的兴趣、爱好，培养和发展学生的良好个性。

3. 国家课程、地方课程和校本课程

根据课程设计、开发和管理主体的不同划分，课程可以分为国家课程、地方课程和校本课程。

真题及解析

（1）国家课程。

国家课程是指根据所有公民基本素质发展的一般要求设计的课程。国家课程反映了国家教育的基本标准，体现了国家对各个地方、社区的中小学教育的共同要求。它是由中央教育行政机构编制和审定的课程，其管理权属于中央级教育机关。国家课程编订的宗旨是保证国家实现普通教育的培养目标和提高普通教育的先进水平，规定学生应掌握的基础知识和基本能力，体现国家对教育的基本要求，以保证教育的质量。这类课程的课程计划、课程标准和教材由国家统一审定，非经批准，地方不得随意变动。

国家课程属于一级课程，其主导价值在于通过课程体现国家的教育意志，确保所有公民的共同基本素质。它对政治方向的把握、教育方针的贯彻、培养目标的落实起着决定性作用。

（2）地方课程。

地方课程是指由地方各级教育主管部门根据国家课程政策，以国家课程标准为基础，在一定的教育思想和课程观念的指导下，根据地方经济、政治、文化的发展水平及其对人才的特殊要求，充分利用地方课程资源而开发、设计、实施的课程。它是不同的地方对国家课程的补充，反映了地方和社区对学生素质发展的基本要求，具有鲜明的地域色彩。

地方课程属于二级课程，其主导价值在于通过课程满足地方社会发展的现实需要。

（3）校本课程。

校本课程是指通过对本学校学生的需要进行科学评估，充分利用当地社区和学校的课程资源而开发的多样性的、可供学生选择的课程。校本课程开发的主体是教师。即在具体实施国家课程和地方课程的前提下，通过对本学校学生的需求进行科学评估，充分利用当地社区和学校的课程资源而开发的多样性的、可供学生选择的课程。校本课程的目的在于尽可能地满足社区、学校、学生的差异性。

校本课程的主导价值在于通过课程展示学校的办学宗旨和办学特色。

4. 显性课程和隐性课程

根据课程的呈现方式划分，课程可以分为显性课程和隐性课程。

（1）显性课程。

显性课程也叫公开课程、正规课程，是指在学校情境中以直接、明显的方式呈现的课程，即学校有目的、有计划传授的课程。显性课程的主要特征之一就是计划性，这是区分显性课程与隐性课程的主要标志。

（2）隐性课程。

隐性课程也叫潜在课程、非正规课程、自发课程，是指学校情境中以间接、内隐的方式呈现的课程，如校风和学风等。隐性课程是伴随着显性课程而生的，没有显性课程也就没有隐性课程。隐性课程具有非预期性、潜在性、多样性、不易觉察性的特点。最早提出“隐性课程”这一概念的是美国教育家、课程理论专家杰克逊。

学校里的隐性课程主要包括以下三个方面的内容：

①物质方面的隐性课程，主要指学校中的建筑物、设备、景观和空间的布置等；

②制度方面的隐性课程，主要指学校的组织制度、知识的选择、管理评价、利益分配制度等；

③文化、心理方面的隐性课程，主要指师生关系、同伴关系、校风、班风、教风等。

（三）不同的课程流派

1. 学科中心课程论

视频讲解

学科中心课程论是最早出现、影响最广的课程理论，又称知识中心课程论。学科中心课程论主张课程要分科设置，分别从相应的科学领域中选取知识，根据教育教学需要分科编排课程，进行教学。夸美纽斯、赫尔巴特、斯宾塞和布鲁纳等是学科中心课程论的代表人物，要素主义、结构主义是学科中心课程论的代表理论。

真题及解析

（1）学科中心课程论的基本观点。

学科中心课程论的基本观点是主张教学内容应以学科为中心，根据不同的学科对应设置课程，通过学科教学，使学生掌握各学科的基本知识、基本技能、思想方法，从而形成学生的知识结构。这些主张对学校的课程设置具有重要的理论意义和实践价值，因而至今仍是学校课程设置的主要依据。但是，学科中心课程论较多强调的是按照知识体系编制课程，而对社会生活与生产实际不够重视；对于学生学习上的兴趣、爱好、需要和接受能力等心理准备也较少关注。

（2）学科中心课程论的优点与局限性。

学科中心课程论的优点在于，该理论明确了学科知识与课程的关系，强调学科知识在课程发展中的优先性，具有一定的历史进步意义，有助于系统地传承人类文化遗产，有助于学生获得系统的文化知识，有助于组织教学与评价，便于提高教学效率。

学科中心课程论的局限性包括：① 以知识的逻辑体系为核心组织课程，容易忽视学生的需要、经验和生活；② 按照各门学科的类别组织课程，容易将原本整体的知识割裂开来；③ 学科中心课程囿于对知识自身的关注，容易脱离现实社会。

如以美国教育家巴格莱为代表的要素主义强调课程的内容应该是人类文化的“共同要素”，提出课程设置原则中首先要考虑的是国家和民族的利益，最有效能和最有效率的方法就是学科课程。以美国教育家赫钦斯为代表的永恒主义则认为“永恒学科”是具有理智训练价值的课程，进一步阐释了名著课程和教材所具有的优越性。

2. *活动中心课程论*

活动中心课程论又叫儿童中心课程论或经验课程论，是指以经验为中心的课程理论。其代表人物是美国的杜威及其学生克伯屈，主张以学生的兴趣、爱好、动机、需要等为价值取向，以儿童社会活动为中心来研制课程和组织教学。

真题及解析

（1）活动中心课程论的基本观点。

活动中心课程论的基本观点包括：① 主张一切学习都来自于经验，而学习就是经验的改造或改组；② 主张学习必须和个人的特殊经验发生联系，教学必须从学生已有的经验开始；③ 主张打破严格的科学界限，有步骤地扩充学习单元和组织教材，强调在活动中学习，而教师应从中发挥协助作用。

奠定活动中心课程论基础的是美国实用主义教育家杜威。他认为，学校科目相互关系的真正中心，不是科学、不是文学、不是历史、不是地理，而是儿童本身的社会活动。他提倡学生“在做中学”，主张编制课程应与学生的生活经验发展顺序相一致，在活动中学习，通过活动获得经验、培养兴趣、解决问题，培养科学的思想、态度和思维方法，使学生掌握解决实际问题的知识。

（2）活动中心课程论的优点与局限性。

活动中心课程论的优点包括：① 重视学生的需要与兴趣，尊重学生的主体性，有利于学生学习的主动性和积极性的发挥；② 有利于将人类知识的各个领域以活动为中心整合起来；③ 强调实践活动，重视学生通过亲身体验获得直接经验，有利于培养学生解决实际问题的能力；④ 重视课程的综合性，主张以社会生活问题来统合各种知识，有利于学生获得对世界的完整认识。

活动中心课程论的局限性在于：过分地夸大了学生个人经验的重要性，忽视了知识本身的逻辑性，只能使学生学到一些支离破碎的知识，降低了学生的系统知识水平，最终导致教学质量的下降。此外，活动中心课程不指定具体明确的课程标准和教材，活动的教材根据学生的兴趣和需要而定，因此活动课程往往带有随意性和狭窄性。

如以美国教育家奈勒为代表的存在主义认为课程最终要取决于学生的需要，应当把教材看作是自我和自我实现的手段，学生应成为教材的主宰，人文学科应该成为课程的重点。

3. 社会中心课程论

社会中心课程论又叫社会改造主义课程论，强调社会对教育的制约作用，主张围绕重大社会问题来组织课程内容，重视道德教育和社会权威的作用。社会中心课程论的早期代表人物有康茨和拉格等人，20 世纪 50 年代后的主要代表人物为社会改造主义代表布拉梅尔德，批判理论的代表金蒂斯、布厄迪等。

（1）社会中心课程论的基本观点。

社会中心课程论的基本观点包括：① 社会改造是课程的核心；② 学校课程应以建造新的社会秩序为方向，应该把学生看作社会的一员；③ 课程知识应该有助于学生的社会反思，课程的价值既不能根据学科知识本身的逻辑来判断，也不能根据学生的兴趣、需要来判断，而应该有助于学生的社会反思，唤醒学生的社会意识、社会责任和社会使命；④ 社会问题而非知识问题才是课程的核心问题；⑤ 应吸收不同的社会群体参与到课程开发中来。

社会中心课程论认为，教育的根本价值是社会发展，学校应该致力于社会的改造而不是个人的发展。为此，该理论批判活动中心课程论过于注重学生的个人需要、兴趣、自由及活动，而忽视了社会的需要，主张课程的最终价值是社会价值，课程是实现未来理想社会的运载工具。

（2）社会中心课程论的优点与局限性。

社会中心课程论的优点在于该理论强调课程建设要关注社会焦点问题，反映社会政治经济变革的客观需求，课程学习应深入到社会生活中，强调课程结构有意义的统一性，深刻认识到社会因素对教育的制约作用。因此，它具有一定的特色和优势。

社会中心课程论的局限性在于该理论夸大了学校变革社会的功能，把课程设置的重心完全放在适应和改造社会生活上，忽视了学生的主体性，阻碍了学生主体意识和能力的发展，其预想的课程目标很难实现。

4. 人本主义课程论

人本主义课程论是以人本主义心理学为基础，在批判结构主义课程理论的过程中逐步发展起来的。其最著名的代表人物是马斯洛和罗杰斯。人本主义课程论的主要观点如下：

（1）教育的根本价值是实现人的潜能和满足人的需要。

人本主义课程论敏锐地指出，结构主义课程对培养社会和科技精英目的的追求，导致了人的畸形化，遗失了人的价值。因此，课程必须走出英才教育思想的桎梏，建立新的教育价值。人是具有心理潜能的，潜能的实现具有内在倾向性；需要是潜能的自然表现，潜能是价值的基础，需要表现价值。所以，课程的教育价值不是别的，就是实现人的潜能和满足人的需要。

（2）教育的根本目的是培养“完人”。

人本主义课程论指出，结构主义课程培养出来的人是人格不健全的人，其大肆鼓吹的学科分化是倒行逆施，而且科学逻辑和学习逻辑的同一性是值得怀疑的，探索-发现学习也存在适应性的问题。该理论提出，教育的目的是培养人格健全、和谐发展和获得自由的“完人”。这样的“完人”，首先是多种多样的潜能得以发挥，表现为各个层次的需要得以和谐实现；其次是情意发展和认知发展的和谐统一，包括情感、感情和情绪的发展，认知、理智和行为的发展，以及情意与认知、情感与理智、情绪与行为发展的统一。

（3）主张平行课程。

为了实现人本主义的教育价值和教育目的，需要建立和实施平行课程体系，包括学术性课程、社会体验课程和自我实现课程。因此，一种人本主义的并行课程整合模式也应运而生，它由知识课程、情意课程和体验整合课程有机结合而成。

（4）主张有意义学习。

美国著名人本主义心理学家罗杰斯指出，人类学习有两种类型：一是无意义学习，比如，无意义音节的学习，这类学习只涉及心智，不涉及感情或个人意义，与“完人”无关。二是有意义学习，是指一种使个体的行为、态度、个性以及在未来选择行动方式时发生重大变化的学习。这不仅是一种增长知识的学习，而且是一种与每个人的各部分经验都融合在一起的学习。

有意义学习理论的基本观点如下：

① 人类有一种天然的学习倾向。

② 有意义学习通常是在学生认识到学习材料与自己的目的有关的情况下出现的。当学生看出自己所学习的东西能够保持和发展自我时，他就会进行有意义学习。对学习的意义理解不同，会影响学习的方向、分量和速度。

③ 许多有意义学习是通过学生的实际活动进行的。

④ 学生的整个身心（包括他的认知活动和情意活动）灌注其中的自发学习，往往是最持久和最深入的学习。自发学习的关键是获得学习的自由。

⑤ 凡是引起自我概念变化的学习往往对个体是一种精神威胁，因而容易遭到拒绝。自我概念是指一个人的价值观、信念和基本态度。

⑥ 有意义学习在当代多变的世界中应是对学习过程的学习。

（四）制约课程的主要因素

课程是随社会的发展而演变的，课程反映了一定社会的政治、经济要求，受一定社会生产力和科学文化发展水平以及学生身心发展规律的制约。

1. 一定社会发展水平与需求

社会需求包括生产、政治、经济、道德、文化、科技等多方面。学校课程是这些需求综合作用的结果，它决定了学校课程发展的方向。学校课程直接受制于教育目的和培养目标。因此，在学校发展的不同历史阶段有不同的课程设置。社会时代发展的状态与需要是形成不同时代学校教育课程总体结构体系重大差别的重要原因。一般来说，社会需要什么样的人，能够培养什么样的人，是确定课程目标、选择课程内容、编制教科书和评价课程实施效果的根据。所以，即使在生产、科技发展水平相近和政治制度相近的一些国家中，对课程内容的具体规定也总具有差异性。

2. 科学知识的进步

人类积累的科学知识是课程的重要源泉，促进课程内容的更新和组织形式的改变。课程内容总是从人类积累的知识总和中，根据一定的标准精选出来的，体现人类科学知识的基本要素和精华。所以，科学知识的发展水平为学校的课程设置提供了前提条件，科学技术发展的水平也为学校课程内容的设置提出了要求。课程内容应反映各门学科中那些具有高度科学价值和实践价值的基本理论、基本法则和基本要领。课程的编制应考虑学科体系的完整性、知识结构的内在逻辑性，应反映现代科学技术发展的水平，以保证学校课程的科学性和系统性，如自然科学的发展影响课程设置的水平、性质和特征。自然科学发展的历史顺序与普通学校开设的科目基本上是同步的。自然科学中新的发明或发现，对课程发展变化的方向、内容、结构和形式都有显著的影响。现代科学技术发展很快，使许多的学科相互渗透，横断科学、边缘科学不断产生，新技术不断涌现。为了适应这种变化，许多国家对原有的一些课程进行了修改，增加了新课程，开设了综合课程和选修课程。

3. 学生的年龄特征、知识、能力基础及其可接受性

第一，学生的学习发展需要制约课程开发的方向。

第二，学生的年龄特征、知识能力基础及其可接受性，影响各学校的课程计划、课程标准和教材组织。如课程内容的深度、广度和逻辑结构，不仅要符合学生的年龄特征，符合学生身心发展的一般规律，而且还要能够正确处理需要与可能、现实与发展的关系，从而最大限度地促进学生身心和谐地发展。

4. 课程理论

课程有自身的独特性，建立在不同的教育哲学理论基础上的课程理论和课程的历史传统会深刻影响课程的目标、内容、开发、实施和评价等。在教育历史上出现过的很多种课程理论都对课程的设置产生了直接的影响。如以夸美纽斯和赫尔巴特为代表的学科中心课程论，以杜威为代表的活动中心课程论，以布拉梅尔德为代表的社会中心课程论，以及以马斯洛和罗杰斯为代表的人本主义课程论。无论是课程内容的组织与编制、课程目标的制定还是课程评价的依据或标准的确定，都各有其自身的特点。

5. 学科的特征影响课程的编制

学科特征是影响课程编制的重要因素。课程要解决的重要问题：一是要研究学校课程中应该包括哪些学科知识和技能，如何确定各门学科的基础知识和基本技能；二是要研究怎样迎接新技术革命的挑战，改革现有课程，力求做到在保证科学基础知识和基本技能的有效学习范围内，吸收新的科学成就，更新现有的课程。总之，编制课程的目的是让学生掌握知识、发展智力，进而丰富人类知识的宝库。

二、课程组织

(一) 课程目标

1. 课程目标的含义

课程目标是指课程本身要实现的具体目标和具体意图。课程目标规定了某一教育阶段的学生通过课程学习以后，在发展品德、智力、体力、体质等方面期望实现的程度，它是确定课程内容、教学内容和课程方法的基础。

(1) 广义的课程目标。

广义的课程目标的含义定位于教育与社会的关系，是一个比较大的视角，涵盖面是多层次的。它是教育意图，包含教育方针、教育目的、培养目标、课程教学目的和

教学目标，而教学目标又包括年级教学目标、单元教学目标和课时教学目标。

（2）狭义的课程目标。

狭义的课程目标的含义定位于教育内部的教育与学生的关系，是一个相对狭窄而具体化的视角。它的涵盖面是特定的，主要指教育目标。在狭义上，课程目标不包括教育方针，只包括教育目的、培养目标、课程教学目的和教学目标。

2. 制定课程目标的依据

制定课程目标的依据主要有三个方面：对学生的研究、对社会的研究和对学科的研究。

（1）对学生的研究。

对学生的研究就是要找出教师期望在学生的身上所要达到的预期结果。它比较强调课程的个人发展及价值，通常包括三个方面的内容：① 了解学生身心发展的现状，并把它与理想的常模加以比较，确认其中存在的差距；② 了解学生个体的需要；③ 了解学生的兴趣和个性差异。

（2）对社会的研究。

对社会的研究涉及的内容极为广泛，在课程领域里通常采用的方法是把社会生活划分为若干个有意义的方面，再分别对各个方面进行研究。美国心理学家拉尔夫·泰勒介绍的一种可行的分类是：① 健康；② 家庭；③ 娱乐；④ 职业；⑤ 宗教；⑥ 消费；⑦ 公民。他认为这种分类有利于把整个社会生活分解成一些便于控制的方面，保证不遗漏任何重要的东西。

（3）对学科的研究。

学校课程毕竟是要传递通过其他的社会经验难以获得的知识，而学科是知识的最主要的支柱。由于学科专家熟悉该领域的基本要领、逻辑结构、探究方式、发展趋势以及该学科的一般功能及其与相关学科的联系。所以，学科专家的建议是课程目标确定的最主要的依据之一。事实上，大多数课程的教科书通常就是由学科专家编写的。

学生、社会和学科这三个因素是交互作用的，对任何单一因素的研究结果都不足以成为课程目标的唯一来源。如果过于强调某一因素，就会走向极端。课程史上出现过的学生中心课程、社会中心课程、学科中心课程这类典型的例子不计其数，它们基本上都是以失败告终的。因而，在制定课程目标时，应从这三个角度分别进行思考和研究，寻求最佳的结合。

（二）课程内容

课程内容（课程的文本）主要表现为课程计划、课程标准和教材。

1. 课程计划

（1）课程计划的含义。

课程计划又称教学计划，是指根据一定的教育目的和不同类型学校的教育任务，由国家教育主管部门制定的有关教学和教育工作的指导性文件。

（2）课程计划的基本内容。

课程计划的基本内容由以下四个部分组成：

真题及解析

视频讲解

① 课程设置。

课程设置是指根据国家的教育目的和各级各类学校的任务、培养目标和修业年限来确定学校的学科和课程。课程的设置是课程计划的中心问题。中小学的课程设置基本以科学的分类为依据，并选择其中最一般的、青少年一代最需要的科学知识来构成学科。各门学科既有自己的独立系统，彼此之间又有必要的联系。

② 学科顺序。

学科顺序是指根据修业年限，学科内容，各科之间的衔接，学生的发展水平、接受能力等因素而确定的学科开设的顺序。课程计划中设置的各门学科不能齐头并进，也不宜单科独进，一定要按照规定年限、学科内容、各门学科之间的衔接和学生的发展水平，由易到难、由简到繁，合理安排，使先学的学科成为以后学习的学科的基础，并满足学生多方面发展的需要。

③ 课时分配。

课时分配是指各学科的总时数、每一门学科各学年（或各学期）的授课时数和周学时等。课时分配要根据学科的任务、作用、教材内容的多少和学科的难易程度来确定。

④ 学年编制与学周安排。

学年编制与学周安排是指学年阶段的划分、各个学期的教学周数、学生参加生产劳动的时间、假期和节日等的规定。

（3）课程计划的作用。

课程计划是指导和规定教学活动的依据，也是制定课程标准的依据。

（4）义务教育课程计划的基本特征。

① 强制性。

义务教育课程计划不是普通的教学计划，它是国家实施义务教育的具体保障，其制定的依据是《义务教育法》，体现了《义务教育法》的基本精神。

② 普遍性。

义务教育课程计划的适用范围比普通的课程计划宽得多，它规定的培养目标和课程设置等是针对全国绝大多数学校、绝大部分地区和绝大部分学生的，既不过高又不过低。

③ 基础性。

义务教育课程计划的作用就在于充分保证为学生的各种素质全面和谐发展打下良好的基础。课程门类齐全，不能厚此薄彼，各门课程的课时要合理分配。

2. 课程标准

（1）课程标准的含义。

课程标准是指国家根据课程计划，以纲要的形式编定的有关某个学科的内容及其实施、评价的指导性文件。课程标准是教材编写、教学、评价和考试命题的依据，是国家管理和评价课程的基础。课程标准体现了国家对不同阶段学生在知识与技能、过程与方法、情感态度与价值观等方面的基本要求，规定了各门课程的性质、目标、内容框架，提出了教学和评价的建议。它对教师的工作有直接的指导意义。

（2）课程标准的构成。

① 前言。

前言结合目前的课程改革，根据本门课程的特点，阐述课程改革的背景、性质、地位、课程的基本理念和课程标准的设计思路。

② 课程目标。

课程目标是课程标准的核心内容。根据课程设置的指导思想，从知识与技能、过程与方法、情感态度与价值观三个方面阐述本门课程的总体目标与阶段目标。

③ 课程内容。

课程内容是具体的知识内容要点，根据课程目标，制定选择具体内容的标准，并用规范、清晰、可理解的方式阐明掌握内容的程度。

④ 实施建议。

根据课程标准的理解与贯彻执行情况，实施建议主要包括教学建议、评价建议、课程资源的开发与利用建议和教材编写建议等，必要的时候还要提供典型性的案例供教师参考。

⑤ 术语解释。

术语解释是指对课程标准中出现的一些重要术语进行解释与说明，以便使用者能更好地理解与实施课程标准。

3. 教材

（1）教材的含义。

教材是指教师和学生据以进行教学活动的材料，包括教科书、讲义、讲授提纲、参考书、活动指导书以及各种视听材料。其中，教科书和讲义是教材的主体部分，因此人们常把教科书和讲义简称为教材。

教科书又称课本，是依据课程标准编制的、系统反映学科内容的教学用书。教科书通常按照学年或学期分册，划分单元或章节。教科书是课程标准的具体化。课程计划中规定的各门学科，一般均有相应的教科书。课文是教科书的主体部分。

（2）教材的编写。

我国中小学教材的编写方式一般采用直线式和螺旋式两种。

① 直线书教材结构。

直线式教材结构是指把一门课程的内容或其中一个课题的内容按照知识本身的逻辑结构来展开呈现在教材中，使得各种知识在内容上均不重复的编排形式。这种编写方式可以减少重复，节约时间和精力。

② 螺旋式教材结构。

螺旋式教材结构是指把同一课题的内容按照深度、广度的不同层次安排在教材的不同阶段重复出现，使得每次重复都将原有的知识、方法、经验进一步加深拓广，逐级深化。学生的认识过程是螺旋式上升的，这种编写方式比较符合学生的认识发展规律。

教材究竟采取什么方式能够组织编写得更好，取决于学科的性质及其在课程中的地位、学生年龄的特点以及学制是否分段等许多条件。

真题及解析

（三）课程开发的主要模式

1. 泰勒的目标模式

目标模式是指以目标为课程开发的基础和核心，围绕课程目标的确定、实施、评价而进行课程开发的模式。“现代课程评价之父”、美国心理学家拉尔夫·泰勒在其著名的《课程与教学的基本原理》一书中提出了课程编制的过程模式——“泰勒原理”。拉尔夫·泰勒认为课程开发者在课程开发过程中必须回答以下四个问题：

(1) 学校应努力达到什么教育目标?

(2) 提供怎样的教学经验才能实现这一教育目标?

(3) 如何有效地组织这些教育经验?

(4) 如何确定这些教育目标是否达到?

为此，课程编制的基本步骤（即泰勒原理）可以分为确定教育目标、选择教育经验、组织教育经验和评价教育结果。

真题及解析

2. 斯滕豪斯的过程模式

过程模式是指通过对知识和教育活动的内在价值的确认，鼓励学生探索具有教育价值的知识领域，进行自由自主的活动而进行课程开发的模式。它尊重学生的个性特点，将发展学生的主体性、创造性作为教育的广泛目标。其主要代表人物是英国著名课程论专家斯滕豪斯。过程模式主张：

(1) 课程开发过程是一个开放的系统；

(2) 强调教育过程本身的价值；

(3) 主张按照学生的需要，相对灵活地选择和组织教学内容。

(四) 课程实施

1. 课程实施概述

(1) 课程实施的含义。

课程实施是指将规划的课程付诸实际教学行动的实践历程。课程实施是作为一个动态的过程而存在的。

(2) 课程实施存在的三种基本取向。

① 课程实施的忠实取向。

即把课程实施过程看成是忠实执行课程方案的过程。衡量课程实施成功与否的基本标准是课程实施过程中实现预定的课程方案的程度。它强调课程设计的优先性与重要性，强调课程专家在课程变革中的重要地位，把课程变革看成是实施预定课程计划的机械、线性的过程。课程实施的忠实取向适用于某些特定的课程情境，特别适用于课程内容极为复杂、困难且不容易掌握精熟的新课程方案，或是学生的理解有赖于配合课程内容的特定安排，因此，课程实施的顺序有必要在事前加以规定。课程实施的忠实取向的缺点:一是教学缺乏动态性和生成性；二是教师与课程资源开发的分离；三是教师主体性价值的缺失。

② 课程实施的相互调适取向。

即把课程实施过程看成是课程计划与学校实践情境之间的交互作用的过程，是在课程目标、内容、方法、组织模式各方面相互调整、相互改变与相互适应的过程。课程实施的相互调适取自不是单向的传递、接受，而是双向的互动与改变。它把课程变革视为一种复杂的、非线性的和不可预知的过程。它考虑了具体实践情境，如社区条件、学校情境、师生特点等对课程实施的影响，反映了师生的主动性，课程实施的复杂性、不确定性和过程性。与课程实施的忠实取向相比，课程实施的相互调适取向更符合课程实施的实际情况。

③ 课程创生取向。

即把课程实施过程看成是教师和学生联合创造课程。课程实施本质上是在具体的教育情境中创生新的教育经验的过程，既有的课程计划只是供这个经验创生过程选择的工具而已。课程创生取向强调“课程是实践”，课程不是被传递的教材或课表，不是理所当然的命令与教条，而是需要加以质疑、批判、验证和革新的假设。

2. 有效实施课程的条件

（1）课程计划。

课程计划是根据教育目的和不同类型学校的教育任务由国家教育主管部门制定的有关教学和教育工作的指导性文件。课程计划是有效实施课程的重要条件，课程计划的特点：第一是合理性；第二是和谐性；第三是明确性；第四是简约性。

（2）教师。

教师是课程实施成败的决定性力量。教师的影响主要体现在教师参与、教师的态度、教师具备的能力和交流与合作四个方面。

（3）学校。

学校是有效实施课程的重要要件，影响有效实施课程的因素有：第一，学校领导与行政部门的态度和工作；第二，学校支持系统的保障；第三，学校环境的氛围支撑。

（4）校外环境。

校外环境是有效实施课程的重要条件，包括政府机构和社会各界（如新闻媒介、社会团体、学生家长的理解和支持）。

（五）课程评价

1. 课程评价的含义

课程评价是指依据一定的教育目标，运用一定的评价技术和评价手段，通过系统地收集、分析和整理信息、资料，对课程的编制过程、课程方案、课程实施效果做出价值判断的过程。即根据课程的实施是否实现了教育目的，实现的程度如何来判定课程设计的效果，并据此做出改进课程的决策。

课程评价应当是一个客观的过程，需要运用科学的手段（如教育测验）对课程做出量的分析，即量的评价；根据观察学生的行为表现，做出质的分析、说明和鉴定，即质的评价。现代课程评价提倡发展性评价理念，其必须立足于促进学生的发展、教师的发展以及学校的发展。

2. 课程评价的主要模式

由于课程评价有助于改进课程计划，从而提高学校教育的质量，因而引起了许多教育工作者的注意，并在实践中开发出各种课程评价的模式。下面介绍三种常用的评价模式。

（1）目标评价模式。

目标评价模式，即泰勒课程评价模式，首先由被称为“现代课程评价之父”的美国心理学家拉尔夫·泰勒提出，其目的在于确定课程方案达成目标一致的课程评价模式。目标评价模式是以目标为中心展开的，是针对 20 世纪初形成并流行的常模参照测验的不足提出的。该模式在拉尔夫·泰勒的“评价原理”和“课程原理”的基础上得以形成。目标评价模式是产生最早、应用最广、影响最大的一种课程评价模式。其内容大体可以概括为：确定课程目标；目标分类；用行为术语定义目标；提出能显示目标的情境；选择评价方式；改进评价方法；解释评价结果；使用评价结果。也有人将其概括为：确定目标；创设评价的情境；选择与编制评价工具；分析利用评价结果。

(2) 目的游离评价模式。

目的游离评价模式是由美国教育家、心理学家斯克里文针对目标评价模式的弊病提出来的，即主张把评价的重点从“课程计划预期的结果”转向“课程计划实际的结果”上来。评价者不应受预期的课程目标的影响。尽管这些目标在编制课程时可能是有用的，但不适宜作为评价的准则。评价除了要关注预期结果之外，也要关注非预期的结果。

(3) 背景、输入、过程、成果（CIPP）评价模式。

与课程改革相关的决策有四种：确定目标的决策、设计程序的决策、利用控制和精炼程序的决策、判断结果并予以反馈的决策。与之相对应，形成了背景评价（Context Evaluation）、输入评价（Input Evaluation）、过程评价（Process Evaluation）、成果评价（Product Evaluation），这几种评价名称的英文第一个字母组成了 CIPP 评价模式。

CIPP 评价模式是美国教育评价家斯塔夫尔比姆倡导的课程评价模式，亦称决策导向或改良导向评价模式。他认为，课程评价就是为管理者做决策提供信息服务的过程，而不应局限在评定目标达到的程度，它是一种过程，旨在描述、取得及提供有用的资料，为判断各种课程计划、课程方案服务。CIPP 评价模式的基本观点是，评价最重要的目的不在证明，而在改进。它主张评价是一项系统工具，为评价听取人提供有用的信息，使得方案更具成效。

3. 课程评价的主要类型

根据评价的目的不同，课程评价可以分为诊断性评价、形成性评价和终结性评价。

(1) 诊断性评价。

诊断性评价是指在学期教学或一个单元教学开始时教师对学生的现有知识水平、能力发展的评价。其目的是为了教师更好地组织教学内容、选择教学方法，以便对症下药、因材施教。

(2) 形成性评价。

形成性评价是指在教学过程中教师对学生的知识掌握和能力发展所做的及时评价。其目的是为了教师更好地改进教学过程，提高教学质量。

(3) 终结性评价。

终结性评价是指在一个大的学习阶段、一个学期或一门学科终结时教师对学生学习成绩的评价。其目的是教师给学生评定成绩。

第 8 章　我国基础教育课程改革

知识体系及思维脉络

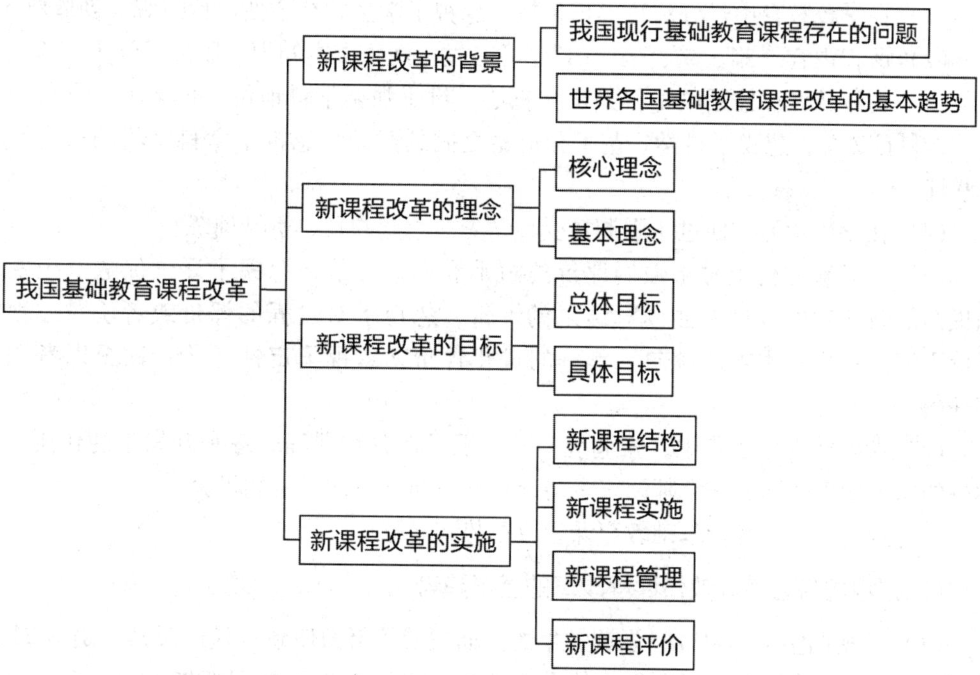

核心考点及学习提示

◆*核心考点*

世界各国基础教育课程改革的趋势，我国新课程改革的基本理念和具体目标，新课程结构的特点和内容。

◆*学习提示*

考试重点：世界各国基础教育课程改革的趋势；我国新课程改革的基本理念和具体目标；新课程倡导的学生观、教学观（基本学习方式）和教师观，新课程的基本理念在中学教育教学实践中的运用。

考试难点：运用新课程的基本理念分析和评判我国中学教育教学的实际问题。

一、新课程改革的背景

(一) 我国现行基础教育课程存在的问题

中华人民共和国成立以来的八次基础教育课程、教材改革，主要偏重于教学方面的改革，特别是教学方法、教学方式的改革，而对于课程、教材的改革不多，触及太少，力度不大，深度不够。基础教育课程改革存在的问题和弊端日显突出，主要表现在：

(1) 在学校教育中过分注重知识传授，忽视了学生的社会性、价值观、创造性。

(2) 课程内容“难、繁、偏、旧”，并且过于注重书本知识，脱离了学生经验。

(3) 现行的课程体系以学科知识为核心，过于强调学科地位，强调不同学科的独立性，科目过多，忽视了科学、艺术和道德之间的联系，忽视了学科之间的整合性和关联性。

(4) 在学生学习方面过于强调接受性学习、死记硬背、机械训练。

(5) 在教育评价上过于强调评价的甄别和选拔功能，忽视了评价促进学生发展和提高的教育功能；过于强调对结果的评价，忽视了对过程的评价或者说对过程的评价不够；评价技术方法倾向于单一的量化评价，忽视了定性评价，甚至以考试代替评价。

(6) 课程管理过于集中，强调统一，忽视了地方在课程管理和开发中的作用，对学校的积极性重视不够，教师缺乏参与课程开发与管理的权利和机会。

综上所述，我国现行基础教育课程改革势在必行。

(二) 世界各国基础教育课程改革的基本趋势

(1) 重视调整培养目标，强调学生的全面发展。努力使新一代国民具有适应21世纪社会、科技、经济的发展所必需的全面素质，强调学生的全面发展，而不仅仅关注学生的学业目标。

(2) 关注人才培养模式的调整与改革，强调实现学生学习方式的根本变革。努力培养具有终身学习的愿望和能力的，具有国际竞争力的未来公民。

(3) 重视课程内容的调整。强调精选适合学生发展需要、具有合理结构、符合时代需要的课程内容，关注学生经验，反映社会、科技最新发展，满足学生多样化发展的需要。

(4) 重视评价改革，评价方式多样化。目标取向的多样化被过程取向和主体取向的评价所超越，评价方式进一步多样化，注重发挥评价在促进学生潜能、个性、创造性等方面发展的作用，使每个学生具有自信心和持续发展的能力。

二、新课程改革的理念

(一) 核心理念

我国新课程改革的核心理念是教育以人为本，即“一切为了学生的发展”。其基本含义包括以下五个方面：

1. 关注每一个学生的发展

新课程的课堂教学评价，要体现促进学生发展这一基本理念。这一基本理念首先体现在教学目标上，即要按照课程标准、教学内容的科学体系进行有序教学，完成知识、技能等基础性目标，同时还要注意学生发展性目标的形成。其次体现在教学过程中，教师要认真研究课堂教学策略，激发学生的学习热情，体现学生主体，鼓励学生探究，高效实现目标。在教学过程中，教师的角色定位很关键，教师应是一个引导者和方法的建立者，而不是简单的知识传授者，要充分发挥学生在学习过程中的能动性。

2. 强调教师成长

依据新课程评价目标的要求，课堂教学评价应沿着促进教师成长的方向发展。其重点不在于鉴定教师的课堂教学结果，而是诊断教师课堂教学的过程，制定教师的个人发展目标，满足教师的个人发展需求。

3. 重视以学定教

新课程课堂教学要真正体现以学生为主体，以学生发展为本，就必须对传统的课堂教学评价进行改革，体现以学生的“学”来评价教师“教”的“以学定教”的评价思想，强调以学生在课堂教学中呈现的状态为参照来评价课堂教学质量。

4. 育人为本的学生观

育人为本就是追求每个学生生动、活泼、主动的发展；教育是教师与学生共度的生命历程、共创的人生体验；要坚持以人为本，促进学生的全面发展。

5. 民主平等的师生观

教学的本质是交往，教师与学生之间要确立交往、互动、平等的关系，教师是“平等中的首席”。

（二）基本理念

1. 三维教学目标观

教学的目标是包括知识与技能、过程与方法、情感态度与价值观的三维目标。

2. 综合课程观

摒弃学科本位主义，强化课程为学生建构知识、能力、态度及情感和谐发展的创新价值；强调课程整合，以体现课程的整体性、开放性、动态性和生活化，培养学生综合的视角和综合的能力，以适应科学技术既分化又综合的现实。具体地说，教学目标随着学生生活及活动过程的变化和需要不断调整；教学内容从教科书扩展到学生生活的各个方面；课堂从教室扩展到家庭、社区以及学生的其他生活空间；教学时间在学校其他活动或学科的配合和联结中灵活而弹性地延展；课程评价走向开放、多元，全面关注学生丰富多彩的体验和个性化的创意与表现。

3. 发展评价观

重视学习的过程评价，充分发挥评价促进学习的作用，而不是检查验收的作用。

4. 自主学习观

教育的生机与活力在于在学生自主的活动中促进学生个性的健康发展，使其在学习中学会合作，在合作中学会生存。为此，强调自主、合作、探究的学习方式，培养学生的自主性、合作性、创造性，强化终身学习作为未来社会人基本生存方式的理念，切实加强创新精神和实践能力的培养，使学生适应社会发展的需要。

5. 内容联系观

课程内容的教学，要努力与社会生活相联系，与学生已有的经验相联系，加强教学内容的“生活化”，使学习更有意义。

6. 校本发展观

从学校的实际情况和学生的实际情况出发，开发校本课程，增强学生的选择性，促进学校、教师和学生的特色发展。

三、新课程改革的目标

真题及解析

(一) 总体目标

《基础教育课程改革纲要（试行)》提出了课程改革的目标。新课程培养目标应体现时代要求。要使学生具有爱国主义、集体主义精神，热爱社会主义，继承和发扬中华民族的优秀传统和革命传统；具有社会主义民主法制意识，遵守国家法律和社会公德；逐步形成正确的世界观、人生观、价值观；具有社会责任感，努力为人民服务；具有初步的创新精神、实践能力、科学和人文素养以及环境意识；具有适应终身学习的基础知识、基本技能和方法；具有健壮的体魄和良好的心理素质，养成健康的审美情趣和生活方式，成为有理想、有道德、有文化、有纪律的一代新人。

(二) 具体目标

(1) 改变课程过于注重知识传授的倾向，强调形成积极主动的学习态度，使获得基础知识与基本技能的过程同时成为学会学习和形成正确价值观的过程。

(2) 改变课程结构过于强调学科本位、科目过多和缺乏整合的现状，整体设置九年一贯制的课程门类和课时比例，并设置综合课程，以适应不同地区和学生发展的需求，体现课程结构的均衡性、综合性和选择性。

(3) 改变课程内容“难、繁、偏、旧”和过于注重书本知识的现状，加强课程内容与学生生活以及现代社会和科技发展的联系，关注学生的学习兴趣和经验，精选终身学习必备的基础知识和技能。

(4) 改变课程实施过于强调接受学习、死记硬背、机械训练的现状，倡导学生主动参与、乐于探究、勤于动手，培养学生收集和处理信息的能力、获取新知识的能力、分析和解决问题的能力以及交流与合作的能力。

(5) 改变课程评价过分强调甄别与选拔的功能，发挥评价促进学生发展、教师提高和改进教学实践的功能。

(6) 改变课程管理过于集中的状况，实行国家、地方、学校三级课程管理，增强课程对地方、学校及学生的适应性。

四、新课程改革的实施

真题及解析

（一）新课程结构

1. 对课程类型的调整

（1）整体设置九年一贯制的义务教育课程。

第一，小学阶段以综合课程为主。小学低年级开设道德与法治、语文、数学、体育、艺术（或音乐、美术）等课程；小学中高年级开设道德与法治、语文、数学、科学、外语、综合实践活动、体育、艺术（或音乐、美术）等课程。

第二，初中阶段设置分科与综合相结合的课程，主要包括道德与法治、语文、数学、外语、科学（或物理、化学、生物）、历史与社会（或历史、地理）、体育与健康、艺术（或音乐、美术）以及综合实践活动。积极倡导各地选择综合课程。学校应努力创造条件开设选修课程。在义务教育阶段的语文、艺术、美术课中要加强写字教学。

（2）高中以分科课程为主。为使学生在普遍达到基本要求的前提下实现有个性的发展，课程标准应有不同水平的要求，在开设必修课的同时，设置丰富多样的选修课程，开设技术类课程。积极试行学分制管理。

（3）从小学至高中设置综合实践活动并作为必修课程，其内容主要包括：信息技术教育、研究性学习、社区服务与社会实践以及劳动与技术教育。强调学生通过实践，增强探究和创新意识，学习科学研究的方法，发展综合运用知识的能力。增进学校与社会的密切联系，培养学生的社会责任感。在课程的实施过程中，加强信息技术教育，培养学生利用信息技术的意识和能力。了解必要的通用技术和职业分工，形成初步技术能力。

（4）农村中学课程要为当地社会经济发展服务，在达到国家课程基本要求的同时，可根据现代农业发展和农村产业结构的调整因地制宜地设置符合当地需要的课程，深化“农科教相结合”和“三教统筹”等项改革，试行通过“绿色证书”教育及其他技术培训获得“双证”的做法。城市普通中学也要逐步开设职业技术课程。

2. 对科目比重的调整

（1）将语文所占的比重由原来的 24% 降至 20% ～ 22%，将数学所占有的比重由原来的 16% 降至 13% ～ 15%，并对其他传统优势科目所占的比重进行了适当地下调。

（2）将下调后积累下来的课时分配给综合实践活动和地方与校本课程。其中，综合实践活动拥有了 6% ～ 8% 的课时，地方与校本课程拥有了 10% ～ 12% 的课时。

3. 综合实践活动课

从小学至高中设置综合实践活动并作为必修课程，内容主要包括信息技术教育、研究性学习、社区服务与社会实践以及劳动与技术教育。小学阶段自三年级开始设置，每周平均 3 课时。

除了上述指定领域之外，综合实践活动还包括大量非指定领域，如班团队活动、校传统活动（科技节、体育节、艺术节）、学生同伴间的交往活动、学生个人或群体的心理健康活动等。

（二）新课程实施

1. 学生观

（1）学生是发展的人。

第一，学生的身心发展是有规律的。教师必须依据学生的身心发展规律和特点开展教育活动。

第二，学生具有巨大的发展潜能。教师必须坚信每个学生都是可以积极成长的，是可以获得成功的，对教育好每个学生都应充满信心。

第三，学生是处于发展过程中的人。学生正在发展与成长，所以学生是一个不成熟的人，是一个在教师指导下不断成长的人。学生是不是能真正健康快乐地成长，和教育有很大关系。

（2）学生是独特的人。

第一，学生是完整的人。在教育活动中，必须反对那种割裂人的完整性的做法，还学生完整的生活世界，丰富学生的精神生活，给予学生全面展现个性的实践和空间。

第二，每个学生都有自己的独特性。珍视学生的独特性和培养具有独特个性的人，应成为教师对待学生的基本态度。独特性也意味着差异性，教师要尊重学生的差异性，使得每个学生都能得到完全、自由的发展。

第三，学生与成人之间存在巨大的差异。学生的观察、思考、选择和体验都和成人有着明显的不同，所以，应把学生看作孩子，而不是一个成人。

（3）学生是具有独立意义的人。

第一，每个学生都是独立于教师的头脑之外，不以教师的意志为转移的客观存在。教师不仅不能把自己的意志强加给学生，而且连自己的知识也不能强加给学生，否则会挫伤学生的学习主动性和积极性，扼杀他们的学习兴趣，禁锢他们的思想，引起他们自觉或不自觉的抵制或抵抗。

第二，学生是学习的主体。教师只能让学生自己读书，自己感受事物，自己观察、分析、思考，从而使他们明白事理，自己把握事物发展变化的规律。

第三，学生是责权的主体。学生是权利的主体，教师要保护学生的合法权利；学生是责任的主体，教师要引导学生学会对学习、对生活、对自己、对他人负责，学会承担责任。

2. 教学观

新课程中的教学观应体现课程与教学的整合，强调教学过程的开放性与生成性，将教学看作是课程创生与开发的过程；把教学过程看成是师生交往、积极互动、共同发展的过程；高度突出教学过程与方法的地位，教学重过程甚于重结论，倡导自主、合作、探究的学习方式；突出教学以人的发展为本位，教学更为关注人（学生）而不只是学科；关注体验式教学，推进信息技术在教学中的应用。

新课程倡导的学习方式有自主学习、合作学习、探究学习等。

（三）新课程管理

为保障和促进课程对不同地区、学校、学生的要求，实行国家、地方、学校三级课程管理。教育部总体规划基础教育课程，制定基础教育课程管理政策，确定国家课程门类和课时，制定国家课程标准，积极试行新的课程评价制度。

（四）新课程评价

（1）建立促进学生全面发展的评价体系。评价不仅要关注学生的学业成绩，而且要发现和发展学生多方面的潜能，了解学生发展中的需求，帮助学生认识自我，建立自信。发挥评价的教育功能，促进学生在原有水平上的发展。

（2）建立促进教师不断提高的评价体系。强调教师对自己教学行为的分析与反思，建立以教师自评为主，校长、教师、学生、家长共同参与的评价制度，使教师从多种渠道获得信息，不断提高教学水平。

（3）建立促进课程不断发展的评价体系。周期性地对学校课程执行的情况、课程实施中的问题进行分析评估，调整课程内容、改进教学管理，形成课程不断革新的机制。

（4）继续改革和完善考试制度。在已经普及九年制义务教育的地区，实行小学毕业生免试就近升学的办法。鼓励各地中小学自行组织毕业考试。完善初中升高中的考试管理制度，考试内容应加强与社会实际和学生生活经验的联系，重视考查学生分析问题、解决问题的能力，部分学科可实行开卷考试。高中毕业会考改革方案由省级教育行政部门制订，继续实行会考的地方应突出水平考试的性质，减轻学生考试的负担。

（5）高等学校招生考试制度改革，应与基础教育课程改革相衔接。要按照有助于高等学校选拔人才、有助于中学实施素质教育、有助于扩大高等学校办学自主权的原则，加强对学生能力和素质的考查，改革高等学校招生考试内容，探索提供多次机会、双向选择、综合评价的考试、选拔方式。

（6）考试命题要依据课程标准，杜绝设置偏题、怪题的现象。教师应对每个学生的考试情况做出具体的分析指导，不得公布学生考试成绩并按考试成绩排列名次。

答案解析

模块二　练习题

一、单项选择题

1. 由国家教育主管部门颁布的有关学校教育教学工作的指导性文件是（　　）。

A. 课程计划　　B. 课程标准　　C. 课程设计　　D. 课程设置

2. 新课程改革新增加的两个课程是（　　）。

A. 学科课程和活动课程　　B. 必修课程和选修课程

C. 校本课程和地方课程　　D. 显性课程和隐性课程

3. 在我国的学校课程结构中，最古老、使用范围最广泛的课程类型是（　　）。

A. 学科课程　　B. 活动课程　　C. 综合课程　　D. 隐性课程

4. 从课程形态上来看，当前我国中学实施的“信息技术教育”属于（　　）。

A. 学科课程　　B. 拓展性学科课程

C. 辅助性学科课程　　D. 综合实践活动课程

5. 打破传统学科课程的知识领域，结合两门以上学科领域构成一门学科的课程是（　　）。

A. 学科课程　　B. 活动课程　　C. 结构课程　　D. 综合课程

6. 课程计划的中心问题是（　　）。

A. 开设哪些科目　　B. 学科开设的顺序

C. 各学科教学的时数　　D. 各学科的教学方法

二、简答题

1. 简述课程标准的含义和内容。
2. 简述世界各国基础教育课程改革的基本趋势。

三、辨析题（判断正误，并说明理由）

1. 课程应以儿童为中心来组织。
2. 学科课程有着巨大的优势，因此课程体系应完全由学科课程构成。

四、材料分析题

材料：

一位教师在教“因式分解”这一单元时，发现学生的知识基础差别较大，于是对8位成绩好的学生提出了不同的要求，让他们到图书馆自学《因式分解及其应用》一书。经过自学，他们不但完成了规定的习题作业，而且还集体选编了几十道有代表性的习题。教师将这些习题有选择地按照程度分别介绍给其他的同学进行练习和讨论，进一步推动了全班的学习，使全班提前5课时完成了“因式分解”单元的教学任务。

问题：请用新课程改革的理论分析上述材料。

模块三　中学教学

考纲要求

1. 理解教学的意义，了解有关教学过程的各种本质观。

2. 熟悉和运用教学过程的基本规律，包括教学过程中学生认识的特殊性规律（直接经验与间接经验相统一的规律）、教学过程中掌握知识与发展能力相统一的规律、教学过程中教师的主导作用与学生的主体作用相统一的规律、教学过程中传授知识与思想教育相统一的规律（教学的教育性规律），分析和解决中学教学实际中的问题。

3. 掌握教学工作的基本环节及要求；掌握和运用中学常用的教学原则、教学方法；了解教学组织形式的内容及要求。

4. 了解我国当前教学改革的主要观点与趋势。

考试权重

模块	分值比例	分值	题型	重点提示
中学教学	约 14%	约 20 分	单项选择题 简答题 辨析题 材料分析题	本模块是国家教师资格考试“教育知识与能力（中学）”考查的重点之一。其中，尤以教学组织与实施的规律、原则、方法、模式、环节及其要求为主，要求能够运用这些知识分析和开展教学活动等

第 9 章　教学概述

知识体系及思维脉络

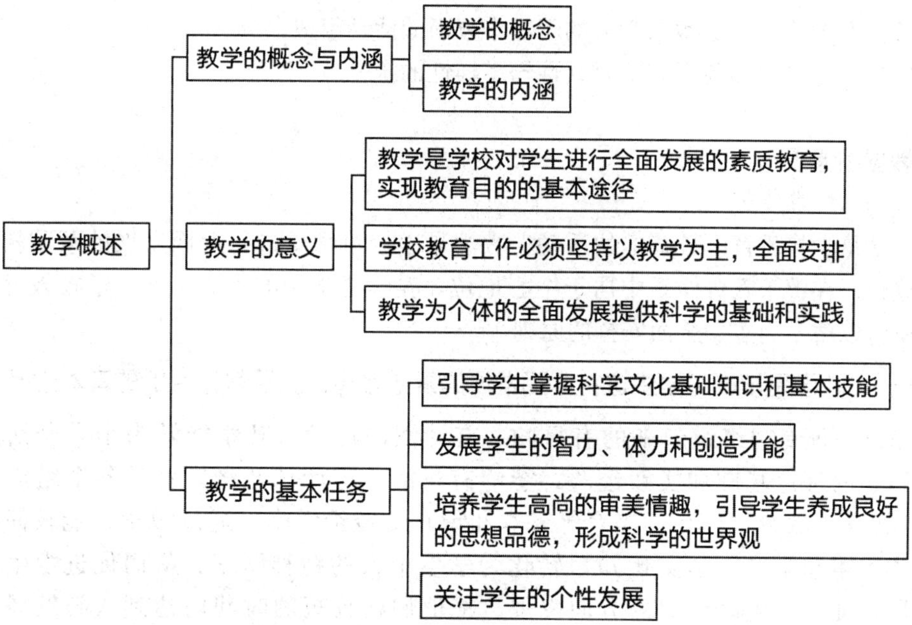

核心考点及学习提示

◆核心考点

教学的内涵，教学的意义，教学的基本任务。

◆学习提示

考试重点：教学的内涵，教学的意义。

考试难点：辨析教学与教育的关系。

一、教学的概念与内涵

（一）教学的概念

真题及解析

教学是指在教育目的的规范下，由教师的教与学生的学共同组成的一种教育活动。在我国，教学是以知识的授受为基础的，通过这种活动，学生在教师有目的、有计划、有组织的指导下，积极主动地掌握系统的科学文化基础知识和基本技能，发展智力、体力，陶冶品德、美感，形成全面发展的个性。

（二）教学的内涵

教学是学校进行全面发展的素质教育的基本途径，是教师的教与学生的学两个方面活动的统一。学校教育工作必须坚持以教学为主，教学也是实现教育目的的基本途径。教学活动是一种特殊的认识、交往和实践活动，这是教学的本质。教学的特点包括以下三个方面：

（1）教学以培养全面发展的人为根本目的；

（2）教学由教师的教与学生的学两个方面的活动组成；

（3）教学具有多种形态，是共性与多样性的统一。

二、教学的意义

教学是学校教育中最基本的活动，教学是学校对学生进行全面发展的素质教育的基本途径，在整个教育体系中居于中心地位。教学是学校的中心工作，学校教育工作必须坚持以教学为主、全面安排的原则。

（一）教学是学校对学生进行全面发展的素质教育，实现教育目的的基本途径

作为一种专门组织起来的有目的、有计划的活动，教学能够为个人全面发展提供科学的理论基础和实践经验，能够有目的、有计划地将教育的各个组成部分（包括智育、德育、体育、美育等基本知识）传授给学生。通过教学，能较简捷地将人类积累起来的科学文化知识转化为学生个人的精神财富，从而促进学生的身心发展，促进学生向预期的方向发展，使他们在较短的时间内达到人类发展的一般水平，保证社会的延续和发展。只有提高教学质量才能提高人才质量、保证人才质量。因此，教学是学校对学生进行全面发展的素质教育、把学生培养成为合格人才的基本途径。

（二）学校教育工作必须坚持以教学为主，全面安排

在各种教育形式中，教学对个体的影响最为全面、集中、高效。教学是学校教育工作的中心环节，学校教育工作以教学为主，是中华人民共和国成立以来教育工作经验的总结。在时间的安排、师生精力的投入上，教学都处于学校教育工作的中心地位。学校坚持以教学为主的原则，教育质量就能提高；反之，教育质量就必然下降。因此，学校教育工作要以教学为主，合理统筹。在时间上，大部分用于教学；在内容上，以间接知识为主；在组织形式上，以课堂教学为主。同时，学校要妥善地处理教学与其他教育活动之间的关系，建立正常的教学秩序，保证全面提高学校教育的质量。

（三）教学为个体的全面发展提供科学的基础和实践

教学的作用对个体的发展最直接、最具体的表现为：它使个体的认识突破时空局限和集体直接经验的局限，扩大了他们的认识范围；它使个体的身心发展建立在科学

的基础上，有利于综合科学知识的传授和学习，在一个统一的过程中实现德、智、体、美、劳诸方面的和谐发展。

三、教学的基本任务

真题及解析

教学的基本任务是受人们追求的教学价值取向决定的，它指明各教育阶段、各科教学应实现的目标要求。教学的根本目的是促进学生在德、智、体、美、劳等方面全面发展。教育目的、学生的年龄特征、学科的特性以及教学的时空条件等因素会制约教学任务的确定。教学的基本任务包括以下四个方面：

（一）引导学生掌握科学文化基础知识和基本技能

教学的首要任务是引导学生掌握科学文化基础知识和基本技能，因为其他的教学任务的实现都是在完成这个任务的过程之中和基础上进行的。所以，只有扎扎实实地完成这个教学任务，才能有条件完成其他的教学任务，以确保培养的人才的质量规格。

（二）发展学生的智力、体力和创造才能

智力是指个人在认知过程中表现出来的稳定的心理特征的综合。它属于认识活动的范畴，主要包括注意力、观察力、记忆力、思维力和想象力，其中，思维力是核心。

体力是指身体的正常发育成长与身体各个器官的活动能力。教学不但要传授文化知识，适应学生的发展水平和需要，防止学生的课业负担过重，关心学生身心的平衡发展，而且还要传授体育、卫生等方面的知识，使学生掌握锻炼身体的知识和技能，养成锻炼身体和讲究卫生的良好习惯，保持旺盛的精力，发展健康的体魄。

创造才能是指学生能够运用自己已有的知识和智能去探索、发现和掌握未知晓的知识的能力。它不仅是智力发展的高级形式，而且也是学生个人的求知欲望、进取心和首创精神、意志力与自我实现决心的综合体现。现代教学要自觉发展学生的智力，同时还要重视发展学生探索、创造的能力。这不仅是顺利、高质量地进行教学的必要条件，而且也是培养全面发展的新时代的人才要求。

（三）培养学生高尚的审美情趣，引导学生养成良好的思想品德，形成科学的世界观

世界观是个体对世界的总的看法和态度。科学的世界观的形成，必须建立在科学知识的基础之上。在学校教育工作中，不仅德育会对学生道德品质的形成有帮助，而且教学也会促进学生良好品德的形成。原因在于，教学始终具有教育性。学生在教学中进行的学习和交往，是他们在生活中认识世界和进行社会交往的组成部分。他们在掌握自然科学、社会科学知识和联系实际中，将提高自己的道德修养和审美情趣。审美情趣的培养可以通过教学中的审美教育实现，运用艺术、大自然和社会生活中的美来陶冶学生的道德情操。

（四）关注学生的个性发展

个性是与生俱来与后天习得的一系列生理、心理、社会性的稳定特点的综合。它通过需要、兴趣、韧力、能力、气质、性格等反映出来。现代教学论关注学生的个性

发展，以马克思主义关于人的全面发展学说为指导，协调学生的知识、智力、兴趣、情感、意志、性格等各方面的因素，追求教学与教育的统一，促进学生个性的发展。为此，通过教学，激发每个学生的主观能动性，不仅使他们具有现代科学文化知识，而且具有自觉能动性、独立自主性和开拓创新性，具有强烈的竞争意识、平等观念和合作精神。

第 10 章　教学过程

知识体系及思维脉络

- 教学过程
  - 教学过程的概念
  - 教学过程的本质
    - 教学过程首先是一种认识过程
    - 教学过程是一种特殊的认识过程
    - 教学过程是一个促进学生身心发展的过程
  - 教学过程的基本规律
    - 直接经验与间接经验相统一的规律
    - 掌握知识与发展能力相统一的规律
    - 教师的主导作用与学生的主体作用相统一的规律
    - 传授知识与思想教育相统一的规律
  - 教学过程的基本阶段
    - 激起学习动机
    - 领会知识
    - 巩固知识
    - 运用知识
    - 检查知识
  - 遵循教学基本规律，分析和解决中学教学实际中的问题
    - 注重发展学生的智力
    - 在充分调动学生的学习积极性的同时，充分发挥教师的主导作用
    - 加强适合学生的学习方式、学习方法的指导
    - 重视学生的情感生活

核心考点及学习提示

◆核心考点

教学过程的本质。教学过程的基本规律，包括教学过程中：学生认识的特殊性规律（直接经验与间接经验相统一的规律）；知识与发展能力相统一的规律；教师的主导作用与学生的主体作用相统一的规律；传授知识与思想教育相统一的规律（教学的教育性规律）；遵循教学基本规律；分析和解决中学教学实际中的问题。

◆学习提示

考试重点：教学过程的本质，教学过程的基本规律。

考试难点：结合教学基本规律，评析中学教学实际中的问题。

一、 教学过程的概念

教学过程是指教师根据教学目的、教学任务和学生身心发展的特点，通过有目的、有计划地指导学生掌握系统的科学文化基础知识和基本技能，发展学生的智力和体力，培养学生的道德品质和个性特点，使其形成科学的世界观的过程。

教学过程的理论是教学的基本理论，历代中外教育家都曾以不同的观点、从不同的角度对教学过程做过各种探索，提出各自的见解。这些不同的观点各有其哲学、心理学的理论依据，并在一定程度上反映了对教学实践认识的不断发展。其代表人物、学派及主要观点如下：

（1）孔子在丰富的教学实践的基础上，把学习过程概括为“学、思、行”的统一过程。

（2）儒家思孟学派进一步提出“博学之、审问之、慎思之、明辨之、笃行之”的思想，其重点说明学习过程。

（3）17 世纪，捷克著名教育家夸美纽斯认为“一切知识都是从感官的知觉开始的”，他主张把教学建立在感觉活动的基础之上，这是以个体认识论为基础提出的教学论。

（4）19 世纪，德国著名教育家赫尔巴特试图以心理学的“统觉理论”原理来说明教学过程，认为教学过程是新旧观念的联系和系统化的过程，提出了明了、联想、系统、方法四个阶段。

（5）19 世纪末，美国实用主义教育家杜威认为教学过程是学生直接经验的不断改造和增大意义的过程，是“从做中学”的过程。

（6）20 世纪 40 年代，苏联著名教育家凯洛夫认为教学过程是一种认识过程。

20 世纪 50 年代以来，学者们通过师生交往、认知结构的构建、信息加工以及系统状态变换等不同观点来对教学过程进行解释。

二、 教学过程的本质

如何认识教学过程的本质？理论界有不同的看法。在我国，长期通行的看法是把教学过程看成是一种特殊的认识活动，是实现学生身心发展的过程，其主要观点包括以下三个方面：

（一）教学过程首先是一种认识过程

教学过程首先是一种认识过程，是指学生在教师的指导下，借助教材或精神客体的中介，掌握科学的认识方法，以最经济的途径认识现实世界并改造主观世界、发展自身的活动过程。教学过程是一位教师教学生怎样认识世界的过程，包括教师的教与学生的学两个既有区别又相互依存的有机统一的活动。教学认识的客体以课程教材为基本形式，是人类社会历史经验凝聚的精神客体，既是学生认识的对象，又是学生认识和发展自身的工具，具有中介性。教学认识的主体是学生，是在教师的指导下进行学习活动的主体，具有发展性和可塑性。课程的内部发展动力是教师提出的教学任务与学生完成这些教学任务的需要以及学生实际水平之间的矛盾。教学过程同样受一般认识过程的普遍规律制约，也就是说，认识的普遍规律为揭示教学过程的规律指明了总的方向和根本线索。

一般来说，教学过程的主要矛盾是学生与所学知识之间的矛盾。这一矛盾实际上是属于学生认识过程的矛盾。因此，教学过程在本质上是一种认识过程。

总的来说，教学过程是由教师的教与学生的学共同组成的双边活动，是教学相长的过程。

（二）教学过程是一种特殊的认识过程

真题及解析

教学过程的特殊性在于：它是学生个体的认识，是由教师领导未成熟的学生个体通过学习知识去间接地认识世界。教学过程的目的在于：学生在教师的指导下，把社会历史经验变为学生个体的精神财富，不仅使学生获得关于客观的映象（即知识），而且也使学生个体获得发展。学生个体认识的特殊性表现在以下五个方面：

1. 认识的间接性

认识的间接性是指教学过程中学生是在教师的指导下以学习间接经验为主的过程，就是间接地认识现实世界。教学认识的客体是课程教材，课程教材就是从人类知识宝库中挑选和提炼出来的最基本的材料。因此，学生学习的内容是已知的间接知识，即以学习书本知识为主，可以减小认识过程中的盲目性，节省时间和精力，有效地避免人类认识历史上的偶然性和曲折性，从而大大提高认识效率，尽快获得大量的科学文化知识，为在此基础上更加深入广泛地认识世界和改造世界创造了有利条件。学生是通过认识课程教材来最终达到认识客观世界的目的的。因此，教学过程是一种简约的、经过提炼的认识过程。

2. 认识的交往性

教学活动是由教师的教和学生的学组成的双边活动，是发生在师生之间的一种特殊的交往活动。在教学过程中，教师的教只有以学生的主动学习为基础，才能取得预期的效果；而学生主体性的形成和发展也离不开教师的正确引导，这些都是在学生与教师的交往中进行的。同时，学生之间在学习过程中也会普遍存在交往。

3. 认识的教育性

在教学中，学生的认识既是目的，又是手段。认识可以促进学生的发展，在认识中追求与实现着学生的知、情、意、行的协调发展与完全人格的养成。

4. 认识的引导性

学生的个体认识始终是在教师的指导下进行的。学生需要在有经验、有水平的教师的引导下进行认识，尚不能完全独立地完成认识过程。由于学生在知识、能力、情感等方面并不成熟，所以，教师的指导是必要的。区别于一般的认识过程，教学认识是在主体与客体之间“嵌入”一个起主导作用的中介因素——教师，形成学生（主体）—课程与教材（客体）—教师（领导）相互作用的特殊的“三体结构”。学生的认识实际上走的是人类认识的捷径。学生的学习是一种科学文化知识的再生产，能在较短的时间内学会人类经过长期的探索和积累而形成的知识。正如马克思所说“再生产科学所必要的劳动时间，同最初生产科学所需要的劳动时间是无法相比的，例如学生在一个小时内就能学会二项式定理”。

5. 认识的简捷性

通过间接知识认识世界，可以减少探索的实践，避免探索的弯路，能够尽快地掌握人类的文化精华，因而是简捷性的。

（三）教学过程是一个促进学生身心发展的过程

教学过程是一种认识过程，更是促进学生身心健康发展的过程。教学的目的就是要促进学生德、智、体、美、劳等各方面的全面发展。教学不仅向学生传授知识、技能，而且同时发展学生的智力、体力等，以引导学生形成良好的思想品德和养成良好的行为习惯。而在教学中，学生的情感、意志等因素也与学生的认识过程交织在一起。因此，学生的身心健康在掌握知识的教学过程中得到全面的发展。

真题及解析

三、教学过程的基本规律

教学过程是复杂的，但其内部有着本质的内在联系，即规律性。所谓教学规律，是指教学现象中客观存在的，具有必然性、稳定性、普遍性的联系。教学规律对教学活动具有制约、指导作用。根据教学规律，组织和管理教学活动是提高教学质量的根本保证。

视频讲解

（一）直接经验与间接经验相统一的规律

直接经验是指人类通过亲自探索、实践获得的经验。间接经验是指他人的认识成果，主要是指人类在长期认识过程中积累并整理而成的书本知识，此外还包括以各种现代技术形式表现的知识与信息，如电视和电影等。直接经验与间接经验在教学过程中是辩证统一的，是人类认识外部事物和客观世界的基本途径。直接经验与间接经验相统一，反映了教学中传授系统的科学文化知识与丰富学生感性知识的关系、理论与实践的关系、知与行的关系。

1. 学生以学习间接经验为主

在教学中，学生主要是学习间接经验，并且是间接地去体验。学习间接经验是学生认识客观世界的基本途径。

真题及解析

首先，虽然人类知识都产生于实践，来自于直接经验，但就个体来说，由于个人的活动范围、时间、精力都十分有限，仅依靠直接经验认识世界是不可能的，必须要以学习间接经验为主。

其次，借助间接经验认识世界是认识上的捷径。在教学过程中，把人类世代积累起来的科学文化知识加以选择，使之简约化、系统化，组成课程，由教师有目的、有计划地引导学生进行学习，这样就可以使学生避免人类在认识发展中所经历的错误与曲折，用最短的时间和最高的效率掌握大量、系统的科学文化基础知识，同时，还可以使学生在新的起点上继续认识客观世界，继续开拓新的认识领域。

最后，学习间接经验也是由学生特殊的认识任务所决定的。在学校里，学生的主要任务不是去探索、发现真理，而是学习、继承已有的认识成果，把他人的认识转化为自己的认识，把人类的认识转化为个体的认识。学生要完成这项任务必须在教师的指导下，以接受间接经验的方式来实现。

以间接经验为主组织学生进行学习，这是学校教育为学生精心设计的一条认识世界的捷径。它的主要特点是：对科学文化知识加以选择，组成课程，引导学生循序渐进地学习。

2. 学生学习间接经验要以直接经验为基础

要使人类的知识经验转化为学生真正理解、掌握的知识，必须依靠个人以往积累的或现时获得的直接经验和感性认识为基础。因为学生学习的书本知识是以抽象的文字符号表示的，是前人生产实践和社会实践的认识和概括，而不是来自学生的实践与经验。所以，在教学中，教师要充分利用学生已有的直接经验，并通过生动的语言描述、演示、实验、学习参观等方法扩大学生的直接经验，丰富学生的感性认识，以保证教学的顺利进行。另外，教师还要防止忽视系统知识的传授或直接经验积累的偏向。

3. 贯彻直接经验与间接经验相统一的规律时应注意的问题

在教学中，教师要正确处理直接经验与间接经验的关系，应防止两种倾向：一是只重视书本知识的传授，在教学中习惯于教师讲、学生听，忽视引导学生通过亲身参与、独立探索去积累经验、获取知识；二是只强调学生通过自己的探索去发现、积累知识，却忽视了书本知识的学习和教师的系统讲授。

（二）掌握知识与发展能力相统一的规律

现代教学论认为，教学不仅要使学生掌握知识技能，而且要发展学生的能力，包括一般认识能力和特殊能力。掌握知识与发展能力相互依存、相互促进，两者统一在同一教学活动中。

1. 掌握知识是发展能力的基础

学生认知能力的发展有赖于知识的掌握，而能力的发展又是获得知识的重要条件。知识为能力的发展提供了广阔的领域，学生只有具备了某个方面的知识，才有可能从事某个方面的思维活动。向学生介绍关于归纳、演绎、解决问题等思维方法的活动，就是把思维方式教给学生。掌握知识的过程必然要求学生积极进行认识、思考和判断等心智活动。学生只有在心智活动中才能发展认知能力。如果离开掌握知识的活动去谈发展能力，则能力就成为无源之水、无本之木。也就是说，有了较丰富的知识，才可能有较强的能力，不能离开传授知识来培养能力。

知识与能力是两个不同的概念，知识的掌握与能力的发展不是同步的，因此，教师要在传授知识的过程中有意识地培养与发展学生的能力。如教师在教学中教授公式的时候，如果只是进行“填鸭式”教学，学生只知道机械记忆，即使他们的头脑被填满了一大堆公式，也不可能增进思考力，而且这样往往使学生变得更加被动。如果教师能引导学生自己推导出公式，启发学生自主掌握知识、弄清获得知识的方法，他们就能够自如地，甚至创造性地运用所学知识来解决理论问题和实际问题，从而获得知识迁移能力。

2. 能力发展是掌握知识的重要条件

学生对知识的掌握依赖于一定的认知能力（如感知能力、记忆能力、思维能力等）。在教学中，教师应启发学生运用自己的潜在能力，使学生在掌握知识的过程中发展认知能力。认知能力具有普遍的迁移价值，它不但能有效地提高学生的学习效率和知识质量，推动学生进一步掌握知识，而且有利于促使学生将知识应用于社会实践活动，从而获得完整的知识。

3. 掌握知识与发展能力相互转化的内在机制

知识与发展能力的相互转化，一般来说应具备的条件包括：(1) 传授给学生的知识应该是科学的、规律性的知识；(2) 教师必须科学地组织教学过程；(3) 教师要重视教学中学生的操作性活动，培养学生的参与意识和能力，为学生提供积极参与实践的时间和空间；(4) 教师要培养学生良好的个性品质，重视学生的个别差异。

4. 贯彻掌握知识与发展能力相统一的规律时应注意的问题

在教学过程中，教师要防止片面抓知识教学或只重智力、能力发展的偏向。历史上，关于掌握知识与发展能力的关系问题，曾有形式教育论和实质教育论的片面观点。形式教育论者认为，教学的主要任务在于训练学生的思维能力，却忽视了知识的传授；实质教育论者认为，教学的主要任务在于传授给学生对生活有用的知识，却忽视了对学生能力的培养和训练。两者都有片面性，都把掌握知识与发展能力人为地割裂开来。在教学中，教师只有将两者有机地结合起来才能提高教学质量。

真题及解析

（三）教师的主导作用与学生的主体作用相统一的规律

教学活动是由教师的教与学生的学组成的双边活动，如何处理好教与学的关系一直是教育史上的一个主要的理论问题和实践问题。现代教学论强调教与学两者的辩证关系，教学是教师教学生去学，学生这个学习主体是教师组织的教学活动中的学习主体，教师对学生的学习起主导作用。

1. 教师在教学过程中处于组织者的地位，应充分发挥教师的主导作用

发挥教师的主导作用是学生简捷有效地学习知识、发展身心的必要条件。教师在教学中起主导作用有其必然性。这是因为：教师是教学活动的领导者、组织者，是学生学习的指导者和学习质量的检查者，他能够引导学生沿着社会所期望的方向发展，

使学生成为社会所需要的人才，对学生的学习进程、学习速度和学习质量起关键性的作用；同时，教师“闻道在先”“术业专攻”，受过专业教育的培养和训练，具有较高的思想政治觉悟、丰富广博的知识和生活经验，并掌握了教育教学规律，懂得如何组织和进行教学，能够发挥主导作用。

教师的主导作用表现在：(1) 教师的指导决定学生学习的方向、内容、进程、结果和质量，起引导、规范、评价和纠正的作用；(2) 教师的教会影响学生的学习方式和学习积极性、主动性的发挥，影响学生的个性和人生观、世界观的形成。

2. 学生在教学过程中处于学习主体的地位，应充分发挥学生的主观能动性

调动学生的主观能动性是教师有效教学的主要因素。在教学中，学生是学习的主体，是学习活动的主人，教师的教只有以学生的主动学习为基础，才能取得预期的效果。学生是具有主观能动性的人，其主观能动性具体表现在：(1) 受学生本人的兴趣、需要以及所接受的外部要求的推动和支配，学生是能动地、主动地选择外部信息的；(2) 受学生原有知识经验、思维方式、情感意志、价值观等制约，学生是独立地、创造性地对外部信息进行内在加工的。一般来说，学生的学习越主动、越积极，他们就越具有求知欲、自信心、探索性和创造性，学习效果也就越好。因此，在教学中，教师必须发挥学生的主体作用，同时，学生主观能动性的发挥和发展也离不开教师的正确引导。

3. 建立合作、友爱、民主、平等的师生交往关系

教学过程是师生共享教学经验的过程，在此过程中，师生共同明确教学目标，交流思想、情感，实现培养目标。在师生交往活动中，教师要善于创设和谐情境，鼓励学生合作学习；善于体验或引起学生的兴趣和需要，鼓励学生积极学习、主动参与；善于从学生的年龄特征和个别差异出发，对学生提出严格的要求；善于洞察学生的内心世界，尊重学生的个性和才能；善于引起学生在思想上和情感上的共鸣，培养学生的自我调控能力，鼓励学生大胆创新，同时创设自我表现的机会，使学生不断获得成功体验。

4. 贯彻教师的主导作用与学生的主体作用相统一的规律时应注意的问题

在教学中，既不能只重视教师的主导作用，认为学生只要服从教师就能学到知识，养成良好的品德；又不能只强调学生的主体作用，使学生陷入盲目的探索状态，学不到系统的知识，而是应该把两者有机地结合起来。另外，还要防止出现忽视学生的积极性或教师的主导作用的偏向。

真题及解析

(四) 传授知识与思想教育相统一的规律

传授知识与思想教育相统一的规律也称教学的教育性规律。教育具有教育性，这是由赫尔巴特率先提出来的观点。在教学过程中，学生掌握科学文化知识和提高思想品德修养是相辅相成的两个方面，具体体现在以下三个方面：

1. 知识是思想品德形成的基础

学生思想品德的提高有赖于其对科学文化知识的掌握，培养学生良好的思想品德需要以一定的科学文化知识为基础。首先，科学的世界观和先进的思想都要有一定的科学文化知识作为基础。教师在教学中向学生传授科学文化知识，不仅可以增长学生

的知识、智慧和才能，而且可以帮助学生正确地认识自然和社会的发展规律，分辨是非，评价善恶，加深对道德的认识，为他们树立正确的人生观、科学的世界观奠定良好的基础。其次，知识学习本身是艰苦的劳动，可以锻炼、培养学生的优良道德品质。

2. 学生思想品德的提高为他们积极地学习科学文化知识奠定了基础

学生掌握科学文化知识的过程是一个能动的认识过程，他们的思想品德状况对其学习积极性起着十分重要的作用。在教学中，教师要不断地提高学生的思想品德水平，端正他们的学习态度，引导他们将个人的学习与文化的昌盛、科技的发展、祖国的建设、人类的幸福联系起来，培养他们爱科学、学科学、用科学的热情，给学生的学习以巨大的推动力，促使他们积极、主动地进行学习，这是学生获取知识的重要保证。

3. 贯彻传授知识与思想品德教育相统一的规律时应注意的问题

在教学中，教师要防止两种倾向：一是脱离传授知识进行思想品德教育。这会使思想品德教育成为无源之水、无本之木，不仅不利于学生思想品德水平的提高，而且还会影响系统知识的教学。在教学实践中，教师必须结合科学文化知识对学生进行思想品德教育。二是只强调单纯地传授知识，却忽视了思想品德教育。不能认为学生学习了科学文化知识以后，思想品德自然会随之提高。因为教学的教育性必须要经过教师给学生施加积极影响，必须通过启发、激励，使学生对所学的科学文化知识产生积极的态度时，教学的教育性才能得以实现。在教学过程中，教师要注意把两者有机地结合起来。

四、教学过程的基本阶段

按照教师组织教学活动中所要求实现的不同认识任务，可以划分出教学过程的基本阶段。

（一）激起学习动机

学习兴趣和求知欲望是直接推动学生学习的动力，它往往与兴趣、求知欲和责任感联系在一起。具有浓厚的学习兴趣和较好的学习愿望是学生进行学习的基本条件和心理起点。

教学应从诱发和激起学生的求知欲开始，从学生做好学习的心理准备开始。激发学生的求知欲与兴趣，主要靠三个方面：第一，所学的内容和知识本身，如事实、现象、特点、逻辑等，要具有吸引力；第二，要强调学生是活动的主体；第三，要依靠教师的引导，教师要特别注意把所学内容与学生的生活实际有机地结合起来。由此可以说，三者的有机统一是激发学生学习动机的必要前提和基础。

（二）领会知识

领会知识是教学过程的中心环节，包括使学生感知教材、形成表象和理解教材、形成概念。

1. 感知教材，形成表象

如果学生有了必要的感性组织，形成了清晰的表象，那么他们理解书本知识就比较容易。为此，教师首先要引导学生掌握好感性知识。教师要引导学生通过感知形成清晰的表象和鲜明的观点，为理解抽象概念提供感性知识基础并发展学生相应的能力。感知的来源包括：学生已有的知识经验，直观教具的演示，参观或实验，教师形象而生动的语言描述和学生的再造想象以及社会生产、生活实践。其次，为使学生获得对事物的清晰表象，教师要指导学生进行仔细的观察，并在观察活动中培养学生的观察力。

2. 理解教材，形成概念

理解教材，形成概念是领会知识的关键。没有很好地理解教材，形成概念，就很难领会知识。理解教材，形成概念应注意以下事项：

真题及解析

（1）教师要善于引导学生运用思维方法和推理形式，并在这个过程中培养他们的逻辑思维能力。

（2）教师要经常注意引导学生的认识，由个别认识发展到一般认识，由一般认识发展到个别认识，引导学生在感知的基础上通过分析、比较、抽象概括以及归纳演绎等思维方法加工形成概念、原理，真正认识事物的本质和规律。

（3）在形成概念时需要注意：一是给概念以正确的定义；二是注意当学生已有的某些生活概念与科学概念不相符时，前者对后者产生的干扰，并要及时克服；三是要引导学生弄清楚新旧概念之间的联系，以形成学科概念的体系；四是概念的掌握不是一次完成的，要逐步深化、精确化。

理解教材可以有两种思维途径：一是从具体形象思维向抽象逻辑思维过渡；二是从已知到未知，不必都从感知具体事物开始。

（三）巩固知识

巩固所学的知识是教学过程的一个必要环节。巩固知识的必要性在于：第一，学生在课堂上所获得的知识是间接知识，容易遗忘，必须通过各种形式来复习，加以巩固，形成牢固的联系。第二，指导学生进行记忆，发展他们的记忆力。教师要提出记忆任务，使学生掌握记忆方法，养成阅读思考记忆的习惯，正确分配复习时间，通过联想与推论等方式追忆所学的知识。只有掌握与记住知识，才能为下一步学习奠定基础，才能顺利地学习新知识、新材料。在教学的每个环节上，教师都应重视教材的识记与巩固。在教学中，教师用一段时间专门复习、定期复习，这对巩固知识是十分必要的。

（四）运用知识

掌握知识是为了运用知识，解决实际问题。在教学中，教师要重视引导学生运用所学的知识，通过反复练习等教学性实践和参加社会实践活动来培养学生的技能和技巧。运用知识，形成技能和技巧，主要是通过教学实践来实现的，如完成各种书面作业或口头作业、实验等。学生从掌握知识到形成技能，再从技能发展成为技巧，需要经过反复的练习才能达到。此外，运用知识当然不限于技能和技巧的掌握，还包括知识迁移的能力和创造能力等。

（五）检查知识

教师可以通过作业、提问、测验、调查等方式检查学生掌握知识的程度。培养学生及时对所学知识进行自我检查的能力和习惯是非常必要的。检查学习效果的目的在于：使教师及时获得关于教学效果的反馈信息，以调整教学进程与教学要求；帮助学生了解自己掌握知识技能的情况，发现学习上的问题，及时调节自己的学习方式，改进学习方法，提高学习效率。

五、遵循教学基本规律，分析和解决中学教学实际中的问题

（一）注重发展学生的智力

发展学生的智力是新时代对人才的要求，需要学生成长为具有高度科学精神的、智能型的、有创造力的人。

（二）在充分调动学生的学习积极性的同时，充分发挥教师的主导作用

充分调动学生的学习积极性和充分发挥教师的主导作用是同样重要的。离开学生的学习积极性，教师就不可能实现教学目的；离开教师的主导作用，学生也将无所适从。最重要的是采用那些使学生理解学习过程，更积极地进行思维活动从而达到掌握知识的科学的教学方法，以及能受到思维训练的教学方法。

（三）加强适合学生的学习方式、学习方法的指导

教学策略是教师实现新课程改革中的科学价值、改革创新价值、社会价值、师生发展价值及高校管理价值的理想之路。教学策略使得教学活动更接近科学，更有实效。一般来说，现在对学生的学习方法的研究还是不够的，把学习方法作为教学方法的还比较少。在课堂教学中如何加强学生的学习方法指导，是一个正在探讨的课题。

（四）重视学生的情感生活

在教学过程中，学生所进行的主要是认识活动。不过，在进行认识活动时，也伴随着情感活动的发生。从心理学角度来看，人的认识和情感是不可能分割的，积极的情感对认识有推动作用，消极的情感则会阻抑认识活动的开展。因此，教学方法的选择应使学生能愉快、活泼地学习，这样才有利于实现教学目的。

第 11 章　教学工作的基本环节

知识体系及思维脉络

- 教学工作的基本环节
  - 备课
    - 备课的意义
    - 备课的要求
  - 上课
    - 上课的意义
    - 课的类型与结构
    - 上好课的具体要求
  - 作业的布置与反馈
    - 课外作业的意义
    - 课外作业的形式
    - 布置课外作业的具体要求
  - 课外辅导
    - 课外辅导的意义
    - 课外辅导的内容
    - 课外辅导的具体要求
  - 学业成绩的检查与评定
    - 学业评定的概念
    - 学业成绩检查与评定的意义
    - 学业成绩检查与评定的方法
    - 学业成绩检查与评定的方式
    - 学业成绩检查与评定的基本要求
    - 评分方法

核心考点及学习提示

◆核心考点

教学工作的基本环节及要求。

◆学习提示

考试重点：备课的意义，上好课的具体要求，布置课外作业的要求。

考试难点：教学工作的基本环节。

一、备课

（一）备课的意义

备课是指教师根据学科课程标准的要求和本门课程的特点，结合学生的具体情况，选择最合适的表达方法和表达顺序，以保证学生有效地学习的活动。

备好课是上好课乃至做好整个教学工作的前提。备课是教师教学工作的起始环节，是上好课的先决条件。备课的过程是教师学习的过程，也是教师形成教学能力的过程。对教师而言，首先，备好课可以加强教学的计划性和针对性，有利于教师充分发挥主导作用。其次，备课也是教师学习的过程，通过备课，教师可以丰富自己的知识，更新知识结构。最后，备课还有助于教师提高自己的教学能力。

在备课中，教师实现了以下三个转化：

（1）通过熟悉教材，把教材中的知识转化为教师自己的知识；

（2）通过钻研学科课程标准和教材，掌握了教学目的、教学要求和教学重点，并转化为教师教学活动的指导思想；

（3）通过研究教学目的、教学内容和学生实际情况的内在联系，找到使教学内容适应学生接受能力、促进学生智力发展、实现教学目的的途径，并转化为教师所掌握的教学方法。

（二）备课的要求

真题及解析

1. 做好三个方面的工作

（1）钻研教材（备教材）。

钻研教材包括钻研学科课程标准、教科书和阅读有关的参考书。

首先，学科课程标准是教师备课的指导文件，钻研学科课程标准是指教师要清楚本学科的教学目的，教材的体系、结构、基本内容和教学法上的基本要求。

其次，教科书是教师备课和上课的主要依据，因此教师必须钻研教科书。教师要先通读全书，熟练掌握教科书的内容，包括教科书的编写意图、组织结构、重点章节等，了解全书知识的结构体系，分清重点章节和各章节基本知识的重点、难点、关键点，将基础知识、基本技能进行初步编排。然后，在准备上每个课时，再确定每段教材内容在整个学科知识体系中的地位、能力培养和思想教育要求，对每个课时要讲的内容、实验和习题要按照教学要求进行具体安排。

最后，教师应在钻研教科书的基础上广泛阅读有关的参考书，精选出一些材料来充实教学内容。除了目前专供教师使用的一些教学参考资料之外，还应该包括学科课程标准推荐和教师自己平时积累的参考资料。教师应随时将阅读所得增补到自己的教学笔记中，以便上课时参考使用。

（2）了解学生（备学生）。

学生既是教师教学的对象，更是全部教学活动的主体，成功的教学只能是建立在对学生充分且正确了解的基础上。教师只有根据学生的发展现状和发展需求设计、实施教学，才有可能获得良好的教学效果。教师只有了解学生的特点，才能在备课过程中做到有的放矢、切合实际。首先，教师要考虑学生的年龄特征，熟悉他们身心发展的特点。其次，教师要了解班级情况，如班级的风气面貌，全班的优等生、中等生和后进生的分布情况等。最后，教师要了解每个学生，掌握他们的个性特点、兴趣爱好、思想状况、知识基础、学习态度和学习习惯。

了解学生应当是全面的。学生原有的知识经验基础、能力水平、学习态度和兴趣特点、班级一般状况和学生个体状况等，都是教师在备课时应当加以研究的。在此基础上，教师还应结合平时对学生发展情况的了解，研究学生在学习当前所讲知识内容时可能产生的消极态度或积极态度、可能遇到的问题，确定如何针对学生和教学的特点启发学生，在教学的哪个阶段由哪些学生进行问答活动等。然后教师把这些研究、分析的结果纳入课时计划。同时，教师既要了解学生平时在教学活动中的表现、日常的作业和考试情况，还要注意了解学生在课外、校外的情况。

（3）设计教法。

设计教法就是教师要解决如何把已经掌握的教材内容传授给学生的问题。设计教法包括：如何组织教材；如何确定课的类型；如何安排每节课的活动；如何运用各种方法开展教学活动。此外，教师还要考虑学生的学法，包括预习、课堂学习活动与课外作业。教师在钻研教材、了解学生的基础上，还要考虑用什么方法才能使学生掌握这些知识，以促进他们能力、品德等方面的发展。因此，对教法的设计是十分重要的，教师要根据教学目的、教学内容、学生的特点等来设计和选择最佳的教学方法。

2. 写好三种计划

（1）学期（或学年）教学进度计划。

学期（或学年）教学进度计划是指对一学期或一学年的教学工作所做的总的准备和制订的总计划。它一般应在学期或学年开始前制订出来，内容包括：学生情况的简要分析；本学期或本学年的教学总要求；根据学科课程标准、教科书列出本学期或本学年教学内容的章节或课题；各课题的教学时数和时间的具体安排；各课题所需要运用的教学手段；参观、实验等重要的联系实际活动的安排；提出教学改革的设想等。

（2）课题（或单元）计划。

制订好学期（或学年）教学进度计划后，教师在一个课题（或单元）教学开始前，必须对这个课题（或单元）的教学做全面的考虑和准备，并制订出课题（或单元）计划。它的内容包括：课题（或单元）名称；教学目的；课时分配；每一课时的教学任务与教学内容；课的类型；教学方法；电化教育手段和教具等。

（3）课时计划（教案）。

课时计划（教案）往往在写课题（或单元）计划时一同编写。它通常是指教师为某节课而拟订的上课计划，直接关系到课的质量。课时计划（教案）的内容一般包括班级、学科名称、授课时间、课题、教学目的、课的类型、教学方法、教具、教学进程、备注等。其中，教学进程包括教学内容的安排、教学方法的运用和时间的分配。

拟写课时计划（教案），一般按照以下步骤进行：① 进一步研究教材，确定教学重点和要注意解决的教学难点；② 确定本课时的教学目的；③ 考虑教学活动的步骤，确定课的结构，分配教学进程中各个步骤的时间；④ 考虑教学方法的运用、教具的准备和使用方法及板书设计；⑤ 写出课时计划（教案）。课时计划（教案）可详可细，格式有条目式、卡片式和表格式三种，教师可以根据各自的教学经验和教学实际情况进行选择。

二、上课

（一）上课的意义

上课是整个教学工作的中心环节，是教师的教与学生的学的最直接的体现。上课不仅是引导学生掌握知识、提高思想、发展能力的关键，而且也是教师的业务水平、教学能力以及对教育事业态度的集中反映。教师要想提高教学质量，就必须上好课。

（二）课的类型与结构

1. 课的类型

课的类型是指根据教学任务划分的课的种类。

在课堂教学中，由于教学目的、教学任务的不同，每节课并不都是一个模样，可以分为多种类型。教师如果能够正确地选择和运用不同类型的课，就可以使自己所上的许多课构成一个完整的体系，从而保证整个教学过程的完整性。

一般来说，课的类型有以下两种划分方法：

一种方法是根据教学任务，课可以分为传授新知识的课（新授课）、巩固新知识的课（巩固课）、培养技能技巧的课（技能课、实验课）和检查知识的课（检查课）。

另一种方法是根据一节课所要完成任务的类型数，课可以分为单一课和综合课。单一课是指一节课内只完成一种教学任务的课，如传授新知识的课（新授课）、巩固新知识的课（巩固课）和检查知识的课（检查课）等。综合课是指一节课内完成两种或两种以上教学任务的课，如一节课内要完成复习旧知识、学习新知识、巩固新知识等多项任务。

真题及解析

上述两种分类也是有交叉重叠的，具体表现在两类课型有相对应之处，如新授课多属于单一课，技能课多属于综合课。

2. 课的结构

课的结构是指课的基本组成部分及其各组成部分进行的顺序、时限和相互关系。

受学科特点、教材内容、教学方法和教学对象等因素的制约，不同类型的课有不同的结构。常用的两种类型的课及其结构简述如下：

（1）综合课的结构。

综合课是中学低年级经常采用的上课类型。一方面，因为这些年级的学生的学习内容比较简单；另一方面，对中学低年级的学生来说，在一节课内把几个任务混合起来进行，有利于提高学生的兴趣。一般认为，综合课的组成部分包括组织教学、检查复习、讲授新教材、巩固新教材和布置课外作业。

（2）单一课的结构。

① 传授新知识的课——新授课。

在上课的体系中，新授课是一种基本的类型。新授课的结构组成部分通常为：组织教学；导入新课并揭示课题意义；教授新教材；概括、小结本课重点；布置作业。这类课的结构尽管看似同综合课很像，但两者是有明显差别的，新授课的大部分时间应用于讲授新知识。

② 巩固知识的课——巩固课。

这种类型的课多用于学完一个单元教材之后和学期期中、期末的复习。其目的在于巩固前一阶段所学的知识，使之系统化、概括化，帮助学生建立良好的知识结构。巩固课的结构组成部分一般为：组织教学；说明复习的要求和重点；教师采用适当方法启发、引导学生进行复习；教师小结，进一步明确教材的重点、难点和内在联系；布置课外作业。巩固知识是巩固课的主要部分。

③ 培养技能技巧的课——技能课、实验课。

这种类型的课主要是使学生在已经获得知识的基础上，形成技能技巧。其结构组成部分一般为：组织教学；说明练习或实习的目的和要求；讲解示范、分析例题或说明有关方法；学生进行练习或操作；教师小结，肯定成绩，指出注意点；布置课外作业。这种类型的课大部分时间用于练习或操作。

④ 检查知识技能的课——测验课或检查课。

这种类型的课一般是在学完一个大单元之后，或是在学期期中、期末进行。其结构组成部分一般为：组织教学；宣布目的、要求和注意事项；进行口头检查、书面测验或实际操作测验；对检查做出小结、分析、评定（一般在下一节课进行）。

（三）上好课的具体要求

1. 目的明确

教学目标的制定要符合学科课程标准的要求和学生的特点，否则容易脱离实际。教学目标制定后，教师在课堂上的一切教学活动都应该围绕教学目标来进行。

2. 内容正确

进行教学时，教师要保证教学内容的科学性和思想性，包括对概念、定理等的表述要准确无误；对原理、定律等的论证应确切无疑；对学生回答问题时所反映出的思想和观点要仔细分析。另外，在讲授中，教师既要突出教材的重点、难点和关键点，又要考虑教材的整体性和连贯性；既要注重新旧知识之间的联系，又要注意理论与实践的结合。

3. 方法得当

教师应根据教学任务、教学内容和学生的特点选择较佳的方法进行教学。教学有法，但无定法，教师要善于选择方法，创造性地加以运用，力求取得最佳的教学效果。

4. 表达清晰

上课时，教师要坚持用普通话，声音要响亮，语言表达的速度要适合学生的可接受程度，语言要流畅、生动、易懂，板书（或幻灯片的字幕）要规范、准确、清楚，内容上要重点突出、条理清晰。

5. 教态自如

教态是指教师在教学过程中的衣着打扮、仪表风度、行为举止和情感态度等方面的表现。自然、优雅的教态能引起学生对学习的愉悦和积极的情感体验，使各种思维进入学习的最佳状态，从而推进教学的进程。

6. 组织严密

即整堂课的进行基本符合课时计划的设计，课的进程次序分明、有条不紊，课的节奏紧凑，不同的任务变换时过渡自然，课堂秩序良好。

7. 气氛热烈

上课时，学生要在教师的指导下充分发挥学习的积极性。教师要注重因材施教，使每个学生积极地动脑、动口、动手，课堂内充满民主的气氛，形成生动活泼的教学局面。

教师和学生在课堂上应始终处于积极主动的状态之中，在这种状态下，教师才能引导学生的思路，启发学生的思维，激活学生的智力活动，机智地处理各种偶发事件，保持良好的课堂气氛。

综上所述，一节好课的基本标准是：学生的注意力集中；学生的思维活跃；学生能够积极参与到课堂中来；照顾到了学生的个别差异。

三、作业的布置与反馈

作业是结合教学内容，要求学生独立完成的各种类型的练习。作业的布置与反馈是教学工作的有机组成部分，是上课的延续。作业分为课内作业和课外作业两种，无论是课内作业还是课外作业，其作用都在于加深和加强学生对教材的理解和巩固，使学生进一步掌握相关的技能和技巧。此外，组织好作业的布置和批改工作，通过作业的检查和批改，教师可以及时发现学生在知识或技能方面存在的问题，加以纠正，并做出评价。这对于培养学生良好的学习态度、学习习惯和学习方法，锻炼和提高他们的智力和能力，都有着重要的作用。

（一）课外作业的意义

课外作业是课内学习的继续，是教学工作的有机组成部分，是各种类型课不可或缺的教学环节。通过课外作业的练习，学生在课内习得的知识、技能才能更加巩固与完善，而且对培养学生独立思考的能力和自觉完成作业的习惯也具有重要意义。

（二）课外作业的形式

根据课外作业的内容特征，课外作业可以分为：

（1）阅读作业，如复习、预习教科书或阅读参考书等；

（2）口头作业，如朗读、阅读、复述、背诵等；

（3）书面作业，如书面练习、演算习题、作文、绘图等；

（4）实际作业，如观察、实验、社会调查、制作标本模型等。

（三）布置课外作业的具体要求

1. 课外作业的内容要符合学科课程标准和教科书的要求

教师应根据学科课程标准规定的范围和深度来布置课外作业，以便学生更好地掌握“双基”（基础知识和基本技能）和发展智能。教师选择的课外作业要有代表性，要有助于学生巩固与理解所学的基础知识，形成相应的技能技巧，有助于培养学生的能力。

2. 课外作业的分量要适当，难易要适度

学校应通过班主任来调节学生各科课外作业的总量，防止学生的负担过重。凡能在课内完成的作业，教师就不应当布置到课外去做。另外，教师要精选作业题，使之难易适度。

3. 教师要向学生提出明确的要求，并规定完成的时间

对于比较复杂的课外作业，教师可以适当地进行提示，但这种提示应是启发性的，不能代替学生的独立思考。此外，教师还可以根据学生的能力和学习水平，给优等生和后进生分别布置分量、难度各异的课外作业，并给予必要的指导、提示和帮助，规定完成的时间。

4. 教师应及时检查和批改学生的课外作业

教师检查和批改学生的课外作业的目的是为了了解学生对所学知识理解、巩固的程度和实际运用知识的能力，发现教和学两个方面存在的问题，以便及时改进教学，同时培养学生按时完成作业的好习惯。

四、课外辅导

课外辅导是指在课堂教学规定的时间之外，教师对学生进行的辅导。课外辅导的目的在于因材施教，以及对学生进行学习目的、学习态度和学习方法的个别教育和指导。课外辅导是上课的必要补充，是教学工作的重要组成部分，在我国，中小学主要采用班级授课制，在班级规模通常较大的情况下，教师应当重视并尽量做好这项工作。

（一）课外辅导的意义

通过课外辅导，学生可以巩固在课堂上还未理解和掌握的知识或技能。课外辅导是上课的必要补充，有助于教师根据学生的个别差异进行因材施教。

（二）课外辅导的内容

（1）启发学生的学习思路，指导学生的学习方法，帮助学生解决疑难问题，指导学生做好作业。

（2）对学习较差和因事、因病缺课的学生进行帮助，必要时可以给他们补课。

（3）对学习较优秀的学生进行个别指导。

（4）对学生进行学习目的和学习态度的教育。

（5）为有学科兴趣的学生提供课外研究帮助。

（6）开展课外辅助教学活动。

（7）指导学生的实践性和社会服务性活动。

（三）课外辅导的具体要求

1. 目的明确

课外辅导要目的明确，充分调动学生的主动性和积极性。教师进行课外辅导要克服盲目性和随意性，要从学生的实际出发，根据明确的辅导目的，确定好内容与方法。

2. 针对性强

教师进行课外辅导要做到“对症下药”，要全面地了解学生，在此基础上制订出辅导计划。

3. 态度和蔼

在课外辅导的过程中，教师的态度要和蔼、亲切，师生要平等相处，共同讨论。教师要鼓励学生主动地提出问题，不管学生提出的问题多么简单、可笑、古怪，教师都要以和蔼的态度，耐心地进行启发、诱导、解答，切忌责怪学生、挖苦学生、不理睬学生。

4. 重点突出

课外辅导只是对课堂教学的补充，教师不能将主要精力放在课外辅导上。在进行课外辅导时，教师要把重点放在对学生思维能力的辅导上。

五、学业成绩的检查与评定

（一）学业评定的概念

学生学业成绩的评定是教学工作的一个重要环节。所谓学业评定，是指以国家的教育教学目标为依据，运用恰当、有效的工具和途径，系统地收集学生在各门学科教学和自学的影响下认知行为上的变化信息和证据，并对学生的知识和能力水平进行价值判断的过程。

学校通过对学生学业成绩的评定，可以检查教学的完成情况，从检查中获得反馈信息；可以用来指导和调节教学过程和学习过程，从而改善教学，提高教学质量。

（二）学业成绩检查与评定的意义

学业成绩的检查与评定是教学工作的一个重要环节，对教学工作的开展和教学质量的提高具有十分重要的意义。第一，有利于促进学生的学习。第二，有利于促进教师的教学。第三，有利于学校领导了解教学情况，从而制定有效的措施，不断地改进对教学工作的领导和管理，为更好地培养人才服务。第四，有利于家长了解子女的学习情况，可以使家长同学校密切配合，共同帮助学生取得进步。第五，为上级教育主管部门制定教育方针、教育政策和选拔人才提供依据。

（三）学业成绩检查与评定的方法

1. 观察法

观察法是评价者直接认知被评价者的最好方法。它适用于在教学中评价那些不易量化的行为表现（如兴趣、爱好、态度、习惯、性格）和技能性的成绩（如绘画、体育技巧和手工制成品）。

2. 测验法

测验法主要以笔试的形式进行，是考核、测定学生成绩的基本方法。它适用于对学生文化科学知识成绩的评定。测验法的优点是能在同一时间内用同一试卷测验众多的学生，收集大量可供比较研究的宝贵资料。测验法不仅简便易行、运用广泛，而且结果也比较可靠。但是，测验法也存在局限性，如难以测定学生的智力、能力和行为技能等。

测验法的质量指标主要有信度、效度、难度与区分度。

（1）信度。

信度是指测验结果的可靠程度。如果一个测验在反复使用或以不同的方式使用都能得出大致相同的可靠结果，那么这个测验的信度就较高；否则，信度就较低。影响信度的因素有很多，主要有测验的长度、测验的时间、受试者的身心状态、测验的指导语、评分标准等。

（2）效度。

效度是指测验达到测验目的的程度，即是否测出了它所要测出的东西。一个测验的效度总是对一定的测验目标而言的，故不能离开特定的目标而笼统地判断这个测验是否有效度。

真题及解析

（3）难度。

难度是指测验包含的试题的难易程度。试题过难或过易都不能准确地测出学生的真实成绩。所以，一张试卷，既要有较难的题，又要有较易的题，要做到难度适中。

（4）区分度。

区分度是指测验对学生的不同水平能够区分的程度，即具有区分不同水平学生的能力。区分度与难度有关，只有在试卷中包含有不同难度的试题才能提高区分度，拉开学生得分的差距。

3. 调查法

调查法是指教师了解学生的学习情况，为进行学生成绩评定收集资料的一种方法。教师了解学生的学习态度、学习方法和学习习惯需要调查，但调查易带主观性，掌握的情况也可能不全面，其结果常有误差。所以，在调查时教师对资料要认真分析，并只能把它作为辅助的方法。

调查一般通过问卷、交谈进行。

问卷是指教师通过预先设计好的调查题，要求学生笔答以获取有关评价资料的方法。问卷要简明扼要，只提教师希望知道的问题。进行问卷调查时，教师要给学生对所问问题以自由评论和自主选择的权利，否则所获得的资料可能失真。此外，问卷所获得的资料要经过教师的统计和分析才能科学地利用。

交谈是指教师以谈话的方式了解学生学习的兴趣、需要、态度和课后学习情况的一个重要方法。教师召集部分学生进行座谈需要安排一定的时间，与学生个别交谈大多可以利用课余、课间等短促接触的机会进行。交谈要有准备，问些什么，要达到什么目的，教师都要做到心中有数，即使短促交谈也要有的放矢。

4. 自我评价法

自我评价法是指学生自己对自己进行评价的方法。自我评价可以帮助学生更好地理解教学目标，正确地评价自己，认识自己的优点与缺点，肯定成绩，明确努力方向，不断地提高自我评价的能力，从而自觉地改进学习。

自我评价法的主要方法有：(1) 运用标准答案，这有助于培养学生对作业的自我检查和自我评价的良好习惯；(2) 运用核对表，论文式作业与绘画、手工等技能性作业无法制定标准答案，一般宜采用核对表进行评定；(3) 运用一定的仪器等，在教师的引导下由学生自己做出评价，认识自己的优点与缺点，以便对自己做出评价，进行自我纠正和提高。

在教学过程中，使学生通过频繁的外部评价而获得评价的经验，并学会如何正确地评价自己的学习结果，不仅有助于学生学业成绩的提高，而且对其个性发展和适应生活的能力的培养也具有极为深远的意义。学生在学校期间形成的自我评价能力，将使其能以全面、现实的观点评判性地看待所进行的活动，从而能够在以后的学习中不断地取得进步。

（四）学业成绩检查与评定的方式

1. 平时考查

平时考查是指对学生的学习情况和成绩进行的一种经常的、小规模或个别的检查与评定。安排考查，可以由教师自拟计划，自己确定时间，自行命题和规定答案，并做出评定。平时考查的目的侧重于了解学生的学习情况与学习质量，使师生都能及时地获得反馈信息，以便改进教学。

平时考查包括口头提问、检查书面作业和单元测验等。

口头提问是课堂教学中常用的一种检查学生学习情况的方法，是指学生根据教师所提出的问题进行面对面的口头回答。口头提问可以在课前、课中、课后进行。

检查书面作业包括检查平时的课堂作业、家庭作业等，是教师了解和检查学生学习情况最常用的方法。检查书面作业可以在课堂进行，也可以在课外进行。

单元测验是一种在课堂教学中进行的小型考试。单元测验一般在学完一章或一个课题之后进行，它能在较短的时间内使教师了解学生掌握知识的情况，帮助教师改进教学。

2. 考试

考试是指教师对学生的知识、技能等学业成绩进行阶段性或总结性检查时所采用的一种方式。它通常在学习告一段落后（如期中、期末和毕业时）进行，为了系统地检查和衡量学生所学知识、技能等方面的情况。考试的目的侧重于对学生的学习质量做出全面检查与评价。考试的方式通常有期中考试、学期考试、学年考试、毕业考试等。

（五）学业成绩检查与评定的基本要求

1. 学业成绩检查的基本要求

（1）学业成绩检查要坚持科学性、有效性和可靠性。

（2）学业成绩检查的内容应力求全面，使其既能反映学生对课程知识的掌握程度，又能反映出学生认知结构的情况。

（3）学业成绩检查的方法要求灵活多样。

2. 学业成绩评定的基本要求

（1）教师要客观公正。

（2）教师要向学生指出学习上的优点、缺点和努力的方向。

（3）教师要鼓励学生创新。

（六）评分方法

目前，常用的评分方法有百分制和等级制两种。百分制评分法，即在编制试卷时，要根据各试题的难易程度分配分数，标明各试题的分数，并规定各试题的评分和扣分的方法。等级制评分法可以分为：上、中、下三级；优、良、中、劣四级；5、4、3、2、1 五级；及格、不及格两级等。

真题及解析

第 12 章 教学原则

知识体系及思维脉络

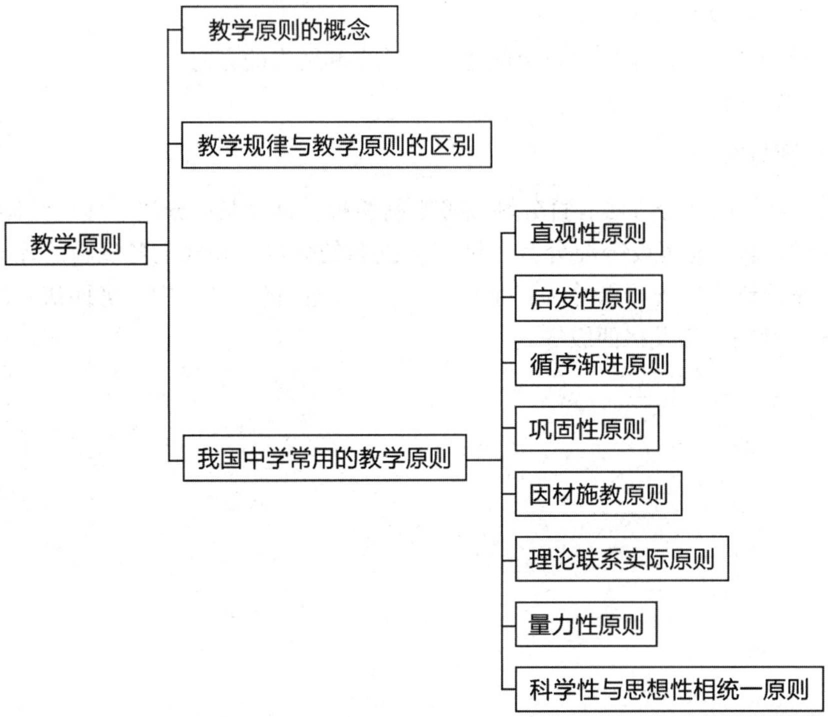

核心考点及学习提示

◆核心考点

教学原则的概念，我国中学常用的教学原则。

◆学习提示

考试重点：我国中学常用的教学原则及其贯彻要求；教学原则在中学教学实践中的运用。

考试难点：运用教学原则评析我国中学教育教学中的实际问题。

一、教学原则的概念

教学原则是指根据一定的教学目的和对教学过程规律的认识而制定的指导教学工

作的基本准则和基本要求。教学原则是有效进行教学必须遵循的基本要求。它既指导教师的教，又指导学生的学，应贯彻于教学过程的各个方面和始终。

教学原则既是对人们长期积累起来的教学实践经验的总结，又是对教学客观规律、教育对象身心发展特点的反映，更是教育目的、教育任务对教学活动的要求。这些因素构成了教学原则确立的主要依据。

二、教学规律与教学原则的区别

教学规律是客观的，是不以人们的意志为转移的，人们只能去发现它、掌握它，但不能制造它。教学原则是人们根据需要制定的教学活动的基本准则，是教学规律在教学中的反映，人们只有通过对教学规律的不断发现和掌握，才会使所制定的教学原则不断地得到发展和完善。

三、我国中学常用的教学原则

真题及解析

（一）直观性原则

直观性原则是指在教学过程中，要通过学生观察所学事物或教师语言的形象描述，引导学生形成对所学事物、过程的清晰表象，丰富学生的感性知识，从而使学生能够正确地理解书本知识和发展认识能力。这个原则是根据直接经验与间接经验相统一的教学规律而提出的，它的提出也是由学生的年龄特征所决定的。贯彻直观性原则的目的在于解决教学的概念、原理等理论知识与其代表的事物之间相互脱离的矛盾。

在教育史上，许多教育家的思想都体现了直观性原则。夸美纽斯曾指出，应该尽可能地把事物本身或替代它的图像放在学生的面前，让学生去看看、听听、闻闻。俄国教育家乌申斯基也指出，一般来说，儿童是依靠形式、颜色、声音和感觉来进行思维的。

在教学中，教师要根据教学的任务、内容和学生的年龄特征，正确地选择直观教具和现代化的教学手段。

根据直观的对象不同，直观一般分为实物直观、模拟直观和语言直观，具体情况参见表3-1。

表3-1 直观的类型和种类

直观的类型	直观的种类
实物直观	直观观看各种实物，包括观察各种实物、标本、实习、实验、教学性参观等
模拟直观	只是观看各种实物的模拟形象，包括各种图片、图表、模型、幻灯片、录像带等
语言直观	它是指通过教师对学生做形象化的语言描述而起到直观的作用

贯彻直观性原则的要求包括：

（1）教师要正确选择直观教具和现代化教学手段；

（2）教师要把直观与讲解相结合；

（3）教师要重视运用直观性语言。

视频讲解

真题及解析

（二）启发性原则

启发性原则是指教师在教学工作中运用各种教学手段，充分调动学生的学习主动性、积极性，引导学生独立思考、积极探索，生动活泼地学习，自觉地掌握科学知识和提高分析问题、解决问题的能力。

中外教育家都很重视启发教学。在我国古代，孔子提出了“不愤不启，不悱不发”的著名教学要求，这是“启发”一词的来源。

《学记》中提出“道而弗牵，强而弗抑，开而弗达”的教学要求，阐明了教师的作用在于引导、激励、启发学生，而不是牵着学生走，强迫和代替学生学习。

在西方，苏格拉底在教学中重视启发，善于用启发式教学来激发和引导学生自己去寻找正确答案，形成了著名的“产婆术”。这个方法说明教师在引导学生探求知识的过程中起着助产的作用。德国教育家第斯多惠也有一句名言“一个坏的教师奉送真理，一个好的教师则教人发现真理。”所有这些都表明了启发性原则在教学中的作用。

贯彻启发性原则的要求包括：

（1）教师要调动学生学习的主动性；

（2）教师要启发学生独立思考，发展学生的逻辑思维能力；

（3）教师要启发学生将知识创造性地应用于实际；

（4）教师要发扬教学民主。

真题及解析

（三）循序渐进原则

循序渐进原则又称系统性原则，是指教学要按照学科的内在逻辑系统和学生认识能力发展的顺序进行，使学生系统地掌握基础知识和基本技能，形成严密的逻辑思维能力。

我国古代教学注重按照一定的顺序进行。《学记》要求“学不躐等”“不陵节而施之谓孙”，提出“杂施而不孙，则坏乱而不修”。如果教学不按照一定的顺序，杂乱无章地进行，学生就会陷入混乱而没有收获。

朱熹进一步提出“循序而渐进，熟读而精思”，明确提出了循序渐进的教育要求。

在国外，夸美纽斯主张“应当循序渐进地来学习一切，在一个时间内只应当把注意力集中在一件事情上”。另外，乌申斯基、布鲁纳等都很强调系统知识的学习。

贯彻循序渐进原则的要求包括：

（1）教师要按照教材的系统性进行教学；

（2）教师要抓住主要矛盾，解决好教学内容的重点和难点；

（3）教师在教学中要深入浅出、由易到难、由简到繁。

（四）巩固性原则

巩固性原则是指在教学中，教师要引导学生在理解的基础上牢固地掌握知识和技能，长久地保存在记忆中，能根据需要迅速再现出来，以利于知识技能的运用。这个原则是为了处理好教学中获取新知识与保持旧知识之间的矛盾而提出的。

历代许多的教育家都很重视知识的巩固问题。孔子要求“学而时习之”“温故而知新”。夸美纽斯提出了“教与学的彻底性原则”，他形容只顾传授知识而不注意巩固，就等于“把流水泼到一个筛子上”。乌申斯基认为“复习是学习之母”。

贯彻巩固性原则的要求包括：

（1）教师要引导学生在理解的基础上进行巩固；

（2）教师要重视组织各种复习；

（3）教师要启发学生在扩充改组和运用知识中积极巩固。

（五）因材施教原则

真题及解析

因材施教原则是指教师要从学生的实际情况出发，依据学生的年龄特征和个别差异，有的放矢地进行有差别的教学，使每个学生都能扬长避短，获得最佳的发展。

在我国古代，孔子善于根据学生的不同特点有针对性地进行教育，以发挥他们各自的专长。宋代朱熹把孔子这一经验概括为“孔子施教，各因其材”，这是“因材施教”的来源。

贯彻因材施教原则的要求包括：

（1）教师要坚持课程计划和学科课程标准的统一；

（2）教师要针对学生的特点进行有区别的教学；

（3）教师要注意培养学生的特长。

（六）理论联系实际原则

理论联系实际原则是指教学要以学习基础知识为主导，使学生从理论与实际的联系上去理解知识，注意运用知识去分析问题和解决问题，达到学懂会用、学以致用的目的。

我国古代教育家十分重视知与行关系的研究。荀子曾提出：“不闻不若闻之，闻之不若见之，见之不若知之，知之不若行之，学至于行而止矣。行之，明也。”

在西方，古希腊智者派认为，没有实践的理论和没有理论的实践都是没有意义的。乌申斯基也指出：“空洞的毫无根据的理论是一点用处也没有，理论不能脱离实际，事实不能离开思想。”这些思想都是在强调理论来源于实践，并最后运用于实践中。

贯彻理论联系实际原则的要求包括：

（1）书本知识的教学要注重联系实际；

（2）教师要重视培养学生运用知识的能力；

（3）教师要正确处理知识教学与技能训练的关系；

（4）教师要补充必要的校本教材。

（七）量力性原则

量力性原则又称可接受性原则，是指教师从学生发展的实际可能性出发，使教学的任务、教材的内容、方法和组织形式是学生可接受的。学习内容既不要让学生觉得负担过重，又不能让学生觉得轻而易举，要高于学生的现有水平，保持一定的难度，要在能力尚处在形成状态的最近发展区内，引导学生经过努力去解决问题。

在中国古代，早有这种教育思想的萌芽。孔子提出：“中人以上，可以语上也；中人以下，不可以语上也”。墨子也提出“夫智者必量其力所能至而如从事焉”。他们教弟子也是各视其程度的深浅、能力的强弱而有所不同。夸美纽斯更明确提出这个原则。

他提出教给学生的知识，必须“是青年人的年龄与心理力量所许可”“一切事情的安排都适合学生的能力，这种能力自然会和学习与年龄同时增长的”。

贯彻量力性原则的基本要求包括：

（1）教师要重视学生的年龄特征；

（2）教师要了解学生发展的具体特点；

（3）教师要恰当地把握教学难度。

（八）科学性与思想性相统一原则

科学性与思想性相统一原则又称科学性与教育性相结合原则，是指教师既要把现代化先进科学的基础知识和基本技能传授给学生，同时又要结合知识、技能中内在的德育因素，对学生进行政治、思想教育和道德品质教育。

贯彻科学性与思想性相统一原则的要求包括：

（1）教师要确保教学的科学性；

（2）教师要深入发掘教材和教学情境中蕴含的教育性因素，自觉地对学生进行思想品德教育；

（3）教师要把知识的教育性因素贯穿于教学过程的各个环节；

（4）教师要不断地提高自己的专业素质和思想品德素质。

真题及解析

第 13 章　教学方法

知识体系及思维脉络

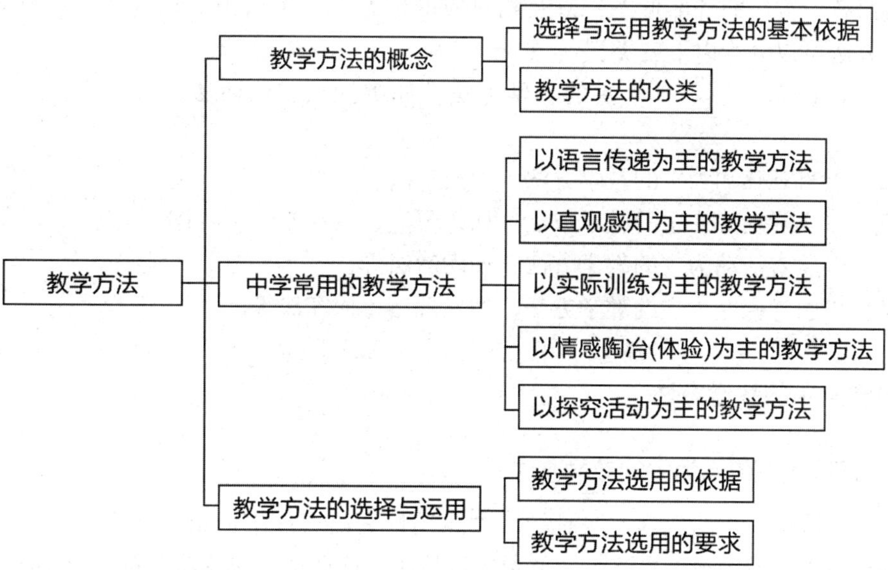

核心考点及学习提示

◆核心考点

教学方法的概念，选择教学方法的依据，中学常用的教学方法。

◆学习提示

考试重点：中学常用的教学方法及其运用要求；教学方法在中学教学实践中的运用。

考试难点：运用教学方法评析我国中学教育教学中的实际问题。

一、教学方法的概念

教学方法是指为完成教学任务而采用的办法。教学方法包括教师教的方法和学生学的方法，是教师引导学生掌握知识技能、获得身心发展的方法。

（一）选择与运用教学方法的基本依据

（1）教学目的和任务的要求。

（2）课程的性质和教材的特点。

（3）学生的特点。

（4）教学时间、教学设备和教学条件。

（5）教师的教学水平、实际经验及个性特点。

（二）教学方法的分类

按照教学方法的外部形态，以及相对应的形态下学生认识活动的特点，中学常用的教学方法可以分为以下五类：

（1）以语言传递信息为主的教学方法，如讲授法、谈话法、讨论法、读书指导法等；

（2）以直观感知为主的教学方法，如演示法、参观法等；

（3）以实际训练为主的教学方法，如练习法、实验法、实习作业法等。

（4）以欣赏活动为主的教学方法，如陶冶法等。

（5）以引导探究为主的教学方法，如发现法、探究法等。

二、中学常用的教学方法

（一）以语言传递为主的教学方法

以语言传递为主的教学方法是指教师运用口头语言或书面语言向学生传递知识技能，指导学生学习的教学方法，主要包括讲授法、谈话法、讨论法和读书指导法。

1. 讲授法

（1）讲授法的概念。

讲授法是指教师通过口头语言系统、连贯地向学生传授知识的一种教学方法。它是整个教学方法体系中运用最多、最广的一种教学方法。

（2）讲授法的分类。

讲授法可以分为讲述、讲解、讲读和讲演四种方式。

讲述是指教师向学生描绘学习对象、介绍学习材料、叙述事物产生变化过程的一种讲授方式。讲述一般在人文学科的教学中运用得比较多，又分为科学性讲述和艺术性讲述。

讲解是指教师对概念、原理、规律、公式等进行解释说明和论证的一种讲授方式。讲解一般在自然学科的教学中运用得比较多。

讲读是指教师把讲述和讲解同阅读教材有机结合，讲、读、练、思相结合的一种讲授方式。讲读一般用于语文、外语教学中，也可以用于数理化学科教学。

讲演是指以教师的演讲或报告的形式在较长的时间里系统地讲授教材内容，条分缕析、广征博引、科学论证，从而得出科学结论的一种讲授方式。因为讲演的时间长、知识面广、难度大，所以主要运用于大学教学中，中小学中则较少运用。

（3）讲授法的优点和缺点。

讲授法的优点包括：可以充分发挥教师的主导作用，教师容易控制教学进程，能够使学生在较短的时间内获得较多的知识；有利于发展学生的智力；有利于系统地对学生进行思想品德教育。但是，讲授法的缺点在于没有充分的机会让学生对所学的内容做及时的反馈，学生的主动性、积极性不易得到发挥，就会出现教师满堂灌、学生被动听的局面。

（4）运用讲授法的基本要求。

① 讲授的内容要有科学性、系统性、思想性，既要突出重点、难点，又要系统、全面；既要使学生获得可靠的知识，又要使学生在思想上有所提高。这就要求教师要认真备课和教学。

② 教师在运用讲授法时应注意运用语言去引导学生进行思考和探索，要注意启发学生。

③ 教师在运用讲授法时要讲究语言艺术。

④ 教师在运用讲授法时要注意与其他的教学方法配合使用。

2. 谈话法

（1）谈话法的概念。

谈话法也叫问答法，是指教师按照一定的教学要求向学生提出问题，要求学生回答，并通过问答的形式来引导学生获取或巩固知识的一种教学方法。古希腊哲学家、教育家苏格拉底的问答法实际上就是一种谈话的方式。

（2）谈话法的分类。

谈话法分为复习谈话和启发谈话两种。

复习谈话是指教师根据学生已学教材向学生提出一系列问题，通过师生问答的形式帮助学生复习、深化、系统化已学的知识的一种谈话方式。

启发谈话是指教师通过向学生提出未思考过的问题，一步一步地引导他们去深入思考和探索新知识的一种谈话方式。

（3）谈话法的优点和缺点。

谈话法的优点包括：有助于激发学生的思维；有助于调动学生学习的积极性；有助于培养学生独立思考和口头语言表达的能力；有助于教师了解学生对知识、技能掌握的情况，并及时采取措施来弥补学生的知识缺陷。谈话法的缺点在于这种方法不仅受到谈话者的知识经验以及主观意识的影响，而且还受到谈话对象的认识水平的限制，容易出现谈话不能深入、全面地了解情况的现象。

（4）运用谈话法的基本要求。

① 教师要准备好问题和谈话计划。

② 教师提出的问题要明确，能活跃学生的思维，即富有挑战性和启发性，问题的难易要因人而异。

③ 教师要善于进行启发、引导。

④ 教师要做好归纳、小结，使学生的知识系统化、科学化，并注意纠正一些不正确的认识，以帮助学生准确地掌握知识。

3. 讨论法

（1）讨论法的概念。

讨论法是指学生在教师的指导下为解决某个问题而进行探讨、辨明是非真伪，以

视频讲解

获取知识的一种教学方法。

（2）讨论法的优点和缺点。

讨论法的优点在于学生通过对所学内容的讨论，可以加深对知识的理解和掌握，同时还可以激发学生学习的主动性和积极性，培养他们的独立思考能力和口头语言表达能力，促进学生灵活地运用知识。讨论法的缺点在于受学生知识、经验水平和能力发展的限制，容易出现讨论流于形式或者脱离主题的情况。因此，讨论法在高年级运用的较多。

（3）运用讨论法的基本要求。

① 教师提出进行讨论的问题要对学生有吸引力。

② 教师要善于在讨论中对学生进行启发，引导学生独立思考，勇于发表自己的看法，围绕中心议题积极发言。教师要肯定学生的各种意见的价值，不应当裁判，不应急于指出各种意见的正确或错误。

真题及解析

③ 教师要做好讨论小结。

4. 读书指导法

（1）读书指导法的概念。

读书指导法是指教师指导学生科学、合理地阅读教科书、教学参考书及其他课外读物，以获取知识或巩固知识的一种教学方法。

学生掌握书本知识，不仅有赖于教师的讲授，而且还必须依靠自己去阅读、去领会，才能消化、巩固和增长知识。学生只有通过独立阅读才能掌握读书方法，提高自学能力，养成良好的读书习惯。

（2）读书指导法的分类。

根据学生独立的程度，读书指导法可以分为三类：教师指导性阅读、学生半独立性阅读和学生独立性阅读。教师指导性阅读又可以分为预习和复习阅读指导、课堂阅读指导和课外阅读指导。

（3）读书指导法的优点和缺点。

读书指导法的优点是有助于培养学生的自学能力，并养成良好的自学习惯。读书指导法的缺点在于学生自主学习与教师指导的合理相融不好处理，对教师的指导能力要求比较高。

（4）运用读书指导法的基本要求。

① 教师要提出明确的目的和要求。

② 教师要教给学生自学的方法。

③ 教师要加强评价和辅导。

④ 教师要适当组织学生交流自学心得。

（二）以直观感知为主的教学方法

1. 演示法

（1）演示法的概念。

演示法是指教师在课堂上通过展示各种实物、直观教具或者进行示范性的实验，或运用现代化教学手段，让学生通过实际观察获得感性认识，从而说明或验证所传授

真题及解析

知识的一种教学方法。

（2）演示法的分类。

演示法大致可以分为以下三类：

一是实物或模型、标本、图片、挂图的演示；

二是用连续成套的模型、标本、挂图、图片或幻灯、电影等，进行序列性演示；

三是音乐、体育、劳动课上教师的示范性动作或操作等。

（3）演示法的优点和缺点。

演示法的优点在于通过演示，不仅可以加强教学的直观性，为学生学习新知识提供丰富的感性材料，而且还能激发学生学习的兴趣，提高学习效率。演示法的缺点是：费时费力；较难控制教室的气氛；演示失败会影响学生的学习状态和情绪。

（4）运用演示法的基本要求。

① 教师要做好演示前的准备工作。

② 教师要使学生明确演示的目的、要求与过程，引导学生主动、积极、自觉地投入观察与思考，让学生知道要看什么、怎么看，需要考虑什么问题等。

③ 通过演示，使所有的学生都能清楚、准确地感知演示对象，并引导他们在感知过程中进行综合分析。

④ 教师要尽量排除次要因素或降低次要因素的影响，以使目的明确、现象明显。

2. 参观法

（1）参观法的概念。

参观法是指教师根据教学目的、教学任务的要求，组织学生到校外观察自然现象和社会现象，从而使学生获取新知识或验证已经学习过的知识的一种教学方法。参观法的基本形式是学生在教师的指导下获得直接经验。

（2）参观法的分类。

根据有关知识的顺序，参观法可以分为准备性参观、并行性参观、总结性参观。准备性参观往往在学习某种知识之前进行，并行性参观一般在学习某种知识的过程中进行，总结性参观是在学习某种知识之后进行。

（3）参观法的优点和缺点。

参观法的优点是有助于学生获得直观、感性的知识经验和体验，获得新知识以及验证所学知识，能够使学生有效地把书本知识与实际紧密结合起来，扩大学生的眼界，能理论联系实际。参观法的缺点是费时费力，学习过程不好控制，学习效果往往具有非预期性。

（4）运用参观法的基本要求。

① 教师要做好参观前的准备工作。

② 教师要指导参观的进行。

③ 参观以后，教师要及时指导学生总结通过参观获得的收获。

（三）以实际训练为主的教学方法

以实际训练为主的教学方法要求学生动脑、动手，进行实际操作练习，以掌握知识，形成技能、技巧，发展能力。其主要包括练习法、实验法、实习作业法和实践活动法。

1. 练习法

（1）练习法的概念。

练习法是指学生在教师的指导下，进行各种练习，运用知识去完成一定的操作，从而巩固知识并形成技能、技巧的一种教学方法。在教学中，练习法被各科教学广泛采用。

（2）练习法的分类。

按照培养学生不同方面的能力划分，练习法分为口头练习、书面练习和实际操作练习；按照学生掌握技能、技巧的进程划分，练习法划分为模仿性练习、独立性练习和创造性练习。

（3）练习法的优点和缺点。

练习法的优点是可以有效地发展学生的各种技能、技巧；进一步开发学生的操作能力和创造能力。练习法的缺点是较为费时，教师难以关注每个学生，容易忽视学生的心理状态，难以维持学生的学习动机。

（4）运用练习法的基本要求。

① 教师要使学生明确练习的目的与要求，掌握练习的原理和方法。

② 教师要精选练习材料，适当分配分量、次数和时间，练习的方式要多样化、循序渐进，逐步提高。

③ 教师要采用正确的练习方法。

④ 教师要合理安排练习步骤，使练习有计划、有组织、有目的地进行。

⑤ 教师要严格要求，无论是口头练习、书面练习还是实际操作练习，都要严肃认真地要求学生一丝不苟、刻苦训练、精益求精，达到最高的水平，并具有创造性。

⑥ 教师要给予学生及时的反馈，要使学生能够及时地知道练习的结果，以便纠正错误和巩固成绩。

2. 实验法

（1）实验法的概念。

实验法是指学生在教师的指导下使用一定的仪器和设备进行独立操作，观察事物和过程的发生和变化，探求事物的规律，以获得知识和技能的一种教学方法。实验法一般在物理、化学、生物等自然科学的教学中运用的比较多。

（2）实验法的优点和缺点。

实验法的优点包括：有助于学生掌握实验操作技能；有助于学生将理论和实际联系起来；有助于激发学生的求知欲望；有助于培养学生对科学实验的兴趣和探索的精神；有助于培养学生的动手能力和科学、严谨的学习态度。实验法的缺点是人为造作性高，设计困难，费用相对比较高，容易受主观因素的影响。

（3）运用实验法的基本要求。

① 实验开始前，教师要把实验的内容、目的、步骤、要求、仪器的使用和操作要领及注意事项告知学生。

② 实验进行中，教师要巡视实验情况，及时进行指导，适时地提醒学生注意实验步骤、操作规范等。

③ 实验结束后，教师要对实验进行总结并指导学生写出实验报告，如写出简单的书面报告或者组织学生进行口头汇报。

3. 实习作业法

（1）实习作业法的概念。

实习作业法是指学生根据教师布置的任务，在课上或课外进行实际操作，将已经学过的知识运用于实践的一种教学方法。实习作业法的基本形式是在教师的指导下，学生运用书本知识解决实际问题。实习作业法在自然科学各门学科和职业教育中占有重要地位，如数学课的测量练习、生物课的植物栽培等。

真题及解析

（2）实习作业法的优点和缺点。

实习作业法的优点在于把理论知识用于实际，学以致用，学懂会用，从而促进了各种能力的提高。实验作业法的缺点是比较费时费力，对实习作业的场地要求比较高。

（3）运用实习作业法的基本要求。

① 教师要做好实习作业的准备，对实习作业要提出明确要求。

② 在操作过程中，教师要选择恰当的方式，加强集体指导和个别指导。

③ 实习作业结束后，教师要做好检查和总结工作。

（四）以情感陶冶（体验）为主的教学方法

以情感陶冶（体验）为主的教学方法是指教师根据一定的教学要求，有计划地使学生处于一种类似真实的活动情境之中，利用其中的教育因素综合地对学生施加影响的教学方法。这类教学方法主要包括欣赏教学法和情景教学法两种。

1. 欣赏教学法

欣赏教学法是指教师在教学过程中指导学生体验客观事物的真善美的一种教学方法。它寓教学内容于各种具体、生动、形象、有趣的活动之中，以唤起学生的想象，加深他们对事物的认识和情感上的体验。

真题及解析

欣赏教学法一般包括对自然的欣赏、对人生的欣赏和对艺术的欣赏等类型。在课堂教学中，教师要注意课堂情感氛围的创设。例如，在音乐教学中教师要注意引导学生聆听、欣赏音乐的美，在愉悦中进行情感体验。

2. 情境教学法

情境教学法是指在教学过程中，教师有目的地引入或创设的具有一定情绪色彩、生动、具体的场景，以引起学生一定的情感体验，从而帮助学生理解教材，并使学生的心理机能得到发展的一种教学方法。

情境教学具有陶冶和暗示两种功能。它不但能陶冶学生的情感、净化学生的心灵，而且也能为学生提供良好的暗示或启迪，有利于锻炼学生的创造性思维，培养学生的适应能力。

教师创设的情境一般包括：① 生活展现的情境；② 图画再现的情境；③ 实物演示的情境；④ 音乐渲染的情境；⑤ 表演体会的情境；⑥ 言语描述的情境。

（五）以探究活动为主的教学方法

以探究活动为主的教学方法是指学生在教师的指导下，对所提出的课题和所提供的材料，进行分析、综合、抽象和概括，最后得出原理的教学方法。这类教学方法是教师组织和引导学生通过独立的探索和研究活动而掌握知识、培养能力、开发潜力、形成研究意识和探究精神的方法。其特点是关注学习过程甚于关注学习结果，要求学生主动参加到知识形成的过程中去；学生具有较大的活动自由，由学生积极主动地研究问题、探索解决问题的方法；学生的主体性得到充分彰显，学生的独立性得到高度发挥。

这类教学方法的优点包括：有助于提高学生的智力水平；有助于使学生学习的外部动机向内部动机转移；使学生学会探索；有助于加强学生的记忆。这类教学方法的缺点是探究需要学生具有相当的知识经验和一定的思维发展水平，还需要有逻辑较严密的教材和具有较高水平的教师。

以探究活动为主的教学方法主要有发现法。

1. 发现法的概念

发现法又称发现学习法或问题法，是指教师提出课题，提供一定的材料，引导学生通过自己进行分析、综合、抽象和概括等一系列活动，最后获得学习结果的一种教学方法。运用发现法进行教学称为发现式教学。

发现法是由美国教育心理学家布鲁纳提出的一种教学方法，他在《发现的行为》一文中对这种方法做过详细的描述。与讲授法相比，发现法对学习过程的关注超过对学习结果的关注。

2. 运用发现法的基本要求

（1）教师提出要研究的问题，不要过大、过难，应是学生力所能及、可以独立探究的，否则不易达到预期的效果。

（2）学生的独立探究要与教师的指导很好结合，否则学生的学习容易放任自流。

（3）学生的发现要与系统知识的掌握相结合，否则学生可能学不到系统、完整的知识。

（4）教师要控制好时间，否则会拖延时间，从而影响教学进度。

3. 发现法的优点和缺点

（1）发现法的优点。

由于学生在发现的过程中必须进行持续、全面的智力活动，他们的智力因此而获得发展，这是讲授法难以企及的。例如，从问题入手能激发学生的求知欲、调动学生的学习主动性；进行独立研究需要学生自己去计划和探索，有助于提高他们独立思考、分析问题和解决问题的能力；通过研究获得的知识，理解得更深、记得更牢；由于多半采取个人或小组形式进行，也便于教师因材施教。

（2）发现法的缺点。

一是因重视学生独立作业难免不能充分发挥教师的主导作用。二是由于学生主要靠自己探索来获取知识，所以所学知识费时过多。例如，同样的教学内容，花费的时间要比讲授法多出许多，这是发现法无法完全取代讲授法的重要原因。三是对教师提出了很高的要求，不仅需要教师具有更高的教学水平，而且也使教师的教学更加紧张和具有挑战性。若无高水平教师的及时指导，学生的独立研究容易产生盲目性，从而使学生的学习失去主动性和积极性。

三、教学方法的选择与运用

（一）教学方法选用的依据

（1）教师要考虑教学方法本身的特点和功能，灵活选择，综合运用。

（2）教师要依据学科特点和学习内容来选择教学方法。例如，历史课常常采用讲解式、角色扮演式、参观等方法，自然学科常常采用演示、归纳等方法。

（3）教师要依据教学目标来选择教学方法。

（4）教师要依据学生的特点来选择教学方法。

（5）依据现有的教学媒体的特点来选择教学方法。

（二）教学方法选用的要求

教学方法的选用要做到综合性、灵活性与创造性相结合。

综合性是指教师根据教学任务和教学内容的需要，综合运用多种教学方法，而不要长期只使用一种教学方法。灵活性是指在实际应用中，教师要从实际需要出发，随时对教学方法进行调整。创造性是指教师要从教学实践出发，在把握现有教学方法的基础上有所创造。

真题及解析

第14章 教学组织形式

知识体系及思维脉络

- 教学组织形式
  - 教学组织形式的概念
  - 常见的教学组织形式
    - 个别教学制
    - 班级授课制
    - 分组教学制
    - 设计教学法和道尔顿制
    - 特朗普制
    - 小组合作学习
    - 小班教学
  - 我国现行的教学组织形式——班级授课制
    - 班级授课制的基本特征
    - 班级授课制的优越性和局限性
    - 班级授课制的特殊形式：复式教学
    - 班级授课制的辅助教学：个别教学和现场教学
  - 教学模式
    - 教学模式的内涵
    - 几种主要的教学模式

核心考点及学习提示

◆核心考点

常见的教学组织形式，班级授课制及其优越性和局限性，教学模式的内涵，国外几种主要的教学模式，特朗普制。

◆学习提示

考试重点：分组教学制，小组合作学习，班级授课制；发现学习教学模式，范例教学模式。

考试难点：运用分组教学或合作学习理论，评析中学教学实践活动。

一、教学组织形式的概念

教学组织形式是教学的空间结构和时间序列的统一。教学组织形式是指为完成特定的教学任务，教师和学生按照一定的要求组合起来进行活动的结构。教学组织形式所要解决的问题就是，教师以什么样的形式将学生组织起来，通过什么样的形式促进学生练习，教学活动按照什么样的程序展开，教学时间如何分配和安排等问题。

教学组织形式主要受教学观念、教学任务、教学内容、教学对象和教学条件等因素的制约。在教学史上先后出现的影响较大的教学组织形式有个别教学制、班级授课制、分组教学制、设计教学法和道尔顿制。其中，班级授课制是当代世界各国普遍采用的教学组织形式。

二、常见的教学组织形式

（一）个别教学制

中国古代、古埃及和古希腊的学校大都采用个别教学制。个别教学制是指教师向学生传授知识，布置、检查和批改作业都个别进行的一种教学组织形式。即教师对学生一个一个轮流地教；教师在教某个学生时，其余的学生均按照教师的要求进行复习或做作业。

个别教学制最显著的优点在于，教师能根据学生的特点因材施教，使教学内容、教学进度适合于每个学生的接受能力。但是，个别教学制也有缺点，它难以系统化、集中化，因而速度慢、效率低，只能适应学生人数不多且教学内容比较简单的情况，带有“师徒相授”的性质。个别教学制在古代学校中被普遍推行是与古代社会生产力发展水平比较低的状况相适应的。

（二）班级授课制

班级授课制是一种集体教学形式，是指将一定数量的学生按照年龄和知识程度编成固定的班级，根据课程计划和规定的时间，安排教师有计划地面向全班学生进行教学的一种教学组织形式。

（三）分组教学制

从 19 世纪末 20 世纪初开始，针对班级授课制的局限性，在世界范围内开展了教学组织形式的革新活动，分组教学制应运而生。分组教学制是指教师按照学生的能力或学习成绩把他们分为水平不同的组进行教学的一种教学组织形式。分组教学制旨在使班级授课制更优化，以解决班级授课制不利于照顾学生个别差异的弊端。

1. 分组教学制的类型

分组教学制是介于个别教学制与班级授课制之间的一种教学组织形式。在分组教学制开展的初期，一般有两种分组方式，即能力分组和作业分组。能力分组是根据学生的能力发展水平来分组教学，各组的课程相同，学习的年限却各不相同。作业分组是根据学生的特点和意愿来分组教学，各组学习的年限相同，课程则却不相同。目前，在欧美一些国家，分组教学一般有两大类，即外部分组和内部分组。

2. 分组教学制的优点和缺点

（1）分组教学制的优点。

①由于增加了智力测验和成绩作为依据，同一层次内学生的基础和水平较一般班级授课制更为整齐，学生的学习和教师的教学都更加便利。

②由于按照不同的科目进行分组，能够比较好地适应学生的兴趣和差异。

（2）个别教学制的缺点。

①分组教学很难科学地鉴别学生的能力和水平。

②在对待分组教学上，学生、家长和教师的意愿常常和学校的要求相矛盾。

③分组后造成的副作用很大，往往容易使快组的学生产生骄傲的情绪，而普通组、慢组的学生的学习积极性则普遍降低。

(四) 设计教学法和道尔顿制

设计教学法是一种实用主义的教学制度，由杜威的学生美国实用主义教育家克伯屈于1918年所创，主张废除班级授课制和教科书，打破传统的学科界限，在教师的指导下，由学生自己决定学习目的和学习内容，在自己设计、自己负责任的单元活动中获得有关的知识和能力。

道尔顿制是由美国教育家伯克赫斯特于1920年在马萨诸塞州的道尔顿中学创建的一种教学组织形式，主张教师不再通过上课向学生系统地讲授教材，而只为学生分别指定自学参考书、布置作业，由学生自学和独立作业，有疑难时才请教师进行辅导，学生完成一定阶段的学习任务后向教师汇报学习情况并接受考查。

设计教学法和道尔顿制的共同特点是都有利于调动学生学习的主动性，培养学生的学习能力和创造才能，但不利于学生掌握系统的科学文化知识，而且对教学设施和教学条件的要求较高。

真题及解析

(五) 特朗普制

特朗普制又称灵活的课程表，是由美国教育家劳伊德·特朗普于20世纪50年代提出的一种教学组织形式。这种教学组织形式把大班上课、小班研究和个别教学三种教学组织形式结合了起来。

大班上课是让所有的学生一起上课。小班研究是把大班的学生分为20人左右的小组，研究和讨论大班的授课材料。个别教学是由学生独立完成作业（其中，部分作业指定、部分作业自选，以促进学生个性的发展）。其教学时间分配是：大班上课约占40%；小班研究约占20%；个别教学则约占40%。特朗普制具有班级授课制的优点，也有个别教学制的长处，但管理起来比较麻烦。

（六）小组合作学习

小组合作学习是指以异质小组为基本形式，以小组为主体，以小组成员合作性活动为机制，以小组目标达成为标准，以小组成绩为奖励依据的一种教学组织形式。

小组合作学习的基本要素如下：

（1）小组合作学习中的组间同质，组内异质；

（2）小组合作学习中的每个小组应设立小组目标；

（3）小组中要实施小组评价与奖励的机制；

（4）小组中个人的责任要明确；

（5）小组有均等的成功机会。

（七）小班教学

小班教学在发达国家基础教育各阶段已经普遍实行，许多国家在教育法中规定了每班学生的人数通常为 15 ～ 25 人。近年来，我国的一些大城市也开始了实行小班教学的尝试。小班教学是社会和义务教育发展到一定程度的产物，是为了满足社会成员对于教育公平性、公正性的进一步要求：不仅享有受教育的权利，而且得到高质量的教育。

从发达国家的经验来看，实行小班教学有以下两个问题应当注意：

第一，取消教师分科任教或缩短分科年限；

第二，改革现有的班级制度以保证给予学生均等的机会。

三、我国现行的教学组织形式——班级授课制

班级授课制是世界各国现行的基本教学组织形式。16 世纪，欧洲的经济发达地区出现了班级授课制的萌芽。1632 年，夸美纽斯在总结前人和自己实践经验的基础上出版了《大教学论》。该书最早从理论上对班级授课制进行了阐述，为班级授课制奠定了理论基础。到 19 世纪中叶，班级授课制已成为西方学校教学的主要组织形式。在我国，1862 年清政府在北京设立的京师同文馆最早采用班级授课制。1902 年，清政府颁布《钦定学堂章程》后，班级授课制开始在全国广泛推行。目前，班级授课制是我国学校教学的基本组织形式，在提高教学质量与教学效率上起着重要的作用。

真题及解析

（一）班级授课制的基本特征

以班为人员单位，把学生按照年龄和知识水平分别编成固定的班级，即同一个教学班学生的年龄和学习程度大致相同，并且人数固定，教师同时对整个班进行同样内容的教学。

以课时为时间单位，把每一课规定在统一而固定的单位时间里进行，教师同时面对全班学生上课。单位时间可以是 40 分钟或 45 分钟，但都是统一和固定的。另外，课与课之间有一定的间歇。

以课为活动单位，把教学内容以及传授这些教学内容的教学方法、教学手段综合在课上，把教学活动划分为相对完整且相互衔接的各个教学单元，从而保证了教学过

程的完整性和系统性。

（二）班级授课制的优越性和局限性

1. 班级授课制的优越性

第一，班级授课制有利于经济、有效、大面积地培养人才。

第二，班级授课制有利于发挥教师的主导作用。

第三，班级授课制有利于发挥班集体的教学作用。

第四，班级授课制有利于学生多方面的发展。

2. 班级授课制的局限性

第一，教学活动多由教师直接做主，学生的主体地位或独立性受到一定的限制。

第二，强调教学过程的标准、同步、统一，难以照顾学生的个别差异，不利于教师对学生因材施教，不利于培养学生的志趣、特长和发展学生的个性。

第三，强调系统的书本知识的学习，这就容易造成理论与实际脱节，而且学生主要接受现成的知识成果，其探索性、创造性不易发挥。

第四，教学内容、教学时间和教学进程的程序化，难以容纳更多的教学内容和教学方法，难以创新。

（三）班级授课制的特殊形式：复式教学

复式教学是指把两个或两个以上不同年级的学生编在一个教室里，由一位教师分别用不同程度的教材，在同一堂课内分别对不同年级的学生，采取直接教学和自动作业交替的办法进行教学的一种特殊的教学组织形式。它可以节约师资力量、教室和教学设备等。复式教学是由于一定地区的教育条件和经济条件落后或不平衡而产生的，因此有利于普及教育。

目前，在我国部分经济文化不发达的农村地区，特别是山区，复式教学的形式仍然存在。

（四）班级授课制的辅助教学：个别教学和现场教学

1. 个别教学

现在的个别教学又称个别辅导，是指教师在课堂教学的基础上针对不同学生的情况进行个别辅导的一种教学组织形式。个别教学一般是在学生已有学习的基础上，通过学生的复习、预习和对自己感兴趣的问题的深入学习，发现自己还不明白的问题，然后向教师请教，教师针对学生的具体情况进行个别辅导。

个别辅导的方式：一是个别答疑；二是对个别学生的课外作业和课外阅读进行指导。另外，个别教学可以在课内实施，也可以在课外进行。

依据辅导内容的不同，个别教学可以分为两类：一是针对在教材预习和复习中发现的问题而进行辅导，目的是让学生打下坚实的基础；二是针对在与学科内容相关的学习中发现的疑难问题而进行辅导，目的在于拓宽学生的视野。

个别教学在教学中具有重要的意义：第一，辅导是从学生的需要与问题出发，能具体解决他们的疑难问题，从而保证学习顺利进行；第二，便于教师因材施教、区别对待；第三，教师可以发现课堂教学中存在的问题，并及时进行补救。

组织个别教学的要求是：教师要了解每个学生的优点和缺点，便于有效地进行指导；教师要教会学生掌握正确的学习方法；教师既要针对个体，又不能使个体脱离群体。

2. 现场教学

现场教学是指教师根据一定的教学任务，组织学生到工厂、农村、社会生活现场和其他场所，通过观察、调查或实际操作进行教学的一种教学组织形式。具体地说，就是让学生通过社会实践获得必要的直接经验，验证或运用理论知识，借以开阔眼界、扩展知识、激发学习热情，培养学生独立学习的能力、陶冶情操。

现场教学不仅是课堂教学的必要的补充，而且是课堂教学的继续和发展，是与课堂教学相联系的一种教学组织形式。

根据现场教学的目的和任务，现场教学可以分为两大类：一种是根据学习某学科知识的需要，组织学生到有关现场进行教学；另一种是由于学生为了从事某种实践活动，需要到现场学习有关的知识和技能。

现场教学的优点包括：有利于学生获得直接经验，深刻理解理论知识，在某种程度上弥补了课堂教学的不足；可以增强教学的趣味性，使教学、生活更为丰富；可以让学生在轻松、愉快的环境下掌握知识、技能，感受自然、社会，丰富学生的情感空间；可以提高学生解决实际问题的能力。

四、教学模式

（一）教学模式的内涵

教学模式是指为了达到教学目标而形成的教学活动过程的规范化程序和操作体系。它是在某种教学理论的指导下设计的教学活动过程的结构，是对教学活动过程的整体安排和设计。教学模式具体包括教学理论或教学思想、教学目标、教学程序、师生角色、教学策略和评价等要素。

（二）几种主要的教学模式

1. 国外八种主要的教学模式

（1）掌握学习教学模式。

掌握学习教学模式是由美国当代心理学家、教育家布鲁姆创立的一种教学模式，指导思想是掌握学习理论。

掌握学习就是在“所有的学生都能学好”的思想指导下，以集体教学为基础，辅之以经常、及时的反馈，为学生提供所需的个别化帮助以及所需的额外学习时间，从而使大多数学生达到课程目标所规定的掌握标准。

（2）程序教学模式。

程序教学模式是由美国心理学家斯金纳运用行为主义心理学推广发展的，是以程序教学机器或程序教材为基础进行教学的一种教学模式。这里的“程序”代替了教师，程序通过一套事先设计好的、有一定顺序的特定行为，使学生按照教师期望的方式去行动。

(3) 设计教学模式。

设计教学模式是教师辅导学生从活动中自己学习的一种教学模式。这种教学模式是对系统传授和学习书本知识的教学模式的否定。它以杜威的“从做中学”为指导原则，强调学生的主体地位，强调学生的实践活动、亲身经历，重视直接经验对学生学习和发展的意义。

(4) 发现学习教学模式。

美国教育心理学家布鲁纳针对传统“仓库式”的教学思想，提出了“不论我们教什么学科，务必使学生理解学科的基本结构”。他在强调学科的基本结构的同时，还要求教学采用一种最能使学习者有效掌握学科基本结构的方法——发现法。在此基础上，形成了发现学习教学模式，指导思想是结构主义认知心理学，通过让学生学习学科知识的基本结构，促进学生的认知结构不断地重组和改造，使学生的智力获得发展。

(5) 非指导性教学模式。

非指导性教学模式的倡导者为美国著名人本主义心理学家罗杰斯，指导思想为人本主义教育理论。

非指导性教学模式强调教学要以学生个体为中心，教师在激发学生内在动机和需要的基础上，通过建立良好的人际关系和宽松融洽的课堂气氛，促进学生学习，而非“教”学生学习，所以称作非指导性教学。这种教学模式改变了传统教学以教师为中心的、灌输性的、有指导的教学模式，提出教学应该提供一种令人愉快的环境气氛。在这个气氛中，学生是教学的中心，教师为学生的学习提供各种条件，从而形成了“以学生为中心”的非指导性教学模式。

(6) 范例教学模式。

德国教育家瓦·根舍因创立了范例教学模式。他主张选取蕴含本质因素、根本因素、基础因素的典型案例，通过对范例的研究，使学生从个别到一般、从具体到抽象、从认识到实践理解并掌握带有普遍性的原理。

(7) 纲要信号图式教学模式。

纲要信号图式教学模式是由苏联教育家沙塔洛夫创立的一种教学模式。这种教学模式使教学有效地贯彻了理论知识起主导作用的原则，为发挥学生各方面的潜能提供了可能性。

(8) 暗示教学模式。

暗示教学模式是由保加利亚医学博士乔治·洛扎诺夫创立的一种教学模式，20 世纪 60—70 年代在欧美各国产生了巨大反响，尤其在外语教学方面，被公认为创造了奇迹。暗示教学模式采取与传统教学完全相反的做法，上课如同游戏、表演。这种教学模式强调要利用环境的暗示信息，充分利用人的可暗示性，调动和发掘大脑无意识领域的潜能，使学生在愉快的气氛中不知不觉地接收信息。

2. 国内常用的教学模式

(1) 传递-接受教学模式。

传递-接受教学模式是指师生系统地传授和学习书本知识的一种教学模式。这是我国中小学长期以来普遍采用的教学模式，源自赫尔巴特及其弟子提出的五段教学法，后经苏联教育学家重新改造后传入我国。

这种教学模式的一般程序是：诱导学习动机—领会新教材—感知、理解巩固知识—检查知识。

（2）自学-指导教学模式。

自学-指导教学模式是指教学活动以学生的自学为主，教师的指导贯穿于学生自学始终的一种教学模式。

（3）引导-发现教学模式。

引导-发现教学模式又称问题-探究教学模式，是指教学活动以解决问题为中心，学生在教师的指导下发现问题，提出解决问题的方法并通过自己的活动找到答案的一种教学模式。

（4）情境-陶冶教学模式。

情境-陶冶教学模式又称情-知互促式教学模式，是指在教学活动中，教师创设一种情感和认知相互促进的教学环境，让学生在轻松愉快的教学氛围中既有效地获得知识，又陶冶情感的一种教学模式。

（5）示范-模仿教学模式。

示范-模仿教学模式是指教师有目的地把示范技能作为有效的刺激，以引起学生相应的行动，使学生通过模仿有效地掌握必要技能的一种教学模式。

（6）目标-导控教学模式。

目标-导控教学模式是指以明确的教学目标为导向，以教学评价为动力，以矫正、强化为活动核心，让绝大多数学生掌握教学内容的一种教学模式。

第15章 教学评价

知识体系及思维脉络

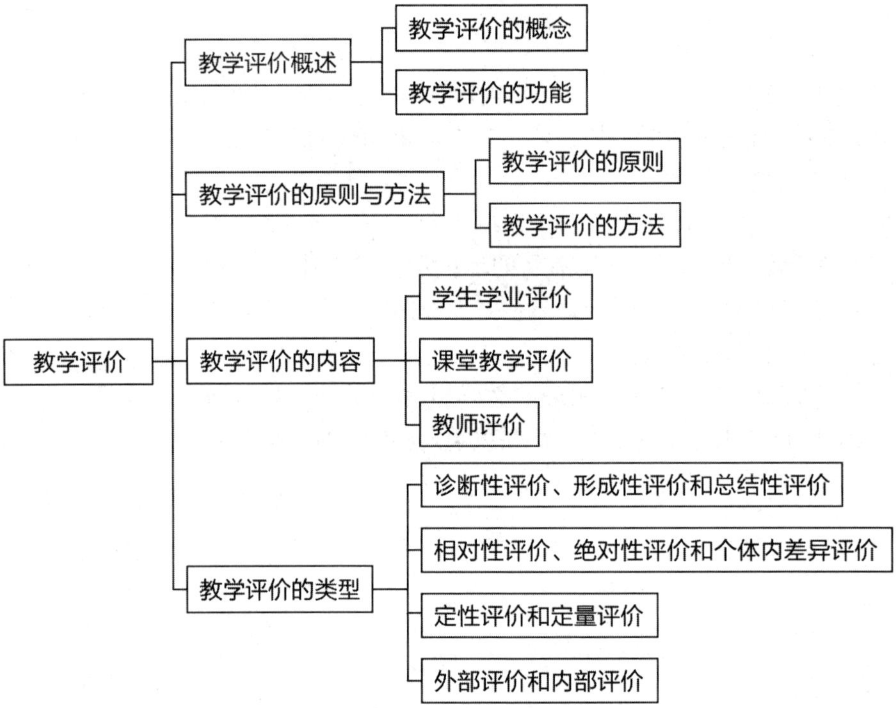

核心考点及学习提示

◆核心考点

教学评价的概念，教学评价的功能，教学评价的原则与方法，教学评价的内容，教学评价的类型。

◆学习提示

考试重点：教学评价的功能，教学评价的方法，教学评价的类型。

考试难点：不同评价类型的辨析；运用教学评价知识评析中学教育教学活动。

一、教学评价概述

真题及解析

（一）教学评价的概念

教学评价是指以教学目标为依据，通过一定的标准和手段，对教学活动及其结果给予价值上的判断，即对教学活动及其结果进行测量、分析和评定的过程。

教学评价主要包括对学生学习结果的评价和对教师教学工作的评价。从学生学习结果的评价来看，既要评价知识、技能和智力等认识领域，又要评价态度、习惯、兴趣、意志、品德及个性形成等情感领域。从教师教学工作的评价来看，既要评价教师的教学修养、教学技能，又要评价教学活动的各个环节，特别是课堂教学质量。

（二）教学评价的功能

1. 诊断功能

教学评价的诊断功能表现在，教学评价不仅可以使教师了解自己的教学目标是否合理，教学方法与教学手段是否恰当，教学重点与教学难点是否突出，而且还能使教师了解学生的知识基础、能力水平及其存在的问题，分析问题的成因，从而调整教学策略，改善教学行为，有针对性地解决教学中的各种问题。

2. 反馈功能

教学评价的反馈功能表现在，教学评价的结果能为教师和学生提供反馈信息，使他们及时掌握自己在教学过程中的状况，做出必要的调整。教学评价提供的反馈信息，一方面可以帮助教师及时发现自己工作中的薄弱环节，并据此修正、调整和改进教学工作；另一方面也可以帮助学生加深对自己学习状况的了解，从而调整自己的学习。如肯定的评价能激发学生的学习积极性，提高学习兴趣；否定的评价则能帮助学生看到差距，发现症结，以便对症下药、及时纠正。

3. 导向功能

导向是评价的主体功能，能对教学活动起潜在的制约作用。教学评价的导向功能表现在，在教学过程中，一方面，教学评价的内容和标准往往会成为学生学习的内容和标准，从而左右学生学习的方向、重点以及时间分配；另一方面，教师教学的方向、目标、重点的确定，教学策略、教学方法的选择等，也会受到评价内容和评价标准的制约。因此，教学评价有助于使教学活动始终不偏离正确的轨道，从而保障教学质量。

4. 强化功能

教学评价的强化功能表现在，教学评价可以调动教师教学工作的积极性，激起学生学习的内部动因，维持教学过程中师生适度的紧张状态，可以使教师和学生把注意力集中在教学任务的某些重要部分。这样一来，不仅能促使教师进一步反思、研究和创新教学实践，以提高自己的教学水平，而且还能促进学生改善不足，发现个人优势，激发出向更高目标迈进的信心和热情。

5. 检验功能

在教学活动中，教师的教学水平和教学效果如何，学生是否掌握了必备的基础知识和基本技能，预定的教学目标是否实现，这些都必须通过教学评价加以检查和验证。

对于学生学习结果的评价，尤其是某一课程或某一段课程结束之后进行的终结性评价，不仅可以作为证明学生知识掌握程度、能力发展水平的证据，也可以作为相关部门评价教师教学工作质量的重要依据。

二、教学评价的原则与方法

（一）教学评价的原则

根据中学教学的实际，开展教学评价应遵循以下基本原则：

1. 客观性原则

客观性原则是指在进行教学评价时，从测量的标准和方法到评价者所持有的态度，特别是最终的评价结果，都应该符合客观实际，不能主观臆断或掺入个人情感。客观性是教学评价的基本要求。教学评价的目的就在于给学生的学和教师的教以客观的价值判断，如果缺乏客观性，就会完全失去意义，还会提供虚假信息导致错误的教学决策。

2. 科学性原则

科学性原则是指在进行教学评价时，要从教与学相统一的角度出发，以教学目标体系为依据，确定合理、统一的评价标准，认真编制、预试、修订评价工具；在此基础上，使用先进的测量手段和统计方法，依据科学的评价程序和评价方法，对获得的各种数据进行严格的处理，而不是依靠经验和直觉进行主观判断。

3. 整体性原则

整体性原则是指在进行教学评价时，应树立全面的观点，从教学工作的整体出发，进行多方面的检查和评定，不能过分突出教师教的评价或学生学业的评价。

4. 指导性原则

指导性原则是指在进行教学评价时，应当在指出教师和学生的长处、不足的基础上，提出建设性意见，使被评价者能够发扬优点、克服缺点、不断前进。教学评价应当给予师生及时、具体、富有启发性的反馈信息，为教学指明努力的方向。

5. 发展性原则

发展性原则是指教学评价应着眼于学生的学习进步、动态发展，着眼于教师的教学改进和能力提高，以调动师生的积极性，提高教学质量。

（二）教学评价的方法

1. 测验法

测验法是教学中应用最为广泛的评价方法，是指根据教学目标，通过编制测验题，对学生进行测试，然后按照一定的标准对测试结果加以衡量的一种评价方法。测验的设计、施测环境与过程、评分的原则与方法，以及分数转换与解释都必须科学、严密、标准化，以保证测验结果的客观性和可靠性。

好的测量工具（如试卷），需要符合以下四个方面的要求：

（1）较高的信度。所谓信度，是指测量结果的可靠性和一致性，即指测量分数与真实水平之间的一致程度。

（2）较高的效度。所谓效度，是指测量结果的有效性，即指测量结果与所要测量的事物实际水平之间的符合程度。它是衡量测量的正确性和有效性的指标。

真题及解析

（3）合适的难度。所谓难度，是指测验的难易程度。一般来说，题目的难度是以答对该题人数与参加测验总人数之比作为衡量指标，而测验的难度则是通过测验中各题目难度的平均值求出的。

（4）理想的区分度。所谓区分度，是指测验对学生实际水平的区分程度，也就是测验对应试者的辨别能力。

2. 观察法

观察法是一种描述性的收集资料的方法，主要是指在自然状态下考察教学活动，以了解教师的工作状况、学生的学习状况和课堂教学情况的一种评价方法。

3. 谈话法

谈话法也称访谈法，是指教师通过与学生面对面的口头交流，以此获取评价信息的一种评价方法。此外，教师还可以通过家访的形式，教师与家长、学生进行交谈，从而深入了解学生的学习环境和生活环境。

4. 成长记录袋

成长记录袋也称档案袋评价，是指教师根据一定的要求，将能够反映学生成长与发展的各种作品收集起来，以全面、动态地反映学生的成长与发展状况的一种评价方法，如学生成长记录档案袋。

5. 检查作业

检查作业包括检查学生的笔记、作业、日记和作文等作品。检查作业可以帮助教师了解学生作业的完成情况、有没有抄作业、完成作业是否认真等课外学习习惯。对于高年级的学生来说，检查作业则是考查高层次思维能力的重要方法。

三、教学评价的内容

（一）学生学业评价

学生学业评价是指以国家的教育教学目标为依据，运用恰当、有效的工具和途径，系统地收集学生接受学科教学后在认知行为上的变化信息和证据，并对学生的知识和能力水平进行价值判断的过程。

（二）课堂教学评价

课堂教学评价是指以一定的教学观为依据，运用可操作的科学手段，按照一定的价值标准，对课堂教学的各个要素及发展变化进行价值判断的过程。课堂教学评价的内容包括：教学的组织、结构、清晰度；教师与学生之间交流的技巧、表达或讲课能力；其他内容如学习负担、课程难度；考试及评分；对学生的影响、总体效果等。

（三）教师评价

教师评价是指根据学校的培养目标和教师的工作任务，运用恰当的评价理论和评价方法对教师个体的工作进行价值判断，进而促进教师的发展的过程。教师评价的主体有领导、学生、同行、自我等。教师评价的方法有学生评价、同行评价、领导评价、自我评价、学生成绩分析等。

四、教学评价的类型

依据教学评价的功能，教学评价可以分为以下四类：

(一) 诊断性评价、形成性评价和总结性评价

1. 诊断性评价

真题及解析

诊断性评价是指在学期开始或一个单元教学开始时，教师为了了解学生的学习准备状况及影响学习的因素而进行的评价。诊断性评价能为教师有的放矢地进行教学提供有力的根据。例如，在教学前，教师可以通过诊断性评价，了解学生在认知、情感和能力方面的水平及具体情况，辨别和寻找学生遇到学习障碍的原因。

2. 形成性评价

形成性评价又称过程评价，是指在教学过程中，教师为了改进和完善教学活动而进行的对学生学习过程及结果的评价。例如，随堂进行的教学反馈评价，包括在一节课或一个课题教学中，对学生的口头提问、课堂作业（解题）与评议、书面测验等，使教师与学生都能及时地获得反馈信息。形成性评价的目的是更好地促进学生的学习与发展，以改进教学过程，提高教学质量，而不强调成绩的评定。一般而言，形成性评价是内部导向的，为正在进行教学活动的教师提供参考，评价的结果是分析性的。

3. 总结性评价

总结性评价是指在某项教学活动告一段落时，对最终成果做出价值判断而进行的评价。通过总结性评价，一方面教师给学生一个结论，评定出成绩；另一方面，学校了解、掌握教师的教学情况，对教师的教学效果做出判断。

(二) 相对性评价、绝对性评价和个体内差异评价

依据教学评价的标准，教学评价可以分为以下三类：

1. 相对性评价

真题及解析

相对性评价又称常模参照性评价，是指运用常模参照性测验对学生的学习成绩进行的评价。它主要依据学生个人的学习成绩在该班学生成绩序列或常模中所处的位置来评价和决定其成绩的优劣，而不考虑该学生是否达到教学目标的要求。

2. 绝对性评价

绝对性评价又称目标参照性评价，是指运用目标参照性测验对学生的学习成绩进行的评价。它主要依据教学目标和编制试题来测量学生的学业成绩，判断学生是否达到了教学目标的要求，不以评定学生之间的差异为目的，即与其所处的群体无关。

3. 个体内差异评价

个体内差异评价是指对学生的过去和现在或者学生个体内部的各个方面进行纵横比较，以判断其学习状况的评价。如学生成长记录袋评价就是个体内差异评价，它能

适时地对某个学生的过去和现在进行比较，以判断其是否进步或退步。另外，针对某个学生，对其各科学习成绩进行比较，对其学习成绩与智力进行比较，对其智力内部的各种智力进行比较等，也是个体内差异评价，这种比较可以了解学生的学科特长、智力特长。个体内差异评价的优点是能充分照顾个性的差异，不会给学生造成压力，但缺点是容易使学生坐井观天、自我满足。

真题及解析

（三）定性评价和定量评价

依据教学评价的方法，教学评价可以分为以下两类：

1. 定性评价

定性评价是指凭借评价者的洞察、内省或移情对被评价者做出价值判断的评价方法。其一般适用于不能数量化的教学评价信息，如评定等级、写出评语等。教师往往采用观察法、调查法、系统分析法等收集、处理教学评价信息，做出判断，进行定性描述。

2. 定量评价

定量评价是指采用定量分析方法，即用一定的数学模型和数学方法，对收集到的数据资料进行处理和分析，从而得出定量结论的评价方法。如运用教育测量和统计方法、模糊教学方法等，对被评价者进行数字描述。对于能够数量化的教学评价信息，评价者应当尽量采用定量方法进行处理、分析和判断，以保证其客观性和说服力。

（四）外部评价和内部评价

根据教学评价的主体，教学评价可以分为以下两类：

1. 外部评价

外部评价是指由被评价者之外的专业人员对被评价者进行明显的（看得见的、众所周知的）统计分析或文字描述的评价。

2. 内部评价

内部评价是指由课程设计者或使用者自己实施的评价。

第16章 我国当前教学改革的主要观点和趋势

知识体系及思维脉络

- 我国当前教学改革的主要观点和趋势
  - 我国当前教学改革的主要观点
    - 民主教育的教学思想
    - 教学的理论研究与改革实践密切结合
    - 主体教育的教学思想
    - 进一步优化教学结构
    - 教学内容的现代化和人文化
    - 教学管理的科学化和民主化
    - 发挥评价的教育功能
    - 终身发展的教学思想
  - 新课程背景下教学理念的重建
    - 新课程背景下教学与课程的关系
    - 新课程背景下教与学的关系
    - 新课程背景下学科与学生的关系
    - 新课程背景下的师生关系
    - 新课程背景下的教学目标
    - 新课程背景下的教学环境
    - 新课程背景下的教学组织形式
    - 新课程背景下的教学评价
    - 新课程背景下的教学效果
  - 我国当前教学改革的重心
  - 我国当前教学改革的主要趋势
    - 我国当前教学改革的主题是实施素质教育
    - 坚持整体教学改革和实验
    - 建立合理的课程结构
  - 我国当前教学改革的基本策略

核心考点及学习提示

◆核心考点

我国当前教学改革的主要观点与趋势。

◆学习提示

考试重点：我国当前教学改革的重点。

考试难点：我国当前教学改革的基本策略。

一、我国当前教学改革的主要观点

我国当前的教学改革同现代教育思想的联系密切，是以现代教育思想为背景和基础的，教学改革过程中体现和渗透了现代教育思想。

（一）民主教育的教学思想

教育民主化、平等化已成为现代社会的内在要求。民主教育思想主要包括教育平等思想和教育参与性。其中，教育平等思想包括教育机会均等和学生个人成就机会均等。

（二）教学的理论研究与改革实践密切结合

一方面，教学理论的发展为教学改革提供了理论依据并起指导作用，为教学改革开辟了道路；另一方面，教学改革是教学理论研究的源泉和动力。离开了教学改革实践的支撑，教学理论就成为空中楼阁。

（三）主体教育的教学思想

主体教育的教学思想强调教育中人的因素，将人放在教育动力的核心位置，突出体现在对作为主体的人的独立性、个性、创造性的重视上。

（四）进一步优化教学结构

教学结构的改革是教学改革的核心。为了优化教学结构，教师必须处理好：正规教学和潜在教学的关系；学科教学和活动教学的关系；分科教学和综合教学的关系；必修课和选修课的关系；学术教学和职业教学的关系。

（五）教学内容的现代化和人文化

面对日新月异的信息社会，我们必须培养能适应未来社会发展的一代新人，瞄准科技发展的方向，紧跟时代步伐，使教学内容在相对稳定的基础上具有可预见性、前瞻性。同时，注意使一些具有广泛发展前景的知识在未来的教学中占据主要地位，并重视个性的发展，加强教学内容的人本主义倾向，这也是今后我国教学改革努力的方向之一。

（六）教学管理的科学化和民主化

现代国际教学管理改革的趋势是科学化、民主化，我国实行由中央、地方和学校三级管理的三级教学体制，即国家课程、地方课程和学校课程。

（七）发挥评价的教育功能

即要改变教学评价过分强调选拔的功能，发挥评价促进学生发展、教师提高和改进教学实践的功能。

（八）终身发展的教学思想

终身教育认为，教育应当是个人一生中连续不断地学习的过程，是人们在一生中所受到的各种培养的总和。它包括教育体系的各个阶段和各种方式，既指学校教育，又指社会教育；既指正规教育，又指非正规教育。终身教育思想对现在的学校教育和课程改革具有较强的指导意义。

二、新课程背景下教学理念的重建

（一）新课程背景下教学与课程的关系

在新课程改革中，课程不再仅仅由教材、学科课程标准或课程计划等文字资料组成，而是由这些文字资料和教师与学生对课程的体验和感悟共同组成，并且教师与学生的体验和感悟将占课程的主体地位，教学过程因此成为课程内容持续生成与转化、课程意义不断构建与提升的过程。因此，在新课程中，教学与课程的关系是一种动态的、生成性的、相互促进和相互作用的关系。

（二）新课程背景下教与学的关系

在新课程的教学中，教学是教与学的交往、互动，师生双方相互交流、相互沟通、相互启发、相互补充，达成共识、共享、共进，实现教学相长和共同发展。由此可见，在新课程下的教与学的关系是一种交流的、互动的和融合的关系，真正地做到在“教”中“学”、在“学”中“教”，教师与学生将组成一个“学习共同体”，在这个共同体中，没有教与学的明显区分，只有共同的学习目标。

（三）新课程背景下学科与学生的关系

学科与学生之间的关系其实是教育价值观方面的问题，即教学是应该关注学科，还是应该关注学生。新课程倡导的教学是一种学生本位论。它的特点是：

（1）关注每个学生；

（2）关注学生的情绪状态和情感体验；

（3）关注学生的道德与人格培养。

（四）新课程背景下的师生关系

新课程背景下的师生关系是一种建立在相互尊重基础上的动态的、平等的对话关系。首先，这种关系是建立在教师与学生相互尊重的基础上的，这种相互尊重在要求教师尊重学生的同时，也要求学生尊重教师，不能走极端。其次，这种关系是建立在教师与学生地位平等的基础之上的，教师与学生之间是一种动态的对话关系。

(五) 新课程背景下的教学目标

新课程要求建立新的教学目标体系，且必须充分体现素质教育的思想。素质教育为教学提出的第一个要求就是认知与情感的统一。融认知与情感为一体，使之相辅相成、相互促进。素质教育为教学提出的第二个要求是结果与过程的统一。在上述两个指导原则的指导下，素质教育的教学目标应该具有以下三个特点：

1. 情意性

即在素质教育的教学目标体系中，由认知发展目标与学生的情感态度与价值观的发展目标共同组成。

2. 过程性

素质教育要求教学目标应该是教学情境的产物和问题解决的结果。

3. 个性化

素质教育要求发展学生的个性，追求学生反应的多元性，而不是同质性。

(六) 新课程背景下的教学环境

教学环境包括人文环境和物理环境两种。

人文环境的开放主要表现在打破教与学的界限，打破教师与学生之间的束缚与被束缚的关系，解放学生的学习等方面。

所谓教学的物理环境，指的就是教室。教室作为教学的场所，其功能与作用在新课程改革当中也要有所转变，要从封闭走向开放。

教室的开放主要包括两个方面：第一，它为学生与学生之间、学生与教师之间，以及学生与社会之间的交流提供条件；第二，教室的空间定义在新课程的教学中也有所改变，可以是将社会引进教室，也可以是将教室设于社会之中。这里的教室已经不是传统意义上的教室，而是真正地成为一种教学环境。

(七) 新课程背景下的教学组织形式

在新课程的实施中，教学组织形式应该具备以下三个特征：

1. 多样化

新课程改革要求建立多种教学组织形式，可以包括个别教学、小组教学、集体教学、学生自学等多种形式。

2. 综合化

新课程改革要求教学要根据不同的情境采取不同的教学组织形式。

3. 社会化

新课程改革要求教学组织形式必须逐步地走向社会化，充分利用社会的资源来完善学校的教学。

(八) 新课程背景下的教学评价

新课程所倡导的教学评价具有以下三个特点：

1. 由甄别走向发展

新课程背景下的教学评价应该承认学生的差异性，关注学生各方面的发展，促进每个学生的发展。

2. 由单一走向多元

新课程背景下教学评价的多元化主要体现在:(1)实现评价主体的多元化;(2)实现教学评价指标的多元化;(3)评价方法与评价手段的多样化。

3. 由重结果走向重过程

在新课程中，教学评价要重视学生的学习过程，根据不同学生的学习经历做出不同的评价，使评价具有针对性。总之，在新课程中，教学评价将由简单、静态的结果性评价走向复杂、动态的形成性评价，走向结果与过程评价的相互统一。

(九) 新课程背景下的教学效果

新课程背景下的教学改革要达到的效果主要有两个方面，一方面是提高质量，另一方面是个性化的教学。新课程改革中所追求的高质量是一种对每个人的高质量发展的追求，要求每个人都要成为一个对自己满意的人。

三、我国当前教学改革的重心

我国当前教学改革的重心是建立合理的课程结构。现阶段，课程内容的更新应特别注意以下两个方面:

(1) 协调好基础文化课程、劳动技术课程和职业课程之间的关系。基础文化课程一直是学校课程内容的主干，这一点仍要坚持。

(2) 协调好内容要求的统一性与多样性的关系。

较之于课程内容的更新，课程形式的丰富和发展在现阶段的课程改革中显得更为迫切，对于建立合理的课程结构来说意义也更为重大。依照不同的标准，课程形式可以做不同的分类。从课程在教学计划中的排列来看，课程形式可以分为必修课、选修课和课外活动；从课程内容的组织来看，课程形式可以分为学科课程、综合课程、活动课程和问题课程；从课程的外在表现来看，课程形式可以分为显性课程和隐性课程。

当前，课程形式的丰富和发展将主要围绕以上三个方面来进行，基本思路是:

(1) 有效地实现必修课、选修课和课外活动的结合；

(2) 提高综合课程、活动课程和问题课程在课程体系中的地位；

(3) 强化隐性课程对显性课程的积极作用。

课程形式的丰富和发展也是一个不断进行的过程，各种不同类型的课程所占的比重及其联系都应视具体情况加以调整。但是，在总体上，当前的课程改革应致力于建立起一个必修课、选修课和课外活动相结合，分科课程和综合课程、活动课程、问题课程相结合，显性课程和隐性课程相结合的整体和谐的立体化课程结构。

四、我国当前教学改革的主要趋势

真题及解析

(一) 我国当前教学改革的主题是实施素质教育

素质教育包括对学生的思想品德素质、科学文化素质、身体素质和心理素质的培养与教育，是集上述各种素质的开发、培养和训练于一体的整体性教育。围绕素质教育的实施这一主题，当前教学改革将会对教学诸多方面做出新的调整，主要包括：

（1）面向结果的教学与面向过程的教学并重；

（2）智力因素与非智力因素并重；

（3）教师指导与学生会学习并重；

（4）一般能力培养与创造品质形成并重。

（二）坚持整体教学改革和实验

所谓整体教学改革和实验，是指在一个总的、统一而明确的改革目标和实验假说的指导下进行的对教学系统中各种因素、各门学科的协调统一、相互渗透的调整和变革，以实现对教学系统的综合改观。

整体教学改革和实验，是当前教育改革的基本策略，应抓住以下两个主要问题：

（1）运用整体性观点，进行教材、教法、学法、考试、教学环境等的全面改革和实验，使各种教学因素有机地统一、协调起来，形成最佳的组合。只有这样，才能产生“整体功能大于部分功能之和”的教学效益。

（2）提高整体教学改革和实验的可操作性。在改革和实验中，必须显示出较高的、易为他人所效仿的可操作性，即抓住教学系统中有关课程内容、教学方法、教学组织形式等实质性问题进行变革和调整。

（三）建立合理的课程结构

更新课程内容和丰富课程形式、建立合理的课程结构，依然是我国当前教学改革的重心。在实施整体教学改革和实验的策略中，课程的改革是关键。现阶段的课程改革将在继续更新课程内容的同时，把主要精力投向课程形式的调整和丰富上，并形成日趋合理的课程结构。这也是与素质教育这一改革主题相适应的，因为要使学生的素质得到全面提高，个性得到健康发展，就必须改变单一的课程结构，建立多向立体的课程结构。而这种转变必须是以更新课程内容和丰富课程形式的统一为基础的。

合理的课程结构是指根据培养目标对各种内容、各种类型、各种形态的课程的科学安排，以及按照一定的科学标准选择和组织起来的课程内容所具有的各种内部关系。它包括合理设置课程，合理确定各类课程的比重和课程之间的联系，以及课程内容的排列等。建立合理的课程结构既包括建立课程的整体结构，又包括建立课程的具体结构。前者是指课程体系的整体优化，后者是指对每种课程或每类课程的内容和形式安排的优化。而无论是课程的整体结构，还是课程的具体结构，其完善都涉及课程的内容和形式两个方面。否则，真正合理的课程结构将无法形成。

1. 在课程内容更新上应注意的问题

第一，协调好基础文化课程、劳动技术课程和职业课程之间的关系。

第二，协调好内容要求的统一性与多样性的关系。各地区、各学校、各民族的课程内容应有所不同，应体现出多层性。这样，统一性和多样性才能很好地协调起来。

2. 当前课程形式的发展的基本思路

第一，有效地实现必修课、选修课和课外活动的结合。减少必修课时，课程要少而精；选修课的课时要占一定的比例，并增设选修学科；课外活动得到加强，使之更好地配合必修课、选修课的教学。

第二，提高综合课程、活动课程和问题课程在课程体系中的地位。这三门课程能解决吸收新学科、新知识，课程内容的更新，联系社会实际等问题。

第三，强化隐性课程对显性课程的积极作用。即把隐性课程纳入有计划的教学内容中来，在课程方案和学科课程标准中要有提示，使两者相互补充、相互促进。

五、我国当前教学改革的基本策略

我国当前教学改革的基本策略是坚持整体教学改革和实验。

所谓整体教学改革和实验，是指在一个总的统一而明确的改革目标和实验假说的指导下而进行的对教学系统中各种因素、各门学科的协调统一、相互渗透的调整和变革，以实现对教学系统的综合改观。

我国当前的整体教学改革和实验应抓住以下两个主要问题：

（1）运用整体性观点，进行教材、教法、学法、考试、教学环境等的全面改革和实验，但要正确地看待整体和全面的关系；

（2）提高整体教学改革和实验的可操作性。

模块三　练习题

答案解析

一、单项选择题

1. 李老师在教《测量》一课时，安排学生在课后测量教室里的桌椅、讲台的长、宽、高等数据，这种教学方法属于（　　）。

A. 实物演示法　　B. 社会实践法　　C. 情景教学法　　D. 实习作业法

2. 在“所有的学生都能学好”的思想指导下，只要提供足够的时间和个别化帮助，每个学生都能达成学习目标的教学模式是（　　）。

A. 程序教学模式　　B. 发现学习教学模式

C. 掌握学习教学模式　　D. 非指导性教学模式

3. 教师在课堂教学中就所学知识向学生进行提问属于（　　）。

A. 形成性评价　　B. 总结性评价　　C. 诊断性评价　　D. 相对性评价

4. 上《植物的叶》一课，老师讲叶的光合作用，植物和动物的生长都离不开太阳，从而认识到自然界是相互联系、相互制约的。植物与空气、水、太阳（即生物与非生物）之间的关系是非常密切的，要学会保护自然。这一过程体现了（　　）教学原则。

A. 科学性与思想性相统一　　B. 巩固性

C. 量力性　　D. 因材施教

5. 伯克赫斯特创设的教学组织形式是（　　）。

A. 道尔顿制　　B. 设计教学法　　C. 分组教学　　D. 特朗普制

二、简答题

1. 简述如何贯彻启发性教学原则。

2. 简述教学过程的基本阶段。

三、辨析题（判断正误，并说明理由）

由于教学活动以间接认识为主，因而直接经验相对来说可有可无。

四、材料分析题

1. 材料:

老师:雪化了变成什么?

学生:雪化了变成水。

老师点头表示肯定:雪化了还能变成什么?

学生:?

老师:雪化了,天气——

学生:越来越暖和了。

老师:大家穿着的衣服——

学生:越来越少了。

老师:小草开始——

学生:发芽了。

老师:小燕子——

学生:从南方飞回来了。

突然,一个学生站起来:雪化了变成春天。

老师:对了,雪化了变成水,但也能变成春天!

问题:(1)该老师主要采用了什么教学方法;(2)这种教学方法的优点和缺点是什么;(3)该如何运用这种教学方法?

2. 材料:

某教师教《宋定伯抓鬼》时,按照教学设计老师要引导学生理解课文描写宋定伯勇敢、机智的形象。一个学生发言说:"我认为宋定伯是虚伪的,他欺骗了鬼,鬼说了真话,所以被抓了。"学生和老师都一愣,随即老师对他敢于质疑、敢于发表自己看法的表现予以表扬,课堂气氛活跃了起来。老师放弃了原定的教学设计,提出新的问题与学生讨论:"面对邪恶之徒要不要也讲诚信呢""诚信和策略应如何实施呢"……这堂课取得了很好的教学效果。

问题:(1)谈谈教学过程中预设和生成的关系;(2)请对该教师的做法进行评析。

3. 材料:

语文课堂上有蝴蝶飞进来,学生乱作一团,有的同学索性离开自己的座位,你追我赶地去扑蝴蝶……

教室里恢复平静后,(1)班的陈老师灵机一动,便放弃了原来的教学内容,而让学生们把刚才扑蝴蝶的经历写一篇作文,结果,学生们个个情绪高涨,说得头头是道,写得也很精彩,老师也感到很高兴。

(2)班的杨老师面对以上的情境则是板起面孔,维持纪律,让学生回到座位上,继续原来的教学。而学生却余兴未止,沉浸在刚才的氛围中……杨老师不愿意放弃原来的教学内容,否则他认为自己"没有完成教学任务"。

问题：(1) 本案例中两位教师的做法有何不同；(2) 谈谈在实际的教学过程中，遇到这一状况时你会怎么处理？

4. 材料：

在某中学的一堂物理课中，照明灯突然熄了，同学们束手无策，只能叫来电工师傅。电工师傅一看是灯泡坏了，换一个灯泡就好了。同学们说，既然这么简单，我们自己也会换的。过几天，灯又不亮了，同学们先检查灯泡，灯泡是好的，又没有办法了，只能又叫来电工师傅，一检查是保险丝烧坏了，换了一根保险丝，灯又亮了。老师说，关于保险丝，我们在物理课上也学过，怎么遇到问题就用不上了呢？

问题：(1) 请用教学原则来分析出现上述问题的原因；(2) 在教学中，教师应如何运用这一原则？

模块四　中学生学习心理

考纲要求

1. 了解感觉的特性，理解知觉的特性。

2. 了解注意的分类，掌握注意的品质及影响因素；了解记忆的分类，掌握遗忘的规律和原因，应用记忆规律促进中学生的有效学习。

3. 了解思维的种类和创造性思维的特征，理解皮亚杰认知发展阶段论和影响问题解决的因素。

4. 了解学习动机的功能，理解动机理论，掌握激发与培养中学生学习动机的方法。

5. 了解学习迁移的分类，理解形式训练说、共同要素说、概括化理论、关系转换理论、认知结构迁移理论，掌握有效促进学习迁移的措施。

6. 了解学习策略的分类，掌握认知策略、元认知策略和资源管理策略。

7. 理解并运用行为主义、认知学说、人本主义、建构主义等学习理论促进教学。

考试权重

模块	分值比例	分值	题型	重点提示
中学生学习心理	约 15% ～ 20%	约 15 ～ 30 分	单项选择题 简答题 辨析题 材料分析题	本模块的权重大，是考查的重点；各章均是命题的核心和重点，连续多年有分值较大的题，是决定分数高低的关键章节

第 17 章　感觉与知觉

知识体系及思维脉络

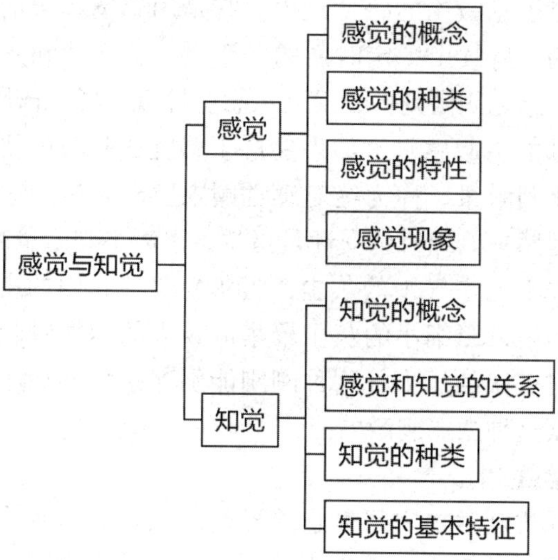

核心考点及学习提示

◆核心考点

感觉和知觉的概念，感觉的特性，知觉的基本特征。

◆学习提示

考试重点：知觉的基本特征。

考试难点：感觉和知觉各个特征之间的区别。

一、感觉

（一）感觉的概念

感觉是指人脑对直接作用于感官的客观事物的个别属性的反映。对感觉的这一界定包括多层含义：第一，感觉是客观的；第二，感觉是对直接作用于感官的客体的反映；第三，感觉是人脑的机能；第四，感觉只是对客观事物的个别属性的反映。

感觉是一种简单的心理现象，是认知的起点。因此，感觉是一切知识和经验的基础，是正常心理活动的必要条件。

（二）感觉的种类

根据感觉所接收信息的来源和感受器在个体身上的位置不同，感觉可以分为外部感觉和内部感觉两大类。

（三）感觉的特性

感觉是客观世界的主观映象，任何感觉的产生都必须具备两个条件：一是主体的感觉能力；二是客观世界的刺激。前者是感受性的问题，后者是感觉阈限的问题。

1. 绝对感受性和绝对感觉阈限

感受性是指人脑对于刺激物的感觉能力。它是用感觉阈限的大小来度量的。感觉阈限是指能引起感觉的，持续了一定时间的刺激量。感受性和感觉阈限在数值上成反比关系，即感受性高，感觉阈限则低；反之，感受性低，感觉阈限则高。

并不是任何刺激都能引起感觉，如果要产生感觉，刺激就要达到一定的量。那种刚刚能引起感觉的最小刺激量，称为绝对感觉阈限。没有达到这一数量的刺激物都处在阈限之下，不能引起感觉。绝对感受性是指觉察出最小刺激量的能力。

例如，我们平时看不见空气中的灰尘，当灰尘落在我们的皮肤表面时，我们也不能觉察到它的存在。但是，当细小的灰尘聚集成较大的尘埃颗粒时，我们不但能看见它，而且能感觉到它对皮肤的压力，这种刚刚能引起感觉的最小刺激量，叫绝对感觉阈限；而人的感官觉察这种微弱刺激的能力，叫绝对感受性。

真题及解析

2. 差别感受性和差别阈限

刚能觉察出两个同类刺激物之间最小差异量的感觉能力叫作差别感受性。刚能引起差别感受的两个同类刺激物之间的最小差别量叫作差别阈限，也称最小可觉差。差别阈限值越小，则差别感受性越大；差别阈限值越大，则差别感受性越小。

（四）感觉现象

感觉现象是指感觉的相互作用引起感受性发生的变化。它有两种形式：一是同一感觉的相互作用，包括感觉适应、感觉后像和感觉对比；二是不同感觉的相互作用，包括感觉的相互补偿和联觉。

真题及解析

1. 感觉适应

在同一感受器中，由于刺激的持续作用或一系列刺激的连续作用，导致对刺激的感受性的变化，这种现象叫作感觉适应。适应的结果大多是感受性的降低。适应现象发生在所有的感觉中。

视觉的适应可以分为暗适应和明适应。人从明亮的阳光下进入暗室，开始什么也看不清，隔了若干时间之后，我们就能分辨出物体的轮廓了，这种现象叫作暗适应。暗适应是指照明停止或由亮处转入暗处时视觉感受性提高的现象。人从暗室走到阳光下，开始会感觉耀眼，什么都看不清楚，但只要稍过几秒钟就能看清楚周围的事物了，这种现象叫作明适应。明适应是指照明开始或由暗处转入亮处时视觉感受性下降的现象。

2. 感觉后像

在刺激停止之后，感觉印象仍暂留一段时间的现象叫作感觉后像。感觉后像的发生是由于神经兴奋所留下的痕迹作用。

真题及解析

3. 感觉对比

不同的刺激作用于同一感官，使感受性发生变化的现象叫作感觉对比。感觉对比有同时对比和先后对比两种。

4. 联觉

联觉也是一种不同感觉之间相互作用的现象，它是指一种感觉的感受器受到刺激时，在另一感觉通道也产生了感觉的现象。如红色看起来让人觉得温暖，蓝色看起来让人觉得清凉；听节奏鲜明的音乐时，人会觉得灯光也和音乐节奏一样在闪动，这些现象都叫作联觉。

二、知觉

（一）知觉的概念

知觉是指人脑对直接作用于感官的客观事物的各个部分和属性的整体的反映。例如，人看到一个苹果、听到一首乐曲、闻到花的芳香等，这些都是知觉现象。知觉是在感觉的基础上产生的，是对感觉信息的整合和解释。知觉是各种感官协同活动的结果，并受到人的知识经验和态度的制约。同一物体，不同的人对它的感觉是相同的，但对它的知觉却会有所差别。

（二）感觉和知觉的关系

感觉和知觉是不可分割、相互联系的。感觉是知觉的有机组成部分，是知觉产生的前提和基础。它们都是客观事物直接作用于感官，在人的头脑中产生的对当前事物的直接反映，离开了当前事物的直接影响便不可能产生任何感觉或知觉。而且，它们产生的主要映象都是具体的感性形象，同属于感性认识阶段。由于感觉和知觉密不可分，因此常将两者统称为感知。

感觉和知觉所反映的具体内容不同，知觉反映的具体内容更加丰富和生动。感觉的产生主要来自感官的生理活动以及客观刺激的物理特性，知觉的反映要借助人的主观因素的参与。感觉是单一感受器活动的结果，而知觉则是多种感受器协同活动的结果。在多种感受器的参与下，通过反映事物多种属性并整合后才能形成知觉。

（三）知觉的种类

根据知觉反映的客观对象的不同，知觉可以分为空间知觉、时间知觉、运动知觉和社会知觉等。

1. 空间知觉

空间知觉是指物体的空间特性在人脑中的反映。空间知觉主要包括形状知觉、大小知觉、深度知觉、方位知觉等。空间知觉是人在后天通过学习获得的，它是由视觉、触摸觉、动觉等多种感觉系统协同活动的结果。其中，视觉起着重要的作用。

2. 时间知觉

时间知觉是指人对客观现象的延续性和顺序性的反映。时间知觉有两种：一是现在是什么季节；二是知觉现在时刻与过去某一时刻的长短。例如，一日不见如隔三秋、时光飞逝。人体内的一切物理变化和化学变化都是有节律的，这些节律性的变化就是“生物钟”的机制。人对时间估计的个体差异很大，常常受情绪、兴趣、精神状态，以及活动任务、内容等因素的影响。

3. 运动知觉

运动知觉是指人脑对物体空间移动和移动速度的知觉。运动知觉分为真动知觉和似动知觉。运动知觉跟空间知觉及时间知觉有着不可分割的关系，它依赖于对象运行的速度、对象距观察者的距离，以及观察者本身所处的运动或静止的状态。

4. 社会知觉

社会知觉也叫社会认识，是指个体在生活实践中，对人、对群体，以及对自己的知觉。社会知觉常出现以下五种偏差：

（1）社会刻板印象。社会刻板印象是指对一群人的特征或动机加以概括，把概括得出的群体的特征归属于团体中的每个人，认为他们每个人都具有这种特征，而无视团体成员中的个体差异的现象。

（2）晕轮效应。晕轮效应又称光环效应，是指当人们认为个体具有某种特征时，就会对他的其他特征做相似判断的现象。

（3）首因效应。首因效应又称最初效应，是指在总体印象的形成上，个体最初获得的信息比后来获得的信息影响更大的现象。

（4）近因效应。近因效应又称最近效应，是指在总体印象形成上，新近获得的信息比原来获得的信息影响更大的现象。

（5）投射效应。投射效应是指个体在与人交往时，把自己具有的某些不讨人喜欢、不为人接受的观念、性格、态度或欲望转移到别人的身上，认为别人也是如此，以掩盖自己不受欢迎的现象。

根据知觉对象是否符合客观实际和反映现实的精确程度，知觉可以分为精细知觉、模糊知觉、错觉和幻觉。

其中，错觉是指个体在特定条件下对事物必然会产生的某种固有倾向的歪曲知觉。错觉不同于幻觉，它是在一定的条件下必然产生的。错觉的种类有大小错觉、形状和方向错觉、时间错觉、倾斜错觉等。错觉是知觉的一种特殊情况。

（四）知觉的基本特征

1. 知觉的选择性

知觉的选择性是指人根据当前的需要，对客观刺激物有选择地作为知觉对象进行加工的过程。客观事物每时每刻都在影响我们的感官，但并不是所有的对象都同样被知觉。在特定时间内，人只能感受到少量或少数刺激，而对其他事物只做出模糊的反映。人们总是有选择地将少数对自己有重要意义的刺激物作为知觉的对象，其他衬托对象的事物则称为背景。某事物一旦被选为知觉对象，就会立即从背景中突显出来，被认识得更鲜明、更清晰。知觉的对象能够得到比较清晰的反映，而背景只能得到比较模糊的反映。

影响知觉的选择性的客观因素有：

（1）刺激物的绝对强度。阈限范围内越强烈的刺激，越容易被选择知觉。

（2）对象和背景的差别性。差别越大，越容易优先被选择知觉。

（3）对象的活动性。如夜空中的流星、夜晚的霓虹灯等都容易引起人们的知觉。

（4）刺激物的新颖性、奇特性，也容易引起人们的优先知觉。

影响知觉的选择性的主观因素有：

（1）知觉有无目的和任务；

（2）个体已有知识经验的丰富程度；

（3）个人的需要、动机、兴趣、爱好、定式与情绪态度等。

2. 知觉的整体性

真题及解析

当客观事物的个别属性作用于人的感官时，人能够根据知识经验把它知觉为一个整体，这就是知觉的整体性。例如，当我们听到某些熟人的声音时，立刻能知觉到这位熟人的整体形象。学生听老师讲课，并不能把老师说的每个字音都毫无遗漏地知觉出来，而是听取老师讲的完整的句子和完整的意思。又如，一棵绿树上开有红花，绿叶是一部分刺激，红花也是一部分刺激，我们将红花和绿叶合起来，在心理上所得的美感知觉超过了红与绿两种物理属性之和。

3. 知觉的理解性

真题及解析

知觉的理解性是指人以知觉经验为基础，对感知的事物进行加工处理，并用词语加以概括、赋予说明的过程。人在知觉的过程中并不单单是对新事物的照相式的反映，而且还有过去的经验参与对新事物的理解。对事物的理解是产生正确知觉的必要条件。知觉的理解性，表现在运用已有经验把当前的知觉对象纳入已知的、相应的一类事物的系统之中，知道它是什么。人的知觉是一个积极主动的过程，知觉的理解性正是这种积极主动的表现。人们的知识经验不同、需要不同、期望不同，对同一知觉对象的理解也不同。理解对于知觉有以下四个主要功能：

（1）理解帮助知觉对象从背景中分离出来，从而使知觉更加清晰和准确。

（2）理解有助于人们整体地知觉事物。对于自己理解和熟悉的东西，人们容易当成一个整体来感知。

（3）理解还能产生知觉期待和预测。

（4）理解能提高知觉的效应，形成事物表象，为表象转化为科学概念提供重要条件。

4. 知觉的恒常性

知觉的恒常性是指人的知觉映象在一定范围内不随知觉条件的改变而保持相对稳定性的过程。在视知觉中，知觉的恒常性表现得特别明显。知觉的恒常性可以使我们在不断变化的环境条件下，仍然保持对物体的稳定不变的知觉，从而保持对事物本来面貌的认识。

第18章 注意

知识体系及思维脉络

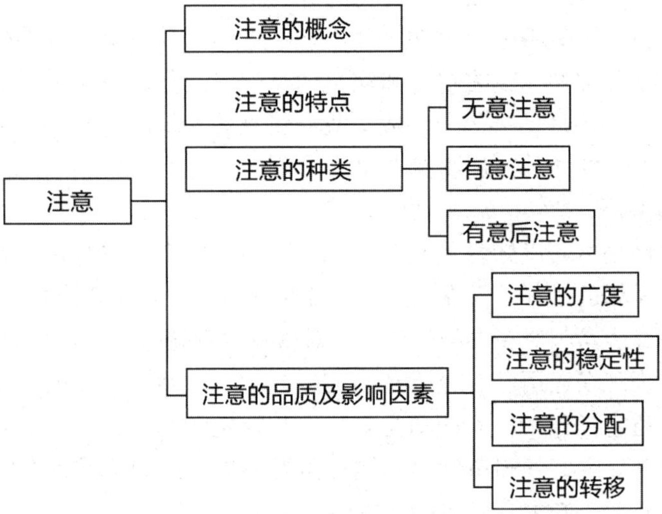

核心考点及学习提示

◆核心考点

注意的分类，注意的品质及影响因素。

◆学习提示

考试重点：注意的品质。

考试难点：注意的品质及影响因素。

一、注意的概念

注意是指心理活动对一定对象的选择性和集中性。注意是高级心理活动的条件，与认识过程、情感过程、意志过程密切联系，是一切心理活动的共同特征。注意能保证人们对事物做出更清晰的认识和更准确的反应，它是人们获取知识、掌握技能、完成各种智力活动和实际操作的重要心理条件。

二、注意的特点

注意具有指向性与集中性两个特点。

注意的指向性是指心理活动选择某一事物为对象而忽略其他的事物。注意的集中性是指当心理活动指向某个对象的时候，它们会在这个对象上集中起来，即全神贯注。指向性和集中性是密切相关的，在全神贯注地注意某一事物时，人的意识指向范围也大大缩小。

三、注意的种类

根据引起注意及维持注意的目的是否明确和意志努力程度的不同，注意可以分为无意注意、有意注意和有意后注意。

（一）无意注意

真题及解析

1. 无意注意的概念

无意注意也叫不随意注意，是指一种没有预期目的、不需要付出意志努力的注意。产生无意注意时，心理活动对一定事物的指向和集中是由一些主客观条件引起的。例如，在安静的环境中，人们忽然听到一声巨响，便会寻找发出声音的地点，这就是一种无意注意。

无意注意因为无需意志努力，所以在工作、学习中可以减少人们脑力的消耗，避免身心过度疲劳。但是，这种注意是自发产生的，人们不可能通过它获得系统的知识和完成艰巨的工作任务。

2. 引起无意注意的条件

引起无意注意的原因来自两个方面：刺激物的特点和人的内部状态。同时，这两个方面的原因也是密切联系的。

第一，客观条件，即刺激物本身的特点。如包括刺激物的强度与周围环境的对比关系、运动与变化以及新异性。

第二，主观条件，即人自身的状态。如包括人对事物的需要、兴趣、个人的情绪状态、积极的情感态度以及对事物的期待，这些会影响人们的无意注意。

（二）有意注意

1. 有意注意的概念

有意注意又叫随意注意，是指有预定目的、需要付出一定意志努力的注意。有意注意是在人类社会实践过程中发展起来的，它是人类所特有的一种心理现象。

2. 引起有意注意的条件

虽然有意注意的发生和维持与主体的需要、兴趣、情感、知识经验有关，但这些主观因素的作用是间接表现出来的，都受主体当时确定的活动目的的制约。具体来说，引起和维持有意注意的条件包括：(1)明确活动的目的和任务；(2)发挥意志努力与干扰和困难做斗争；(3)培养对事物的间接兴趣；(4)保持稳定的情绪；(5)建立稳定的工作习惯;(6)智力活动与外部活动的结合。

3. 无意注意和有意注意的关系

无意注意和有意注意是两种性质不同的注意，但人在实际工作中却离不开这两种注意。如果只有有意注意，长时间工作会使人感到疲劳，注意就容易分散，工作也难以进行下去；如果只有无意注意，稍遇困难或干扰，注意就容易分散，同样也不能做好工作。无意注意和有意注意常常交替发生，一些简单的、不重要的活动只需要无意注意，而对于复杂的、重要的活动则必须要有有意注意的参与。

(三) 有意后注意

有意后注意是注意的一种特殊形式，是指事先有预定目的但不需要意志努力的注意。它是在有意注意的基础上发展起来的。由于有意后注意同时具有无意注意和有意注意的某些特点，是一种高级状态的注意，它既服从于当前的活动目的与任务，又不需要意志的努力，因此对完成长期、持续的任务有利。它的形成有两个条件：一是要对活动有浓厚的兴趣；二是活动的自动化。

四、注意的品质及影响因素

真题及解析

(一) 注意的广度

1. 注意的广度的概念

注意的广度也称注意的范围，是指一个人在同一时间内能清楚地观察到对象的数量，它反映的是注意品质的空间特征。

2. 影响注意的广度的因素

(1) 注意对象的特点。

(2) 活动的性质和任务。

(3) 个体的知识经验。

(二) 注意的稳定性

1. 注意的稳定性的概念

注意的稳定性是注意在时间上的特征，是指注意在一定时间内相对稳定地保持在注意对象或操作活动上时间的长短。注意持续的时间越长，也就越稳定。

2. 影响注意的稳定性的因素

(1) 注意对象的特点。

注意对象本身的一些特点影响到注意在它上面维持的时间长短，如内容丰富的对象比单调的对象、活动的对象比静止的对象更能维持注意的稳定性。

(2) 主体的精神状态。

由于人的感受性不能长时间地保持不变，总是有间歇地加强和减弱，因此注意力也表现出周期性的变化，这叫作注意的起伏现象，或叫注意的动摇。注意的起伏周期一般为两三秒至12秒。

与注意的稳定性相反的注意品质是注意的分散，也叫分心或者分神。注意的分散是指注意离开了心理活动所要指向的对象，而被无关的对象吸引去的现象。

（3）主体的意志力水平。

注意的稳定性实际上就是保持良好的有意注意，因此也需要有效地抗拒各种干扰。主体具备坚强的意志力，就可以战胜各种困难，克服自身的缺点和不足，始终如一地保证活动的进行和活动过程的高效率。

（三）注意的分配

1. 注意的分配的概念

注意的分配是指在同一时间内，个体把注意分配到两种或几种不同的对象或活动上。

2. 注意的分配的条件

（1）同时进行的几种活动至少有一种应是个体高度熟练的。

（2）同时进行的几种活动必须有内在联系。

（四）注意的转移

1. 注意的转移的概念

注意的转移是指当环境或任务发生变化时，注意从一个对象或活动转移到另一个对象或活动上。注意的转移的质量和速度依赖于前后活动的性质和人对前后活动的态度。

2. 影响注意的转移的因素

（1）对原活动的注意集中程度。

（2）新注意对象的吸引力。

（3）明确的信号提示。

（4）个体的神经类型和自控能力。

第19章 记忆

知识体系及思维脉络

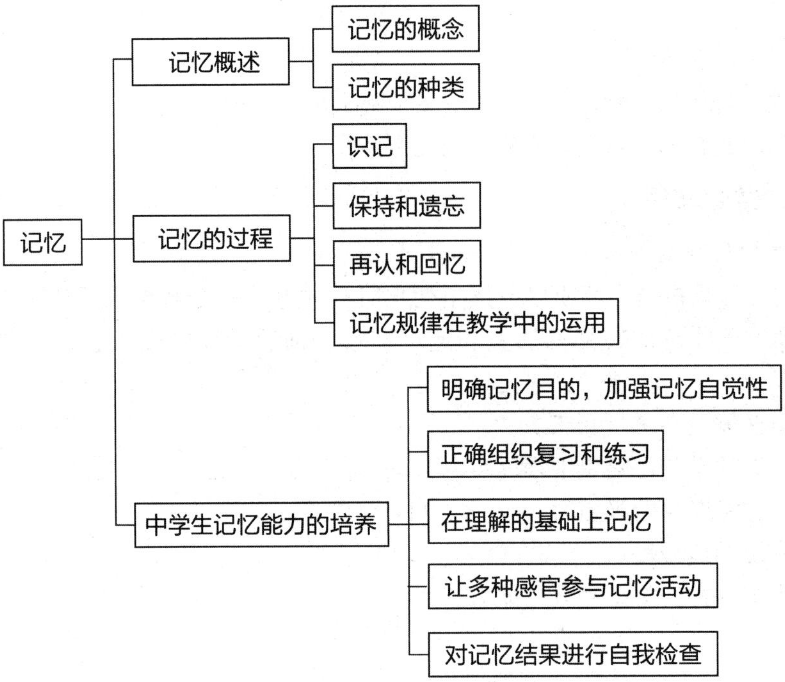

核心考点及学习提示

◆核心考点

记忆的种类，遗忘的规律和原因，应用记忆规律促进中学生的有效学习。

◆学习提示

考试重点：应用记忆规律促进中学生的有效学习。

考试难点：应用记忆规律提高中学生的学习效率。

一、记忆概述

（一）记忆的概念

记忆是指过去的经验在头脑中的反映，也可以说是人脑对过去经验的识记、保持和再现的过程。它是人进行思维、想象等高级心理活动的基础。人通过感知觉形成对客观事物的反映，当事物不再作用于感官时，记忆并不随之消失，而是在人的记忆中保持一个相当长的时间。在一定的条件下，还能重现出来。凡是过去感知过的事物、思考过的问题、体验过的情绪、操作过的动作，都可以以映象的形式存储在大脑中。在一定的条件下，这种映象又可以从大脑中提取出来，这个过程就是记忆。记忆包括记和忆两个方面，记体现在识记和保持上，忆体现在再认和回忆上。

（二）记忆的种类

1. 形象记忆、逻辑记忆、情绪记忆和运动记忆

根据记忆内容的不同进行划分，记忆可以分为形象记忆、逻辑记忆、情绪记忆和运动记忆。

（1）形象记忆。

形象记忆是指个体以感知过的事物的具体形象为内容的记忆。它具有鲜明的直观性，给人以生动的印象。人类的记忆从形象记忆开始，只有经过形象记忆才能成为人的直接经验。

（2）逻辑记忆。

逻辑记忆又称语义记忆，是指个体以词语为中介，所概括的事物之间的关系，以及事物之间的意义和性质为内容的记忆。

（3）情绪记忆。

情绪记忆是指个体以体验过的情绪或情感为内容，以亲身感受和深切体验为方式的记忆。

（4）运动记忆。

运动记忆又称动作记忆，是指以个体操作过的运动状态、动作形象及其系统为内容的记忆。

2. 瞬时记忆、短时记忆和长时记忆

根据记忆保持时间的长短划分，记忆可以分为瞬时记忆、短时记忆和长时记忆。

（1）瞬时记忆。

①瞬时记忆的概念。

瞬时记忆又称感觉记忆，是指外界刺激以极短的时间一次呈现之后，一定数量的信息在个体的感觉通道内迅速被登记并保留的一瞬间的记忆。

②瞬时记忆的特点。

A. 时间极短。

B. 容量较大。

C. 形象鲜明。

D. 信息原始，记忆痕迹容易衰退。

③瞬时记忆的编码方式。

瞬时记忆的编码方式是图像记忆和声像记忆。

④瞬时记忆的影响因素。

A. 模式识别。

模式识别就是从感觉记忆向短时记忆传送信息并赋予其意义的过程。瞬时记忆中

的一部分信息由于模式识别而被传送到短时记忆中，并在那里赋予其意义。

B. 注意。

人脑使信息从感觉记忆传送到短时记忆，从而使信息得到进一步的加工。在确定选择哪些信息传送到短时记忆，哪些信息从感觉记忆中衰退的过程中，注意起主要的作用。

（2）短时记忆。

①短时记忆的概念。

短时记忆又叫操作记忆或工作记忆，是指在信息一次呈现后，保持时间在一分钟之内的记忆。短时记忆中的记忆是正在工作的、活动着的记忆。经过复述，短时记忆中存储的内容能够转化为长时记忆。

真题及解析

②短时记忆的特点。

A. 时间很短：短时记忆一般不会超过 1 分钟，在 30 秒左右。

B. 容量有限：短时记忆的信息容量为 7 ±2 个组块，平均值为 7。

C. 意识清晰：在短时记忆的过程中，记忆主体对记忆对象有清晰的认识。

D. 操作性强：有人把短时记忆称为“工作记忆”。发生短时记忆时，如果信息得到及时复述，则可以转入长时记忆系统而被长久保存，否则会很快消失。

E. 易受干扰。

③短时记忆的编码。

短时记忆的编码方式主要是听觉编码和视觉编码。

④影响因素：短时记忆受到诸多因素的影响，主要有觉醒状态（即大脑皮层的兴奋水平）、组块（记忆容量）、加工深度。

（3）长时记忆。

①长时记忆的概念。

长时记忆又叫永久记忆，是指信息经过充分、深度的加工之后，在个体的头脑中长久保持的记忆。它的保存时间从一分钟以上，直至几天、几周或许多年甚至终身。长时记忆的信息来源于对短时记忆内容的加工，或由于印象深刻一次获得的信息，保存时间长。

②长时记忆的特点。

长时记忆的容量没有限度，并且保存时间长久。

③长时记忆的编码方式。

长时记忆的编码方式主要有表象编码和语义编码。表象编码主要加工处理非语言的对象和事件的知觉信息。语义编码是按照言语发生的顺序以系统方式来表征信息的，包括言语听觉和言语运动两个方面的信息。

④长时记忆的影响因素。

A. 信息编码时的意识状态。

B. 对信息加工的程度。

3. 外显记忆和内隐记忆

根据记忆时意识参与的程度划分，记忆可以分为外显记忆和内隐记忆。

（1）外显记忆。

外显记忆是指个体在意识的控制下，过去经验对当前任务产生有意识的影响。它对行为的影响是个体能够意识到的。因此，外显记忆又叫受意识控制的记忆。

（2）内隐记忆。

内隐记忆是指在个体无意识的情况下，过去经验对当前任务产生的无意识的影响。在保持的时间上，内隐记忆要明显长于外显记忆；在干扰的形式上，内隐记忆不容易受到干扰，却容易在干扰后发生遗忘。

4. 陈述性记忆和程序性记忆

根据信息加工与存储的内容的不同划分，记忆可以分为陈述性记忆和程序性记忆。

（1）陈述性记忆。

陈述性记忆是指个体对有关事实和事件的记忆。它可以通过语言而获得，它的提取需要意识的参与。

（2）程序性记忆。

程序性记忆又叫技能记忆，是指个体如何做事情的记忆。它包括对知觉技能、认知技能和运动技能的记忆。

真题及解析

二、记忆的过程

记忆的过程包括识记、保持和遗忘、再认和回忆三个基本环节，它们是相互联系、相互制约的完整、统一的过程。从信息加工的角度来看，记忆过程是对输入信息的编码、存储和提取的过程。信息的编码输入相当于识记过程，信息的存储相当于保持过程，信息的提取相当于再认或回忆过程。任何外界的信息都要经过这样一个过程才能被个体所保持和应用。

（一）识记

1. 识记的概念

识记是指人们获得知识和经验的过程，是记忆的首要环节。识记具有选择性，它的好坏会直接影响记忆的效果。

2. 识记的分类

（1）无意识记和有意识记。

根据记忆的目的是否明确，记忆可以分为无意识记和有意识记。

无意识记是指事先没有预定的目的、任务，不需要意志努力的识记。人的许多知识都是由无意识记积累起来的，由于缺乏目的性，因而识记内容具有偶然性和片段性，缺乏系统性。

有意识记是指事先有预定的目的、任务，按照一定的方法和步骤，需要一定意志努力的识记。它是人们获得知识经验的主要手段。学生的学习活动主要依靠有意识记。

（2）机械识记和意义识记。

根据识记材料的性质不同，识记可以分为机械识记和意义识记。

机械识记是指人们在识记材料没有意义或不理解其意义的情况下，采取机械重复的方法所进行的识记。机械识记的基本条件是多次重复、强化。

意义识记是指个体根据事物的内在联系，在反复领会、理解、弄清事物本身意义的基础上所进行的识记。意义识记的先决条件是个体对材料的理解，只有理解了材料的意义，把它同已有的知识经验联系起来，并纳入个体的知识系统中，才能保留在记忆中。

（二）保持和遗忘

1. 保持

保持是指个体识记过的信息在头脑中存储和巩固的过程，它是记忆过程的第二个环节。保持不仅是记忆的重要标志，而且也是再认和回忆的重要条件。然而，在保持的过程中，识记材料在质和量方面都容易出现不同程度的变化和遗忘。

视频讲解

2. 遗忘

（1）遗忘的概念。

遗忘是指识记过的内容既不能回忆又不能再认或者发生错误的过程。遗忘是保持的对立面，是正常的生理现象和心理现象，对于不必要的、陈旧的信息的遗忘是有积极意义的。

（2）遗忘的规律。

遗忘的规律是由德国心理学家艾宾浩斯提出的，他以无意义音节为材料，依据保持效果，绘制了著名的遗忘曲线，即艾宾浩斯遗忘曲线。

艾宾浩斯遗忘曲线表明了遗忘量与时间之间的关系。遗忘的发展是不均衡的，遗忘在学习后立即开始，最初遗忘的速度很快，随着时间的推移，遗忘的速度逐渐下降，到了一定的程度后，几乎不再遗忘。因此，遗忘是有规律的，其趋势是先快后慢，呈负加速型。

（3）遗忘的原因。

关于遗忘的原因，主要有以下四种理论学说。

①痕迹衰退说。

痕迹衰退说是一种对遗忘的最古老的解释。按照这种理论，遗忘是由记忆痕迹衰退引起的，衰退随时间的推移自动发生。至今，痕迹衰退仍然被认为是导致遗忘的原因之一。

②干扰说。

大多数心理学家认为，长时记忆中信息的相互干扰是导致遗忘的最重要原因。干扰说认为，遗忘是由于在学习和回忆之间受到其他刺激干扰的结果。一旦排除了干扰，记忆就可以恢复。有研究表明，干扰主要有两种情况，即前摄抑制和倒摄抑制。所谓前摄抑制，是指前面的学习材料对识记和回忆后面的学习材料的干扰。所谓倒摄抑制，是指后面的学习材料对保持和回忆前面的学习材料的干扰。

③同化说。

美国教育心理学家奥苏伯尔对遗忘的原因提出了一种独特的解释。他认为，遗忘就其实质来说，是知识的组织与认知结构简化的过程。当学到了更高级的概念与规律以后，高级的观念可以代替低级的观念，使低级的观念发生遗忘，从而简化认识并减轻了记忆。这是一种积极的遗忘。

④动机说。

动机说又叫压抑理论，最早是由弗洛伊德提出的。该理论认为，遗忘是因为个体不想记，而将一些记忆信息排除在意识之外，因为它们太可怕、太痛苦或有损自我的形象。

（4）影响遗忘的主要因素。

①时间因素。

②识记材料的性质和数量。

③学习的程度。

④识记材料的系列位置。

⑤识记者的态度、情绪和动机。

⑥识记任务的长久性和重要性。

⑦识记的方法。

真题及解析

（三）再认和回忆

真题及解析

1. 再认

再认是指人经历过的事物再度出现，有熟悉感并能被识别和确认的过程。

2. 回忆

回忆是指人过去经历的事物不在眼前，可以重新回想起来的过程。

根据人的回忆有无预期目的，回忆可以分为无意回忆和有意回忆。其中，有意回忆则有一定的预期目的，需要一定的意志努力才能重现。

根据回忆是否需要中介性联想，回忆可以分为直接回忆和间接回忆。直接回忆是指人由当前事物直接唤起过去的经验，间接回忆则是指人要通过某些中间环节才能回忆起所需内容。

（四）记忆规律在教学中的运用

1. 明确记忆目的，增强学习的主动性

有目的才会有动力，才会有责任感和主动性。第一，培养学生长远的记忆目标和意图，学习记忆应有计划。第二，记忆的时间意图应准确、明确，以便提高记忆的效果。第三，教师要培养学生直接和间接的学习兴趣和求知欲。

2. 理解材料的意义

意义记忆的材料保持时间长，利用提取快，受干扰少。在学习中，学生要以意义记忆为主、机械记忆为辅，发挥两种记忆各自的长处，从而提高整个记忆的效果。

3. 对材料进行精细加工，促进对知识的理解

为了理解记忆的材料，学习需要对材料进行分析，把它的观点、论据以及逻辑标示出来，然后概括并确切地叙述出来。精加工的材料组织得好，提取的线索多，利用也更容易。

4. 运用组块化学习策略，合理组织材料

对材料的组块化实际上就是把若干的组块组合成数量更少、体积更大的组块的心智操作，它能使输入的信息有效地进入长时记忆。常见的组织加工方式是类别群集，把一系列项目按照一定的类别来记忆。

5. 运用多重信息编码方式，提高信息加工处理的质量

对信息进行转换，可以使之适合于记忆存储。实践表明，既有语义编码又有形象编码的材料较易记忆。

真题及解析

6. 重视复习方法，防止知识遗忘

第一，在学习的当天及时进行复习。第二，合理分配复习时间，在识记后不久，复习的次数要多一些，时间间隔要短一些。第三，做到分散与集中相结合。第四，反复阅读与试图回忆相结合。第五，复习方法要多样化。第六，运用多种感官参与复习活动。

三、中学生记忆能力的培养

（一）明确记忆目的，加强记忆自觉性

有研究表明，记忆材料的目的越明确，记忆效果也就越好。但是，学生通常很难自觉地提出识记任务和记忆目的，他们还需要外力的帮助，而且这种帮助最好具体、明确。因此，教师和家长不仅要提出识记任务，而且还要进行必要的督促、检查，在他们能够按照要求完成识记任务的同时提高其自觉性。

（二）正确组织复习和练习

合理安排好复习和练习的时间对于记忆也很重要。遗忘的规律是，在记忆之后遗忘立刻开始，速度先快后慢，因此及时复习十分重要。另外，教学实践表明，分散复习的效果一般优于集中复习。因此，学生不仅要及时复习，而且还要学会利用零碎的时间进行复习。

（三）在理解的基础上记忆

理解记忆是以理解材料的内容为前提的。这种理解不仅指学生看懂了材料，而且还包括搞懂了材料各部分之间的逻辑联系，以及该材料和以前的知识经验之间的关系。因此，在教学中，教师要有计划、有步骤地指导学生逐步对教材的内容进行剖析，并深入理解。

（四）让多种感官参与记忆活动

在记忆活动中，如果只运用一种模式是十分单调的，容易使学生失去兴趣，产生厌烦情绪。所以，学生在接收信息时，应调动多个感官，充分发挥眼、口、鼻、脑、手等感官的作用，牢固地记住所要识记的材料。

（五）对记忆结果进行自我检查

心理学研究证明，反复阅读与试图回忆相结合可以提高记忆的效果。对记忆的结果进行自我检查，不仅能够检验记忆的效果，而且也能使学生进一步加深印象，找出薄弱环节，把主要精力集中于那些难以记住的地方。因此，教师应该经常让学生进行自我复述、自我回忆、自问自答、互问互答等自我检查的训练，以便努力提高学生的记忆力。

第 20 章　思维与问题解决

知识体系及思维脉络

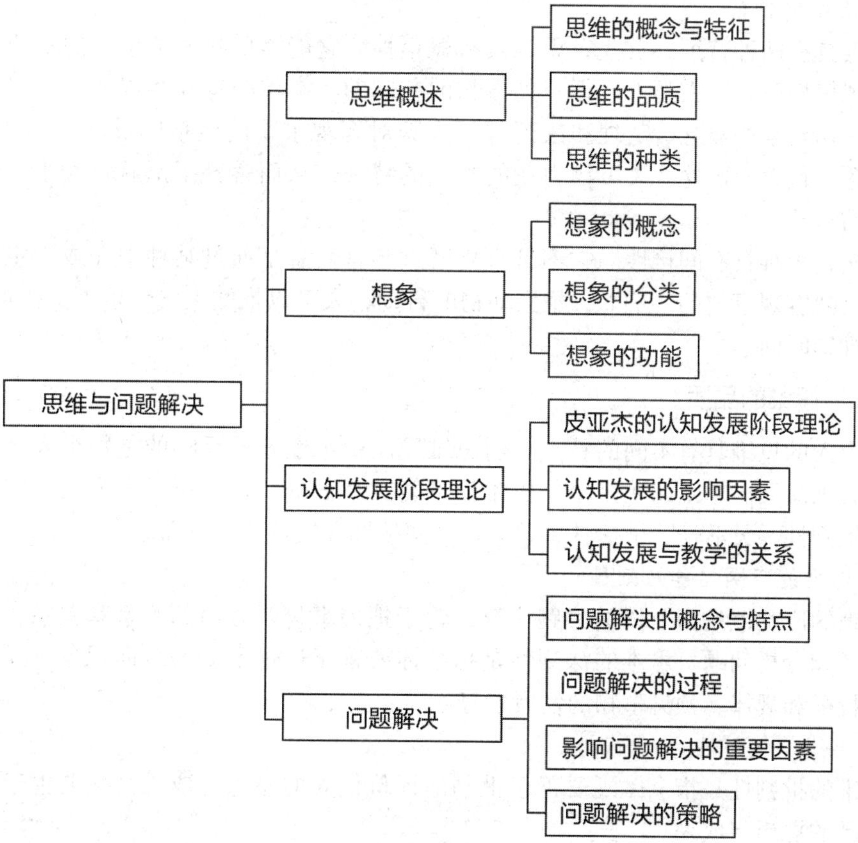

核心考点及学习提示

◆核心考点

思维的种类和创造性思维的特征，皮亚杰的认知发展阶段理论和影响问题解决的重要因素。

◆学习提示

考试重点：影响问题解决的主要因素。

考试难点：皮亚杰的认知发展阶段理论。

一、思维概述

(一) 思维的概念与特征

1. 思维的概念

思维是一种高级的认识活动，是指人脑对客观现实的概括的、间接的反映。思维是借助语言、表象、动作来实现的，是人的认识的高级阶段，即理性认识阶段，它揭示了事物的内在联系和本质特征。

2. 思维的特征

思维具有两种特征。首先，思维具有概括性，它能够反映一类事物的本质和事物之间的规律性联系。人类可以把一类事物的共同的、本质的特征和规律抽取出来加以概括。一切科学的概念、定理和法则都是人脑对客观事物的概括的反映。例如，“花”这个概念，包含规定这一类事物为花的本质的特征，从而舍弃了形状、大小、颜色等非本质的特征。

其次，思维具有间接性。它不是直接通过感官而总是通过某种中介或一定的知识经验来反映客观事物的。例如，根据动物的行动，人可以推知天气；根据太阳的位置，人可以推知时间。

(二) 思维的品质

每个人的思维具有不同的特点，而思维发展中个性差异反映的是每个人所具有的不同的思维品质。思维品质是个体思维活动智力特征的表现，包括思维的广阔性和深刻性、批判性、灵活性、敏捷性、独创性、间接性和概括性等方面。

1. 思维的广阔性和深刻性

思维的广阔性是指个体的思路广泛，善于把握事物各方面的联系和关系，善于全面地思考和分析问题。思维的深刻性是指个体要善于透过事物的表面现象，抓住事物的本质特征和规律，预见事物的发展趋势。

2. 思维的批判性

思维的批判性是指个体既要善于批判地评价他人的思想与成果，又要善于批判地对待自己的思想与成果。

3. 思维的灵活性

思维的灵活性是指个体在进行思维活动时能根据客观情况的变化而变化，即根据所发现的新情况及时地修正原来的想法。

4. 思维的敏捷性

思维的敏捷性是指思维过程的速度，即个体能在很短的时间内完成一个思维任务，提出解决问题的正确意见。

5. 思维的独创性

思维的独创性是指个体通过独立思考并创造出新颖而有社会价值的思维成果，这是思维智力品质的最高表现。

6. 思维的间接性和概括性

思维活动不反映直接作用于人的感官的事物，而是借助语言、表象、动作这些媒介，在一定的知识经验的基础上对客观事物进行间接的反映，这就是思维的间接性。思维的概括性是指个体的思维在大量感性经验的基础上，将一类事物的共同特征抽取出来并加以概括，以形成对事物的本质认识。

（三）思维的种类

根据思维发展水平不同，思维可以分为直观动作思维、具体形象思维和抽象逻辑思维。

根据思维的逻辑性不同，思维可以分为直觉思维和分析思维。

根据思维过程的依据不同，思维可以分为经验思维和理论思维。

1. 聚合思维和发散思维

根据思维的指向性不同，思维可以分为聚合思维和发散思维。

（1）聚合思维。

聚合思维又称求同思维、集中思维，是指个体把问题所提供的各种信息集中起来得出一个正确的或最好的答案的思维模式。例如，学生从各种解题方法中筛选出一种最佳解法；在工程建设中，工程师把多种实施方案经过筛选和比较找出最佳方案等都属于聚合思维。

（2）发散思维。

发散思维又称辐射思维、放射思维、扩散思维或求异思维，是指大脑在思维时呈现的一种扩散状态的思维模式。它表现为个体的思维视野广阔，思维呈现出多维发散状。例如，“一题多解”“一事多写”“一物多用”等方式都是培养学生的发散思维能力。科学研究中对某个问题的解决提出多种设想、教育改革中提出多种方案等都属于发散思维。

真题及解析

聚合思维和发散思维都是智力活动不可缺少的思维，都带有创造的成分，而发散思维最能代表创造性的特征。

2. 再造性思维和创造性思维

根据思维的创造程度不同，思维可以分为再造性思维和创造性思维。

（1）再造性思维。

再造性思维又叫常规性思维，是指个体运用已获得的知识经验，按照现成的方案和程序，用惯常的方法、固定的模式来解决问题的思维方式。例如，学生运用音标规律来读单词。这种思维的创造性水平低，对原有知识不需要进行明显的改组，也没有创造出新的思维水平，且缺乏新颖性和创造性。

（2）创造性思维。

①创造性思维的概念。

创造性思维是指人们以新颖、独特的方式来解决问题的思维方式。

②创造性思维的特征。

目前较为公认的是以发散思维的基本特征来代表创造性思维的特征。发散思维是沿着不同的方向去探求多种答案的思维形式。发散思维是创造性思维的核心，其主要特征有流畅性、变通性、独创性。

③智力与创造性思维的关系。

智力与创造性思维是两个既有联系又有区别的概念，有关创造性思维的研究表明，智力与创造性思维的关系并非简单的线性关系，两者既有独立性，又在某种条件下具有相关性。

智力与创造性思维的基本关系表现为：A. 低智商不可能具有高创造性思维；B. 高智商者可能具有高创造性思维，也可能具有低创造性思维；C. 低创造性思维者的智商水平可能高，也可能低；D. 高创造性思维者必须有高于一般水平的智商。

上述关系表明，高智商虽非高创造性思维的充分条件，但却是高创造性思维的必要条件。更重要的是，这种非线性关系还表明，创造性思维是一些智力测验所不能测出的智慧品质。正是由于这些智慧品质的参与，才能实现单纯智力所无法完成的创造。

二、想象

（一）想象的概念

想象是指人脑对已存储的表象进行加工改造，形成新形象的心理过程。

（二）想象的分类

1. 有意想象和无意想象

有意想象也称随意想象，是指个体有预定目的和自觉进行的想象。有意想象有时还需要一定的意志努力，包括再造想象和创造想象等。

无意想象也称不随意想象，是指个体没有预定目的和不由自主产生的想象。

2. 再造想象和创造想象

再造想象是指个体根据语言表述或非语言的描绘（如图样、图解、模型、符号记录等）在头脑中形成有关事物的形象的想象。

真题及解析

创造想象是一种有意想象，是指个体根据一定的目的、任务，在头脑中创造出新形象的心理过程。

3. 幻想、理想和空想

幻想是创造想象的一种特殊形式，是指一种指向未来并与个人的愿望相联系的想象。它是创造想象的准备阶段和特殊形式。

幻想与一般的创造想象相比主要有两点不同：幻想总是与个人愿望相联系；幻想往往与当前的活动没有直接联系，而是指向未来的。

幻想也不同于再造想象，因为它包含一定的独创成分。

幻想、理想和空想的关系表现为：如果幻想是以现实为依据，并指向行动，经过努力最终可以实现，那么它就变成理想；如果幻想完全脱离现实，毫无实现的可能，就成为空想；理想能鼓励人向上和进取，是人们从事创造性活动的动力，而空想往往会把人引向歧途。

（三）想象的功能

想象具有预见功能、补充功能和替代功能。

三、认知发展阶段理论

（一）皮亚杰的认知发展阶段理论

认知发展阶段理论是由瑞士心理学家皮亚杰所提出的，被公认为是20世纪发展心理学上最权威的理论。所谓认知发展，是指个体在适应环境的过程中，对事物的认知及面对问题情境时的思维方式与能力表现会随着年龄的增长而改变的历程。

皮亚杰认为，发展是个体在与环境的不断的相互作用中实现的。儿童从出生到成人的认知发展不是一个数量不断增加的简单积累过程：一方面，由于环境的影响，个体会产生一定的变化来适应环境；另一方面，个体也不完全是消极适应，整个适应过程也是个体内部积极建构的过程。个体心理发展是个体通过同化和顺应环境而达到平衡的过程。

1. 认知发展的机制

（1）图式。

图式是指个体对世界的知觉、理解和思考的方式。图式是认知结构的起点和核心，或者说是人类认识事物的基础。因此，图式的形成和变化是认知发展的实质。最初的图式来源于先天的遗传。

（2）同化和顺应。

皮亚杰认为，图式的变化是通过同化和顺应两个过程来完成的。同化就是个体将环境因素纳入已有的图式之中，以加强和丰富主体的动作。顺应就是个体改变自己的动作以适应客观变化。就本质而言，同化主要是指个体对环境的作用，顺应主要是指环境对个体的作用。

（3）平衡。

平衡是指个体通过自我调节机制使认知发展从一个平衡状态向另一个较高的平衡状态过渡的过程。

2. 认知发展的阶段

经过一系列的研究，皮亚杰将从婴儿到青春期的认知发展分为感知运动阶段、前运算阶段、具体运算阶段和形式运算阶段。

（1）感知运动阶段（0—2岁）。

在感知运动阶段，儿童的认知发展主要是感觉和动作的分化。儿童的认知活动主要是通过探索感觉与运动之间的关系获得动作经验。初生的婴儿只有一系列笼统的反射。随后的发展便是儿童组织自己的感觉与动作以应付环境中的刺激。到这个阶段的后期，感觉和动作渐渐分化，同时有调适作用的表现，思想也开始萌芽。

在这个阶段，儿童只有动作智慧而没有表象和运算智慧；儿童形成了一些低级的行为图式，逐渐获得客体的概念，以此适应外部环境并进一步探索外部世界。另外，这个阶段的儿童还不能用语言和抽象符号来命名事物。

在感知运动阶段，儿童的认知发展主要表现出三个主要特征：①儿童从被动反应发展，到积极而有意识的反应；②儿童从看不见物体就认为物体不存在，到物体在眼前消失仍然认为物体有可能存在；③儿童通过操纵物体来了解其属性。

（2）前运算阶段（2—7岁）。

在前运算阶段，儿童的各种感知运动图式开始内化为表象或形象图式，特别是语言的出现和发展使儿童日益频繁地用表象符号来代替外界事物，但他们的语词或其他符号还不能代表抽象的概念，思维仍受具体直觉表象的束缚，难以从知觉中解脱出来。

在这个阶段，儿童的思维具有的主要特征包括：①单维思维——这个阶段的儿童只能从一个方面进行思维；②思维的不可逆性——这个阶段的儿童在思考问题时不能进行顺向和逆向兼顾的思维；③自我中心——这个阶段的儿童不能从对方的观点考虑问题，以为每个人看到的世界正如他自己所看到的一样，一切以自我为中心。

（3）具体运算阶段（7—11岁）。

在具体运算阶段，儿童的认知结构中已经具有了抽象概念、多向思维，思维可以逆转，因而能够进行逻辑推理。这个阶段的标志是儿童已经获得了长度、体积、重量和面积的守恒概念，守恒概念的出现是具体运算阶段儿童的主要特征。所谓守恒，是指儿童认识到虽然客体在外形上发生了变化，但其特有的属性不变。这个阶段的儿童的另一个特征就是出现了去自我中心主义。

这个阶段，儿童的思维具有的主要特征包括：①多维思维——这个阶段的儿童在对事物进行分类时，能够根据物体的多个维度进行分类。②思维的可逆性——思维的可逆性的出现是儿童具体运算阶段出现的标志，也是儿童获得守恒概念的标志。儿童思维的可逆性是指儿童能反向思考他们见到的变化并进行前后比较，思考这种变化是如何发生的。③去自我中心——所谓去自我中心，是指儿童逐渐学会从他人的角度看问题，随着年龄的增长，他们逐渐能够接受别人的意见，修正自己的看法，去自我中心主义是儿童社会性发展的重要标志。④具体逻辑推理——这个阶段的儿童虽然缺乏抽象逻辑推理能力，但他们能凭借具体形象的支持进行逻辑推理。

真题及解析

（4）形式运算阶段（11—15岁）。

在形式运算阶段，儿童的思维已超越了对具体的可感知的事物的依赖，使形式从内容中解脱出来，进入形式运算阶段。在这个阶段，儿童的思维的主要特征包括以下五个方面：

①命题之间的关系。

在这个阶段，儿童的思维是以命题形式进行的。他们不仅能考虑命题与经验之间的真实性关系，而且还能看到命题与现实之间的关系，并能推理两个或多个命题之间的逻辑关系。

②假设-演绎推理。

在这个阶段，儿童不仅能够运用经验-归纳的方式进行逻辑推理，而且还能运用假设-演绎推理的方式来解决问题。

③抽象逻辑思维。

在这个阶段，儿童能理解符号的意义、隐喻和直喻，能对事物做一定的概括，其思维发展水平已接近成人。

④可逆与补偿。

在这个阶段，儿童不仅具备了逆向性的可逆思维，而且还具备了补偿性的可逆思维。例如，对于“在天平的一边加一点东西，天平就失去平衡，怎样使天平重新平衡？”的问题，他们不仅能考虑把所加的重物拿走（逆向性），而且还能考虑移动天平的较重的盘子使它靠近支点，即使力臂缩短（补偿性）。

⑤思维的灵活性。

在这个阶段，儿童不再刻板地恪守规则，反而常常由于规则与事实不符而违反规则。对这个阶段的儿童，教师和家长不宜采用过多的命令和强制性手段进行教育，而应鼓励和指导他们自己做决定，同时对他们考虑不全面的地方提出建议和改进的办法。

（二）认知发展的影响因素

1. 成熟

成熟是指机体的成长，特别是指神经系统和内分泌系统的成熟。成熟是认知发展的一个重要条件，它为形成新的行为模式和思维方式提供了一种可能性。成熟是发展的必要条件，但不是充分条件，随着年龄的增长，自然环境及社会环境对儿童认知发展的影响将随之增加。

2. 练习和经验

练习和经验是指个体对物体施加动作过程中的练习和经验。经验可以分为物理经验和逻辑数理经验两种：前者主要作用于物体，由个体对物体的个别动作（如摸、触）获得物体的特性（如形状、大小）；后者是指理解动作与动作之间相互协调的结果，由此形成的就是逻辑数理经验。

3. 社会性经验

社会性经验是指人与人之间的相互作用和社会文化的积淀，包括社会生活、文化教育、语言等。这些因素都会影响儿童发展的速度和过程，但这种影响同物理经验一样，必须建立在能够被个体同化的基础上，否则起不到作用。

4. 具有自我调节作用的平衡过程

几乎所有的发展理论都会强调成熟和经验的作用，皮亚杰的独到之处是提出了第四个因素，即自我调节作用的平衡过程。皮亚杰认为，具有自我调节作用的平衡过程调节着心理发展的上述三种基本因素，个体才有可能对所收到的各种信息建立统一联系，使个体朝某一方向发展，从而使认知得到发展。

（三）认知发展与教学的关系

1. 认知发展阶段制约教学的内容和方法

在皮亚杰看来，学习从属于发展，从属于主体的一般认知水平。所以，各门具体学科的教学都应研究如何对不同发展阶段的学生提出既不超出当时的认知结构的同化能力，又能促使他们向更高阶段发展的富有启迪作用的适当内容。例如，只有形式运算阶段的儿童才能获得纯粹以命题形式呈现的概念和规则，而大多数学生并未达到这个发展水平，即使在某一领域达到这个发展水平的学生，在其他的领域却不一定达到。

2. 教学促进学生的认知发展

皮亚杰根据对儿童认知结构发展的阶段性的研究指出，必须遵循认知发展的规律来组织教学。教师必须考虑每个阶段儿童的特殊兴趣和需要，提出不同的教育任务，采取不同的教育方法。

3. 要依据学生的最近发展区组织教学

最近发展区是指学生在有指导的情况下，借助成人的帮助所能达到的解决问题的水平与独自解决问题所达到的水平之间的差异，实际上是两个邻近发展阶段之间的过渡状态。这个概念是由苏联著名心理学家维果茨基提出的。他认为，学生有两种发展水平：一是现有水平，即学生独立活动时达到的解决问题的水平；二是即将达到的发展水平，即通过教学所获得的潜力。这两者之间的差异，就是最近发展区。

最近发展区的提出说明了儿童发展的可能性，其意义在于教育者不应只看到儿童今天已达到的发展水平，还应看到其仍处于形成状态、正在发展的过程。

维果茨基强调教学不能只适应学生的现有水平，而应着眼于学生的最近发展区，为学生提供带有难度的内容，调动学生的积极性，发挥学生的潜能，超越学生的最近发展区，并在此基础上进行下一个发展区的发展。

维果茨基建议采用支架式教学来帮助学生达到新的发展水平。儿童被看作是一座建筑，儿童的“学”是不断、积极地建构着自身的过程；而教师的“教”则是根据学生的最近发展区搭建的“脚手架”，支持儿童不断地建构自己，不断地建构新的能力。支架式教学是以维果茨基的最近发展区理论为依据的。支架式教学中的“支架”应根据学生的最近发展区来建立，通过支架的作用不停地将学生的智力从一个水平引导到另一个更高的水平。

四、问题解决

（一）问题解决的概念与特点

1. 问题解决的概念

问题解决是指个体应用一系列的认知操作，从问题的起始状态到达目标状态的过程。在解决问题时，个体所知道的与个体所需要知道的往往存在差距，这个差距就是问题空间。解决一个问题，就是消除这个空间，这就需要通过发现和取得必要的信息来完成。

2. 问题解决的特点

（1）目的性。

问题解决具有明确的目的性，它总要达到某个特定的目标状态。

（2）认知性。

问题解决是通过个体内在的心理加工实现的，整个活动过程依赖于一系列认知操作来进行的。

（3）序列性。

问题解决包含一系列的心理活动，即认知操作，例如分析、联想、比较、推论等，问题解决是由一系列的心理操作组成的。

（二）问题解决的过程

1. 发现问题

发现问题是解决问题的首要环节，是问题解决中最困难且最富有挑战性的一个环节。要发现问题，需要个体具有一定的创造性和坚持性，还要在较长的时间内容忍问题的模糊性。

2. 理解问题

理解问题即明确问题，就是个体把握问题的性质和关键信息，摒弃无关因素，并在头脑中形成有关问题的初步印象，即形成问题的表征，主要是确定问题究竟是什么，并尽可能地达到对整个问题的准确理解。

3. 提出假设

提出假设就是个体提出解决问题的可能途径与方案，选择恰当的解决问题的操作步骤。能否有效地提出假设，受个体思维的灵活性和其已有的知识经验的影响。提出假设是问题解决的关键阶段。

真题及解析

4. 检验假设

检验假设就是个体通过一定的方法来确定假设是否合乎实际，是否符合科学原理。检验假设的方法有两种：一种是直接检验，即通过实践和问题解决的结果来检验；另一种是间接检验，即通过推论来淘汰错误的假设，保留并选择合理、最佳的假设。

（三）影响问题解决的重要因素

1. 问题的特征

个体在解决有关问题时，常常受到问题的类型、呈现的方式等因素的影响。教师在课堂中的各种形式的提问，各种类型的课堂和课后练习、习题或作业等，都是学校情境中常见的问题形式。

真题及解析

不同的呈现问题的方式、问题中已知条件的呈现次序都会影响个体对问题的理解和最终解决。

2. 已有的知识经验

已有的知识经验的质与量会都影响问题解决，如果个体与解决某个问题有关的经验越多，那么解决该问题的可能性也就越大。有研究发现，个体拥有某一领域的丰富的知识经验是有效地解决问题的基础。

3. 心理定式

心理定式是指个体接受了一个刺激物或刺激信号以后，立即根据以往的经验或习惯，用自己固有的思维来思考问题。心理定式的作用存在两个面性：一方面，使个体能够对一些常规性的问题做出较快的解答，从而提高问题解决的效率；另一方面，囿于狭小范围内的这种固定性和恒常性往往又会使个体的思路陷于僵局，难以寻找到一种新的方式去考虑问题，因此不利于创造性地解决问题。

4. 功能固着

功能固着是指个体在解决问题时往往只看到某种事物的通常功能，而看不到它在其他方面可能有的功能。在某种情形下，个体需要利用某个物体的潜在功能来解决问题时，功能固着可能起到阻碍的作用。这是人们长期以来形成的对某些事物的功能或用途的固定看法。

5. 迁移

迁移是指个体已有的知识经验对解决问题的影响。迁移分为正迁移和负迁移。正迁移是指个体已获得的知识经验对解决新问题有促进作用，负迁移是指个体已获得的知识经验对解决问题有阻碍或干扰的作用。

6. 动机

人们对活动的态度、社会责任感、认识兴趣等都可以成为发现问题的动机，从而影响问题解决的效果。动机的强度不同，影响的大小也不同。心理学家的实验表明，在一定的限度内，动机的强度和解决问题的效率成正比，但动机太强或太弱都会降低解决问题的效果。

7. 情绪

情绪对解决问题具有一定的影响，紧张、烦躁等消极的情绪会阻碍问题解决的速度，放松、平静等积极的情绪将有助于解决问题。例如，在考试时，学生由于情绪过分紧张，会使其思路阻塞，有时甚至面对容易的问题却束手无策。如果学生能以积极的情绪迎接考试，就将有利于其进行思考、打开思路，使问题得以解决。

8. 人际关系

人处在一个复杂的社会中，解决问题不仅受个人心理因素的影响，而且也要受到人们之间关系的影响。例如，人在解决问题时，往往要求与周围的人方式一致，这种现象被称为从众现象。团体内的互相协作和相互帮助是使问题得以迅速解决的积极因素；相反，互不信任、人际关系紧张则会妨碍解决问题。

9. 原型启发

原型是指对解决问题起启发作用的事物。原型启发是指个体从其他事物上发现解决问题的途径和方法。原型启发在创造性解决问题时的作用十分明显。通过联想，人们可以从原型中找到解决问题的新方法。某个事物能否起到启发作用，不仅取决于该事物的特点，而且还取决于问题解决者的心理状态。

除了上述因素之外，个体的智力水平、性格特征、认知风格和世界观等个性心理特性也制约着问题解决的方向和效果。

（四）问题解决的策略

1. 算法式

真题及解析

算法式是指个体将所有可能的针对问题解决的方法都一一列举出来，然后逐一加以尝试直至选择一种有效的、正确的方法来解决问题。

2. 启发式

启发式是指个体根据一定的经验，在问题空间内进行较少的搜索，以达到问题解决的一种方法。启发式不能保证问题解决的成功，但这种方法比较省力。

启发式包括以下三种策略：

（1）手段-目的分析法。

手段-目的分析法是指个体将需要达到问题的目标状态分成若干个子目标，通过实现一系列子目标最终达到总目标。

（2）逆向搜索法。

逆向搜索法是指个体从问题的目标状态开始搜索，直至找到通往初始状态的通路或方法。例如，在做几何证明题时，学生从需要证明的内容入手一步步推理到已知条件的过程就是逆向搜索法。

（3）爬山法。

爬山法是指个体采用一定的方法逐步降低初始状态和目标状态的距离，以达到问题解决的一种方法。

第 21 章　学习概述

知识体系及思维脉络

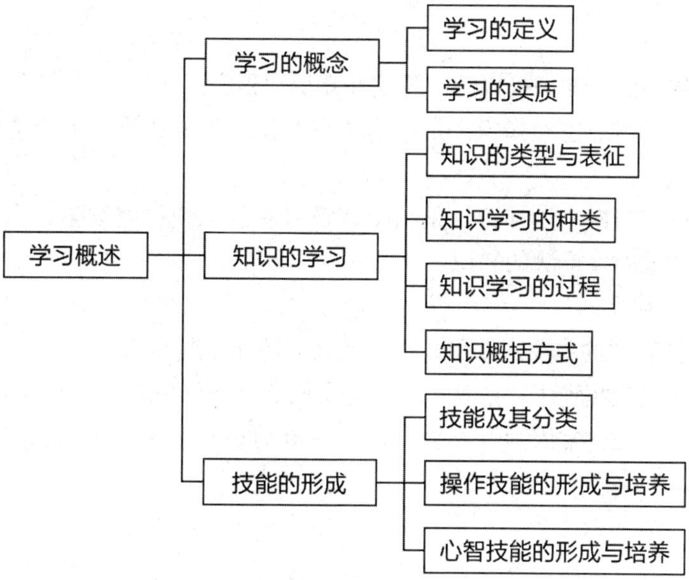

核心考点及学习提示

◆核心考点

学习的概念，知识学习、技能学习的过程，心智技能的培养要求。

◆学习提示

考试重点：心智技能的培养要求。

考试难点：知识学习、技能学习的过程。

一、学习的概念

（一）学习的定义

心理学上把学习分为广义的学习和狭义的学习两种。广义的学习是指人和动物在生活过程中，凭借经验而产生的行为或行为潜能的相对持久变化。

狭义的学习是指人类的学习。从心理学的角度来看，人类的学习是指受教育者在教育者的指导下，有目的、有计划、有组织地获得知识、形成技能和培养才智的过程。

真题及解析

（二）学习的实质

学习的实质，即学习是个体在特定的情景下，由于练习或反复经验而产生的行为或行为潜能的比较持久的改变。

二、知识的学习

（一）知识的类型与表征

1. 知识的类型

根据知识的功能，知识可以分为陈述性知识和程序性知识。

陈述性知识又叫描述性知识，是指个体有意识地提取线索，因而能够直接加以回忆和陈述的知识。

程序性知识又叫操作性知识，是指个体没有有意识地提取线索，因而其存在只能借助某种作业形式间接推测的知识。

真题及解析

2. 知识的表征存储

（1）陈述性知识的主要表征形式——形式命题和命题网络。

一个形式命题就相当于一个观念，它是我们能够评价是非对错的最小的意义单元。

两个或多个命题常常因为有某个共同的成分而相互联系在一起，从而构成了命题网络，或称语义网络。

（2）程序性知识的主要表征形式——产生式和产生式系统。

产生式是条件与动作的联结，是指在某一条件下会产生某一动作的规则，由条件项“如果”和动作项“那么”构成。即在满足某个条件的时候，个体做出某个行动。

众多的产生式联系在一起，就构成了复杂的产生式系统，表征复杂技能的完成过程。

（二）知识学习的种类

根据头脑内知识的不同形式或学习任务的复杂程度，知识学习可以分为符号学习、概念学习和命题学习。

根据新知识与原有认知结构的关系，知识学习可以分为下位学习（类属学习）、上位学习（总括学习）和组合学习。

1. 下位学习（类属学习）

下位学习（类属学习）是指个体将概括程度或包容范围较低的新概念或新命题，归属到认知结构中原有的概括程度或包容范围较高的适当概念或命题之下，从而获得新概念或新命题的学习。

2. 上位学习（总括学习）

上位学习（总括学习）是指新概念、新命题具有较高的概括程度或较广的包容范围。这时，新知识通过把一系列已有的观念包含于其下而获得意义，新学习的内容便与学生认知结构中的已有观念产生了一种上位关系。

3. 组合学习

当学生的新概念或新命题与认知结构中已有的观念既不产生下位关系，也不产生上位关系时，它们之间可能存在组合关系，这种只凭组合关系来理解意义的学习就是组合学习。

（三）知识学习的过程

知识的学习可以从宏观上分为三个阶段，即知识的理解、知识的巩固和知识的应用。

（四）知识概括方式

1. 充分运用变式

变式是指概念的正例（肯定例证）在无关特征方面的具体变化，也就是通过保持概念的关键特征而变化那些非关键特征，从而构成的表现形式不同的例证。

真题及解析

例如，教师在讲“果实”的概念时，不要只选可食的水果（如苹果、柿子、桃子等），还要选择一些不可食的果实（如橡树籽、棉籽等），这样才有利于学生看到一切果实都具有“种子”这一关键属性，而舍弃其“可食性”等无关特征。在教学中，教师要注意所选用的变式应使那些显著的但非本质的要素得到变异，突出那些隐蔽的但本质的要素。

2. 进行科学的比较

比较是从方法学的角度促进知识的概括。一般来说，比较主要有两种方式，即同类比较和异类比较。同类比较即关于同类事物之间的比较。通过同类比较，便于个体区分对象的一般与特殊、本质与非本质特征，从而找出一类事物所共有的本质特征。异类比较即不同类但相似、相近或者相关的事物之间的比较。通过异类比较，不仅能使个体更清楚比较客体的本质，而且还有利于个体确切了解彼此间的联系与区别，防止知识间的混淆与割裂，有助于建立系统的知识结构。

3. 适当运用正例和反例

正例又称肯定例证，是指包含着概念或规则的本质特征和内在联系的例证。反例又称否定例证，是指不包含或只包含了一小部分概念或规则的主要属性和关键特征的例证。一般而言，概念或规则的正例传递了最有利于概括的信息，反例则传递了最有利于辨别的信息。

4. 启发学生进行自觉的知识概括

为了促进知识的获得，在实际的教学情境中，教师应该启发学生进行自觉的知识概括，鼓励学生自己总结原理、原则，尽量避免一开始就要求学生记忆或背诵。教师启发学生进行自觉的知识概括最常用的方法是鼓励学生主动参与问题的讨论。

三、技能的形成

（一）技能及其分类

技能是指通过练习而形成的合乎法则的活动方式。通常，根据技能的性质和特点，技能可以分为操作技能和心智技能。

(二) 操作技能的形成与培养

1. 操作技能的形成阶段

(1) 操作定向。这个阶段，学生理解操作活动的结构和程序的要求，是在头脑中建立起活动的定向映象的过程。

(2) 操作模仿。这个阶段，学生主要观察教师的动作并进行模仿，动作控制点以视觉控制为主。

(3) 操作整合。这个阶段，学生把模仿阶段习得的动作依据其内在联系联结起来、固定下来，并使各动作成分相互结合，成为定型的、一体化的动作。

(4) 操作熟练。这个阶段是操作技能掌握的高级阶段，动作的执行达到高度的程序化、自动化和完善化。

2. 操作技能的培训要求

(1) 准确的示范与讲解。

真题及解析

示范与讲解是操作技能训练的第一步，准确的示范与讲解有利于学生在头脑中形成准确的定向映象，进而在实际操作活动中调节动作的执行。一般来说，教师的示范与讲解要注意整体示范与分解示范的结合，并且要注意示范和讲解时速度的控制。

(2) 必要而适当的练习。

练习是形成各种操作技能所不可缺少的关键环节，是动作技能形成的基本条件和基本途径，对操作技能进步有促进作用。一般来说，随着练习次数的增多，动作的精确性、速度、协调性、灵活性也会逐步提高。

(3) 充分而有效的反馈。

反馈是指在学生知道自己的学习结果后，据此对自己学习的方法、计划和目标做出相应的调整。在进行操作技能培训时，充分而有效的反馈非常重要，影响着操作技能培训的效果。

(4) 建立稳定清晰的动觉。

动觉是由运动感觉和运动知觉构成的，是复杂的内部运动知觉，它反映的主要是身体运动时各种肌肉活动的特性，如紧张、放松等，而不是外界事物的特性。动觉是获得运动知识的前提，是形成运动技能的心理基础。因此，建立稳定清晰的动觉，能更好地调节和控制动作，操作技能培训的效果也就越好。

(三) 心智技能的形成与培养

1. 我国关于心智技能形成的理论

(1) 原型定向。

原型定向就是了解心智活动的实践模式，使学生了解“外化”或“物质化”了的心智活动方式或操作活动程序，了解原型的活动结构（动作构成要素、动作执行次序、动作执行要求），从而使主体知道该做哪些动作和如何去完成这些动作，并明确活动的方向。

(2) 原型操作。

原型操作就是依据心智活动的实践模式，把学生在头脑中建立起来的活动程序计划，以外显的操作方式付诸实施。这在苏联心理学家加里培林的理论中被称为“物质或物质化活动阶段”。

（3）原型内化。

所谓原型内化，是指心智活动的实践模式（实践方式）向头脑内部转化，由物质的、外显的、展开的形式变成观念的、内在的、简缩的形式的过程。原型内化阶段是心智技能形成的高级阶段。

原型内化过程又可以分成三个小的阶段，即出声的外部言语阶段、不出声的外部言语阶段和内部言语阶段。

2. 心智技能的培养要求

第一，教师要激发学生学习的主动性与积极性。

第二，教师要注意原型的独立性、完备性与概括性。

第三，教师要根据培养的阶段特征，正确使用言语。

第四，教师要注意学生的个体差异。

第22章 学习动机

知识体系及思维脉络

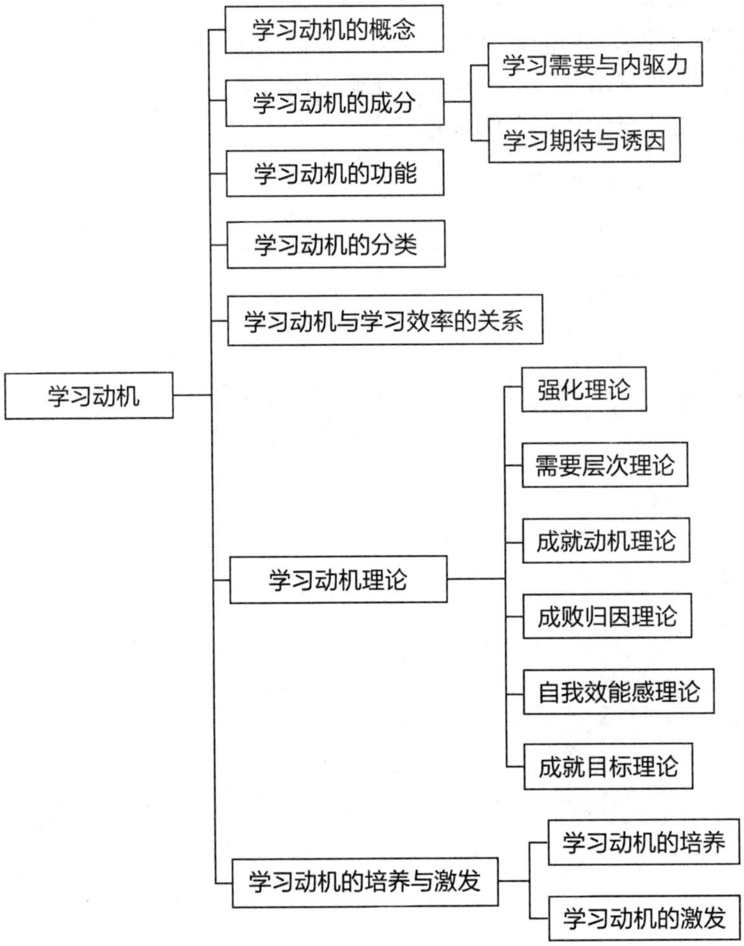

核心考点及学习提示

◆核心考点

学习动机的功能；区分各种不同类型的学习动机；学习动机和学习效率的关系；各种不同的学习动机理论的具体内容，以及其在实际教学中的应用；激发学生学习动机的主要方法。

◆学习提示

考试重点：学习动机理论，学习动机的激发。

考试难点：耶克斯-多德森定律、成败归因理论、自我效能感理论。

一、学习动机的概念

学习动机是指引发和维持个体的学习活动，并将学习活动引向一定学习目标的动力机制。学习动机是直接推动学生进行学习的内部动力。

二、学习动机的成分

学习动机的两个基本成分是学习需要和学习期待，两者相互作用形成学习的动机系统。

（一）学习需要与内驱力

学习需要是指个体在学习活动中感到有某种欠缺而力求获得满足的心理状态。学习需要的主观体验形式是学生的学习愿望或学习意向。学习需要包括学习的兴趣、爱好和学习的信念等。内驱力也是一种学习需要，但它是动态的。从需要的作用上来看，学习需要即学习的内驱力，所以，学习需要也被称为学习内驱力。

美国教育心理学家奥苏贝尔认为，学校情境中的成就动机主要由三个方面的内驱力组成，即认知内驱力、自我提高内驱力和附属内驱力。

认知内驱力是指个体的一种要求理解事物、掌握知识、系统地阐述并解决问题的需要。它以求知作为目标，从知识的获得中得到满足，是学习的内部动机。一般来说，这种内驱力多半是从好奇的倾向中派生出来的。但是，个体的这些好奇倾向，最初只是潜在的而非真实的动机，还没有特定的内容和方向，它要通过个体在实践中不断地取得成功才能真正地表现出来。

自我提高内驱力是指个体由自己的学业成就而获得相应的地位和威望的需要。它不直接指向知识和学习任务本身，而是把学业成就看成是赢得地位和自尊的根源。这种需要从儿童入学开始，就逐渐成为学习需要的组成部分。成就的大小决定着个体所赢得地位的高低，同时又决定着自尊需要满足与否。这是一种间接的学习需要，属于外部动机。

真题及解析

附属内驱力是指个体为了获得长者（例如教师、家长等）的赞许和同伴的接纳而表现出来的把学习搞好的一种需要。它是为了从长者或同伴那里获得赞许和接纳，通常在年龄小的学生身上比较常见。随着年龄的增长，这种动机会逐渐转化为自我提高内驱力。

自我提高内驱力和附属内驱力都是间接的学习需要，属于外部动机。在儿童早期，附属内驱力最为突出，学生努力学习获得学业成就主要是为了实现家人的期待，并得到家人的赞许。到了儿童后期和少年期，附属内驱力的强度有所减弱，而来自同伴、集体的赞许逐渐替代了对长者的依赖。在此期间，赢得同伴的赞许就成为一个强有力的动机因素。而到了青年期，认知内驱力和自我提高内驱力则成为学生学习的动机，学生学习的主要目的在于满足自己的求知需要，并从中获得相应的地位和威望。

应该说明的是，认知内驱力、自我提高内驱力和附属内驱力在动机结构中所占的比重并非一成不变，通常是随着年龄、性别、个体特征、社会地位和文化背景等因素的变化而变化。

(二) 学习期待与诱因

学习期待是指个体对于学习活动所要达成的目标的主观估计。学习期待所指向的目标可以是成绩，也可以是奖品、教师的赞扬、名誉、地位等。学习期待与学习目标密切相关，但两者不能等同：学习目标是个体通过学习活动想要达到的预期结果，而在个体完成学习活动之前，这个预期结果是以观念的形式存在于头脑之中的。因此，学习期待就是学习目标在个体头脑中的反映。

诱因是指能够激起个体的定向行为，并能满足某种需要的外部条件或刺激物。诱因可以分为积极诱因和消极诱因。凡是能使个体产生积极的行为，即趋向或接近某一目标的刺激物称为积极诱因；相反，消极诱因可以使个体产生负性行为，即离开或回避某一目标。

学习期待是静态的，而诱因是动态的，它将静态的期待转换成为目标。所以，学习期待就其作用来说，就是学习的诱因。

三、学习动机的功能

学习动机是学习活动顺利进行的支持性条件，对学习的作用可以表现在四个方面：(1)激发功能；(2)指向功能；(3)维持功能；(4)调节功能。

四、学习动机的分类

真题及解析

学生有各种各样的学习动机，从而对他们的学习活动造成了不同的结果。为了更好地研究和认识学习动机，人们对学习动机进行了分类。常见的学习动机的种类参见表 4–1。

表 4–1 常见的学习动机的种类

分类依据	学习动机的类型	概念
根据学习动机内容的社会意义	高尚的学习动机	高尚的学习动机的核心是利他主义，学生把当前的学习同国家、社会和集体的利益联系在一起。例如，学生勤奋、努力地学习各门功课，是因为他们意识到自己在不久的将来是国家建设的中坚力量，肩负着祖国繁荣昌盛的重任

（续表）

分类依据	学习动机的类型	概念
根据学习动机内容的社会意义	低级的学习动机	低级的学习动机的核心是利己、自我中心的，学生的学习动机只源于自己眼前的利益。例如，个人的名誉、地位或报答父母的养育之恩等学习动机，就是自私、狭隘的，因而也是低级的。但这种划分有时难以正确地把握标准，在教学实践中以此为标准进行判断时要持谨慎态度
根据学习动机的作用与学习活动的关系	近景的直接性动机	近景的直接性动机是与学习活动直接相连的，来源于学生对学习内容或学习结果的兴趣。例如，学生的求知欲望、成功的愿望、对某门学科的浓厚兴趣以及教师生动形象的讲解、教学内容的新颖等都会直接影响学生的学习动机
	远景的间接性动机	远景的间接性动机是与学习的社会意义和学生个人的前途相连的。例如，学生意识到自己的历史使命，为了不辜负父母的期望，争取自己在班集体中的地位和荣誉等都属于间接性的动机
根据学习动机的动力来源	内部学习动机	内部学习动机是指由个体内在的需要引起的动机。例如，学生的求知欲、学习兴趣等内部动机因素会促进学生积极主动地学习
	外部学习动机	外部学习动机是指个体由外部诱因所引起的动机。例如，某些学生为了得到老师或父母的奖励，或避免受到老师或父母的惩罚而努力学习，他们从事学习活动的动机不在学习任务本身，而在学习活动之外

五、学习动机与学习效率的关系

真题及解析

心理学的研究表明，动机强度与学习效率之间的关系并不是一种线性关系，而是倒“U”形曲线关系。中等强度的动机最有利于任务的完成，即动机强度处于中等水平时，学习效率最高。

美国心理学家耶克斯和多德森提出了耶克斯-多德森定律，说明了各种活动都存在一个最佳的动机水平（如图 4-1 所示）。动机不足或过分强烈都会导致学习效率下降。动机的最佳水平还会随任务性质的不同而有所不同：在学习较复杂的问题时，动机强度的最佳水平点会低些；在学习任务比较简单时，动机强度的最佳水平点会高些。

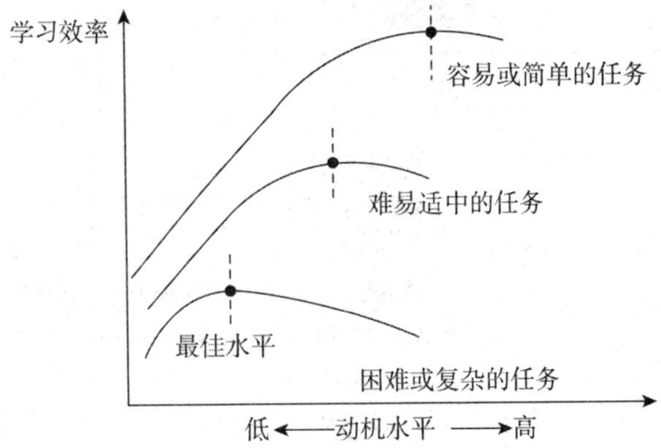

图 4－1　耶克斯-多德森定律

六、学习动机理论

视频讲解

(一) 强化理论

学习动机的强化理论是由行为主义学习理论家提出来的，主要代表人物是俄罗斯著名生理学家和心理学家巴甫洛夫和美国心理学家斯金纳。行为主义强化理论认为强化能够促进学习动机。强化理论者不仅用强化来解释学习的发生，而且还用它来解释动机的产生。

学习动机的强化理论的基本观点如下：

1. 强化可以引起学习动机

在强化理论者看来，人的某种学习行为倾向完全取决于先前的学习行为与刺激因强化而建立起来的稳固联系，而不断强化可以使这种联结得到加强和巩固。按照这种观点，任何学习行为都是为了获得某种报偿。因此，在学习活动中，教师采取各种外部手段（例如奖赏、赞扬、评分、等级、竞赛等），可以激发学生的学习动机，引起其相应的学习行为。

2. 强化能够增强学习动机

一般来说，强化起着增强学习动机的作用，例如适当的表扬与奖励、获得优秀的成绩、取消令人厌恶的频繁考试等便是强化的手段；惩罚则一般起着削弱学习动机的作用，但有时也可以使一个人在失败中重新振作起来，考试不及格等便是惩罚的手段。在学习中，教师若能合理地运用强化、减少惩罚，将有助于提高学生的学习动机水平，改善他们的学习行为及其结果。

(二) 需要层次理论

需要层次理论是人本主义心理学理论在动机领域中的体现，美国心理学家马斯洛是这一理论的提出者和代表人物。

马斯洛认为，任何人的行为动机都是在需要发生的基础上被激发起来的，而人具有的基本需要有七种，它们由低到高依次排列成一定的层次，即生理的需要、安全的需要、归属和爱的需要、尊重的需要、求知的需要、审美的需要、自我实现的需要。在需要层次中，最基本的是生理的需要，例如个体对食物、水、空气、睡眠、性等的需要；在生理的需要得到基本满足之后，便是安全的需要，表现为个体要求稳定、安全、受到保护、免除恐惧和焦虑等；之后是归属和爱的需要，即个体要求与他人建立感情联系，例如结交朋友、追求爱情等；随后出现的是尊重的需要、求知的需要和审美的需要。上述这些低一级的需要得到基本满足后，就进入自我实现的需要层次。这些需要从低级到高级排成一个层级，通常情况下，人们是在较低级的需要得到满足后才出现对较高级的需要的追求。另外，前四种需要为缺失性需要，后三种需要为成长的需要。最占优势的需要将支配一个人的意识和行为，当高级的需要出现后，低级的需要仍然存在，但对行为的影响减弱了。例如，在一个非常饥饿的孩子面前同时摆上一堆书和一堆零食，让他选择其一，孩子肯定先选食物，吃饱后再去选书来读。与缺失性需要相反，成长的需要是永远得不到满足的需要，因为无论是求知，还是审美，都是永无止境的。

自我实现作为一种最高级的需要，从学习心理的角度来看，人们进行学习就是为了追求自我实现，即通过学习使自己的价值、潜能、个性得到充分而完备的发挥、发展和实现。因此，自我实现是一种重要的学习动机。

马斯洛的需要层次理论对教育的重要意义在于：如果学生的基本需要得不到满足，其学习就会受到影响。所以，教师不仅要关心学生的学习，而且也要关心学生的生活，以排除影响学习的一切干扰因素，并使学生感到被人接纳和尊重，这样才能不断地激发学生的学习积极性，并乐于创造和探索、乐于自我实现。

（三）成就动机理论

成就动机通常被认为是一种通过练习和使用某种力量克服障碍，完成某种任务的愿望或倾向。它在人的成就需要的基础上产生，是激励个体乐于从事自己认为重要的或有价值的工作，并力求获得成功的一种内在驱动力。

成就动机理论最初由美国心理学家麦克里兰和阿特金森提出，后来由阿特金森加以发展，主要代表人物是阿特金森。他认为个体的成就动机可以分成两类：一类是力求成功的动机；另一类是避免失败的动机。力求成功的动机是指个体力求克服障碍、施展才能，从而尽快、尽好地解决某一难题的心理倾向；避免失败的动机是指个体为了避免因失败而在他人心目中的形象受损时带来的不良情绪，例如因失败而体验到的羞愧感。

在特定的情境中，如果个体力求成功的动机大于避免失败的动机，那么他就敢于冒风险去尝试，并追求成功；在遇到一定的失败之后，会提高他解决这一问题的愿望。相反，如果很容易获得成功，个体就会降低他的动机。

根据这两类动机在个体动机系统中所占的强度，个体可以分为力求成功者和避免失败者。力求成功者的目的是获取成就，因此他们会选择有所成就的任务，成功概率为 50% 的任务是他们最有可能选择的，因为这种任务能给他们提供最大的现实挑战。相反，避免失败者则倾向于选择非常容易或非常困难的任务，因为选择非常容易的任务可以保证成功，使自己免遭失败；而选择非常困难的任务，即使失败，也可以找到适当的借口，得到自己和他人的原谅，从而减少挫败感。

根据成就动机理论，学生最有可能选择的是成功概率约为 50% 的任务，因为这种任务最富有现实性的挑战，这不仅涉及学习任务本身的难易，而且还涉及成功的标准问题。如果学生认为无论如何努力也肯定不及格，那么其学习动机就处于较低的水平。因此，教师需要适当掌握评分标准，要让学生感到取得好的成绩是可能的，但也不是能轻易取得的。

（四）成败归因理论

归因是指人们对自己或他人的行为活动或结果的原因做出的解释或推论。在学习和工作中，人们都会体验到成功与失败，同时人们还会去寻找成功与失败的原因，这就是对成就行为的归因。人们会把成败归结为不同的原因，并产生相应的心理变化，从而影响自己今后的行为。教育心理学家发现，对学习行为结果的归因可以影响人们随后的学习行为。

美国心理学家韦纳对行为结果的归因进行了系统的探讨，并把归因分为三个维度，即稳定性归因和不稳定性归因、内部归因和外部归因、可控制归因和不可控制归因；他又把人们活动成败的原因即行为责任主要归结为六个因素，即能力高低、努力程度、任务难易、运气好坏、身心状态、外界环境等。如果将此三个维度和六个因素结合起来，就可以组成归因模式（参见表 4–2）。

表 4–2　成就动机的归因模式

归因责任	稳定性		内在性		可控性	
	稳定	不稳定	内在	外在	可控	不可控
能力高低	+		+			+
努力程度		+	+		+	
任务难易	+			+		+
运气好坏		+		+		+
身心状态		+	+			+
外界环境		+		+		+

能力属于内部稳定性的不可控制因素，努力程度属于内部不稳定性的可控制因素，任务难易属于外部稳定性的不可控制因素，运气属于外部不稳定性的不可控制因素，身心状态属于内部不稳定性的不可控制因素，外界环境属于外部不稳定性的不可控制因素。

韦纳认为，每个维度对动机都有重要的影响。在稳定性维度上，如果个体将成功归因于稳定因素，会产生自豪感，从而提高动机；归因于不稳定因素，则会产生侥幸心理，从而降低动机。如果个体将失败归因于稳定因素，将会产生绝望感；归因于不稳定因素，则会生气发怒。在内在性维度上，如果个体将成功归因于内在因素，会产生自豪感，从而提高动机；归因于外在因素，则会产生侥幸心理，从而降低动机。如果个体将失败归因于内在因素，会产生羞愧感；归因于外在因素，则会生气发怒。在可控性维度上，如果个体将成功归因于可控因素，会积极地去追求成功，从而提高动机；归因于不可控因素，则会绝望，从而降低动机。如果个体将失败归因于不可控因素，会生气发怒；归因于可控因素，则会努力追求成功。

由于成败归因理论是从结果来阐述行为动机的，因此，它的理论价值与实际作用主要表现在三个方面：一是有助于了解个体心理活动发生的因果关系；二是有助于根据学习行为及其结果来推断个体的心理特征；三是有助于从特定的学习行为及其结果来预测个体在某种情况下可能产生的学习行为。

一个总是失败并把失败归于内在的、稳定的和不可控的因素（即能力低）的人会形成一种习得性无助的自我感觉。习得性无助是当个体感到无论做什么事情都不会对自己的重要生活事件产生影响时所体验到的一种抑郁状态。

根据成败归因理论，学生将成败归因于努力比归因于能力会产生更强烈的情绪体验。努力而成功，学生会体验到愉快；不努力而失败，学生会体验到羞愧；努力而失败，学生也应受到鼓励。因此，教师在给予奖励时，不仅要考虑学生的学习结果，而且要联系学生的学习进步与努力程度来看，强调内在的、稳定的和可控制的因素。当学生付出同样的努力时，教师对于能力低的学生应给予更多的奖励，对于能力低而努力的学生给予最高评价，对能力高而不努力的学生则给予最低评价，以此来引导学生进行正确归因。

（五）自我效能感理论

自我效能感是指人们对自己是否能够成功地从事某一成就行为的主观判断。这一概念由美国心理学家班杜拉最早提出的。

班杜拉在他的动机理论中指出，人的行为受行为的结果因素与先行因素的影响。行为的结果因素就是通常所说的强化。强化分为三种：一是直接强化，即学习者通过外部因素对学习行为予以强化；二是替代性强化，即学习者通过一定的榜样来强化相应的学习行为或学习行为倾向；三是自我强化，即学习者根据一定的评价标准进行自我评价和自我监督，从而强化相应的学习行为。但是，他认为行为的出现不是由于随后的强化，而是由于人认识了行为与强化之间的依赖关系后，形成了对下一强化的期待。

所谓期待，包括结果期待和效能期待。结果期待指的是个体对自己的某种行为的结果推测。如果个体预测到某一特定行为会导致某一特定的结果，那么，这一行为就可能被激活和被选择。例如，如果学生认识到上课认真听讲就会获得自己所希望的好成绩，那么他就很可能认真听课。

效能期待则指的是个体对自己能否实施某种成就行为的能力的判断，即人对自己行为能力的推测。当个体确信自己有能力进行某一活动时，他就会产生高度的“自我效能感”，并会去实施这一活动。例如，学生不仅认识到认真听课可以带来理想的成绩，而且还感到自己有能力听懂教师所讲的内容时，才会真正地认真听课。在人们获得了相应的知识、技能后，自我效能感就成为学习行为的决定因素。影响自我效能感的因素有自身成败经验、对他人的观察、言语劝说、情绪和生理状态四种。班杜拉指出，影响自我效能感形成的最主要因素是个体自身行为的成败经验。

自我效能感的功能包括：决定学生对学习活动的选择及对活动的坚持；影响学生对待学习困难的态度；影响学习任务的完成；影响学习时的情绪状态。

（六）成就目标理论

成就目标也称目标定向或成就目标定向，它反映了个体对成就情境的一种认知倾向。

埃利奥特等人主张将成就目标划分为以下三种类型：

（1）掌握目标：在这种目标定向的情况下，个体关注的是掌握任务，发展能力，获得一种基于自我参照或任务参照的胜任感。

（2）成绩-接近目标：在成绩-接近目标的情况下，个体关注的是如何取得好成绩，得到基于社会比较结果的胜任感和良好的能力评价。

（3）成绩-回避目标：在成绩-回避目标的情况下，个体关注的是如何避免对自身不利的能力评价，回避社会比较的不胜任结果。

平瑞克指出，成就目标的三分法将接近-回避的概念引入了成就目标理论，具有积极的意义。但是，只将其用于区分成绩目标的两种状态似乎是不够的，也不对称，他主张将掌握目标也区分为接近和回避两种状态，从而形成四个对称结构（参见表4－3）。

表4－3　四个对称的成就目标内容

类型	趋近状态	回避状态
掌握目标	个体关注的是掌握任务、学习和理解；根据自己的进步提高和对任务的理解深度来评价自身的表现	个体关心的是如何避免不能理解或不能掌握任务的情况；判断成功的标准是在自我比较的基础上准确无误地完成任务
成绩目标	个体关注的是如何超越他人，显得自己最聪明、最棒；根据常模标准来评价自身的表现，如在班上考得最好	个体关心的是如何不让自己显得低能，显得比别人笨；根据常模标准来评价自身的表现，如不是班上最差的

真题及解析

七、学习动机的培养与激发

学习动机的激发是指在一定的教学情境下，个体利用一定的方法和手段，使已形成的学习需要由潜在状态变为活动状态，形成学习的积极性。因此，培养学习动机是个体激发学习动机的前提，激发是进一步培养和加强已有的学习动机。

（一）学习动机的培养

1. 利用学习动机与学习效果的互动关系培养学习动机

学习动机之所以能影响学习效果，是因为它会直接制约学生学习的积极性。学习动机强的学生，必然在学习活动中表现出较高的学习积极性，他们在学习中能专心致志，具有浓厚、持久的学习热情，遇到困难时有顽强的自制力和坚强的毅力。反之，缺乏学习动机的学生，学习的积极性低。而学习积极性的高低将会直接影响学习效果。

但是，心理学研究表明，不仅学习动机可以影响学习效果，而且学习效果也可以反作用于学习动机。如果学习效果好，学生在学习中所付出的努力与所取得的收获成正比，那么学生的学习动机就会得到强化，从而巩固新的学习需要，使学习更有成效。这样，学习需要与学习效果相互促进，从而形成学习上的良性循环。反之，不良的学习效果使学生的学习努力得不到相应的收获，从而削弱了学习需要，降低了学习的积极性，导致了更差的学习效果，最终形成恶性循环。而要想使学习上的恶性循环转变成良性循环，关键在于：(1)改变学生的成败体验，使其获得学习上的成就感；(2)改善学生的知识技能掌握情况，弥补其在基本知识和基本技能方面的欠缺。

当然，成功体验的获得最终必须依赖于学生在学习上的真正成功，即有效地掌握知识和技能。由于新旧学习内容之间有着内在联系，先前学习上的问题必然会影响之后的学习。因此，找出学习上的关键问题，填补知识技能掌握方面的空缺，是取得好的学习效果、使恶性循环变成良性循环的关键，也是获得真正成功感的先决条件。

在实际教学中，为了保持学生在学习上的成就感，教师在评分时应注意：第一，学生的成败感与他们的自我标准有关，教师应注意到这种个体差异，使每个学生都体验到成功；第二，课业难度要适当，学生经过努力要可以完成，否则，总不能正确地完成课业，学生就会丧失信心，产生失败感；第三，课业应由易到难地呈现，以便使学生不断地获得成功感；第四，在某一课业失败时，学生可以先完成有关的基础课业，使自己下次在原来失败的课业上获得成功感。

2. 利用直接发生途径和间接转化途径培养学习动机

教育心理学研究表明，新的学习需要通过两条途径来形成：一是直接发生途径，即因原有的学习需要不断地得到满足而直接产生新的更稳定、更分化的学习需要；二是间接转化途径，即新的学习需要由原来满足某种需要的手段或工具转化而来。

教师利用直接发生途径，主要应考虑的是如何使学生原有的学习需要得到满足。认知内驱力是最稳定、最重要的学习动机，满足学生的认知需要有利于培养新的学习需要。因此，教师应耐心有效地解答学生提出的问题，精心组织信息量适当、具有吸引力的课堂教学，以满足学生的求知欲。同时，教师要积极引导学生运用所学知识去解决实际问题，使学生了解知识的价值，以形成掌握更多知识、探究更深问题的愿望。

从间接转化途径考虑，教师主要应通过各种活动、提供各种机会，满足学生其他方面的需求和爱好。就各种课外活动小组而言，很多参加的学生最初可能并不是因为对某些学科的爱好，而很可能是为了追求活动中的娱乐和与同伴交流的快乐。但是，在活动逐渐进行的过程中，学生原来对娱乐、游戏等需求的满足就可能转化成新的学习需要。

（二）学习动机的激发

1. 创设问题情境，实施启发式教学

兴趣和好奇心是内部动机最为核心的成分，它们是培养和激发学生内部学习动机的基础。创设问题情境是激发学生的求知欲和好奇心的一种十分有效的方法。实施启发式教学的关键在于创设问题情境。所谓问题情境，是指具有一定难度，需要学生努力克服，而又是力所能及的学习情境。

要想创设问题情境，首先要求教师要熟悉教材，掌握教材的结构，了解新旧知识之间的内在联系。此外，教师还要充分了解学生已有的认知结构状态，使新的学习内容与学生的已有水平构成一个适当的跨度，这样才能创设问题情境。

2. 根据作业难度，恰当控制动机水平

动机水平并不是越高越好，动机水平超过一定的限度，学习效果反而会降低。美国心理学家耶克斯和多德森认为，中等程度的动机水平最有利于学习效果的提高。同时，他们还发现，最佳的动机水平与作业的难度密切相关：任务较容易，最佳动机水平较高；任务的难度中等，最佳动机水平也适中；任务越困难，最佳动机水平也越低。随着任务的难度增加，动机的最佳水平有逐渐下降的趋势。这便是有名的耶克斯-多德森定律。

在教学时，教师要根据学习任务的不同难度，恰当地控制学生学习动机的激起程度。在学习较容易、较简单的课题时，教师应尽量使学生集中注意力，使学生紧张一点；而在学习较复杂、较困难的课题时，教师则应尽量创造轻松自由的课堂气氛；在学生遇到困难或出现问题时，教师要尽量心平气和地慢慢进行引导，以免学生过度紧张和焦虑。

3. 充分利用反馈信息，妥善进行奖惩

“反馈”在此指的是教师给学生提供关于其成绩的信息。通过反馈，使学生及时了解自己学习的结果，包括运用所学知识解决问题的成效、作业的正误、考试成绩的优劣等。学生知道自己学习的结果，会产生相当大的激励作用；学生看到自己的成功、进步，会增强信心，提高学习成绩；学生知道自己的缺点和错误，可以及时改正，并加倍努力，力求获得成功。

明确、具体而及时的反馈能够为学生提供有关努力结果的信息，对学习效果有明显的影响。这是因为：一方面，学生可以根据反馈信息调整学习活动，改进学习策略；另一方面，学生为了取得更好的成绩或避免再犯错误而增强了学习动机，从而保持了学习的主动性和积极性。

如果教师在提供定量的信息反馈的基础上再加上定性的评价，效果会更明显，这就是奖励与惩罚的作用。奖励与惩罚是对学生成绩和态度的肯定和否定的一种强化方式。它可以提高学生的认识水平，激发学生的上进心、自尊心。正确地运用奖励与惩罚是激发学生学习动机的主要手段之一。一般来说，合理地运用奖励与惩罚能够有效地激励学生积极的学习动机。不过，奖励如果运用不当会产生消极的结果；过分或过多的惩罚也会造成学生对教师和学习的厌恶、怀疑、憎恨等不良的效果。但是，适当的批评，尤其对成绩好的学生的批评也能起到一定的好效果。所以，激发学习动机也要妥善地进行奖惩。有研究表明，表扬与奖励比批评与指责更能有效地激发学生的学习动机。

教师在运用奖励与惩罚时应注意：第一，要使学生树立正确的奖惩观；第二，奖励与惩罚一定要公平；第三，奖励应注意学生的年龄特点、个性特点和性别差异。

4. 正确指导结果归因，促使学生继续努力

经研究证明，对学习结果的归因对学生以后的学习行为会产生影响。在学生完成某一学习任务后，教师应指导学生进行成败归因。一方面，教师要引导学生找出成功或失败的真正原因；另一方面，教师也应根据每个学生一贯成绩的优劣差异，从有利

于今后学习的角度进行归因。一般而言，无论是对优等生还是对差生，归因于主观努力的方面均是有利的。

学生提高学习动机可以从以下两个方面入手：

一是努力归因，无论成功或失败都归因于努力与否。因为学生将自己的成败归因于努力与否会影响学生学习的积极性，当学生学习困难或成绩不佳时，一般不会因一时的失败而降低将来会取得成功的期望。

二是现实归因，教师要针对一些具体问题采取现实归因，以提高学生克服困难的能力，增强自信心。这种归因训练的好处在于，在学生做努力归因时又联系现实，在做现实归因时又强调努力。

真题及解析

第23章 学习迁移

知识体系及思维脉络

- 学习迁移
  - 学习迁移的概念
  - 学习迁移的种类
    - 正迁移和负迁移
    - 水平迁移和垂直迁移
    - 一般迁移和具体迁移
    - 同化性迁移、顺应性迁移和重组性迁移
    - 顺向迁移和逆向迁移
  - 学习迁移的基本理论
    - 形式训练说
    - 共同要素说
    - 经验类化说(概括化理论)
    - 关系转换理论
    - 认知结构迁移理论
    - 当代迁移理论
  - 影响学习迁移的主要因素
    - 相似性
    - 原有认知结构
    - 学习的心向与定式
  - 促进学习迁移的措施
    - 关注知识经验，完善认知结构
    - 选择教学内容，安排教学过程
    - 教授学习策略，提高迁移意识
    - 防止负迁移的发生

核心考点及学习提示

◆核心考点

学习迁移的种类；形式训练说、共同要素说、经验类化说（概括化理论）、关系转换理论、认知结构迁移理论、当代迁移理论，各种学习迁移理论的提出者及其主要观点；理论联系实际，有效促进学习迁移的措施；掌握当代相关的迁移理论。

◆学习提示

考试重点：迁移的种类、促进学习迁移的措施。

考试难点：各种学习迁移理论的内涵。

一、学习迁移的概念

学习迁移也称训练迁移，是指一种学习对另一种学习的影响，或习得的经验对完成其他活动的影响。

二、学习迁移的种类

真题及解析

（一）正迁移和负迁移

根据迁移的性质的不同，学习迁移可以分为正迁移和负迁移。

正迁移也叫助长性迁移、积极迁移，是指个体已获得的知识经验对解决新问题有促进作用。

负迁移也叫抑制性迁移、消极迁移，是指个体已获得的知识经验对解决新问题有阻碍或干扰的影响，即一种学习对另一种学习产生的阻碍作用。

（二）水平迁移和垂直迁移

根据迁移内容是否抽象和概括水平的不同，学习迁移可以分为水平迁移和垂直迁移。

水平迁移也叫横向迁移，是指处于同一抽象和概括水平的经验之间的相互影响。

垂直迁移也叫纵向迁移，是指处于不同抽象和概括水平的经验之间的相互影响。

（三）一般迁移和具体迁移

根据迁移内容的不同，学习迁移可以分为一般迁移和具体迁移。

一般迁移也叫普遍迁移、非特殊迁移，是指将一种学习中习得的一般原理、方法、策略和态度等迁移到其他的学习中去。如果学习者将习得的一般原理、方法、策略和态度等应用于以后的各种学习情境中，后继学习就会变得较为省力、有效。

具体迁移也叫特殊迁移，是指学习迁移发生时，学生原有的经验组成要素及其结构没有变化，只是将一种学习中习得的经验要素重新组合并移用到另一种学习之中。

(四) 同化性迁移、顺应性迁移和重组性迁移

根据迁移过程中所需的内在心理机制的不同，学习迁移可以分为同化性迁移、顺应性迁移和重组性迁移。

同化性迁移是指学习者不改变原有认知结构，直接将原有的认知经验应用到本质特征相同的一类事物中去。

顺应性迁移是指学习者将原有认知经验应用于新情境中时，需要调整原有的经验或对新旧经验加以概括，形成一种能包容新旧经验的更高一级的认知结构，以适应外界的变化。

重组性迁移是指学习者重新组合原有认知结构中的某些构成要素或成分，调整各成分间的关系或建立新的联系，从而应用于新情境。

(五) 顺向迁移和逆向迁移

根据学习迁移的方向不同，学习迁移可以分为顺向迁移和逆向迁移。

顺向迁移是指先前学习对后继学习产生的影响。

逆向迁移是指后继学习对先前学习产生的影响。

三、学习迁移的基本理论

(一) 形式训练说

形式训练说的心理学基础是官能心理学，基本主张是认为心理官能只有通过训练才能得以发展，迁移就是心理官能得到训练、发展的结果。其代表人物是 18 世纪德国心理学家沃尔夫。形式训练说假定，人类大脑的许多区域代表了许多不同的官能，人的心智是由许多不同的官能组成的，官能即注意、知觉、记忆、思维、想象等一般的心理能力。不同的官能活动相互配合构成各种各样的心理活动。各种官能可以像训练肌肉一样通过练习来增加力量。形式训练说还指出，官能训练注重训练的形式而不注重内容。

在学校教育中，传递知识远不如训练官能来的重要。知识的价值在于作为训练官能的材料。形式训练说重视能力的培养和学习的迁移，强调对有效的记忆方法、工作和学习的习惯以及一般的有效工作技术加以特殊训练，这些都是具有积极意义的。

形式训练说的观点在欧美盛行了很长时间，直到今天，这个理论对教育工作仍然具有一定的影响。但是，由于形式训练说主张“心”之官能通过训练来提高，并自动迁移到一切活动中去，缺乏科学依据，因此引起了一些研究者的怀疑和反对。

(二) 共同要素说

共同要素说的代表人物是教育心理学的创始人、美国教育学家桑代克。1901 年，他进行的形状知觉实验是共同要素说的经典研究。桑代克和美国心理学家伍德沃斯以刺激-反应的联结理论为基础，提出了学习迁移的共同要素说。其主要观点是，只有当两个机能的因素中有相同的要素时，一个机能的变化才能够改变另一个机能的习得。换句话说，只有当学习情境和迁移情境存在共同成分时，一种学习才能影响另一种学习，即产生了学习的迁移。总之，共同要素说认为，迁移是具体的，并且是有条件的，

需要有共同的要素。

共同要素说在当时的教育界曾起到过积极的作用，但这个理论仅将迁移视为相同联结的转移，认为两种情境中的客观方面的共同要素是决定迁移的唯一因素，这在某种程度上否认了迁移过程中的复杂的认知活动，因此具有一定的机械性和片面性。

（三）经验类化说（概括化理论）

经验类化说（概括化理论）是由美国心理学家贾德通过水下打靶实验提出的一种迁移理论。其主要观点是：一个人只要对自己的经验进行了概括，就可以完成从一个情境到另一个情境的迁移。经验类化说（概括化理论）十分强调概括化的经验或原理在迁移中的作用，认为先前学习能迁移到后继学习中，是因为在先前学习中获得的一般原理可以部分或全部应用于前后两种学习中。至于两种学习中所存在的共同成分，它们仅是迁移产生的必要前提。而学生所概括出来的、两种学习所具有的共同的原理或概括化的经验才是迁移产生的关键。学生自身的概括化水平越高，迁移的可能性也就越大。贾德还认为，学生对原理学习得越透彻，对新情境的适应性就越强，迁移效果也越好。

经验类化说（概括化理论）强调概括化的经验在迁移中的作用，强调对原理的理解，实际上是对桑代克的共同要素说的补充，强调要将相同的要素上升到更为抽象的原理水平，这一点比共同要素说有所进步。但是，概括化的经验仅是影响迁移成功与否的条件之一，并不是迁移的全部。

（四）关系转换理论

关系转换理论的代表人物是格式塔派心理学家苛勒。苛勒用小鸡啄米实验证明了关系转换的学习迁移理论。

关系转换理论是一种学习迁移的理论，从理解事物关系的角度对经验类化的迁移理论进行了重新解释，并通过实验证明了迁移产生的实质是个体对事物之间的关系的理解。其主要观点是，习得经验能否迁移取决于对情境中各种关系的理解或顿悟。研究者认为，迁移的产生取决于能否理解各个要素之间形成的整体关系，能否理解原理与实际事物之间的关系。学生越能发现事物之间的关系，就越能加以概括、推广，这样迁移也就越普遍。苛勒认为迁移产生的实质是个体对事物之间的关系的理解，即迁移的产生依赖于两个条件：一是两种学习之间存在一定的关系；二是学生对这一关系的理解和顿悟。

关系转换理论十分强调学生个体的作用，认为学生只有发现两个事件之间的关系，迁移才能产生。但关系的转换又受到一系列因素的影响，如原先学习内容的掌握程度以及练习量等。从某种程度上来讲，关系转换理论强调学生的认知因素在迁移中的作用，这具有积极意义。

（五）认知结构迁移理论

美国教育心理学家奥苏伯尔曾在有意义言语学习研究中提出了以有意义学习理论为基础的认知结构迁移理论。其基本观点是，任何有意义的学习都是在原有学习的基础之上进行的，不受学生原有认知结构影响的有意义的学习是不存在的，也就是说，有意义的学习中一定有迁移。

奥苏伯尔还认为，学生原有认知结构是实现学习迁移的“最关键因素”。原有认知结构的清晰性、稳定性、概括性、包容性、连贯性和可辨别性等特性都始终影响着新的学习的获得与保持。其中，认知结构的组织特征（如可利用性、可辨别性和稳定性）则是影响学生学习迁移的主要因素。

（六）当代迁移理论

1. 强调认知结构在迁移中的作用

强调认知结构影响迁移的相关理论主张结构中的某些成分是决定迁移能否发生的根本条件。

首先，以安德森等人为代表的产生式迁移理论的基本思想是：前后两项学习任务产生迁移的原因是两项学习任务之间产生式的重叠，重叠得越多，迁移量也就越大。产生式是认识的基本成分，由一个或多个条件——动作的配对构成。

其次，以加特伏、吉克等人为代表的迁移的结构匹配理论认为，前后两种情境中的结构特征、内在关系与联系等本质特征是决定迁移的关键成分，而表面的特征则无关紧要。若前后两种情境的结构特征相匹配或相同，则产生迁移。

2. 强调外界环境与主体的相互作用对迁移的影响

以格林诺等人为代表的迁移的情境性理论认为，迁移的产生是由外界物理环境、社会环境与主体因素共同决定的。该理论强调通过社会交互作用与合作学习，可以促进迁移的产生。

四、影响学习迁移的主要因素

（一）相似性

相似性是影响迁移的重要因素。相似性的大小主要是由两个学习中含有的共同成分决定的，较多的共同成分将产生较大的相似性，并导致迁移的产生。

1. 学习材料之间的相似性

两种学习材料之间具有相同或相似的成分，则有利于迁移。这说明不同的学习材料之间的共同要素是学习迁移发生的基本条件之一。桑代克的共同要素说实际上就是学习材料的相似性在迁移中的作用的一个经典研究。吉克与霍利约克认为学习材料的相似性包括两种：表面特性的相似与结构特性的相似。

学习材料的相似性是由两种学习中包含的共同表面成分和结构成分决定的，这属于客观相似；而个体对表面和结构相似性的认同则属于主观相似。

2. 学习目标与学习过程的相似性

个体加工学习材料的过程是否相似也是影响迁移的一个重要因素，而个体的加工过程往往受到学习目标的制约。因此，学习目标是否一致、是否相似，也在一定程度上决定了加工过程是否相似，进而决定了能否产生迁移。

3. 学习情境的相似性

学习情境的相似性主要体现在学习场所、环境的布置、教学或测验人员等方面。这些方面的相似性能够给个体的学习提供一些与原有学习相关的线索，从而促进学习过程中或问题解决中迁移的发生。

除了上面提到的各种相似性之外，一些研究者还强调两种学习情境中所涉及的其他成分的相似性（如情感、态度等），这些都有助于提高学习迁移。

（二）原有认知结构

原有的学习对后继学习的影响是比较常见的一种迁移方式，原有认知结构的特征直接决定了迁移的可能性和迁移的程度。原有认知结构对迁移的影响主要表现在以下三个方面：

1. 学生拥有相应的背景知识是迁移产生的基本前提

有研究发现，学生已有的背景知识越丰富，越有利于新的学习，迁移也就越容易。值得注意的是，有时即使学生拥有迁移所需的某种经验，但由于这些经验不能被学生主动地加以应用，它们在学生的头脑中处于一种惰性状态，因此也无助于迁移的产生。

2. 原有认知结构的概括水平对迁移起到至关重要的作用

一般而言，经验的概括水平越高，适用范围就越广，迁移的可能性就越大，迁移效果也就越好。当然，强调概括经验在迁移中的作用，并非意味着学生只掌握抽象的概念、原理就可以广泛地迁移。如果学生脱离具体的事例而孤立地学习抽象的概念、原理，在一定程度上无助于有效地迁移。

3. 学生是否具有相应的认知技能或认知策略以及对认知活动进行调节、控制的元认知策略也会影响迁移的产生

由于迁移过程是通过一系列复杂的认知活动来完成的，而认知技能与元认知策略又是调节、控制认知活动并保证其顺利完成的必要条件，因此，学生是否具有相应的认知技能与元认知策略也影响着迁移的产生。在有些情况下，学生虽然掌握了某种迁移所必需的概括的知识，且学习对象也具有相似性，但仍不能产生迁移，其原因就是缺乏必要的认知技能与元认知策略。

（三）学习的心向与定式

心向与定式指的常常是同一种现象，即先于一定的活动而又指向该活动的一种动力准备状态。定式的形成往往是由于先前的反复经验支配学生以同样的方式去对待后继的同类问题，正因为如此，定式在迁移过程中也起到了一定的作用。

定式对迁移的影响表现为两种：促进和阻碍。定式可以成为正迁移的心理背景，即定式有积极的一面，它反映出心理活动的稳定性和前后的一致性。此外，定式也有消极的一面，它阻碍了学生思维的灵活性，不利于其智力的形成和发展，使其心理活动表现出惰性，显得呆板，从而不利于学生适应环境，有碍于学生解题的速度。

除了前面所涉及的影响迁移的一些基本因素之外，诸如年龄、智力、学生的态度、教学指导、外界的提示与帮助等都在不同程度上影响着迁移的产生。

五、促进学习迁移的措施

（一）关注知识经验，完善认知结构

1. 学生原有认知经验的丰富性

教师要关注学生在新学习开始之前，是否具备了必要的知识储备。学生已有的知

识经验越丰富，越有利于新的学习，迁移也就越容易产生。

2. 原有知识经验的概括与组织性

学生原有的知识经验越概括，越能够不受事物表面特点的制约，从结构特性着眼，对新情况、新问题的适应性就越广，就越能产生广泛的迁移。

3. 原有知识经验的可利用性

在教学过程中，教师除了要关注知识内容本身的掌握之外，还需要使学生明白何时、何处、如何迁移某种经验，拥有迁移的心向，沿着正确、合理的方向分析问题，提高原有知识经验的可利用性。

（二）选择教学内容，安排教学过程

1. 精选教材内容

教师要想使学生在有限的时间内掌握大量有用的经验，就必须对教学内容进行精选。

精选的标准就是教学内容必须具有广泛的迁移价值，即对其他领域有潜在的迁移意义。学生掌握这些基本内容后，在以后的学习或应用中，许多与之相关的内容无须重新学习，只需教师稍加引导和点拨，学生即可掌握和运用。因此，在教学过程中，教师应选择那些具有广泛迁移价值的科学成果作为教材的基本内容，使每门学科中基本的知识（如基本概念、基本原理）、技能和行为规范具有广泛的适应性，扩大其迁移价值。此外，教师精选教材要随着科学的发展而不断地变化和更新。因此，在精选教材时，教师要注意其时代性，吐故纳新，使之既符合科学发展的水平，又具有广泛的迁移价值。

2. 合理编排教学内容

精选的教材只有通过合理的编排才能充分发挥其迁移的效能，否则迁移效果小，甚至阻碍迁移的产生。从迁移的角度来看，合理编排的标准就是使教材达到结构化、一体化、网络化。结构化是指教材内容的各构成要素具有科学、合理的逻辑联系，能体现事物的各种内在联系。一体化是指教材的各构成要素能整合为具有内在联系的有机整体。网络化是一体化的引申，是指教材各构成要素之间上下左右、纵横交叉的联系要相通，要突出各种基本经验的联结点、联结线，这既有助于学生了解原有学习中存在的断裂带和断裂点，又有助于学生预测以后学习的发展带、发展点，为迁移的产生提供直接的支撑。

3. 合理安排教学程序

合理编排的教学内容是通过合理的教学程序得以体现、实施的，教学程序是使有效的教材发挥功效的最直接的环节。在宏观上，教师在教学中应将基本的知识、技能和态度作为教学的主干，并依此进行教学。在安排这些基本内容的教学顺序时，教师应该既考虑到学科知识本身的内在逻辑联系，又要考虑到学生的心理发展顺序及其接受可能性。教师要兼顾以上两点，从整体上科学有效地安排教学程序。在微观上，教师应注重学习目标与学习过程的相似性，或有意识地沟通具有相似性的学习。教师应该帮助学生对所学的内容进行整理、提炼，将前后知识加以融会贯通，真正提高学生学习的质量。简言之，教学过程中的每个环节都应努力体现迁移规律。

（三）教授学习策略，提高迁移意识

许多的研究证明，学习策略和元认知策略具有广泛的迁移性，同时它们又能够提高学生的迁移意识。教师结合实际学科的教学来教授有关的学习策略和元认知策略，不仅可以促进学生对所学内容的掌握，而且可以改善学生的学习能力，使学生学会学习，提高迁移的意识，从根本上促进迁移的产生。为了达到这个目标，在教学过程中，教师一方面要善于把学习的方法教给学生，如理解知识的最好途径、复习或巩固知识的方法等；另一方面要让学生不断地总结自己的学习经验，通过在同学之间开展学习方法和学习经验的交流等来促进学习的迁移。

（四）防止负迁移的发生

在教学中，负迁移会对学生的学习造成不良的影响，因此，教师要防止负迁移的发生。在课堂上，教师要掌握知识教授的速度和难易度，教学内容要符合学生的认知发展水平，每次迁移均应使学生感到需要一定的努力，但又能够完成。除此之外，教师还要充分利用思维定式的积极作用，克服其消极作用，使有效迁移顺利地进行。

真题及解析

第24章 学习策略

知识体系及思维脉络

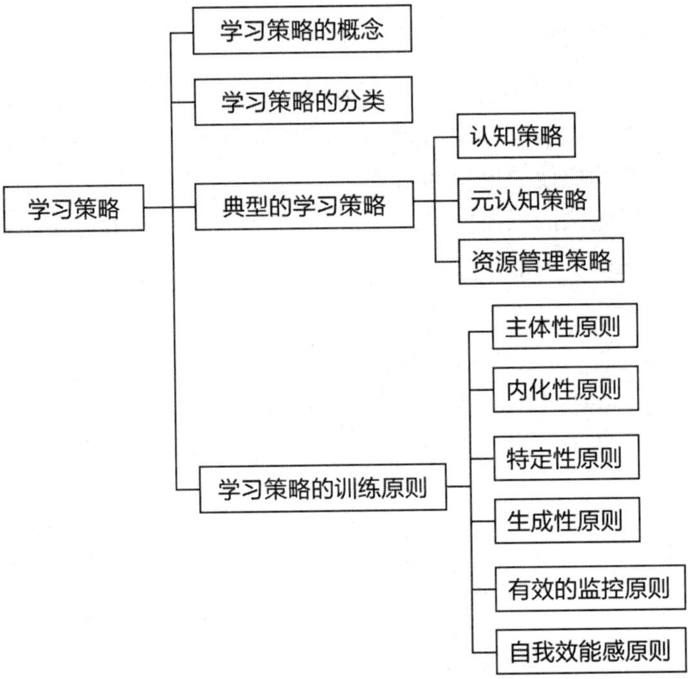

核心考点及学习提示

◆核心考点

区分学习策略和学习方法，学习策略的分类，认知策略、元认知策略和资源管理策略。

◆学习提示

考试重点：各种学习策略的具体使用。

考试难点：区别各种不同的学习策略。

一、学习策略的概念

学习策略是指学生为了提高学习的效果和效率，在学习活动中有目的、有意识地制定和使用的有关学习的方式和方法，包括学生在学习过程中有效学习的规则、方法、技巧以及调节监控的方式等，也可以是外显的操作程序和操作步骤。其中，学习过程中用来进行信息加工的学习策略被称为学习的认知策略；用来调节控制学习过程，保障信息加工过程有效进行的学习策略被称为学习的监控策略。简言之，学习策略是指学生为了提高学习的效果和效率，有目的、有意识地制订有关学习方案。

二、学习策略的分类

许多学者对于学习策略的分类都提出了自己的看法。当前，较有代表性的分类是迈克卡等人于 1990 年做出的分类。他们认为，学习策略可以分为认知策略、元认知策略和资源管理策略三个方面。

认知策略是加工信息的一些方法和技术，有助于学习者有效地从记忆中提取信息。一般而言，认知策略因学习者所学知识的类型不同而有所不同，复述、精细加工和组织策略主要是针对陈述性知识的，针对程序性知识则有模式再认策略和动作系列学习策略等。

元认知策略是学习者对自己认知过程的认知策略，包括对自己认知过程的了解和控制策略，有助于学习者有效地安排和调节学习过程。

资源管理策略是辅助学习者管理可用环境和资源的策略，有助于学习者适应环境，并调节环境以满足自己的需要，对学习者的动机具有重要的影响。

三、典型的学习策略

真题及解析

（一）认知策略

从信息加工的角度来看，学习是获取信息的过程，而认知策略是加工信息的一些方法和技术，这些方法和技术能使信息较为有效地从记忆中提取出来。具体来说，这些方法和技术包括复述策略、精细加工策略和组织策略。

1. 复述策略

复述策略是指学习者在学习记忆中为了保持信息，运用内部语言在大脑中重现学习材料或刺激，以便将注意力维持在学习材料上的一种策略。常用的复述策略有以下六种方法：

（1）利用无意识记和有意识记。

无意识记是指没有预定目的、不需要努力的识记。这种识记是有条件的，凡是对人有重大意义的，与人的需要和兴趣密切相关的，给人以强烈情绪反应的或形象生动鲜明的人或事，就容易随意识记。在学习中，学习者要尽量运用这些条件，如教师通过培养学生对某门学科的兴趣来加强无意识记。

有意识记是指有目的、有意识的识记。学习者要想记住某一信息，就需要有意识地、用心地去记住它，并尝试着自己复述一遍，看能否重复出来。这是学习中主要的识记形式。

（2）排除相互干扰。

学习者头脑中存储的信息常常会相互干扰，从而导致遗忘。

一般来说，前后所学的信息之间存在相互干扰。先前所学的信息对后面所学的信息的干扰叫作前摄抑制，后面所学的信息对前面所学的信息的干扰叫作倒摄抑制。在安排复习时，学习者要尽量预防两种抑制的影响，要尽量错开学习两种容易混淆的内容（如英语和汉语拼音），避免相互干扰。

（3）整体识记和分段识记。

对于篇幅短小或者内在联系密切的材料，学习者适于采用整体识记，即整篇阅读，直到记牢为止。对于篇幅较长、难度较大或者内在联系不强的材料，学习者适于采用分段识记，即将整篇材料分成若干段，先一段一段地记牢，然后合成整篇来识记。至于每段的长短，学习者要根据自己对材料的熟悉程度而定。

（4）多种感官参与。

在进行识记时，学习者要学会同时运用多种感官，如用眼睛看、用耳朵听、用嘴巴练以及用手写等。对于同一种材料，多种感官参与活动，多种刺激叠加在一起，信息在学习者的大脑中的印象就十分深刻。心理学家经研究发现，人一般可以记住自己阅读的10%，自己听到的20%，自己看到的30%，自己看到和听到的50%，交谈时自己所说的70%。这一结果说明，多种感官的参与能有效地增强记忆。

（5）复习形式多样化。

根据德国心理学家艾宾浩斯的实验，遗忘具有先快后慢的规律，这就要求学习者在学习结束后要及时进行复习。另外，在学习程度相等的情况下，一次学习的材料越多，遗忘越快；反之，则越慢。因此，学习者在复习时要做到分散复习。

学习者在实践中应用所学知识是对知识的最好复习。学习者采用多种形式进行复习，如将所学的知识用实验证明、写成报告、做出总结、与人讨论以及向别人讲解等，这比单调重复更有利于理解和记忆。因此，教师要指导学生善于在不同的情境下反复应用所学的知识，以便加深学生对知识的理解和保持。

（6）画线与批注。

画线是阅读时常用的一种复述策略。教师在教学生画线时，首先要解释一个段落中什么是重要的，如主题句等；其次，教学生谨慎地画线，也许只画一两个句子；最后，教学生复习和用自己的话解释这些画线部分。

此外，教师还可以教学生一些圈点批注的方法，与画线策略一起使用：①圈出不知道的词；②标明定义和例子；③列出观点、原因或事件的序号；④在重要的段落前面加上星号；⑤在混乱的章节前面画上问号；⑥给自己做注释；⑦标出可能的测验项目；⑧画箭头表明关系；⑨注上评论，记下不同点和相似点；⑩标出总结性的陈述。

2. 精细加工策略

精细加工策略是指学习者将新学习的材料与头脑中已有的知识联系起来从而增加新信息意义的一种深层加工策略。如果一个新信息与其他信息的联系越多，那么学习者能回忆出该信息原貌的途径就越多，回忆也就越容易。因此，精细加工策略是一种理解性的记忆策略，和复述策略结合使用，可以显著提高学习者的记忆效果。下面就是一些常用的精细加工策略：

（1）记忆术。

在精细加工策略中，记忆术是一种常用的有效策略。记忆术是为无意义的材料赋予某些人为的意义，以促进知识保持的记忆方法。常用的记忆术有以下六种：

① 位置记忆法。

位置记忆法是一种传统的记忆术。使用位置记忆法，就是使学习者在头脑中创建一幅熟悉的场景，在这个场景中确定一条明确的路线，在这条路线上确定一些特定的点，然后将所要记忆的项目全都视觉化，并按照顺序将这条路线上的各个点联系起来。在回忆时，学习者按照这条路线上的各个点提取所记的项目。

② 缩简和编歌诀。

缩简就是学习者将识记材料的每条内容简化成一个关键性的字词，然后变成自己所熟悉的事物，从而将材料与过去的经验联系起来。有时，学习者可以将材料缩简成歌诀。歌诀韵律和谐、抑扬顿挫，非常有助于学习者进行记忆。在将缩简材料编成歌诀时，学习者最好自己动脑筋，因为自己创造的东西印象是最深刻的。

③ 谐音联想法。

学习者在学习一种新材料时运用联想，假借意义，对记忆很有帮助，这种方法被称为谐音联想法。例如，有人记忆马克思的生日“1818年5月5日”时，联想为“马克思一巴掌一巴掌打得资产阶级呜呜地哭”。

④ 关键词法。

关键词法就是学习者将新词或新概念与相似的声音线索词通过视觉表象联系起来。例如，学习者可以把英文单词“Tiger”联想成“泰山上一只虎”。这种方法在学习者记忆外语词汇、地理信息时非常有用。

⑤ 视觉联想。

视觉联想就是在通过心理想象来帮助学习者进行记忆联想时，想象越奇特，加工就越深入、越细致，记忆也就越牢。学习者可以使用夸张、动态、奇异的手段进行联想。例如，学习者可以将“飞机—箱子”想象为“飞机穿过箱子”等。学习者还可以编一个故事，将所有要记忆的信息编在一起。

⑥ 语义联想。

通过联想，学习者可以将新材料与头脑中的旧知识联系在一起，并赋予新材料更多的意义。实际上，语义联想就是在理解的基础上，把过去的旧知识当作“衣钩”来“挂住”所要记住的新材料。因此，学习者要设法找出新旧材料之间的内在逻辑联系。

（2）做笔记。

从信息加工的角度来看，做笔记有利于学习者对材料进行编码，同时还具有外部存储功能。

教师在课堂上要督促学生做笔记和复习笔记，主要策略有：①讲课的速度稍慢一点；②重复复杂的主题材料；③呈现做笔记的线索；④在黑板上写出重要的信息；⑤给学生提供一套完整的笔记，让学生观看；⑥给学生提供结构式的辅助手段，如提纲或二维方格表等。教师还要传授给学生一些记笔记的技巧，如笔记本上不要写得密密麻麻的，可以在笔记本的右边留出3～6厘米的空白，除了笔记的正文之外还要随时记下教师讲的关键词、例子、证据以及自己的疑问和感想。学生不仅要做好笔记，而且还应及时进行复习，积极地思考笔记中的观点，并与其他所学的信息进行联系。

(3) 提问。

无论是阅读还是听讲，学生要经常评估自己的理解状况，思考这样一些问题：这一新信息意味着什么？与课文中的其他信息以及以前所学的信息有什么联系？还可以用什么例子来说明这种新知识？如果教师在阅读时教学生提一些“谁”“什么”“哪里”和“如何”的问题，他们能领会得更好。有些研究训练学生在活动中自己和自己谈话，自己问自己或彼此之间相互问教师要问的问题，结果表明，学生能在解数学题、拼写、创作和许多其他课题中成功地学会自我谈话。

(4) 生成性学习。

生成性学习就是要训练学习者对自己所阅读的东西产生一个类比或表象，如图形、图像、表格和图解等，以加强学习者的深层理解。这种方法最重要的一点就是需要学习者积极地加工所学内容，不是简简单单地记录和记忆信息，不是从书中寻章摘句或稍加改动，而是要改变对这些信息的知觉。例如，在教学中，教师要指导学生能够写出课文中没有的句子，课文中某几句与重要信息相关的句子，以及用自己的话组成的句子，从而把所学的信息和自身的知识经验联系起来。

(5) 利用背景知识，联系实际。

精细加工策略强调在新学信息和已有背景知识之间建立联系，由此可见掌握背景知识的多少在学习中是非常重要的。对于某一事物，学习者到底能学会多少，最重要的一个决定因素就是学习者对这一方面的事物已经知道了多少。在教学中，教师一定要把新的学习和学生已有的背景知识联系起来，并要能联系学生的实际生活，不仅帮助学生理解这些信息的意义，而且要使学生感到这些信息是有用的。

3. 组织策略

组织是学习和记忆新信息的重要手段，其方法是将学习材料分成一些小的单元，并把这些小的单元置于适当的类别之中，从而使每项信息和其他的信息联系在一起。组织策略是指学生在学习中整合所学新知识和新旧知识之间的内在联系，形成新的知识结构的策略。组织过的材料不仅有利于材料的识记与提取，而且也能有效地加强与提高学生对材料的理解与表达。

当然，组织策略和精细加工策略是密不可分的，如学生做笔记和写提要等实际上是两者的结合。下面是一些常用的组织策略：

(1) 列提纲。

列提纲是学生以简要的语词写下主要观点和次要观点，也就是以金字塔的形式呈现材料的要点，每个具体的细节都包含在高一级水平的类别中。在列提纲时，学生要先对材料进行系统的分析、归纳和总结，然后用简要的语词，按照材料中的逻辑关系，写下主要观点和次要观点。学生所列出的提纲要具有概括性和条理性，但其效果取决于学生是如何使用它的。

(2) 利用图形。

① 系统结构图。

学完某一学科的知识，学生要对学习材料进行归类整理，将主要信息形成一个系统结构图。复杂的信息一旦被整理成一个层次结构，学生就容易理解和记忆了。在这一结构里，学生要将较具体的概念放在较抽象的概念之下。

② 流程图。

学生可以用流程图来表现步骤、事件和阶段的发展顺序。流程图一般是从左向右展开，并用箭头连接各步。

③ 模式图或模型示意图。

模式图是学生利用图解的方式来说明在某个过程中各要素之间是如何相互联系的。模型示意图是学生用简图表示事物的位置（静态关系），以及各部分的操作过程（动态关系）。

④ 网络关系图。

学生可以利用网络关系图来解析各种观点是如何相互联系的。学生在做网络关系图时，首先要找出其中的主要观点；其次找出次要观点或支持主要观点的部分；最后标出这些部分，并将次要观点和主要观点联系起来。在网络关系图中，主要观点位于图的正中，支持性的观点位于主要观点的周围。

（3）利用表格。

① 一览表。

学生首先要对材料进行综合分析，然后抽取主要信息，并从某个角度出发，将这些信息全部陈列出来形成一览表，力求反映材料的全貌。

②双向表。

双向表是从纵、横两个维度罗列材料中的主要信息。系统结构图和流程图都可以衍变成双向表。

（4）PQ4R 方法。

PQ4R 方法是由托马斯和罗宾逊提出来的帮助学生理解和记忆的学习技术。它是在罗宾逊早期版本 SQ3R 的基础上改进的。PQ4R 分别代表预览（Preview）、设问（Question）、阅读（Read）、反思（Reflect）、背诵（Recite）和回顾（Review）。有研究表明，PQ4R 方法对年龄较大的儿童更有效。PQ4R 方法可以使学生集中注意力有意义地组织信息、使用其他有效的策略，诸如产生疑问、精细加工、过一段时间后复习等。

真题及解析

（二）元认知策略

在学习的信息加工系统中，存在一个对信息流动的执行控制过程，这种执行控制功能的基础是元认知。所谓元认知，是指学生对认知的认知，具体地说，是关于学生认知过程的知识和调节这些过程的能力。元认知控制过程包括制订认知计划、监视计划的执行以及对认知过程的调整和修改。元认知策略主要包括计划策略、监视策略和调节策略。

真题及解析

1. 计划策略

元认知计划是学生根据认知活动的特定目标，在一项认知活动之前计划各种活动、预计结果、选择策略，想出各种解决问题的方法，并预估其有效性。元认知计划策略包括设置学习目标、浏览阅读材料、产生待回答的问题以及分析如何完成学习任务。

2. 监视策略

元认知监视是在认知活动进行的过程中，学生根据认知目标及时评价、反馈认知活动的结果与不足，正确估计自己达到认知目标的程度和水平；并且根据有效性标准评价各种认知行动、策略的效果。元认知监视策略包括在阅读时对注意加以跟踪、对材料进行自我提问，在考试时监控自己的速度和时间。这些策略使学生警觉自己在注意和理解方面可能出现的问题，以便找出来并加以修改。

3. 调节策略

元认知调节是学生对认知活动结果的检查，若发现问题则应采取相应的补救措施，根据对认知策略效果的检查，及时修正、调整认知策略。元认知调节策略与监视策略有关。例如，当学生意识到自己不理解课程的某一部分时就会退回去，在阅读理解困难或不熟悉的材料时放慢速度，复习不懂的课程材料；或者在测验时跳过某个难题，先做简单的题目等。调节策略能帮助学生矫正自己的学习行为，以弥补理解上的不足。

元认知策略的这三个方面总是相互联系在一起的。学生一般先认识自己的当前任务，然后使用一些标准来评价自己的理解、预计学习时间、选择有效的计划来学习或解决问题，最后监视自己的进展情况，并根据监视的结果采取补救措施。

（三）资源管理策略

在学习的过程中，仅仅使用认知策略与元认知策略是不够的，学生还需要使用一定的学习资源作为支持。学习的时间和环境、付出的努力、他人的帮助等都属于学习资源。资源管理策略是指学生有效地管理和利用环境和资源，以提高学习效率和学习质量的策略。常用的资源管理策略主要有学习时间管理、学习环境的设置、学习努力和心境管理、学习工具的利用和社会性人力资源的利用等。

1. 学习时间管理

时间是最宝贵的资源，合理安排时间就是“预算”生命。学生学会合理地安排时间、有效地管理时间将会促进学习。

（1）统筹安排学习时间。

学生统筹安排学习时间和目标设置、目标计划有一定的关系。目标设置是一种有效的时间管理策略，那些设置了总的学习目标并将其分解为短期目标的学生，多是通过评估目标的进展情况来调节自己的努力。在目标设置中，学生通过设定时间限制来完成子目标，而对自己取得进步的看法又可以不断地提高学习的自我效能感。

（2）高效利用最佳时间。

在不同的时间里，人的体力、情绪和智力状态是不一样的，也就是说，学习时间的质量可能是不一样的。因此，每个学生要根据自己的模式来安排一天的学习时间。第一，学生要根据自己的生物钟安排学习活动。第二，学生要根据一周内学习效率的变化来安排学习活动。第三，学生要根据一天内学习效率的变化来安排学习活动。第四，学生要根据自己的工作曲线来安排学习活动。在学习时，随着学习的进行，学生的精神状态和注意力会发生变化，一般来说，存在三种变化模式，即先高后低、中间高两头低和先低后高。每个学生要根据自己的模式来安排学习内容，确保在状态最佳时学习最重要的内容。

（3）灵活利用零碎时间。

一个人每天的零碎时间是比较多的，且利用零碎时间的学习每次都不是很长，大脑基本都处在兴奋状态。如果学生能够合理地利用零碎时间，学习效果也会很好。

首先，学生可以利用零碎时间处理学习上的杂事。其次，学生可以利用零碎时间读短篇小说或看报纸杂志，背诵诗词和外文单词，以拓宽自己的知识面。此外，学生还可以利用零碎时间进行讨论，与他人进行交流。在轻松的气氛里与人交流，有助于启发学生的创造性思维。利用零碎时间的技巧很多，如让学生可以准备一个可随身携带的小本子，记上要背的知识点，在排队、等车或其他零碎时间拿出来读一读；在起床、洗脸、刷牙、就餐等活动场所的墙上贴上记着单词、公式的卡片等。

2. 学习环境的设置

学习环境的设置是指学生寻找合适的地点或创设适宜的心境等来促进学习。学习环境可以影响学生学习时的心境，从而影响学生的学习效率，因此，为学习创设适宜的环境很重要。学生应根据自己的习惯和喜好去选择干扰较少的场所进行学习，要尽量避免使人分心的环境刺激。此外，学生还要掌握一些技巧为自己的学习创设适宜的心理环境，如克服或降低焦虑、树立积极的信念、专心于学习等。学生在寻找和选择学习环境时：首先，要注意调节自然条件，如流通的空气、适宜的温度、明亮的光线以及和谐的色彩等；其次，要设计好学习的空间，如空间范围、室内布置、用具摆放等。

3. 学习努力和心境管理

学习努力和心境管理是指教师通过采用一些技巧来影响学生，在学习中维持学生的注意力。为了使学生维持自己的意志努力，教师需要不断地鼓励学生进行自我激励，这包括：激发内在动机；树立为了掌握知识而学习的信念；选择有挑战性的任务；调整成败的标准；正确认识成败的原因；自我奖励。

4. 学习工具的利用

学生的学习不仅仅是上课、记笔记和掌握教材的知识，教师也应指导学生广泛地利用各种学习工具来提高学习效率。比如，中学生要善于利用参考资料、工具书、图书馆、广播电视以及计算机与网络等来拓展知识面、开阔眼界。

5. 社会性人力资源的利用

社会性人力资源的利用主要是指学生善于利用教师的帮助以及通过同学间的合作与讨论来加深对内容的理解。这是学生个体调节社会环境以促进学习的一种方法。当遇到困难的任务或意识到需要帮助时，学生如果能主动寻求他人的支持，将有助于实现学习目标，并获取成功。

四、学习策略的训练原则

人们在学习、阅读时常常会使用各种不同的策略，但很少有总是有效的学习策略，也很少有总是无效的学习策略。显然，学习策略的价值依赖于其具体使用的情况。在进行学习策略的训练时，教师教什么策略、怎么教这些策略，可以遵循一定的、基本的原则。

（一）主体性原则

主体性原则是指任何学习策略的使用都依赖于学生主动性和能动性的充分发挥。

(二)内化性原则

内化性原则是指教师要训练学生不断地实践各种学习策略，逐步将其内化成自己的学习能力，并在新的情境中加以灵活应用。

(三)特定性原则

特定性原则是指学习策略一定要适合于学习目标和学生的类型。

(四)生成性原则

生成性原则是指学生要利用学习策略对学习材料进行重新加工，生成某种新的东西。

(五)有效的监控原则

有效的监控原则是指学生应知道何时、如何应用自己的学习策略并能反思和描述自己对学习策略的运用过程。

(六)自我效能感原则

自我效能感原则是指教师给学生一些机会，使他们感觉到学习策略的效力以及自己使用学习策略的能力。

第 25 章 学习的基本理论

知识体系及思维脉络

- 学习的基本理论
  - 行为主义学习理论
    - 巴甫洛夫的经典性条件作用理论
    - 桑代克的尝试-错误说
    - 斯金纳的操作性条件作用理论
    - 班杜拉的社会学习理论
  - 认知学习理论
    - 苛勒的完形-顿悟说
    - 布鲁纳的认知结构论
    - 奥苏伯尔的有意义接受学习论
    - 加涅的信息加工学习理论
  - 人本主义学习理论
    - 人本主义学习理论概述
    - 人本主义学习理论的基本观点
  - 建构主义学习理论
    - 知识观
    - 学习观
    - 学生观
    - 建构主义学习理论在教学中的应用
    - 建构主义学习理论对教育实践的启示

核心考点及学习提示

◆核心考点

理解并运用行为主义、认知学说、人本主义、建构主义等学习理论促进教学。

◆学习提示

考试重点：斯金纳、班杜拉、奥苏伯尔的学习理论。

考试难点：各种学习理论在实际生活中的应用。

一、行为主义学习理论

行为主义学习理论认为，一切学习都是通过条件作用，在刺激和反应之间建立直接联结的过程。在刺激-反应联结中，通过强化，个体学到的是习惯，而习惯是反复练习与强化的结果。习惯一旦形成，只要原来的或类似的刺激情境出现，习得的习惯性反应就会自动出现。行为主义学习理论重视对个体行为的研究，强调环境的作用。其代表人物主要有巴甫洛夫、桑代克、斯金纳等。

(一) 巴甫洛夫的经典性条件作用理论

1. 巴甫洛夫的经典实验

巴甫洛夫是俄国著名生理学家和心理学家。在他的经典条件作用实验中，首先向狗呈现铃声刺激，铃响半分钟后再给予食物，观察并记录狗的唾液分泌反应。当铃声与食物反复配对呈现多次以后，仅呈现铃声而不出现食物时，狗也会做出唾液分泌反应。

在这个实验开始时，食物可以诱发狗的唾液分泌反应，而铃声不能诱发狗的唾液分泌反应，这时食物叫无条件刺激，铃声叫中性刺激，诱发的唾液分泌反应叫无条件反应。在铃声与食物经过多次配对之后，单独呈现铃声而不出现食物时狗也会分泌唾液。此时，作为中性刺激的铃声具有了诱发原来仅受食物制约的唾液分泌反应的某些力量而变成了条件刺激，单独呈现条件刺激即能引起的反应则称为条件反应。这就是经典性条件反射的形成过程。

2. 经典性条件反射的基本规律

(1) 获得与消退。

在条件作用的获得过程中，条件刺激和无条件刺激之间的时间间隔十分重要。一方面，条件刺激和无条件刺激必须同时或近于同时呈现，间隔太久则难以建立联系；另一方面，条件刺激作为无条件刺激出现的信号，必须先于无条件刺激而呈现，否则也将难以建立联系。

如果条件刺激重复出现多次而没有无条件刺激相伴随，则条件反应会变得越来越弱，并最终消失。但是，这种现象只是暂时的，休息一段时间之后，当条件刺激再次单独出现时，条件反应仍然会以微弱的形式重新出现。随着进一步的消退训练，这种自发恢复了的条件反应又会迅速削弱。然而，要完全消除一个已经形成的条件反应要比获得这个反应困难得多。

（2）刺激泛化和刺激分化。

人和动物一旦学会对某一特定的条件刺激做出条件反应以后，其他与该条件刺激相类似的刺激也能诱发其条件反应，这就是刺激泛化。借助刺激泛化，个体可以把已有的学习经验扩展到新的学习情境，从而扩大学习范围。但是，刺激泛化所引起的泛化反应，有时是不准确或不精确的，这就需要刺激分化。

所谓刺激分化，是指通过选择性强化和消退使个体学会对条件刺激和与条件刺激相类似的刺激做出不同的反应。例如，为了使狗能够区分开圆形和椭圆形的光圈，只在圆形光圈出现时才给予食物强化，而在呈现椭圆形光圈时则不给予食物强化，那么狗便可以学会只对圆形光圈做出反应而不理会椭圆形光圈。在实际的教育和教学过程中，教师经常需要对刺激进行分化，如引导学生分辨勇敢和鲁莽、谦让和退缩，要求学生区别重力和压力、质量和重量等。

刺激泛化和刺激分化是互补的过程：刺激泛化是对事物的相似性的反应，刺激分化则是对事物的差异的反应；刺激泛化能使学习从一种情境迁移到另一种情境，而刺激分化则能促使个体对不同的情境做出不同的恰当反应，从而避免盲目行动。

总之，经典条件作用实验能较有效地解释个体是如何学会在两个刺激之间进行联系，从而使一个刺激取代另一个刺激并与条件反应建立起联结。但经典条件作用实验无法解释个体为了得到某种结果而主动做出某种随意反应的学习现象，如中学生为了报答父母的养育之恩、为了得到教师的表扬或同伴的认可而努力学习等。

（3）恐惧性条件作用。

在经典条件作用实验中，以引起个体恐惧的刺激（如强电击、高噪声等）作为无条件刺激来建立条件反应，结果发现也能控制个体的行为。像这种以对个体具有恐惧性质的刺激作为无条件刺激进行的条件作用，称为恐惧性条件作用。

（4）高级条件作用。

当条件作用形成以后，条件刺激可以像无条件刺激一样诱发出个体的反应。这种由一个已经条件化了的刺激来使另一个中性刺激条件化的过程，叫作高级条件作用。在高级条件作用中，条件作用的发生不再需要无条件刺激的帮助，因而它极大地拓展了经典条件作用实验的范围。

（二）桑代克的尝试-错误说

1. 桑代克的经典实验

桑代克是教育心理学的奠基人。他把人和动物的学习定义为刺激与反应之间的联结，认为这种联结是通过盲目尝试—逐步减少错误—再尝试这样一个往复过程习得的。这是教育心理学史上第一个较为完整的学习理论。桑代克的这一理论观点是在小猫迷笼实验的基础上形成的。他把一只饥饿的小猫放入迷笼，把食物放在笼子外。刚放入笼子时，小猫竭力想从缺口中挤出来，它咬栅栏或铁丝，直至碰巧抓住线、环或扣，打开门逃出笼子外为止。第二次再把小猫放入迷笼时，它的表现和第一次差不多。但重复很多次以后，小猫的那些盲目乱冲、乱抓、乱咬的行为逐渐减少，它从笼子里逃出来所需的时间也越来越短。以致最后一次把小猫一放入笼子里，它就能很快地用一定的方式抓住门上的线、环或扣，逃出笼子外。

2. 尝试-错误学习的基本规律

桑代克认为，学习的实质就是在刺激与反应之间形成了一定的联结，而联结形成的过程是一个不断地盲目尝试，不断地淘汰错误反应、保留正确反应的渐进过程。在这一过程中，学生不需要以观念作为中介。桑代克提出了学习的主律和副律，他认为进行尝试-错误学习应遵循以下三条重要的基本规律：

（1）准备律。

准备律是指学生在学习开始时的准备状态。如果有学习准备而又施行学习活动，学生就会感到满意；如果只有学习准备而不进行学习活动，学生就会感到失落。也就是说，当刺激与反应之间的联结事前有一种准备状态时，学生会感到满意，否则就会感到烦恼。反之，如果学生无准备状态而强制其学习，他就会感到烦恼，即当此联结事前没有一种准备状态时，学生会感到烦恼。

（2）练习律。

在尝试-错误学习的过程中，任何刺激与反应的联结，一经练习运用，其联结的力量就会逐渐增大，而如果不运用则联结的力量就会逐渐减小。也就是说，刺激-反应联结随着使用次数的增多而变得越来越强；反之则变得越来越弱。在后来的进一步实验的基础上，桑代克又修正了这一学习规律：没有奖励的练习是无效的，联结只有通过有奖励的练习才能增强。

（3）效果律。

在尝试-错误学习的过程中，如果其他的条件相同，在学生对刺激情境做出特定的反应之后能够获得满意的结果时，则其联结就会增强；而得到烦恼的结果时，则其联结就会削弱。这是桑代克关于学习的一条重要规律。桑代克认为，当前的行为结果对未来行为起着关键作用，是影响学习的主要因素，学习是通过行为结果受到奖励而进行的。

应该说明的是，虽然尝试-错误学习模式是从动物实验中推导出来的，但它对于人类学习特别是学生学习来说，仍有很大的借鉴意义。这一理论特别强调“做中学”，即在实际的操作过程中学习有关的概念、原理、技能和策略。在这一过程中，教师应该允许学生犯错误，并鼓励学生从错误中进行学习，这样获得的知识才会是终生不忘的。

（三）斯金纳的操作性条件作用理论

1. 斯金纳的经典实验

斯金纳是著名行为主义心理学家，在以白鼠等动物为实验对象进行的精密实验研究中，他运用了一种特殊的实验装置——斯金纳箱。箱内有一个可供按压的杠杆和一个食物盘，只要箱内的动物按压杠杆，就会有一粒食丸滚到食物盘内，动物即可得到食物。斯金纳将饥饿的白鼠关在箱内。起初，白鼠在箱内不安地乱跑，活动中偶然按压到了杠杆，则一粒食丸滚到食物盘内，白鼠吃到了食丸。以后白鼠再次按压杠杆，又可以得到食丸。由于食物强化了白鼠按压杠杆的行为，因此，白鼠后来按压杠杆的次数迅速上升。由此，斯金纳认为，学习实质上是一种反应概率上的变化，而强化是增强反应概率的手段。

2. 操作性条件作用的基本规律

斯金纳认为，人和动物的行为有两类：应答性行为和操作性行为。应答性行为是由特定刺激所引起的，是不随意的反射性反应，是经典条件作用的研究对象；而操作性行为则不与任何特定刺激相联系，是个体自发做出的随意反应，是操作性条件作用的研究对象。在日常生活中，人的行为大部分都是操作性行为，其主要受强化规律的制约。

（1）强化。

在斯金纳的操作性条件作用中，强化是最重要和最基础的部分。他认为，任何学习和行为的发生、变化都是强化的结果，因而可以通过控制强化物来控制行为。强化也是一种操作，强化的作用在于改变同类反应在将来发生的概率。而强化物则是一些刺激物，它们的呈现或撤除能够增加或减少反应发生的概率。强化有正强化（实施奖励）与负强化（撤销惩罚）之分。环境中某种刺激增加而行为反应出现的概率也增加时，这种刺激的增加就是正强化，如给予奖励；当环境中某种刺激减少而行为反应出现的概率增加时，这种刺激的减少就是负强化，如回避惩罚。因此，正强化又称积极强化，负强化又称消极强化。

正强化在塑造人的行为中具有重要的作用。在日常生活中，人们常在自觉或不自觉地运用奖励对他人的行为进行积极强化。例如，教师对上课遵守纪律的学生进行表扬，家长对考试成绩好的孩子给予物质奖励等。奖励虽然是塑造行为的有效手段，但是奖励的运用必须得当，否则便会强化不良行为，这一点在中学教育中尤为重要。

（2）逃避条件作用与回避条件作用。

逃避条件作用与回避条件作用都是负强化的条件作用类型。

其中，当厌恶刺激出现时，个体做出某种反应，从而逃避了厌恶刺激，则该反应在以后的类似情境中发生的概率也会增加。这类条件作用称为逃避条件作用，它揭示了个体是如何学会摆脱痛苦的。在日常生活中，逃避条件作用也不乏其例。例如，人们看见路上的垃圾时会绕道走开，感觉屋内人声嘈杂时会暂时离屋等。

（3）消退。

个体做出以前曾被强化过的反应，如果在这一反应之后不再有强化物相伴，那么，此类反应在将来发生的概率便降低，称为消退。在操作性条件作用中，无论是正强化，还是负强化，其作用都在于增加某种反应在将来发生的概率，以达到塑造行为的目的。而消退则不然，消退是一种无强化的过程，其作用在于降低某种反应在将来发生的概率，以达到消除某种行为的目的。因此，消退是减少不良行为、消除坏习惯的有效方法。

（4）惩罚。

当个体做出某种反应以后，呈现一个厌恶刺激，以消除或抑制此类反应的过程，称为惩罚。惩罚与负强化有所不同，负强化是通过厌恶刺激的排除来增加反应在将来发生的概率，而惩罚则是通过厌恶刺激的呈现来降低反应在将来发生的概率。但是，惩罚并不能使行为发生永久性的改变，它只能暂时抑制行为，而不能根除行为。因此，惩罚的运用必须慎重，惩罚一种不良行为应与强化一种良好行为结合起来，方能取得预期的效果。

总之，根据操作性条件作用理论，在教育过程中，教师应多用正强化的手段来塑造学生的良性行为，用不予强化的方法来消除消极行为，并应慎重地对待惩罚，因为惩罚只能让学生明白什么不能做，但并不能让学生知道什么能做和应该怎么做。

3. 程序教学与机器教学

在操作性条件作用理论的直接影响下，程序教学与机器教学风靡全球，形成了20世纪第一次世界性的教学改革运动。在程序教学中，教材被分成若干小步，学生可自定学习步调，让学生对所学的内容进行积极反应，并给予及时的强化和反馈，使错误率降低。但在20世纪70年代初期，人们对这种教材的热情有所降低并逐步放弃了程序教学。不过，程序教学中的合理成分也被整合进了计算机辅助教学中。

真题及解析

（四）班杜拉的社会学习理论

1. 班杜拉的经典实验

班杜拉认为，人对行动结果的预期会直接影响人的行为表现。他把强化视为个体对环境认知的一种信息，即强化物的出现等于告诉个体行为后果将带给他的是惩罚或是奖赏，人们正是根据这种信息的预期来决定自己的行为反应的。同时，班杜拉还认为人类的学习大多发生于社会情境中，只有站在社会学习的角度才能真正地理解发展。所以，他将自己的理论称为社会学习理论。

在一个经典研究中，班杜拉让4岁的儿童单独观看一部电影。在电影中，一个成年男子对充气娃娃表现出踢、打等攻击行为。影片有3种结尾，班杜拉将孩子分为3组，分别看到的是结尾不同的影片：奖励攻击组的儿童看到的是在影片结尾时，另一个成人对主人公进行表扬和奖励；惩罚攻击组的儿童看到的是另一个成人对主人公进行责骂；控制组的儿童看到的是进来的成人对主人公既没奖励，也没惩罚。看完电影后，班杜拉将儿童立即带到一间有与电影中同样的充气娃娃的游戏室里，实验者透过单向镜对儿童进行观察。

结果发现，惩罚攻击组的儿童表现出的攻击行为明显少于另外两组的儿童，而另外两组的儿童则几乎没有差别。这说明，通过观察别人的行为及行为结果，儿童就能进行一定的学习。

2. 社会学习理论的基本规律

班杜拉认为，观察学习分为以下四个过程：

（1）注意过程。

人们必须对榜样的行为产生注意，否则就不可能去模仿他们的行为。能够引起人们注意的榜样常常是因为他们具有一定的优势，如更有权力、更成功等，才能受到众人的关注。

（2）保持过程。

除对榜样的注意之外，人们还需要用一段时间观察榜样的行为，这样才能更好地进行模仿。人们要想在榜样不再示范时能够重复他们的行为，就必须将榜样的行为记住。因此，人们需要将榜样的行为以符号表征的形式储存在记忆中。

（3）动作再生过程。

观察者只有将榜样的行为从头脑中的符号形式转换成自己的动作，才表示已模仿了榜样的行为。观察者要准确地模仿榜样的行为，还需要必要的动作技能，如果观察者不具备相应的动作技能是不可能模仿的。

（4）强化和动机过程。

班杜拉认为，人们并不是把学到的每件事都表现出来的，是否表现出来取决于观察者对行为结果的预期。如果预期结果好，观察者就愿意表现出来；如果预期将会受到惩罚，观察者就不会将学习的结果表现出来。因此，观察学习主要是一种认知活动。

除这种直接强化之外，班杜拉还提出了观察者的模仿动机存在三种来源：直接强化、替代强化和自我强化。直接强化是指观察者因表现出观察行为而受到强化。替代强化是指观察者通过观察他人的行为所带来的奖励性后果而受到的强化。自我强化是指观察者能观察自己的行为，并根据自己的标准进行判断，由此强化或处罚自己。

二、认知学习理论

认知学习理论认为，个体获得经验不是在外部环境的支配下被动地形成刺激-反应联结，而是通过积极主动的内部信息加工活动在头脑内部构造新的认知结构的过程。学习不是通过练习与强化形成反应习惯，而是通过顿悟与理解获得期待；个体当前的学习依赖于其原有认知结构和当前的刺激情境，学习受主体的预期所引导，而不受习惯所支配。

（一）苛勒的完形-顿悟说

1. 苛勒的经典实验

格式塔学派心理学家苛勒曾在1913—1917年对黑猩猩的问题解决行为进行了一系列的实验研究，从而提出了与当时盛行的桑代克的尝试-错误说相对立的完形-顿悟说。苛勒指出，顿悟学习的实质是在主体内部构建一种心理完形。

在苛勒的黑猩猩的问题解决行为的一系列实验研究中，他把黑猩猩置于笼子内，笼子外放有香蕉，香蕉与笼子之间放有木棒。对于简单的问题，黑猩猩只要使用一根木棒便可以获取香蕉，而对于复杂的问题则需要黑猩猩将两根木棒接在一起（一根木棒可以插入另一根木棒中）才能获取香蕉。在复杂问题情境中，最初只见黑猩猩一会儿用小木棒、一会儿用大木棒来回试着拨香蕉，但怎么也拨不着，黑猩猩只得把两根木棒拿在手里挥舞着。突然之间，它无意地把小木棒的末端插入了大木棒，使两根木棒连成了一根长木棒，并马上用它拨到了香蕉。黑猩猩为自己的这一“创造发明”而高兴，并不断地重复这一接棒拨香蕉的动作。在第二天重复这一实验时，苛勒发现黑猩猩很快就能把两根木棒连接起来取得香蕉，而没有漫无目的的尝试。

2. 完形-顿悟说的基本内容

（1）学习是通过顿悟实现的。

苛勒认为，学习是个体利用本身的智慧与理解力对情境及情境与自身关系的顿悟，而不是动作的累积或盲目的尝试。动物解决问题的过程似乎是在提出一些“假说”，然后检验一些“假说”并抛弃一些错误的“假说”。动物只有在清楚地认识到整个问题情境中各种成分之间的关系时，顿悟才会出现。

(2) 学习的实质是在主体内部构造完形。

完形是一种心理结构，是对事物关系的认知。苛勒认为，学习过程中问题的解决，都是由于对情境中事物关系的理解而构成一种“完形”来实现的。例如，在黑猩猩接棒取物的实验中，黑猩猩往往先看一看目的物，考虑自己所要达到的目的，才开始接棒取物。它的行为是针对食物（目标），而不只是针对棒子（手段和工具）的。这就意味着，动物领会了食物（目标）和棒子（工具）之间的关系，才发生了接棒取物的动作。

完形-顿悟说作为最早的一个认知学习理论，肯定了主体的能动作用，强调心理具有一种组织的功能，把学习视为个体主动构造完形的过程，强调观察、顿悟和理解等认知功能在学习中的重要作用，这对反对当时行为主义学习理论的机械性和片面性具有重要意义。但是，苛勒的完形-顿悟学习与桑代克的尝试-错误学习也并不是相互排斥和绝对对立的。尝试-错误往往是顿悟的前奏，顿悟则是练习到某种程度时出现的结果。

(二) 布鲁纳的认知结构论

布鲁纳是美国著名认知教育心理学家，他主张学习的目的在于以发现学习的方式，使学科的基本结构转变为学生头脑中的认知结构。因此，他的理论常被称为认知结构论或认知发现说。认知结构就是人关于现实世界的、内在的编码系统，是一系列相互关联的、非具体性的类目，它是人用以感知外界的分类模式，是新信息借以加工的依据，也是人的推理活动的参照框架。

1. 学习观

(1) 学习的本质是主动地形成认知结构。

布鲁纳认为，学习的本质不是被动地形成刺激-反应的联结，而是主动地形成认知结构；学生不是被动地从外界吸收知识，而是主动地建构知识，并通过把新获得的知识和已有的认知结构联系起来，从而积极地建构其知识体系。由此，布鲁纳十分强调认知结构在学习过程中的作用。在传统的教学中，学生在学习时的主要任务是对各种实时性信息及概念、原理进行记忆保持和简单应用。认知结构论中的学习和教学则要求学生通过高水平的思维活动和问题解决来学习。学生要不断地思考，对各种信息和概念进行加工转换，对新旧知识进行综合和概括，以形成新的假设和推论。因此，在教学中，教师应当向学生提供具体的东西，以便他们“发现”自己的认知结构。

(2) 学习包括获得、转化和评价三个过程。

布鲁纳认为，学习活动是新知识的获得。新知识可能是以前知识的精炼，也可能与原有的知识相违背。学生获得了新知识以后，还要对它进行转化。学生可以超越给定的信息，运用各种方法将它们变成另外的形式，以适合新任务，并获得更多的知识。评价是对知识转化的一种检查，通过评价学生可以核对处理知识的方法是否适合新的任务，或者运用得是否正确。

总之，布鲁纳认为学习任何一门学科的最终目的是使学生构建良好的认知结构。因此，教师首先应明确学生所要构建的认知结构包含哪些组成要素，并最好能画出各组成要素之间关系的图解。在此基础上，教师应采取有效措施来帮助学生获得、转化和评价知识，使学科的知识结构转化为学生的认知结构，使书本的“死”的知识变为学生自己的“活”的知识。

2. 教学观

（1）教学的最终目标在于理解学科的基本结构。

布鲁纳主张，教学的最终目标是促进学生对学科的基本结构的一般理解。所谓学科的基本结构，是指学科的基本概念、基本原理及基本态度和基本方法。而掌握学科的基本结构，就是学生利用许多别的东西以与它有意义地联系起来的方式去理解它。学生掌握和理解了一门学科的基本结构后，他们就会把该学科看成是一个相互联系的整体，就容易掌握整个学科的具体内容，就能促进学习迁移，促进智力和创造力的发展，并能提高学习兴趣。因此，布鲁纳把学科的基本结构放在设计课程和编写教材的中心地位，作为教学的中心。

（2）掌握学科的基本结构的教学原则。

①动机原则。

所有的学生都有内在的学习愿望，内部动机是维持学生学习的基本动力。学生具有三种最基本的内在动机，即好奇内驱力（即求知欲）、胜任内驱力（即成功的欲望）和互惠内驱力（即人与人之间和睦共处的需要）。如果教师能善于促进并调节学生的探究活动，便可以激发他们的这些内在动机，有效地达到预定的学习目标。

②结构原则。

任何知识结构都可以用动作、图像和符号三种表象形式来呈现。动作表象是学生借助动作进行学习，无须语言的帮助。图像表象是学生以感知材料为基础，借助图像进行学习。符号表象是学生借助语言进行学习，经验一旦转化为语言，逻辑推导便能进行。至于究竟选用哪一种呈现方式，则应视学生的知识背景和课题的性质而定。

③程序原则。

教学就是教师引导学生通过一系列有条不紊地陈述一个问题或大量知识的结构，以提高他们对所学知识的掌握、转化和迁移的能力。通常，每门学科都存在各种不同的难易程度，它们对学生来说有难有易，不存在对所有的学生都适用的唯一的程序。

④强化原则。

教学规定适合的强化时间和步调是学习成功的重要一环。学生知道学习结果应恰好在评估自己作业的那个时刻。知道结果过早，易使学生感到慌乱，从而阻碍学生探究活动的进行；知道结果太晚，易使学生失去受帮助的机会，甚至有可能接收不了正确的信息。

教师在引导学生理解教材结构的过程中，首先应注意教学本身要有新异性，同时跨度应适当，难度不能过高或过低，以激发学生的好奇心和胜任感。其次，教师应根据学生的经验水平、年龄特点和材料性质，选取灵活的教学程序和结构方式来组织实际的教学活动过程。同时，教师应注意提供有助于学生矫正和提高的反馈信息，并教育学生进行自我反馈，以提高学习的自觉性和能动性。

总之，根据结构主义教学观及其教学原则，为了促进学生良好认知结构的发展，教师首先必须全面深入地分析教材，明确学科本身所包含的基本概念、基本原理及它们之间的相互关系。只有这样，教师才有可能引导学生加深对教材结构的理解。

（3）提供发现学习。

所谓发现学习，就是让学生独立思考。即学生提出假设、进行验证，自己发现要学习的概念、规则等知识。在教学过程中，学生应是一个积极的探究者，教师的作用不是为学生提供现成的答案，而是为学生提供能够独立探究的教学情境。

（三）奥苏伯尔的有意义接受学习论

1. 奥苏伯尔的学习分类

美国教育心理学家奥苏伯尔曾根据学习进行的方式把学习分为接受学习与发现学习，又根据学习材料与学生原有知识结构的关系把学习分为机械学习与有意义学习，并认为学生的学习主要是有意义接受学习。

接受学习是指教师把学习内容以定论的形式传授给学生。对于学生来讲，学习不包括任何的发现，只需要将学习内容与自己已有的知识相联系。

发现学习是指学习的内容不是教师以定论的形式传授给学生，而是由学生自己先从事某些心理活动，发现学习的内容，然后再把这些内容与已有知识相联系。因此，发现学习和接受学习的根本区别在于学生在将新旧知识相联系之前，是否有一个发现的过程。

机械学习是指学生并没理解符号所代表的知识，只是依据字面上的联系，记住某些符号的词句或组合，并死记硬背。

有意义学习是指学生通过理解所学材料的意义而进行的学习。在运用有关知识经验的基础上把握事物内在、本质的联系，从而达到理解事物的目的。

奥苏伯尔认为，不能错误地认为接受学习就必然是机械的，发现学习就是有意义的。无论是接受学习还是发现学习都可能是机械的，也都可能是有意义的，关键在于学生是否将新知识与认知结构的已有知识进行了联系。在学校环境下，学生的学习应以接受学习为主，发现学习往往浪费时间，一般不宜用作大量获取知识的主要手段。

2. 有意义学习

（1）有意义学习的实质。

奥苏伯尔认为，有意义学习是将符号所代表的新知识与学生原有认知结构中已有的适当观念之间建立起非人为的和实质性的联系。所谓实质性的联系，作为非人为的联系，是指有内在联系而不是任意的联想或联系，把新知识与原有认知结构中有关的观念融合为合理的或有逻辑的联系。

（2）有意义学习的条件。

有意义学习的产生既受学习材料本身性质（客观条件）的影响，也受学生自身因素（主观条件）的影响。

从客观条件来看，有意义学习的材料本身必须具有逻辑意义，在学生的心理上是可以理解的，是在学生的学习能力范围之内的。一般来说，学生所学的教科书或教材是对人类认识世界的概括，都具有逻辑意义。

从主观条件来看，实现有意义学习的条件有：

第一，学生的认知结构中必须具有能够同化新知识的适当的认知结构。

第二，学生必须具有积极主动地将符号所代表的新知识与认知结构中的适当知识加以联系的倾向性。如果学习材料本身具有逻辑意义，而学生的认知结构中又具备了适当的知识基础，那么，这种学习材料对学生来说就构成了潜在的意义，即学习材料有了和学生认知结构中的适当观念建立联系的可能性。

第三，学生必须积极主动地使这种具有潜在意义的新知识与认知结构中的有关的旧知识发生相互作用，使认知结构或旧知识得到改善，使新知识获得实际意义即心理意义。

上述三个条件缺一不可，否则就不能构成有意义学习。相反，如果学习材料本身缺乏逻辑意义，或者虽然学习材料本身具有逻辑意义，但是学生的认知结构中缺乏与新知识进行联系和沟通的原有经验，或者学生缺乏主动地将符号所代表的新知识与认知结构中原有的、适当的知识加以联系的倾向性，那么，也无法使它变为有意义学习，这必然导致机械学习。

3. 接受学习

（1）接受学习的实质。

接受学习是在教师的指导下，学生接受事物意义的学习。奥苏伯尔认为，接受学习适合于年龄较大、有较丰富的知识和经验的人。在接受学习中，学生所要学习的内容大多是现成的、已有定论的、科学的基础知识，包括一些抽象的概念、命题、规则等，这些内容用定义的方式，通过教科书或教师的讲述直接向学生呈现。学生接受这些已有的知识，并掌握它的意义。

真题及解析

学生接受知识的心理过程表现为：第一，在认知结构中找到能同化新知识的有关观念；第二，找到新知识与起固定点作用的观念的相同点；第三，找到新旧知识的不同点，使新概念与原有概念之间有清晰的区别，并在积极的思维活动中融会贯通，使知识不断系统化。

（2）先行组织者技术。

奥苏伯尔认为，影响接受学习的关键因素是认知结构中适当地起固定点作用的观念的可利用性。为此，他提出了“先行组织者”的教学策略。所谓“先行组织者”，是指先于学习任务本身呈现的一种引导性材料，它比学习任务本身具有更高的抽象、概括和综合水平，并且能清晰地与认知结构中原有的观念和新的学习任务关联起来。设计“先行组织者”的目的，是为了给新的学习任务提供观念上的固定点，从而增加新旧知识之间的可辨别性。

接受学习是学生掌握人类文化遗产和先进的科学技术知识的主要途径。在教师的讲授和指导下，学生可以在较短时间内掌握大量的间接知识，所获得的知识是系统的、完整的、精确的，便于储存和巩固。在实际的教学过程中，有意义接受学习理论的“先行组织者”技术很有价值，教师应灵活地运用这一技术，以促进知识的学习和保持。

4. 奥苏伯尔的有意义接受学习理论在教学中的应用

（1）课堂教学的原则。

① 逐渐分化原则。

逐渐分化原则是指学生根据具体细节对它们逐渐加以分化，这样可以为每个知识单元的教学都提供理想的固定点。

② 综合贯通原则。

综合贯通原则是指教师在教学中比较观念之间的相同点与不同点，在观念之间建立起联系。通过综合贯通使分化的观念相互联系起来，这个原则保证了总括学习和并列学习过程的进行。

(2) 促进有意义接受学习的教学策略。

促进有意义接受学习的教学策略是先行组织者策略，具体指学习新知识材料时呈现一种起组织作用的、概括抽象化程度较高的材料，把新的内容与学生已有的知识联系起来，帮助学生组织想要学习的材料。其中，先行组织者具有教学定向的作用，是为学生学习新知识提供的一个要领和概括的参考框架，并以一种有组织的形式把新的内容、观点、概念和事实纳入该结构框架之中。

(四) 加涅的信息加工学习理论

美国教育心理学家加涅被公认为是将行为主义学习观与认知主义学习观相结合的代表。加涅认为，学习是神经系统中发生的各种过程的复合，学习不是刺激-反应之间的一种简单联结。在加涅的信息加工学习理论中，学习的发生同样可以表现为刺激与反应，刺激是作用于学生感官的事件，而反应则是由感觉输入及其后继的各种转化而引发的行动，反应可以通过操作水平变化的方式加以描述。但刺激与反应之间存在“学生”“记忆”等学习的基本要素。

加涅认为，学习是一个有始有终的过程，这个过程可以分成若干个阶段，每个阶段需进行不同的信息加工。他把学习过程分为八个阶段：(1)动机阶段；(2)领会阶段；(3)获得阶段；(4)保持阶段；(5)回忆阶段；(6)概括阶段；(7)操作阶段；(8)反馈阶段。

加涅还认为，一个完整的学习活动是由上述八个阶段所组成的。与此相对应，教学过程既要符合学习的内部加工过程，又要影响这个过程。因此，教学阶段与学习阶段是完全对应的。教学就是由教师安排和控制这些外部条件构成的，而教学的艺术就在于教学阶段与学习阶段是否完全吻合。

三、人本主义学习理论

视频讲解

(一) 人本主义学习理论概述

人本主义心理学家认为，要理解人的行为，就必须理解他所知觉的世界，即必须从行为者的角度来看待事物。要改变一个人的行为，首先必须改变他的信念和知觉。人本主义者特别关注学生的个人知觉、情感、信念和意图，认为它们是导致人与人的差异的“内部行为”。他们强调要以学生为中心，重点研究如何为学生创造一个良好的环境，让学生从自己的角度感知世界，发展出对世界的理解，达到自我实现的最高境界。

(二) 人本主义学习理论的基本观点

人本主义心理学是20世纪五六十年代在美国兴起的一种心理学思潮，被称为心理学的“第三势力”，其主要代表人物是马斯洛和罗杰斯。人本主义学习理论强调人的潜能、个性与创造性的发展，强调将自我实现、自我选择和健康人格作为追求的目标。

1. 有意义的自由学习观

根据学习对学生的个人意义，人本主义学习理论将学习分为无意义学习和有意义学习两大类。人本主义倡导有意义的自由学习观。有意义学习关注的是学习内容和个人之间的关系。所谓有意义学习，不仅是一种增长知识的学习，而且是一种与每个人各部分经验都融合在一起的学习，是一种使个体的行为、态度、个性以及在未来选择行动方针时发生重大变化的学习。

2. 学生中心的教学观

美国人本主义心理学家罗杰斯认为，凡是可以教给别人的知识，相对来说都是无用的；能够影响个体行为的知识，只能是个体自己发现并加以同化的知识。因此，教师的任务不是教学生学习知识（这是行为主义者所强调的），也不是教学生如何学习（这是认知主义者所重视的），而是为学生提供各种学习的资源，提供一种促进学习的气氛，让学生自己决定如何学习。他还主张废除“教师”这一角色，代之以“学习的促进者”。

此外，该教学观认为，促进学生学习的关键不在于教师的教学技巧、专业知识、课程计划、视听辅导材料、演示和讲解、丰富的书籍等，而在于特定的心理气氛因素，这些因素存在于学习的促进者与学生的人际关系之中。

增进师生沟通的心理学原则有：(1)同理心。这是教师与学生沟通的前提，包括三个条件，即站在对方的立场去理解对方、了解导致这种情形的因素和让对方了解自己对其设身处地的理解。(2)真诚。教师自由地表达真正的自己，表现出开放与诚实，用真诚唤起学生的信任感。(3)教师要接纳与尊重学生，但不对学生进行无理性的溺爱和迁就。

促进学习的心理气氛因素有：(1)真实或真诚，即学习的促进者表现真我，没有任何矫饰、虚伪和防御；(2)关注和接纳，即学习的促进者尊重学生的情感和意见，关心学生的方方面面，接纳作为个体的学生的价值观念和情感表现；(3)移情性理解，即学习的促进者能了解学生的内在反应，了解学生的学习过程。

在这样一种心理气氛下进行的学习，是以学生为中心的，教师只是学习的促进者、协作者或者伙伴、朋友，学生才是学习的关键。

四、建构主义学习理论

建构主义是认知主义的进一步发展。在皮亚杰和布鲁纳的早期思想中已经有了建构的思想，但相对而言，他们的认知学习观主要在于解释如何使客观的知识结构通过个体与其所学知识交互作用而内化为认知结构。20 世纪 70 年代末，以布鲁纳为首的美国教育心理学家将苏联心理学家维果茨基的思想介绍到美国，这对建构主义思想的发展起了极大的推动作用。维果茨基在心理发展上强调社会文化历史的作用，特别是强调活动和社会交往在人的高级心理机能发展中的突出作用，这些都对当今的建构主义者产生了很大的影响。

当今，建构主义学习理论的基本观点如下：

（一）知识观

建构主义者一般强调，知识并不是对现实的准确表征，它只是一种解释、一种假设，并不是问题的最终答案。相反，它会随着人类的进步而不断地被“革命”掉，并随之出现新的假设。另外，建构主义者认为，知识不可能以实体的形式存在于具体个体之外，对知识的理解只能由个体基于自己的经验背景而建构起来，它取决于特定情境下的学习历程。

（二）学习观

建构主义者认为，学习是学生自己建构自己的知识的过程，学生不是被动的信息接收者，而是信息意义的主动建构者，这种建构不可能由其他人来代替。学习是个体建构自己的知识的过程，这意味着学习是主动的，学生不是被动的刺激接收者，他要对外部信息做主动的选择和加工。而且，知识或意义也不是简单地由外部信息决定的，外部信息本身没有意义，意义是学生通过新旧知识、经验之间反复的、相互作用的过程而建构成的。

（三）学生观

建构主义者强调，教学不能无视学生的已有经验，而是要把学生现有的知识经验作为新知识的生长点，引导学生从原有的知识经验中“生长”出新的知识经验。

（四）建构主义学习理论在教学中的应用

1. 探究学习

探究学习是指教师通过有意义的问题情境，让学生通过不断地发现问题和解决问题来学习与所探究的问题有关的知识，形成解决问题的技能以及自主的能力。

2. 支架式学习

支架式学习是指教师为学生的学习提供外部支持，帮助他们完成自己无法独立完成的任务，然后逐步撤去“支架”，让学生独立探索学习。

3. 情境教学

建立在有感染力的真实事件或真实基础上的教学称为情境教学。知识、学习是与情境化的活动联系在一起的。学生应该在真实的任务情境中尝试发现问题、分析问题和解决问题。

4. 合作学习

合作学习主要是指教师与学生之间以互动合作（师生之间、学生之间）为教学活动取向，以学习小组为基本组织形式来共同达成教学目标。

（五）建构主义学习理论对教育实践的启示

（1）建构主义的知识观告诉我们，知识并不是绝对的真理。

（2）建构主义的学习观告诉我们，学习具有建构性、社会互动性、情境性。

（3）建构主义的学生观告诉我们，学生不是空着脑袋走进教室的。

模块四　练习题

答案解析

一、单项选择题

1. 数学老师在教应用题时，一再强调学生要看清题目，必要时可以画一些示意图，这样做的目的是指导学生（　　）。

A. 牢记题目的内容　　B. 很好地完成对问题表征的认识

C. 有效地监控解题过程　　D. 熟练地使用计算技巧

2. 教师鼓励学生从多个角度思考问题，这是为了培养学生的（　　）。

A. 逻辑思维　　B. 抽象思维　　C. 发散思维　　D. 聚合思维

3. 在相同的情境或条件下，父母对孩子的教育有时候事倍功半，而换成其他人来教育时却产生了事半功倍的效果，这是（　　）的作用。

A. 定式　　B. 学习迁移　　C. 原型启发　　D. 功能固着

4. 小志很喜欢看武打片，经常将影片中的暴力镜头重现到自己的日常生活中，这可以用以下哪个理论进行解释？（　　）

A. 试误说　　B. 强化原理　　C. 观察学习　　D. 普雷马克原理

5. 小文在阅读学习的过程中，当遇到困难或不熟悉的材料时会放慢阅读速度或重复阅读，这主要属于元认知策略中的（　　）。

A. 计划策略　　B. 反馈策略　　C. 调节策略　　D. 资源管理策略

6. 物理教师认为数学成绩好的学生物理学的也一定好，并在日常教学中更加关注和赞许这类学生。该教师的看法属于（　　）。

A. 社会刻板印象　　B. 认知失调　　C. 扇贝效应　　D. 从众心理

7. 从蒲公英的轻轻飘飞受到启发发明出降落伞，这是（　　）。

A. 原型启发　　B. 酝酿效应　　C. 近因效应　　D. 宽大效应

8. 在生物课上，老师要求全班同学绘制人的心脏结构图，同学们要解决这个问题，需要用到的是（　　）。

A. 策略性知识　　B. 陈述性知识　　C. 条件性知识　　D. 程序性知识

9. 已掌握了“问题”的概念，新学习“结构良好问题”的概念，这种学习属于（　　）。

A. 上位学习　　B. 下位学习　　C. 组合学习　　D. 并列学习

10. 小铭发现，练好钢笔字有助于学习毛笔字，这属于迁移中的（　　）。

A. 顺向、负迁移　　B. 逆向、负迁移

C. 逆向、正迁移　　D. 顺向、正迁移

11. 《学记》中对学习和记忆的论述中指出“学无当于五官，五官不得不治。”这体现了记忆需要（　　）。

A. 注重复习方法　　B. 经常复习

C. 多种编码方式　　D. 多种感官参与复习

12. 张啸这次考试的成绩非常差，老师找他谈话时，他分析原因是因为近期喜欢上班内的一名女同学，上课经常开小差，学习不够努力。这种归因属于（　　）。

A. 不稳定、不可控制的外归因　　B. 稳定、可控制的内归因

C. 稳定、可控制的外归因　　D. 不稳定、可控制的内归因

13. 在学习的过程中，学生针对所学内容画出网络关系图，这种学习策略属于（　　）。

A. 元认知策略　　B. 精细加工策略　　C. 复述策略　　D. 组织策略

14. “黑板擦就是用来擦黑板的”，我们常常有把某种功能赋予某种物体的倾向，这种倾向性称为（　　）。

A. 定式　　B. 知觉　　C. 功能固着　　D. 问题表征

15. 小东既怕考试不及格又怕吃苦。这种动机冲突属于（　　）。

A. 接近-接近型冲突　　B. 回避-回避型冲突

C. 接近-回避型冲突　　D. 多重接近-回避型冲突

16. 强调引导儿童从原有的知识经验中“生长”出新的知识经验，持这种基本观点的学习理论是（　　）。

A. 完形-顿悟说　　B. 尝试-错误说

C. 信息加工学习理论　　D. 建构主义学习理论

17. 遗忘的进程是不均衡的，呈现的趋势是（　　）。

A. 时快时慢　　B. 快者愈快　　C. 先快后慢　　D. 先慢后快

18. 宇航员的太空服是根据虾的身体构造设计出来的，这个过程属于（　　）。

A. 思维定式　　B. 学习迁移　　C. 原型启发　　D. 功能固着

19. 学生学习了杠杆的力臂原理，再学习定滑轮的知识，理解了定滑轮在实质上是一种等臂杠杆，这种学习属于（　　）。

A. 上位学习　　B. 下位学习　　C. 并列学习　　D. 结合学习

20. 充分利用学生头脑中生动鲜明的形象帮助记忆，这是使用了（　　）。

A. 复述策略　　B. 精细加工策略

C. 元认识策略　　D. 组织策略

21. 人们熟悉钳子是钳东西的，很难想到它还能当锤子使用。这种现象是(　　)。

A. 原型启发　　B. 知觉特点　　C. 功能固着　　D. 知识经验

22. 早晨的学习效果一般较好，这是因为这一阶段的学习不受（　　）的干扰。

A. 前摄抑制　　B. 倒摄抑制　　C. 单一抑制　　D. 双重抑制

23. “视而不见，听而不闻”的现象，表现了（　　）。

A. 注意的指向性　　B. 注意的集中性

C. 注意的稳定性　　D. 注意的分配性

24. 上课时，有个别同学两眼呆呆地望着老师一动不动而内心却在考虑其他的事

情，大部分学生的眼睛和耳朵听则始终随着老师从一个问题换到另一个问题。这两类学生分别反映了注意的（　　）。

A. 分散与转移　　B. 分散与分配

C. 转移与分配　　D. 转移与分散

25. 同一棵香樟树，植物学家把它看作一种双子叶植物，而木匠则称它为优秀的木材，这是（　　）的表现。

A. 知觉的整体性　　B. 知觉的理解性

C. 知觉的选择性　　D. 知觉的恒常性

26. 主张教学是促进学生认知结构的形成或改组，而不是刺激-反应联结的形成或改变的教学理论是（　　）。

A. 行为主义教学理论　　B. 认知主义教学理论

C. 情感主义教学理论　　D. 构建主义教学理论

二、简答题

1. 简述如何进行创造性的培养。
2. 简述如何利用记忆规律促进学生有效学习。
3. 简述影响学习迁移的主要因素。

三、辨析题（判断正误，并说明理由）

1. 学习竞赛可以激发学生的学习动机，所以经常开展学习竞赛是有百利而无一害的。
2. 思维定式和功能固着都对问题的解决起着消极作用。
3. 为了提高教学效果，教师必须在课堂上要求学生一直保持随意注意。
4. 人在明适应的过程中，感受性提高了。
5. 智力水平与创造力是正比关系。
6. 教师对学生采取“漏一罚十”“错一罚十”的做法有利于学生的识记效果。
7. 倒摄抑制是顺向、负迁移。

四、材料分析题

1. 材料：

李芳是一个酷爱流行音乐的高中生，期中考试前的两个星期才开始复习，且一边复习一边听音乐，美其名曰“自我放松”。她暗自发誓要考出好成绩，至于好到什么程度却没有想太多。李芳认为，复习文科科目只要死记硬背就可以了，数学、物理就很麻烦。她觉得自己缺乏学习数学的能力，不愿意在上面花费太多的时间，遇到自己不会解的题目，也不好意思去问老师和同学，害怕被人笑话。最后，李芳的考试成绩非常糟糕，尤其是数学。她觉得很失望，一说学习就头疼，觉得自己再也不可能学好数学了。

问题:(1)请用心理学的原理分析李芳在学习中出现这些问题的原因;(2)如果你是老师,可以给李芳提出哪些学习建议?

2. 材料:

甲同学在小学时学业成绩优良,对数学特别感兴趣,还在数学竞赛中得过奖。升入初中后,在第一次摸底测验中,他的成绩很不理想,在班级中排名三十几名,回到家又受到父母的责骂,使他很有挫败感。甲同学很想取得好成绩,但又认为自己做不到,甚至连他最感兴趣的数学考试也出现了不及格的现象。有一次,老师还用鲜红的水笔在他的试卷上批注"字迹潦草,思想混乱,简直不是人写的"。久而久之他便对学习丧失了信心,上课不认真,拖欠作业,对考试成绩也抱无所谓的态度。

问题:(1)分析甲同学对学习丧失信心的原因;(2)结合材料阐述教师应如何激发学生的学习动机?

模块五　中学生发展心理

考纲要求

1. 掌握中学生认知发展的理论、特点与规律。

2. 了解情绪的分类，理解情绪理论，能应用情绪理论分析中学生常见的情绪问题。

3. 掌握中学生的情绪特点，正确认识中学生的情绪，主要包括情绪表现的两极性、情绪的种类等。

4. 掌握中学生良好情绪的标准、培养方法，指导中学生进行有效的情绪调节。

5. 理解人格的特征，掌握人格的结构，并根据学生的个体差异塑造良好人格。

6. 了解弗洛伊德的人格发展理论及埃里克森的社会性发展阶段理论，理解影响人格发展的因素。

7. 了解中学生身心发展的特点，掌握性心理的特点，指导中学生正确处理与异性交往。

考试权重

模块	分值比例	分值	题型	重点提示
中学生发展心理	约10%	约15分	单项选择题 简答题 辨析题 材料分析题	本模块是比较重要的模块，其中中学生的认知发展、情绪与情感、人格发展是命题的核心和重点

第 26 章　中学生的认知发展

知识体系及思维脉络

- 中学生的认知发展
  - 中学生感觉和知觉的发展
    - 感觉的发展特点
    - 知觉的发展特点
  - 中学生观察力的发展
    - 观察的品质
    - 中学生观察力发展的特点
    - 中学生观察力的培养
  - 中学生注意的发展
    - 中学生注意发展的特点
    - 注意规律在教学中的应用
    - 培养中学生注意力的方法
  - 中学生记忆的发展
    - 高中阶段记忆趋于成熟
    - 中学生无意识记和有意识记的发展
    - 中学生机械识记和意义识记的发展
    - 中学生形象识记和抽象识记的发展
  - 中学生思维的发展
    - 中学生思维发展的特点
    - 中学生思维能力的培养
  - 中学生想象力的发展
    - 有意想象占主导地位
    - 想象趋于抽象化、现实化
    - 想象中的创造性成分增加
  - 中学生智力的发展
    - 智力水平得到飞跃性提高，智力发展进入关键期
    - 智力基本达到成熟
    - 各方面智力发展不等速，并存在个体差异
  - 维果茨基的心理发展观与教育
    - 文化历史发展理论
    - 心理发展观
    - 内化学说
    - 教育和发展的关系——最近发展区

核心考点及学习提示

◆核心考点

中学生的感知、注意、记忆、思维、想象力、智力的发展特点，维果茨基的心理发展观。

◆学习提示

考试重点：中学生认知发展的特点。

考试难点：根据中学生认知发展的特点进行适当的教育。

一、中学生感觉和知觉的发展

(一) 感觉的发展特点

与小学生相比，中学生的感受性和观察力逐渐提高和发展起来。他们视觉的感受性在不断提高，精确区分各种颜色和色度的能力在不断提高。有研究表明，与小学一年级的儿童相比，中学生区别各种色度的精确性要高60%以上。而15岁前后，中学生视觉和听觉的感受性甚至会超过成人。中学生辨别音高的能力也在不断提高，对音阶的辨别有很高的准确性。在运动感觉方面，中学生的关节肌肉得到高度发展，对体育活动、绘画、写字等技能的发展起到重要作用。教师在学生的教育中，要注意保护中学生的感官，尤其是视感官，要注意用眼卫生。

(二) 知觉的发展特点

第一，中学生知觉的有意性和目的性提高，能够自觉地根据教学要求去知觉有关的事物。

第二，中学生知觉的精确性和概括性发展起来。

第三，中学生开始出现逻辑性知觉。这种知觉是和逻辑思维密切联系的，即在知觉过程中，能够把一般原理、规则和个别事物或问题联系起来。

第四，在中学阶段，学生的空间知觉和时间知觉有了新的发展。在运动知觉方面，他们能够比较熟练地掌握三维空间关系；远距离空间知觉逐渐形成；学会在抽象的水平上理解各种图形的形状、大小及其空间位置的相互关系。在时间知觉方面，学生对于一些较短的或较长的时间知觉已有所发展。例如，对于较长的时间单位如“纪元”“世纪”等开始初步理解，但往往很不精确，容易把遥远的过去在观念上缩短一些。

中学生的知觉发展比以前有了较大的发展，但并非发展得尽善尽美。他们在观察时，有时观察的程序不恰当，有时观察的还不够精确，有时容易过早、过快地下结论，因而仍然需要教师给予适当的指导。

二、中学生观察力的发展

观察是人们认识世界、增长知识的主要手段，是人的一种有目的、有计划、持久的知觉活动，也是知觉的最高形式。观察是知识学习的条件，是科学研究的基础。观察力就是观察的能力，是指人有目的、主动地去考察事物并善于观察出客观事物不显著的特征的一种能力。

（一）观察的品质

观察的品质包括：(1) 观察的目的性；(2) 观察的精确性；(3) 观察的全面性；(4) 观察的深刻性；(5) 观察的敏锐性。

（二）中学生观察力发展的特点

视频讲解

中学生观察力发展的特点包括：(1) 具有明确的目的性；(2) 持久性明显发展；(3) 精确性提高；(4) 概括性增强。

（三）中学生观察力的培养

在学校教育教学中，培养中学生的观察力一般从以下三个方面入手：

1. 提出明确的观察目的与观察任务

教师向中学生提出明确的观察任务是发展中学生观察力的首要条件。观察与一般的知觉活动是有区别的，因为观察是一种有目的的知觉活动。只有具有明确的目的性，中学生才能提高观察的主动精神，增强知觉的选择性，从所要观察的事物和现象中，主动地选择自己所要认识的对象，并把注意力集中在它们的主要特征上，而不是去感知一些无关紧要的细枝末节。

2. 激发中学生的观察兴趣

只有对观察有兴趣，中学生才能主动而持久地观察周围的事物，产生了解事物的愿望。教师要多鼓励中学生观察身边的事物，并尝试讲给朋友、家人听，从而激发中学生观察的兴趣，促进他们观察能力的提高。

3. 指导中学生掌握观察的方法和技能

培养中学生的观察能力，教师要从细心地指导中学生观察的方法，培养中学生良好的观察品质入手。教师指导中学生有计划、有步骤地进行观察，在观察的同时进行记录，之后对观察结果进行分析和总结。观察的操作性极强，中学生需要掌握的观察技能有：(1) 有顺序地进行；(2) 多感官的活动；(3) 有积极的思维。

三、中学生注意的发展

（一）中学生注意发展的特点

1. 中学生的注意由无意注意逐渐向有意注意发展

最初，无意注意的产生主要依靠外部刺激物的作用，由于中学生自身兴趣、爱好的逐渐稳定，无意注意的产生主要受兴趣、爱好的影响。有研究表明，由于强烈的直接兴趣的影响，约有90%的中学生明显地表现出偏科现象，这是无意注意发展和深化的表现。随着年龄的增长和大脑的成熟，经过小学时期的培养和锻炼，中学生的学习目的日益增强，学习的自觉性也日益增长，他们能够更加独立、专心地完成学习任务，能够有意识地调节和控制自己的注意，使自己的注意指向和集中在必须注意的事物上。

2. 注意的品质进一步发展

随着意志力的发展，中学生控制自己注意的能力显著增强，注意的稳定性得以迅速提高。另外，知识经验的增长导致中学生的注意广度也日益扩大，基本接近了成人的水平。注意的分配和转移能力也随着个体大脑神经系统的内抑制能力、第二信号系统的发展而迅速发展。

3. 注意特征存在个体差异

虽然中学生的有意注意有了明显发展，但无意注意的作用在学习活动中仍占有一定的地位。这就决定了中学生注意的发展明显地存在三种不同的类型：(1)以无意注意占优势的情绪型；(2)以有意注意占优势的意志型；(3)以有意后注意占优势的自觉意志型，即智力型。

(二) 注意规律在教学中的应用

1. 充分运用中学生的无意注意

在教育教学过程中，教师应利用刺激物的特点来吸引中学生的无意注意，例如，教学方法要具体生动，教学形式要多样化，教学内容要难易适当等。另外，教师还要消除容易分散中学生注意力的因素，教室的布置应该简单，课堂要保持安静，并建立良好的课堂秩序。在运用直观教具时，教师应淡化背景，主要突出要讲授的内容，出示的时间也要恰当。

2. 积极调动中学生的有意注意

中学生在学习中必然会遇到困难和干扰，这就需要培养中学生的有意注意。教师每讲授一门新课程时，首先应当向中学生说明该课程的目的、任务和方法，强调其重要性和必要性。只有当中学生明确地认识到学习的目的和意义时，才能对学习活动保持更长久有效的有意注意。

3. 引导中学生在两种注意之间进行转换

在课堂上，教师应该选择在中学生注意力最集中的时候讲解教学内容的重点和难点；之后，中学生的有意注意可能开始分散。这时，教师就要让中学生适当地放松一下，改变教学方式或讲解一些相对次要的内容，让中学生的无意注意来支持中学生的学习活动。此外，教师还应该有意识地培养中学生的有意后注意，只有这样中学生才能提高学习效率。

(三) 培养中学生注意力的方法

真题及解析

(1) 培养中学生善于与注意分散做斗争的能力。

(2) 培养中学生稳定而广泛的兴趣。

(3) 培养中学生养成良好的学习习惯。

(4) 培养中学生保持良好的心理状态。

(5) 使中学生能分析自己在注意方面的优点和缺点，并发扬优点、克服缺点。

四、中学生记忆的发展

中学生记忆发展的特点主要体现在以下四个方面：

（一）高中阶段记忆趋于成熟

随着年龄的增长，中学生的记忆力是不断提高的，到高中一年级、二年级则趋于成熟。高中一年级、二年级的学生能记住的学习材料的数量比小学一年级、二年级的学生多 4 倍，比初中一年级、二年级的学生多 1 倍。从 16—18 岁，学生的记忆能力基本没有什么变化，也就是说，高中生处于记忆发展的黄金期。

（二）中学生无意识记和有意识记的发展

在儿童早期，个体的无意识记占主导地位。到小学中年级后，有意识记有了明显的发展，但常常是被动的，其识记任务往往是由家长或教师提出的。中学时期是由儿童向成人的过渡时期，也是教育最重要的时期。随着年龄的增长，在教学的影响下，中学生逐步学会使自己的记忆服从于识记的任务和材料的性质，因而有意识记日益占据主导地位。初中一年级学生的无意识记常常还表现得很明显，但从初中二年级、三年级开始，他们能自觉地检查自己的记忆效果，选择适合的记忆方法。在中学阶段，不仅有意识记在发展，而且无意识记也在发展。所以，教师不仅要发展中学生的有意识记，而且要有计划地培养中学生的无意识记的能力。

（三）中学生机械识记和意义识记的发展

小学生是以机械识记为主的，进入中学后逐渐以意义识记作为主要的记忆手段。初中的学习对中学生的意义识记的能力提出了更高的要求，要求中学生对识记材料进行逻辑加工。随着中学生知识经验的日益丰富，思维的进一步发展，他们在学习过程中不断地掌握学习方法和学习技巧，促使意义识记继续发展。但是，机械识记和意义识记不是对立的，两者相互补充、相互依存。意义识记要靠机械识记的补充，以达到对材料识记的准确和熟练的程度；机械识记也需要意义识记的帮助和指导，为了有效识记那些缺乏内在联系的材料，中学生可以人为地将其意义化，以便增强记忆效果。

一般认为，11—14 岁是中学生的记忆力从机械识记向意义识记转化的时期。一项对中小学生记忆组织的发展研究进一步表明：高中生无论对无关联的记忆材料的主观组织，还是对本身有明显的类的包含关系的记忆材料的客观组织上，都明显优于初中生。这说明高中生的意义识记明显优于初中生。但从意义识记和机械识记的发展水平上来看，高中生的机械识记能力是落后于初中生的。教师和家长可以充分利用初中阶段良好的机械记忆的效果，让中学生多记忆一些知识。

（四）中学生形象识记和抽象识记的发展

在中学阶段，抽象材料的识记数量大大增加，中学生必须掌握大量的科学概念，必须进行逻辑判断、推理、证明，因而中学生的抽象识记能力日益发展起来。中学生的抽象识记是在具体形象识记的基础上形成的，同时，它又反过来改造着形象识记。此时，中学生开始运用抽象的原理、公式来理解具体事物，这代表他们的认识能力向理性水平迈进了新的一步。

国内一项关于这两种记忆发展情况的研究结果表明：中学生的形象识记发展到初中三年级后才有所下降，但它的作用仍处于重要的地位，因为抽象识记仍需要形象识记的支持。

五、中学生思维的发展

（一）中学生思维发展的特点

1. 抽象逻辑思维占据优势地位

在整个中学阶段，中学生的思维能力迅速发展，他们的抽象逻辑思维日益占据优势地位。此时，中学生不仅掌握了更多抽象的概念和原理，渐渐理解了事物的复杂性和内在的规律性，而且能够自觉地做出恰当的判断，并进行合理的逻辑推理。

2. 辩证逻辑思维的发展迅速，但明显滞后于形式逻辑思维的发展

抽象逻辑思维中的辩证逻辑思维在整个中学阶段得到了迅速发展。小学阶段是辩证逻辑思维的萌芽期。到了中学阶段，由于学习活动、社会生活、人际交往等都发生了本质的变化，促使中学生的辩证逻辑思维得到快速发展，但从发展的绝对水平来看，在整个中学阶段辩证逻辑思维仍明显滞后于形式逻辑思维。

3. 思维的独立性和批判性有了显著的发展

在中学阶段，由于独立思考的要求，中学生思维的独立性和批判性有了显著的发展。中学生开始理解自然现象和社会现象中的一些复杂的因果关系；同时，由于自我意识的自觉性有了进一步的发展，他们常常不满足于教师、家长或书中对于问题的解释，而更喜欢独立地寻求答案，也喜欢与他人进行争论。这样，他们思维的独立性就达到了一个新的水平。

但是，中学生对问题的看法通常还比较片面，也难以深刻地理解事物的本质。他们的思维还不够成熟，这是因为他们的知识、经验不足，辩证逻辑思维也尚未完善。因此，一方面教师和父母要鼓励中学生进行独立思考，另一方面还要对他们在独立思考中出现的缺点给予耐心的说服教育。

4. 对问题情境的思维有质的飞跃

在提问方面，与小学生相比，中学生对问题情境的思维具有以下三个方面质的飞跃：

（1）提问趋于探究性。

小学生好提问，但其作用主要在于扩充知识，问题偏重于“是什么”；而中学生的问题则偏重于“为什么”，主要在于寻求事物的内在联系和本质特征，尤其到了高中阶段，他们提出的问题更具有探究性与思辨性。

（2）提问具有开拓性。

小学生提问的范围比较窄、直观性强，主要围绕自身能够直接接触到的事物。中学生由于生活领域的扩大、学习内容的增多以及自我意识的发展，使得其提问的范围大大扩展，涉及诸多的社会现象直至科学规律和人生意义。尤其到高中阶段，中学生更能以自己丰富的想象和抽象的思维，摆脱时空的束缚，在更广阔的背景上思考社会

与人类、历史与现实、未来与理想、信仰与人生等具有哲理性的问题，使得问题的范围得到开拓。

（3）提问具有批判性。

中学生的提问不再像小学生一样，因为很快得到成人的答案而感到满足。他们对成人现成的答案多持怀疑、批判的态度，从而使其提出的问题富有逆反性和挑战性。这也使得中学生更容易从习以为常的现象中发现问题和提出问题。

在求解方面，中学生对问题情境的思维能够运用假设，能够撇开具体事物，使用以概念支撑的假设进行思维；而不是像小学生一样要么直接向成人索取答案，要么经验性地进行归纳。这使问题的解决过程合乎科学性。同时，中学生对问题进行求解具有预见性，他们会拟订计划、思考步骤，有条理地解决问题。

5. 思维品质具有矛盾性

在中学阶段，中学生的思维品质虽有了较大的发展，但与心理发展的矛盾性特点相对应，中学生在思维品质的发展中也表现出明显的矛盾性，这种矛盾性在初中阶段尤为突出，具体来说有以下两个方面：

（1）思维的深刻性与表面性共存。

随着思维的抽象概括能力的提高，中学生思维的深刻性也有了明显的发展，但思维的表面性还明显存在。在中学阶段，中学生在分析问题时还常被事物的个别特征或外部特征所困扰，而难以深入把握事物的本质。例如，中学生在对自然规律和社会现象进行评价时，容易受到其表面特征的影响。

（2）思维的批判性与片面性共存。

随着自我意识和独立性的发展，中学生在初中二年级以后，其思维的批判性得到了显著的提高。他们已经不满足于教师或教科书中关于事物和现象的解释，不再像小学生那样相信家长、教师的话和权威意见，喜欢独立地寻求和争论各种事物现象的原因和规律，常常会独立、批判地对待一切。但是，中学生（特别是初中生）的思维批判性还不成熟，具有一定的片面性。

（二）中学生思维能力的培养

1. 遵循思维规律，提高思维能力

教师要培养中学生的思维能力，就必须自觉遵循初中和高中阶段中学生各自不同的思维规律，抓住思维发展的关键时期，因势利导，促进思维能力的发展。

初中生的思维还属于经验型，应重点掌握知识的系统性，以便为逐步形成复杂的概念系统打好坚实的基础。而训练初中生的抽象思维，教师要多用猜谜语、智力测验、趣味比赛等形式来进行。对于高中生，教师应重点培养其理论型抽象思维，力求对各种材料做出理论的、规律性的说明。教师训练高中生的抽象思维，可以多用解数学题、推导公式、演绎论证等方法。

2. 加强对思维品质的训练

对中学生思维能力的培养，还要从思维品质的训练入手，这些品质包括以下三个方面：

（1）思维的敏捷性。

思维的敏捷性，即思维的速度快、效率高。为此，教师应对中学生在作业、考试中提出速度要求，特别是在平时中学生就要练习掌握提高速度的要领。

(2) 思维的灵活性。

思维的灵活性，即思路广、灵巧度高。为此，教师要提高中学生灵活运用各种法则、公理、规律的自觉性，要指导中学生养成善于“迁移”的好习惯，能够“举一反三”。

(3) 思维的抽象性。

思维的抽象性，即逻辑性强、善于归纳概括、能深挖事物的本质。为此，教师应该加强中学生的语言交流训练，有计划地发展他们的言语能力。

六、中学生想象力的发展

(一) 有意想象占主导地位

小学生的想象力有意性差，常常缺乏目的性和计划性。随着个体的心理成熟和教学要求的不断提高，中学生（特别是高中生）的想象大多是有意识、有目的的。中学生的有意想象迅速发展，表现为中学生能自主地确立想象的目的和任务，并能围绕目的和任务去展开想象。

(二) 想象趋于抽象化、现实化

初中低年级的学生最富有想象力，但其想象往往与现实有一定的距离。随着年龄的增长，中学生的想象力逐步由具体、虚构向抽象、现实的方向发展。中学生想象力的现实性增强，想象很丰富，并且随着抽象逻辑思维的深刻性、批判性和辩证性的发展，他们的想象逐步摆脱具体性、虚构性，日益变得抽象、概括和现实。但是，中学生不切实际的想象还时有发生，个别中学生胡思乱想、意志薄弱，在错误思想的干扰下甚至走上歧途。

(三) 想象中的创造性成分增加

在小学阶段，学生想象的模仿性、再现性特点比较突出。而中学生随着知识的增长，想象逐渐富有独立性和创造性，从而为创造性思维提供了基础。这也表现在中学生想象的创造性水平逐步提高，创造性想象日益占优势。随着实验操作技能和实践能力的提高，特别是通过课外活动的锻炼，中学生成功地进行发明创造的人数明显增多，以及不少人在文艺创造方面显露出了才华，有些中学生开始树立远大的理想。

七、中学生智力的发展

中学生智力发展的特点表现在以下三个方面：

(一) 智力水平得到飞跃性提高，智力发展进入关键期

随着年龄的增长，体内机能的增强，社会实践的增加，记忆力和想象力同步发展，使得中学生的整个智力水平都得到了飞跃式的提高。有研究表明，初中二年级到高中二年级是中学生智力发展的关键期。

（二）智力基本达到成熟

一般认为，人到 18 岁左右，智力已达到成熟时期的水平。此后，随着知识、经验的增长，其总的智力能量不会有显著增长。

（三）各方面智力发展不等速，并存在个体差异

总体而言，在个体的智力因素中：言语发展较晚，到 20 岁以后达到高峰；逻辑思维能力是智力的核心，于 18 岁之后达到高峰；知觉发展较早，于 12 岁左右达到高峰。而不同的个体，其智力发展的速度和达到高峰的时间也存在巨大差异，有早慧型，也有晚熟型。

八、维果茨基的心理发展观与教育

苏联心理学家维果茨基强调人类社会文化对人的心理发展的重要作用，认为人的高级心理机能是在人的活动中形成和发展起来并借助语言实现的。维果茨基的心理发展观的基本内容包括以下四个方面：

（一）文化历史发展理论

维果茨基从种系和个体发展的角度分析了心理发展的实质，提出了文化历史发展理论。

维果茨基区分了两种心理机能：一种是作为动物进化结果的低级心理机能；另一种则是作为历史发展结果的高级心理机能，即以符号系统为中介的心理机能。高级心理机能的实质是以心理工具为中介，受到社会历史发展规律的制约。维果茨基提到的工具有两个层次，物质生产的工具和精神生产的工具——语言符号系统。

维果茨基认为，人的思维与智力是在活动中发展起来的，是各种活动、社会性相互作用不断内化的结果。

（二）心理发展观

心理发展是个体的心理自出生到成年，在环境与教育的影响下，在低级心理机能的基础上，逐渐向高级心理机能转化的过程，有以下四个方面的表现：

（1）随意机能的不断发展。

（2）抽象-概括机能的提高。

（3）各种心理机能之间的关系不断变化、重组，形成间接的、以符号为中介的心理结构。

（4）心理活动的个性化。个性的形成是心理机能发展的重要标志，个性特点对其他机能的发展具有重要作用。

对于儿童心理发展的原因，维果茨基强调了以下三点：

（1）心理机能的发展起源于社会文化历史的发展，受社会规律的制约；

（2）从个体的发展来看，儿童在与成人交往的过程中通过掌握高级心理机能的工具——语言符号系统，从而在低级心理机能的基础上形成了各种新质的心理机能；

（3）高级心理机能是外部活动不断内化的结果。

（三）内化学说

维果茨基的内化学说的基础是他的工具理论。具体来说，在儿童认知发展的内化过程中，语言符号系统的作用是至关重要的。

（四）教育和发展的关系——最近发展区

维果茨基认为，儿童有两种发展水平：一是儿童的现有水平，即由一定的已经完成的发展系统所形成的儿童心理机能的发展水平；二是即将达到的发展水平。这两种水平之间的差异就是最近发展区。也就是说，儿童在有指导的情况下，借助成人的帮助所能达到的解决问题的水平与独自解决问题所达到的水平之间的差异，实际上是两个邻近发展阶段间的过渡。

教学应着眼于学生的最近发展区，把潜在的发展水平变成现实的发展水平，并创造新的最近发展区。维果茨基特别提出“教学应当走在发展的前面”。教学的作用表现在两个方面：一方面决定儿童发展的内容、水平和速度；另一方面也是创造着最近发展区。

真题及解析

第 27 章　中学生的情绪与情感

知识体系及思维脉络

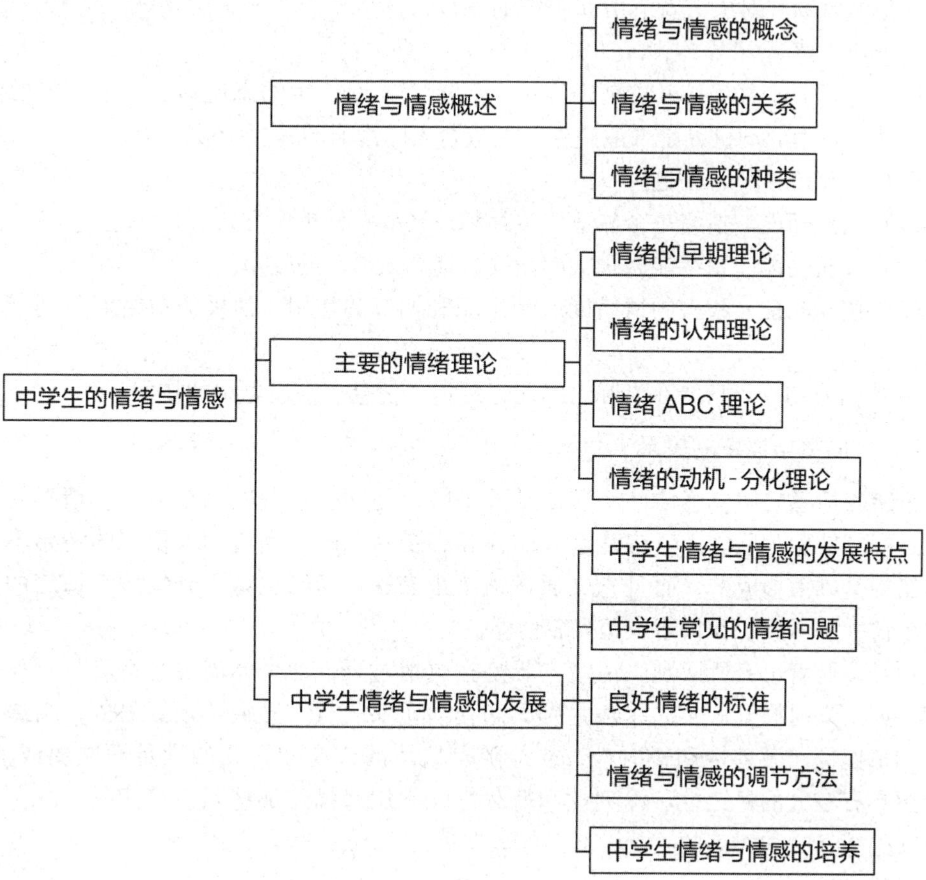

核心考点及学习提示

◆核心考点

情绪与情感的种类，中学生情绪与情感的发展特点，主要的情绪理论。

◆学习提示

考试重点：情绪的功能和种类，中学生情绪与情感的发展特点。

考试难点：主要的情绪理论的理解和掌握。

一、情绪与情感概述

（一）情绪与情感的概念

情绪是指以个体的愿望和需要为中介的一种心理活动。情绪是客观事物是否满足主体需要而产生的心理体验和相应的行为反应，包含情绪体验、情绪行为、情绪唤醒和对情绪刺激的认知等复杂成分。那些满足人们需要的事物和对象，能引起各种肯定的态度，产生满意、愉快、高兴、喜悦、爱慕等情绪体验；相反，那些妨碍人们需要得到满足的事物和对象，就会引起否定的态度，产生不满、痛苦、忧愁、厌恶、恐惧、憎恨等不快之感。

情感是指个体对客观事物是否满足自己的需要而产生的态度体验。情感能够激发心理活动和行为的动机，是人适应生存、进行人际沟通的重要手段。

情绪一般具备以下功能：

（1）适应功能。情绪是个体适应生存和发展的一种重要方式。

（2）动机功能。情绪能激励人的活动，提高人活动的效率。

（3）组织功能。积极的情绪能起到组织和调节的作用，消极的情绪能起到干扰和影响的作用。

（4）信号功能。情绪在人际之间能起到传递信息、沟通思想的作用。

（二）情绪与情感的关系

情绪与情感同属于感情性心理活动的范畴，是同一过程的两个方面。情感是对感情性过程的体验和感受，情绪是这一体验和感受状态的活动过程。稳定的情感不仅是在情绪的基础上形成的，而且它又通过情绪来表达。情绪也离不开情感，情绪的变化反映了情感的深度，在情绪中蕴含着情感。

但是，两者也有所区别。情绪主要是指感情过程，即个体需要与情境相互作用的过程，如高兴时眉开眼笑、手舞足蹈，悲伤时垂头丧气、愁眉不展。另外，情绪具有较大的情境性、激动性和暂时性，往往随着情境的改变和需要的满足而减弱或消失。而情感具有较大的稳定性、深刻性和持久性，常用来描述那些具有稳定的、深刻的社会意义的感情，如对美的欣赏、对丑的厌恶等。

（三）情绪与情感的种类

1. 情绪的种类

在心理学上，根据情绪的发生强度、持续性和紧张度的不同，情绪可以分为心境、激情和应激三种。

（1）心境。

心境又叫心情，是指个体的一种比较平静而持久的情绪状态。心境具有弥漫性和长期性。心境不是指关于某一事物的特定的体验，而是以同样的态度体验对待一切事物。当人的心情愉悦时，会喜笑颜开，看什么都是美好的；当人的心情不佳时，会神情沮丧，看什么都觉得心烦。心境产生的原因是多种多样的，生活中的顺境和逆境、工作中的成功与失败、人们之间的关系是否融洽、个人的健康状况、自然环境的变化

真题及解析

等，都可能成为引起某种心境的原因。

真题及解析

（2）激情。

激情是指个体的一种强烈的、爆发性的、为时短促的情绪状态。人们在生活中的狂喜、狂怒、深重的悲痛和异常的恐惧等都是激情的表现。和心境相比，激情在强度上更大，但维持时间一般较短。这种情绪状态通常是由对个体具有重大意义的事件引起的。重大成功之后的狂喜、惨遭失败之后的绝望、亲人突然死亡引起的极度悲伤等都是激情状态。在激情状态下，个体的认识活动范围缩小，理智分析能力受到抑制，自我控制能力减弱，大量的心理能量在短时间内积聚迸发，进而使个体失去控制，甚至做出一些鲁莽的行为或动作。

激情对个体的影响有积极和消极两个方面。一方面，激情可以激发个体内在的心理能量，成为行为的巨大动力，提高工作效率并有所创造。但另一方面，激情也有很大的破坏性和危害性。例如,《儒林外史》中的范进听到自己金榜题名，狂喜之下竟然意识混乱、手舞足蹈、疯疯癫癫；有些人在暴怒之下，双目圆睁、咬牙切齿，甚至拳脚相加。但这些激情在宣泄之后，人又会很快平息下来，甚至出现精力衰竭的状态。

（3）应激。

应激是指当个体出现意外情况时所引起的急速而高度紧张的情绪状态。例如，人们在日常生活中突然遇到火灾、地震，飞行员在执行任务时突然遇到恶劣天气，旅客在旅途中突然遭到歹徒的抢劫等。无论是天灾还是人祸，这些突发事件常使人们的心理上产生高度警醒和紧张，并产生相应的反应，这些都是应激的表现。当出现应激状态时，有的人急中生智、当机立断，集中全部精力去应付突变，从而化险为夷；而有的人则惊慌失措、目瞪口呆、手足无措；有的人多余动作增多，出现一些盲目重复的无效活动。这与人面临的情境及人对情境的认知评价和应对能力有关。

2. 情感的种类

情感是同人的社会性需要相联系的主观体验，从情感的社会内容角度可以将情感分为道德感、理智感和美感。

（1）道德感。

道德感是指根据一定的道德标准在评价个体的思想、意图和行为时所产生的主观体验，是个体根据社会道德准则评价自己或别人的行为时所产生的情感，是一种高级形式的社会情感。道德属于社会历史范畴，不同时代、不同民族、不同阶级有着不同的道德评价标准。在我们社会主义国家，爱国主义、集体主义、见义勇为和互帮互助等就是人们普遍意义上产生的情感体验。当人的行动符合自己的理想和价值追求时，就会感到自尊、自重，有一种自豪感；而当人的所作所为同自己坚持的理想和价值标准相违背时，就会感到痛苦、懊悔，甚至丧失自尊心。显然，这种情感体验具有明显的自觉性，能对人的行为产生调控和监督作用。

（2）理智感。

真题及解析

理智感是指个体在智力活动的过程中认识和评价事物所产生的情绪体验。例如，人们在探索未知的事件时所表现出的求知的欲望、认识的兴趣和好奇心，在解决问题的过程中表现出的迟疑、惊讶、焦躁以及问题解决后的喜悦、快乐，在评价事物时坚持自己见解的热情，为真理献身时感到幸福与自豪，由于违背和歪曲了事实真相而感到羞愧等，这些都属于理智感。理智感是人们从事学习活动和探索活动的动力。当一个人认识到知识的价值和意义，感受到获得知识的乐趣和追求真理过程中的幸福感时，他就会不计名利得失，以一种忘我的奉献精神投入到学习和工作中。

（3）美感。

美感是指个体根据一定的审美标准评价事物时所产生的情感体验。人的审美标准既反映了事物的客观属性，又受个人的思想观点和价值观念的影响。因此，在不同的文化背景下，不同民族、不同阶级的人对事物美的评价既有共同的方面，又有不同的地方。在客观世界中，凡是符合我们的审美标准的事物都能引起美的体验。一方面，美感可以由客观事物引起；另一方面，人的容貌举止和道德修养也常能引起美感，甚至一个人身上善良、纯朴的性格，率直、坚强的品性，比身材和外貌更能体现人性之美。人在感受美的时候通常会产生一种愉快的体验，而且表现出对美的客体的强烈的倾向性。所以，美感体验有时也能成为人的行为的推动力，让人沉醉其中、乐此不疲。

二、主要的情绪理论

（一）情绪的早期理论

1. 詹姆斯-兰格情绪学说

詹姆斯-兰格情绪学说是有关情绪的生理机制方面的第一个学说。美国心理学家詹姆斯和丹麦生理学家兰格都强调情绪的产生是植物性神经系统活动的产物，认为情绪是内脏器官和骨骼肌肉活动在人脑内引起的感觉。也就是说，情绪刺激引起身体的生理反应，而生理反应进一步导致情绪体验的产生。因此，后人也称之为情绪的“外周”理论。

詹姆斯-兰格情绪学说提出了情绪与机体变化的直接关系，强调了植物性神经系统在情绪产生中的作用。但是，他们片面强调植物性神经系统的作用，忽视了中枢神经系统的调节、控制作用，因而引起了很多的争议。

2. 坎农-巴德学说

美国生理学家坎农和巴德认为，情绪的中枢不在外周神经系统，而在中枢神经系统的丘脑。外界刺激引起感官的神经冲动，传至丘脑，再由丘脑同时向大脑和植物性神经系统发出神经冲动，从而在大脑产生情绪的主观体验。

3. 巴甫洛夫的动力定型理论

巴甫洛夫的动力定型理论的主要内容是：大脑皮质的高级神经活动可以建立维持和破坏各种条件的发生和动力定型，这在主观上就构成了我们各种积极和消极的情绪与情感，其中，第二信号系统调节和控制着人们的情绪与情感。例如，人们学习、教育训练和培养良好情绪反应的习惯，称为培养理性的、有教养的文明人的过程。该理论为行为主义的情绪理论奠定了理论基础。

（二）情绪的认知理论

1. 阿诺德的评定-兴奋情绪说

美国心理学家阿诺德在20世纪50年代提出了情绪的评定-兴奋情绪说，认为刺激

真题及解析

情境并不直接决定情绪的性质，从刺激出现到情绪的产生要经过对刺激的估量和评价。阿诺德的评定-兴奋情绪说有以下三个主要观点：

（1）刺激情境并不直接决定情绪的性质，从刺激出现到情绪的产生要经过对刺激的估量和评价。情绪产生的过程是刺激情境—评估—情绪。同一刺激情境，由于对它的评估不同，会产生不同的情绪反应。

（2）情绪的产生是大脑皮层和皮下组织协同活动的结果，大脑皮层的兴奋是情绪行为的最重要的条件。

（3）情绪产生的理论模式是，感受器接受情绪刺激产生神经冲动，通过内导神经经丘脑传到大脑皮层，刺激情境在此得到评估，形成一种特殊的态度。

2. 沙赫特加和辛格的两因素情绪理论

美国心理学家沙赫特和辛格认为，情绪的产生有两个不可缺少的因素：一是个体必须体验到高度的生理唤醒，如心率加快、手出汗、胃收缩、呼吸急促等；二是个体必须对生理状态的变化进行认知性的唤醒。情绪状态是认知过程、生理状态、环境因素在大脑皮层中整合的结果。环境中的刺激因素，通过感受器向大脑皮层输入生理状态变化的信息，认知过程是对过去经验的回忆和当前情景的评估，来自这几个方面的信息经过大脑皮层的整合作用才产生了某种情绪体验。将上述理论转化为一个工作系统，称为情绪唤醒理论。这个情绪唤醒理论的核心部分是认知。

3. 拉扎勒斯的认知-评价理论

美国心理学家拉扎勒斯认为情绪是人与环境相互作用的产物。在情绪活动中，人不仅反映环境中的刺激事件对自己的影响，同时要调节自己对于刺激的反应。也就是说，情绪是个体对环境知觉到有害或有益的反应。因此，人们需要不断地评价刺激事件与自身的关系，具体有三个层次的评价：初评价、次评价和再评价。

初评价是指人确认刺激事件与自己是否有利害关系，以及这种关系的程度。次评价是指人对自己反应行为的调节和控制，它主要涉及人们能否控制刺激事件，以及控制的程度，也就是一种控制的判断。再评价是指人对自己的情绪和行为反应的有效性和适宜性的评价，实际上是一种反馈行为。拉扎勒斯还强调这种评价通常是在无意识状态下发生的。

（三）情绪 ABC 理论

情绪 ABC 理论是由美国心理学家埃利斯创建的。他认为，激发事件（Activating Event，A）只是引发情绪和行为后果（Consequence，C）的间接原因，而引起行为后果（C）的直接原因则是个体对激发事件（A）的认知和评价而产生的信念（Belief，B）。即人的消极情绪和行为障碍结果（C），不是由于某一个激发事件（A）直接引发的，而是由经受这一事件的人对它不正确的认知和评价所产生的错误信念（B）所直接引起。

错误信念也称非理性信念，常见的一些非理性信念有：(1) 人应该得到生活中所有对自己重要的人的喜爱和赞许；(2)有价值的人应在各方面都要比别人强；(3)任何事物都应按照自己的意愿发展，否则会很糟糕；(4)一个人应该担心随时可能发生灾祸；(5)情绪由外界控制，自己无能为力；(6)已经定下的事是无法改变的；(7)一个人碰到的种种问题，应该都有一个正确、完满的答案，如果无法找到这个答案，便是不能容忍的事；(8)对不好的人应该给予严厉的惩罚和制裁；(9)逃避可能、挑战与责任要比正视它们容易得多；(10)要有一个比自己强的人做后盾才行。

（四）情绪的动机-分化理论

20世纪60年代，以美国心理学家汤姆金斯和伊扎德为代表，提出了情绪的动机-分化理论。

汤姆金斯和伊扎德都认为，情绪具有重要的动机性和适应性的功能。汤姆金斯甚至认为情绪就是动机，他否定了把动机归结为内驱力的看法。他着重指出：内驱力信号需要一种放大的媒介才能激发有机体去行动，起这种放大作用的正是情绪过程；而且情绪是比内驱力更加灵活和强有力的驱动因素。它本身可以离开内驱力信号而起到动机的作用。

伊扎德的动机理论的内涵更加丰富。他提出情绪是一种基本的动机系统。他从整个人格系统出发，建立了情绪-动机的体系。伊扎德提出人格有六个子系统，即内稳态、内驱力、情绪、知觉、认知、动作。这些子系统组合成四种类型的动机结构：内驱力、情绪、情绪-认知相互作用和情绪-认知结构。情绪是这个动机系统的核心。体验是起动机作用的心理机构，各种情绪体验是驱动有机体采取行动的动机力量。

伊扎德从进化的观点出发，提出大脑新皮质体积的增长和功能的分化同面部骨骼肌肉系统的分化以及情绪的分化是平行的、同步的。多种情绪的分化是进化过程的产物，因此，才具有灵活多样的适应功能，从而导致情绪在有机体的适应和生存上起着核心的作用。

情绪的动机-分化理论既说明了情绪产生的根源，又说明了情绪的功能，为情绪在心理现象中确立了相对独立的地位，尤其是对人类婴儿情绪发生和功能的阐释具有创新性和极大的说服力。但是，动机-分化理论对情绪与认知的联系缺乏具体的论证和阐述，尚有不足之处。

三、中学生情绪与情感的发展

视频讲解

（一）中学生情绪与情感的发展特点

青春期是“疾风怒涛”时期，是人生的“第二次断乳期”。这个时期的青少年情绪体验跌宕起伏、剧烈波动，情感活动广泛且丰富多彩，表现出很明显的心理年龄特征，具体表现为以下七个方面：

真题及解析

1. 情绪与情感更加强烈，具有冲动性和爆发性

随着学习、生活范围的扩大以及自我意识的觉醒，中学生的情感更加丰富、高亢而热烈，他们富有朝气，容易动感情，也容易被激怒，甚至会由于一时的冲动而不顾一切。中学生的情绪是强烈的，有人形容此时期是“暴风骤雨”时期，他们的情绪经常具有不可遏制性。一旦激起某种性质的情感，中学生的情绪就如火山般猛烈爆发出来，表现出强烈的激情特征，情绪与情感会冲破理智的意识控制，淋漓尽致地显露出他们对外界事物的爱、恨、不满或恐惧、绝望等情绪。

2. 情绪与情感不够稳定，具有两极性

由于中学生自我意识的发展，他们对自己的优点和缺点都十分敏感。有时，他们会过高地估计自己，有一种优越感；有时又常常为自己的缺点和不足感到担心，所以在情绪与情感方面常常表现得不稳定，具有两极性的特点，容易从一个极端走向另一个极端。心理学家曾把处于这个时期青少年的情绪与情感形象地比喻为“一个钟摆”，在寻求平衡点的过程中摇晃于两极之间，这主要与这个时期中学生的认知发展特点有关。

3. 情绪理解力增强，学会运用情绪表达规则

中学生能更好地认识到情绪的产生有复杂的心理原因。他们对别人特别是同伴的情绪特别敏感，对情绪的理解也较为准确，对直接引起情绪的事情反应强烈。随着年龄的增长，中学生渐渐学会如何表达自己的情绪并控制自己的情绪。

4. 能采用有效的情绪与情感调节手段

青少年的情绪调节经历了一个由外部调节转到内部自我调节的过程。当遇到情绪困扰时，中学生能够应用有效的手段来调节自己的情绪。中学生情感的自我调节和表现形式也进一步发展，尤其是高中学生，其情感表露越来越带有文饰、内隐和曲折的性质。

5. 外露性和内隐性并存

随着年龄的增大、认知范围的扩大、个人知识经验的积累、自我意识的逐渐成熟，中学生情绪与情感的自我认识、自我观察体验、自我监控的能力逐渐增强，他们逐渐学会控制自己的情感表现和行为反应。

外露性是指中学生表现出强烈的情绪与情感反应，对外界事物的喜怒哀乐等都淋漓尽致地反映出来。内隐性表现为中学生逐渐学会掩饰、压抑自己的情绪与情感，使这种情绪与情感的表露有时往往带有很大的掩饰性，并逐渐学会用理智控制自己的情绪与情感反应。

6. 心境化和持久性并存

一方面，中学生会因为成功或收获而使快乐的情绪体验延长成为积极良好的心境；另一方面，中学生因挫折或失败会使不愉快的情绪延长为消极不良的心境。中学生的许多不良情绪（如焦虑、抑郁、自卑、烦躁、失望等）往往具有情绪心境化色彩。

7. 出现反抗情绪与逆反心理

逆反心理是指人们彼此之间为了维护自尊，而对对方的要求采取相反的态度和行为的一种心理状态。中学生的逆反心理往往发生在父母或教师等成人遇事“爱唠叨”、说话过头，限制了他们的求知欲、好奇心、交友结伴的时候。

（二）中学生常见的情绪问题

1. 抑郁

所谓抑郁，就是人们常说的忧郁，是一种以情感低落为主要表现的心理状态。正常人也有抑郁的时候，应该说，抑郁是一种正常的情绪反应。

真题及解析

一般来说，处于抑郁状态的人若能对自身的遭遇做出恰当的分析与认识，对自身行为的控制与调节符合社会常规，并有一定的自信与自尊，虽有忧郁的体验但无异常行为，即属于正常情绪反应。相反，如果抑郁状态使人对自身的心境不能做出如实的

判断，并产生偏离社会常规的行为。例如，由于过度压力感而情绪低落或绝望，失去兴趣和责任感而不能正常工作，甚至产生回避社会和企图自杀等极端的意念和行为，这些均属于情绪异常反应。

作为心理问题的抑郁，核心表现是人在一段时间内郁郁寡欢。其具体表现形式虽因人而异，但在通常情况下，人总是显得内心愁苦、缺乏愉快感，思维迟钝、注意力不集中，记忆力减退，动作缓慢、疲乏无力，常感到不顺心，对什么事情都没有兴趣、缺乏信心，有时还伴有失眠或昏睡、体重下降、饮食过多或过少等生理变化。

中学生的抑郁多半是由于学习或生活中各种各样的烦恼造成的。

2. 焦虑

所谓焦虑，是指当一个人预测将会有某种不良后果产生或模糊的威胁出现时的一种不愉快情绪体验。它主要表现为紧张不安、忧虑、烦恼、害怕。焦虑是应激状态下的人的一种最常见的情绪反应。任何对人的身心构成威胁的情境都可以引起焦虑。例如，疾病的威胁，对个人自尊心的挫伤，超过个人能力限度的学习与工作上的压力，人际交往中的矛盾冲突，生活中的挫折等，都可能引起人的焦虑。人若长期处于焦虑状态，就会形成心理问题，对身心健康都是极为不利的。中学生最明显、最常见的焦虑是考试前的过度焦虑，担心考不好所引起的紧张情绪常会引起考前焦虑。如果不能摆脱这种焦虑，中学生不仅会出现注意力分散、思维迟缓、回忆困难等心理反应，而且会出现心跳过速、呼吸急促、手心出汗、恶心呕吐等生理反应，严重的还会导致某种“非特异性过敏性”疾病。

3. 强迫

这里所说的强迫，并非指强迫症，而主要是指一个人出自内心，虽无意义却反复出现，但有时也能克制和摆脱的某些观念和行为，它属于一种意志上的心理问题。有这种心理问题的中学生经常会莫名其妙地出现某些不必要的观念和行为，所以常常被紧张不安和内心冲突所困扰。造成自我强迫多是由于中学生的性格过于内向和拘谨、自我封闭，使心中的想法不能宣泄于外，或是过分注意细节、责任感过强、追求十全十美所致。

4. 恐惧

作为一种心理问题，恐惧是指个体对某种特定对象或境遇产生了强烈、非理性的害怕。实际上这类引起害怕的对象或境遇，一般对个体并不导致危险或威胁。这种情况多发生于儿童和青少年时期，例如怕黑、怕孤独、怕一些小动物等。随着年龄的增长，恐惧感会逐渐减弱或消失。但是，因个人的认知能力和神经系统的耐受性以及个人在生活经验、意志品质等方面的偏差和缺陷，加上某种令人恐惧的刺激情况的强烈程度和长期作用，也会使一些年龄稍大的中学生仍然存在不合情理的恐惧心理。当个体处于这种恐惧状态时，不仅会出现明显的紧张、焦虑，甚至愤怒等情绪反应，而且有时还常伴有心悸、出汗、头痛、头晕等强烈的生理反应。

5. 易怒

所谓易怒，是指个体容易冲动、急躁、爱发脾气。从心理学上讲，这是因为个体兴奋过强或紧张过度而出现了心理异常，表现为情绪反应过敏，情绪的自我控制能力减退，激惹性增高，即使是轻微的刺激也容易引起个体强烈而短暂的情绪反应。

中学生正处在热情高涨、激情澎湃的青少年时代，有时候激情似乎难以控制，容易愤怒。有的中学生因一句刺耳的话、一件不顺心的事或同学之间发生一点矛盾和冲突，便怒气冲冲或握拳相向，行为不能自控。有的中学生打人致伤，有的中学生甚至做出违法犯罪的事情。

（三）良好情绪的标准

1. 能够适当地表达情绪

良好的情绪首先表现在个体能够适当地表达出自己的感受。这里所谓的表达感受，不仅包括个体要会表达出自己的积极情绪，而且也包括要会表达出自己的消极情绪，因为压抑、消极的情绪对身心健康是有害的。有些中学生常常为集体的荣誉而欢乐，为学习成绩的降低而惭愧，出现这种情绪反应是正常的，缺乏这种情绪反应则是不正常的。

2. 情绪相对稳定

个体的情绪是否良好的一个重要标志就是其情绪是否比较平静和镇定。如果一个人的情绪反应总是很强烈，一会儿狂喜、一会儿悲伤，都是情绪不稳定的表现。

3. 能够控制自己的情绪

良好的情绪还表现在个体对情绪的控制力上。情绪良好的人在自己的情绪发生不良变化时，或当自己的情绪处于低沉、恐惧、不安的状态时，能够采用一定的方法进行调试，较快地把自己从不良的情绪状态调整到比较正常的情绪状态下，而不让不良的情绪状态持续很长时间。

4. 要符合中学生的年龄特点

中学生表现出来的情绪特点与其所处的年龄阶段应有的情绪特点相符。如中学生的情感表现就不太外露，有事有时会藏在心里。

（四）情绪与情感的调节方法

情绪与情感的调节是个体管理和改变自己或他人的情绪与情感的过程。在这个过程中，个体通过一定的策略和机制，使情绪与情感在生理活动、主观体验、表情行为等方面发生一定的变化。

1. 转换认知角度

决定情绪与情感的是认知。可怕的不是糟糕的事情，而是个体对糟糕的事情所产生的观念。过分地夸大事情的结果、以偏概全是负面情绪产生的根源所在。个体换一个角度再重新看待发生的事情，纠正原有的认知，负面情绪就会消除。

2. 自我暗示

自我暗示是指个体运用内部语言的形式来调节情绪的一种有效方法。即个体以隐含的方式来调节和控制情绪。自我暗示可以使个体放松紧张情绪，更能鼓励自己。自我暗示适合那些自卑心理较强的中学生，教师可以引导他们挖掘自己的长处和优点，在很多情况下会赶走忧郁和胆怯，恢复快乐和自信。

3. 调节期望值

教师要指导中学生对人、对事不要过分苛求，期望值不要定得太高。需要是情绪与情感产生的基础，需要越强烈，情绪反应也就越强烈。在现实环境中，如果中学生对他人、对自己、对事情所抱的期望值过高，势必在需求难以满足时会产生不好的情绪反应。因此，中学生要学会知足，对于不可能达到的目标、不现实的目标最好不去设想。

4. 适当宣泄，有效地表达情绪

中学生要学会正确表达、合理宣泄自己的情绪。当人的情绪处于压抑状态时，进行适当、合理的宣泄，情绪才能达到平衡的状态。比如，遇到悲伤、难过、挫折时，中学生可以找朋友倾诉或独自痛哭一场，或在日记中详细地写下自己的感受，这些都是很有效的方法。

有效地表达情绪包括：(1)选择恰当的方式；(2)进行完整的情绪表达。

5. 转移注意力

转移是指个体从主观上努力把注意力从消极或不良情绪状态转移到其他事物上去的自我调节方法。当坏情绪来临时，中学生可以通过转移注意力来平静情绪。户外运动、听音乐等都是分散注意力的方法，特别是中学生好动，注意力容易转移，快乐的情绪一旦占据上风，不良情绪就会烟消云散。

6. 升华

升华是指个体将不为社会认可的情绪反应方式或欲望、需求导向正确的方向，将情绪与情感激起的能量引导到对人、对自己、对社会都有利的方面。

7. 敏锐地觉察情绪

敏锐地觉察情绪就是个体能够自我觉察、了解自己当时的主要情绪，并能予以控制，且大概知道各种情绪产生的前因后果。只有个体首先觉知自己的情绪及其产生的真正原因，才能适时地对自己的情绪做出适当的反应，进而给情绪一个转化的出口。

8. 平和地接纳情绪状态

生命中的一切情绪都有自己该有的意义，个体应以平和的心态接纳发生在生命中的一切。负面情绪也有其存在的价值，如恐惧提醒个体危险的存在、愤怒是一种强大的力量。中学生要坦然地接受自己的情绪，不苛求自己，不过于追求完美，以平常心来面对自己情绪上的波动。

真题及解析

9. 保持和创造快乐的情绪

中学生可以通过陶冶性情的艺术类爱好、体育锻炼，创造愉快的生活环境等来保持和创造积极、快乐的情绪。

(五) 中学生情绪与情感的培养

中学生的情绪与情感别具特色，而且往往是他们行动的动力，所以教师应当摸清他们情绪与情感的规律，并有意识地培养、调节和发挥其积极作用，使他们更加朝气蓬勃、奋发有为，从而形成完美的人格。

1. 帮助中学生学会合情合理地提出自己的需要和愿望，增强中学生的自信心

教师和父母要帮助中学生提高需要的社会性，使他们懂得自己的需要和愿望是要符合社会的政治经济、物质文化发展的要求以及文明和道德的准则，才是有权利、有希望得到满足的，反之就是不合理、不能允许或可耻的要求。

2. 充实中学生的精神生活

中学生正处在长知识、长身体、风华正茂的时代，教师和父母要引导他们把精力用在学习上，积累丰富的精神财富，鼓励他们从事科技活动和有益的文体活动等，为

健康情趣的产生创造丰富的内容，避免不健康或消极的情绪与情感乘虚而入。

3. 培养中学生爱祖国、爱人民、爱生活的思想情感

培养中学生爱祖国、爱人民、爱生活的思想情感，应该从正反两个方面入手，既要使他们在认识上明确建立高尚的爱的必要性，又要培养他们对卑鄙、可耻行为的厌恶感和羞耻感，因为这种道德情感是不道德行为的抗毒剂，同时又是义务感和责任感的支柱，它会使中学生积极要求美好的、高尚的东西。

4. 帮助中学生掌握情绪与情感调节的方法

情绪与情感是受思想意识调节的，当人遇到挫折的时候最容易产生消极的情绪，做出不该做的事情。为了避免这种状况，教师和父母应引导中学生加强自我修养，增强挫折耐受力。另外，还要帮助中学生学会分析激情时轻举妄动产生的不良后果，善于处理突然袭来的各种刺激，学会在愤怒、苦闷的情况下进行自我调节。

第28章 中学生的人格发展

知识体系及思维脉络

- 中学生的人格发展
  - 人格的概念
  - 人格的特征
    - 独特性
    - 稳定性
    - 统合性
    - 功能性
    - 社会性
  - 人格的结构
    - 气质
    - 性格
    - 自我调控
  - 人格的基本理论
    - 弗洛伊德的人格发展理论
    - 埃里克森的人格发展阶段理论
    - 人格特质理论
    - 人格类型理论
  - 影响人格形成与发展的因素
    - 生物遗传因素
    - 社会文化因素
    - 家庭环境因素
    - 学校教育因素
    - 早期童年经验
    - 个人主观因素
  - 个别差异与因材施教
    - 中学生的认知差异
    - 中学生的个性差异
  - 中学生良好人格的塑造
    - 激发中学生自我教育的意识
    - 进行人格素质的整合教育
    - 实施以提高文化素质为基本内容的综合素质教育
    - 强化情感陶冶与行为训练
    - 优化育人环境，协调家庭、学校、社会教育，形成人格培养的正合力
    - 大力开展心理健康教育和咨询
    - 建立健全良好人格培养的激励机制和约束机制

核心考点及学习提示

◆核心考点

人格的概念及特征；气质和性格的概念及两者的关系；人格的基本理论的代表人物及其基本观点；人格形成与发展的因素，不同的人格的基本理论的教育策略。

◆学习提示

考试重点：根据不同的人格结构进行分析。

考试难点：不同的人格的基本理论的基本观点。

一、人格的概念

在心理学中，人格也被称为个性，是指构成一个人的思想、情感及行为的特有统合模式。这个独特的模式包含了一个人区别于他人的稳定而统一的心理品质。人格是个体在适应环境的过程中所表现出来的系统的、独特的反应方式。

二、人格的特征

（一）独特性

人格是千差万别、千姿百态的，人与人之间没有完全一样的人格特点，这是因为不同的遗传环境、家庭环境及教育环境，形成了每个人各自独特的心理特点。所谓“人心不同，各如其面”，表现的就是人格的独特性。

（二）稳定性

人格是一种稳定的特点，在个体的行为中偶然出现、一时的心理特征不能称为人格。当然，人格的稳定性并不意味着它在人的一生中是一成不变的，随着生理的成熟和环境的改变，人格也能产生变化。人格的稳定性表现在两个方面：一是人格的跨时间的持续性。在人生的不同时期，人格的持续性首先表现为自我的持久性。二是人格的跨情境的一致性。

（三）统合性

人格受意识的支配，是由多种成分构成的统一整体，具有内在一致性，常常标志着一个人的心理是否健康。当人格结构在各方面彼此和谐一致时，个体的人格就是健康的。否则，个体可能会难以适应生活和社会。一个现实的人具有多种心理成分和特质，如才智、情绪、愿望、价值观和习惯等，但它们并不是孤立存在的，而是密切联系并整合成为一个有机组织。

（四）功能性

人格可以决定一个人的生活方式及身心状态，甚至可以决定一个人的命运，因而是人生成败的根源之一。在面对挫折与失败时，坚强者能发奋拼搏，懦弱者会一蹶不振，这就是人格功能性的表现。

（五）社会性

真题及解析

人格的社会性是指人格是个体在社会化过程中形成的，是社会的人特有的。可以说，每个人的人格都打上了其所处的社会的烙印，不同社会的政治、经济、文化对个体有不同的影响，使其人格带有明显的社会性。

三、人格的结构

人格是一个复杂的结构系统，包括许多成分，其中主要包括气质、性格和自我调控等方面。

（一）气质

1. 气质的概念

气质是指在人的认识、情感、言语、行动中，心理活动发生时力量的强弱、变化的快慢和均衡程度等稳定的动力特征。

气质是人的个性心理特征之一，无好坏之分。气质主要表现在情绪体验的快慢、强弱、表现的隐显以及动作的灵敏或迟钝等方面，因而它为人的全部心理活动表现染上了一层浓厚的色彩。

气质是表现在心理活动的强度、速度、灵活性与指向性等方面的一种稳定的心理特征，即我们平时所说的脾气、秉性。人的气质差异是先天形成的，受神经系统活动过程的特性所制约。个体刚出生时，最先表现出来的差异就是气质差异。

2. 气质的特征

气质具有稳定性，它是由人的生理素质或身体特点反映出的人格特征，是人格形成的原材料之一。个体一出生，就具有由生理机制决定的某种气质。如有的婴儿安静，有的婴儿好动，这必然会影响父母与婴儿之间的互动关系，从而影响人格的形成。当然，气质也具有一定的可塑性，在成熟和环境的影响下，气质在个体生长发育的过程中也会发生改变。

（二）性格

真题及解析

1. 性格的概念

性格是指个体在生活过程中形成的对现实的稳定的态度以及与之相适应的习惯化了的行为方式。性格的概念强调个人的典型行为表现和由外部条件决定的行为。

性格是在后天社会环境中逐渐形成的，是个体的最核心的人格差异，在个性的心理特征中具有核心意义。性格主要体现在个体对自己、对别人、对事物的态度和所采取的言行上，表现了个体的品德，受个体的价值观、人生观、世界观的影响。性格有好坏之分，能最直接地反映出个体的道德风貌。

2. 性格的结构

性格是一种十分复杂的心理现象，包含各个侧面，具有各种不同的性格特征。性格的结构可以分为态度特征、认知特征、情绪特征和意志特征四个方面。

（1）性格的态度特征。

性格的态度特征是指个体在对现实生活各个方面的态度中表现出来的心理特征，如谦虚或自负、利他或利己、粗心或细心、创新或守成等。性格的态度特征在性格的结构中具有核心意义。人对现实态度体系的个性特点是性格的重要组成部分，属于这方面的性格特征主要是指个体在对社会、对集体、对他人、对自己以及对学习、对工作、对劳动的态度中所表现出来的性格特征。

（2）性格的认知特征。

性格的认知特征是指个体在感知、记忆、想象、思维等认知活动中表现出来的心理特征，如主动感知或被动感知，是习惯于看到细节还是看到轮廓等。在感知方面，有的人能按照一定的目的、任务主动地观察，有的人则明显地受环境刺激的影响而被动地观察；有的人倾向于观察对象的细节，属于分析型，有的人则倾向于观察对象的整体和轮廓，属于综合型；有的人倾向于快速感知，有的人则倾向于精确感知。在记忆方面，有主动与被动之分；有善于形象记忆与善于抽象记忆之分等。在思维方面，也有主动与被动之分；有独立思考与依赖他人之分；有深刻与浮浅之分等。

（3）性格的情绪特征。

性格的情绪特征是指个体稳定而独特的情绪活动方式，如情绪活动的强度、稳定性、持久性和主导心境等方面的特征。在情绪的强度方面，有的人情绪强烈，不易于控制；有的人则情绪微弱，易于控制。在情绪的稳定性方面，有的人情绪波动性大，情绪变化大；有的人则情绪稳定，心平气和。在情绪的持久性方面，有的人情绪持续时间长，对工作、学习的影响大；有的人则情绪持续时间短，对工作、学习的影响小。在主导心境方面，有的人经常情绪饱满，处于愉快的情绪状态；有的人则经常郁郁寡欢，处于消极的情绪状态。

（4）性格的意志特征。

性格的意志特征是指个体在调节自己的心理活动时表现出的心理特征，如顽强拼搏、当机立断。自觉性、坚定性、果断性、自制力等是主要的意志特征。自觉性是指个体在行动之前有明确的目的，事先确定了行动的步骤、方法，并且在行动的过程中能克服困难，始终如一地执行。与之相反的是盲从或独断专行。坚定性是指个体能采取一定的方法克服困难，以实现自己的目标。与坚定性相反的是执拗性和动摇性。果断性是指个体善于在复杂的情境中辨别是非，迅速做出正确的决定。与果断性相反的是优柔寡断或武断、冒失。自制力是指个体善于控制自己的行为和情绪，与自制力相反的是任性。

（三）自我调控

自我调控系统是人格中的内控系统或自控系统，具有自我认知、自我体验和自我控制三个子系统，其作用是对人格的各种成分进行调控，保证人格的完整、统一、和谐。

1. 自我认知

自我认知是指个体对自己的洞察和理解，包括自我观察和自我评价。自我观察是指个体对自己的感知、思想和意向等方面的觉察，自我评价是指个体对自己的想法、期望、行为及人格特征的判断与评估。自我认知是自我调节的重要条件。恰当地认识自我，实事求是地评价自己，是自我调节和人格完善的重要前提。

2. 自我体验

自我体验是指个体伴随自我认知而产生的内心体验，是自我意识在情感上的表现。当一个人对自己作积极的评价时，就会产生自尊感；作消极的评价时，就会产生自卑感。自我体验可以使自我认知转化为信念，进而指导一个人的言行。自我体验还能伴随着自我评价，激励适当的行为、抑制不适当的行为。如一个人在认识到自己不适当的行为后果时，会产生内疚、羞愧的情绪，进而制止这种行为的再次发生。

3. 自我控制

自我控制是指个体的自我认识在行为上的表现，是实现自我认识调节的最后环节。如一个学生意识到学习对自己发展的重要意义，就会激发起努力学习的动机，在行为上表现出刻苦学习、不怕困难的精神。自我控制包括自我监控、自我激励、自我教育等成分。

四、人格的基本理论

（一）弗洛伊德的人格发展理论

弗洛伊德是奥地利精神病医生和心理学家，是精神分析学派的创始人。他对心理学最重大的贡献是对人类无意识过程的揭示，提出了人格结构理论、人类的性本能理论以及心理防御机制。

弗洛伊德认为人格是由本我、自我和超我构成的动力系统。

本我是人格结构中最原始的部分，自人出生便已存在，是一切心理能量之源。构成本我的成分是人类的基本需求，如饥、渴、性等，是一种强烈的原始冲动。本我的需求产生时，个体的要求立即满足，而不会顾及现实的限制，故而支配本我的是快乐原则，以寻求原始动机的满足为原则，追求最大限度的快感。

自我位于人格结构的中间层，是个体出生后从本我中分化发展而产生的，是自己可意识到的，执行思考、感觉、判断和记忆的部分，自我的机能是寻求本我冲动得以满足，而同时保护整个机体不受伤害。由本我而来的各种需求一般不能在现实中立即获得满足，它就必须顺应现实，并学习到如何在现实中获得满足，因此支配自我的是现实原则，协调本我的非理性需要与现实之间的关系。此外，自我介于本我与超我之间，对本我与超我具有缓冲与调节的功能。

超我是人格结构中的最高部分，是由于个体在生活中接受社会文化道德规范的教养而逐渐形成的。其机能主要在监督、批判及管束自己的行为。超我有两个重要部分：一是自我理想，即要求自己的行为符合自己理想的标准；二是良心，是规定自己的行为免于犯错的限制。因此，超我是人格结构中的道德部分，支配超我的是完美原则。

弗洛伊德的人格发展理论有两个重要特点：一是强调生物本能，即性本能在人格形成和发展中的重要作用；二是强调婴幼儿的经历和经验对人格的形成和发展的重要作用。他把人格发展分为五个时期：口唇期（0—18 个月）；肛门期（18 个月—3 岁）；性器期（3—6 岁）；潜伏期（6—12 岁）；生殖期（12 岁—成年）。

真题及解析

（二）埃里克森的人格发展阶段理论

埃里克森是美国著名心理学家、新精神分析派的代表人物。埃里克森虽然接受了弗洛伊德的人格发展理论，但他并不主张把一切活动和人格发展的动力都归结为“性”方面。他强调个体与社会文化、外界环境相互作用的影响。他认为，儿童的人格发展是一个逐渐形成的过程，人的一生可以分为八个既相互联系又相互区别的发展阶段，每个阶段都有一个由生物学的成熟与社会文化环境、社会期望之间的冲突和矛盾所决定的发展危机，这些危机是每个发展阶段随着个体生理的成熟和社会任务的改变而相继出现的，是每个发展阶段的标志。埃里克森的人格发展阶段理论的主要内容参见表 5–1。

表 5－1　埃里克森的人格发展阶段理论的主要内容

人格发展阶段	年龄段	发展任务	概述
信任感对不信任感	0—1.5 岁（婴儿期）	培养信任感，满足生理上的需要，体验希望的实现	如果父母或照料者给予婴儿适当、稳定的与不间断的关切、照顾、哺育与抚摸，婴儿就会对父母产生一种信任感，认为这个世界是安全而且可信任的地方。这种基本信任感是形成健康个性品质的基础，是以后各个时期发展的基础，尤其是青少年时期发展起来的同一性的基础
自主感对羞耻感、怀疑感	2—3 岁（儿童早期）	培养自主感，体验意志的实现	儿童初步尝试独立处理事情，如果父母允许儿童去做他们力所能及的事，鼓励儿童独立探索的愿望，儿童就会逐渐认识到自己的能力，养成自动、自主的个性。反之，如果父母过分溺爱和保护或过分批评指责，就可能使儿童怀疑自己对自我和环境的控制能力，从而产生一种羞耻感。这个阶段发展任务的解决，对个体今后对社会组织和社会理想的态度将产生重要影响
主动感对内疚感	4—5 岁（学前期）	培养主动感，体验目的的实现	由于身体活动能力和语言的发展，儿童有可能把他的活动范围扩展到家庭之外。儿童喜欢尝试探索新环境，承担并学习掌握新的任务。此时，如果父母或教师对儿童遇到的问题耐心听取、细心回答，对儿童的建议给予适当的鼓励或妥善的处理，不仅能发展儿童的主动性，而且还能培养其明辨是非的道德感。反之，如果父母对儿童的问题感到不耐烦或嘲笑儿童的活动，儿童就会对自己的活动产生内疚感
勤奋感对自卑感	6—11 岁（学龄期）	培养勤奋感，体验能力的实现	这个时期绝大多数儿童已进入学校，开始体会到能力和成功之间的关系，第一次接受社会赋予他们并期望他们完成的社会任务。他们追求工作完成时所获得的成就感及其所带来的师长的认可与赞许。如果儿童在学习、游戏等活动中不断地取得成就并受到成人的奖励，儿童将以成功、嘉奖为荣，培养乐观、进取和勤奋的人格。反之，如果由于教学不当，或努力不够而多次遭受挫折，或其成就受到漠视，儿童就容易形成自卑感

(续表)

人格发展阶段	年龄段	发展任务	概述
自我同一性对角色混乱	12—18 岁(青年期)	培养自我同一性,体验忠诚的实现	自我同一性是指个体组织自己的动机能力、信仰及活动经验形成的有关自我的一致性形象。同一性并不是在青春期才出现的,儿童在学前期已形成了各种同一性,但是进入青春期后,早期形成的同一性已不能应付眼前必须做出的种种选择和决断了。中学阶段,中学生的主要发展任务是获得自我同一性而避免角色混乱,尝试着把自己的各个方面,包括自我的能力、信念和性格等统合起来,形成自我的整体评价,认识到自己与他人的区别。自我同一性的形成与职业的选择、性别角色和人生观的形成有密切的关系。如果个体在这个时期把这些方面很好地整合起来,其所想、所做与他的角色概念相符合,个体便获得了较好的自我同一性;如果不能整合,将会导致角色混乱或同一性延迟,产生同一性危机
亲密感对孤独感	18—25 岁(成年早期)	获得亲密感,体验爱情,避免孤独感	在成年早期,只有具有牢固的自我同一性的青年人,才敢于冒与他人发生亲密关系的风险。因为与他人发生爱的关系,就是把自己的同一性与他人的同一性融为一体,这里会有自我牺牲或损失,但只有这样才能在恋爱中建立真正亲密无间的关系,从而获得亲密感,否则将产生孤独感
繁殖感对停滞感	25—50 岁(成年中期)	获得繁殖感,体验关怀实现	进入中年,人们开始关心下一代。他们生儿育女,关心后代的繁殖和养育。埃里克森认为生育感有生和育两层含义:一个人即使没生孩子,只要能关心孩子、教育指导孩子,也可以具有生育感。反之,没有生育感的人,其人格贫乏和停滞,是一个自我关注的人,他们只考虑自己的需要和利益,不关心他人的需要和利益
自我整合对绝望感	50 岁以上(成年晚期)	获得完善感且避免失望和厌倦感	由于衰老过程,老人的体力、心智和健康每况愈下,对此他们必须做出相应的调整和适应,所以被称为自我整合对绝望感的心理冲突。自我整合是一种接受自我、承认现实的感受,是一种超脱的智慧之感。如果一个人的自我整合大于绝望,他将获得智慧的品质,否则就会产生绝望感。埃里克森把它定义为"以超然的态度对待生活和死亡"。老年人对死亡的态度会直接影响下一代儿童早期信任感的形成。因此,第八个阶段和第一个阶段首尾相连,构成两个循环或生命的周期

（三）人格特质理论

20 世纪 40 年代，美国出现了人格特质理论，这个理论把人格看成是由各种特质构成的。所谓特质，是指人们那些影响行为的品质或特征，它们一般会影响一般化的、稳定而持久的行为倾向。

1. 奥尔波特的人格特质理论

美国人格心理学家奥尔波特是人格特质理论的创始人，他把人格特质分为两类：共同特质和个人特质。共同特质是指在某种社会文化下，大多数人或一个群体所共有的、相同的特质。由于处于同样的环境中，因此形成了相似的生活方式。这种共同特质存在于同一群体中的每个人身上。个别特质是指个体身上所具有的特质。个人特质又分为首要特质、中心特质和次要特质。

真题及解析

2. 卡特尔的人格特质理论

美国心理学家卡特尔是另一位重要的人格特质理论的代表人物。在奥尔波特的人格特质理论的基础上，卡特尔用因素分析法对人格特质进行了分析，提出了一个理论模型。该模型分为四层，即个别特质和共同特质，表面特质和根源特质，体质特质和环境特质，动力特质、能力特质和气质特质。

3. 艾森克的人格特质理论

英国心理学家艾森克从人格特质理论出发，以因素分析方法和传统的实验心理学方法相结合长期研究人格问题，并把研究兴趣从特质转向维度，从而确立了自己的人格特质理论。他将人格分为三个基本维度：内外倾、神经质和精神质。

4. “大五”人格理论

近年来，研究者们发现了五个相对稳定的人格因素，包括开放性（Open）、尽责性（Conscientiousness）、外倾性（Extraversion）、随和性（Agreeableness）和神经质（Neuroticism），被研究者称为“大五”人格理论，由于这五个特质开头的第一个字母又组成了“OCEAN”，即“海洋”一词，因此又被称为“人格的海洋”。

（四）人格类型理论

在人格特质理论产生的同时，在德国出现了关于人格的另一种理论，即人格类型理论，主要用来描述不同类型群体的心理差异，即人格类型的差异。

1. A-B 型人格类型理论

人们在研究人格和工作压力的关系时，常使用福利曼和罗斯曼提出的 A-B 型人格类型理论。

A 型人格的人性情比较急躁，缺乏耐心。他们的语速快、动作敏捷，生活常处于紧张状态，追求成功，上进心强，做事认真负责，时间紧迫感强，富有竞争意识；但办事匆忙，社会适应性差，属于不安定型人格。具有这种人格特征的人易患冠心病。

B 型人格的人性情不温不火、举止得当，容易满足，喜欢慢节奏的生活。具有这种人格特征的人更适合从事需要耐心和审慎思考的工作。对冠心病患者的调查表明，B 型人格的人数只占患者的 1/3。

2. 内-外向人格类型理论

瑞士著名人格心理学家荣格依据“心理倾向”将人格划分为内-外向两种。外向人格的人的特点是注重外界和社会，情感外露，行动快捷，对人热情，善于交往，做事当机立断，独立自主，但有时会轻率大意。内向人格的人的特点是善于反省和思考，做事谨慎，容易产生疑虑和困惑，与人交往较少，有时难以适应环境。总的来说，当一个人的兴趣和关注点指向外部客体时，就是外向人格；而当一个人的兴趣和关注点指向主体时，就是内向人格。荣格认为，任何人都具有外向和内向这两种特征，但其中一种可能占优势，因而可以确定一个人是内向人格还是外向人格。

3. 气质类型理论

气质是人的个性心理特征之一，根据气质可以把人分为不同的类型。古希腊著名医生希波克拉底提出了“体液说”，认为人体是由血液、黏液、黄胆和黑胆四种体液组成的，这四种体液的不同配合使人们的人格类型有所区别。古罗马医生盖伦根据“体液说”进一步确定了气质类型，提出人的四种气质类型是胆汁质、多血质、黏液质和抑郁质。

在此基础上，巴甫洛夫依据神经过程的基本特性，即兴奋过程和抑制过程的强度、平衡性和灵活性，划分了四种类型：不可遏制型、活泼型、安静型和弱型。不可遏制型的人神经活动的过程较强，但不平衡，常常是兴奋多于抑制。活泼型的人神经活动也比较强，兴奋和抑制过程大体相同，较平衡，灵活性好，能够在兴奋和抑制之间迅速转化。安静型的人也有较强的神经活动，平衡性好，但是不够灵活。弱型的人的神经活动较低，平衡性差，灵活性也较低。

现代的气质学说根据巴甫洛夫的气质类型分类将气质分为四种典型的类型，各种类型的特征及表现参见表 5－2。

表 5－2　气质的类型

气质的类型	高级神经活动	高级神经活动的类型	主要特征及表现
胆汁质	质强、不平衡	不可遏制型（兴奋型）	这种人的情绪体验强烈，思维灵活，精力旺盛，勇敢果断，热情直率，朴实真诚，行动敏捷，生机勃勃。但这种人遇事常欠考虑，鲁莽冒失，易感情用事，刚愎自用；喜欢新环境带来刺激的学习
多血质	强、平衡、灵活	活泼型	这种人的情感丰富，思维敏捷，活泼好动，热情大方，善于交往，适应力强；他们的弱点是缺乏耐心和毅力，稳定性差，见异思迁
黏液质	强、平衡、不灵活	安静型	这种人的情绪平稳，安静稳重，沉默寡言，考虑问题细致而周到，自制力强（性格坚韧）、耐受力高。但这种人的行为主动性较差，缺乏生机，行动迟缓，有些呆板，缺乏生气
抑郁质	弱	弱型（抑郁型）	这种人的情绪体验深刻，情绪抑郁，多愁善感，思维敏锐，想象丰富，不善交际，自制力强。但他们的行为举止缓慢，软弱胆小，优柔寡断

五、影响人格形成与发展的因素

心理学家认为，人格是在遗传与环境的交互作用下逐渐形成并发展的。

（一）生物遗传因素

有研究发现，遗传是人格不可缺少的影响因素，遗传为人格发展提供了可能性。

但是，遗传因素对人格的作用程度因人格特征的不同而异，通常在智力、气质这些与生物因素相关较大的特征上较为重要；而在价值观、信念、性格等与社会因素关系紧密的特征上，后天环境因素更重要。

总之，在个体的发展过程中，人格是遗传与环境交互作用的结果，人同时具有生物属性和社会属性。

（二）社会文化因素

社会文化对人格具有重要作用，特别是后天形成的一些人格特征。社会文化塑造了社会成员的人格特征，使其成员的人格结构朝着相似的方向发展，而这种相似性在一定程度上能够维持社会的稳定。社会文化对人格的塑造，反映在具有不同文化的民族有其固有的民族性格，不同自然环境下的民族也反映出人文地理对人格的影响。

（三）家庭环境因素

家庭环境对人格具有极大的塑造力，尤其是父母的教养方式直接决定了孩子人格特征的形成，不同的教养方式对人格差异所造成的影响是不同的。

1. 权威型教养方式

权威型教养方式即父母在对子女的教育中表现为过分支配，一切由父母掌控。这种环境下成长的孩子容易消极、被动、依赖、服从、懦弱，做事缺乏主动性，甚至会形成不诚实的人格特征。

2. 放纵型教养方式

放纵型教养方式即父母对子女过分溺爱，让孩子随心所欲，教育达到失控状态。孩子多表现为任性、幼稚、自私、野蛮、无礼、独立性差、唯我独尊、蛮横胡闹等。

3. 民主型教养方式

民主型教养方式即父母与子女在家庭中处于一个平等、和谐的氛围中，父母尊重孩子，给孩子一定的自主权，并给孩子以积极、正确的指导，使孩子形成一些积极的人格品质，如活泼、快乐、直爽、自立、彬彬有礼、善于交往、容易合作、思想活跃等。

（四）学校教育因素

学校对人格的形成和定型具有深远的影响。学校不仅是传授科学文化知识的场所，而且是发展智力、进行政治和思想品德教育的地方，是促进儿童形成和发展人格特征最重要的部门。学生只有在学校里通过学习与接受潜移默化的影响形成优良的人格特征，才能顺利地走向社会，适应社会生活，并为社会的发展做出贡献。

(五) 早期童年经验

人格与早期童年经验的关系主要表现在以下三个方面：

首先，人格发展也受到童年经验的影响，幸福的童年有利于儿童向健康人格发展，不幸的童年也会引发儿童不良人格的形成。但两者不存在绝对的对应关系，有些来自顺境的儿童可能会形成不良的人格特点，而出自逆境的儿童却可能具有良好的性格。

其次，早期童年经验不能单独对人格起决定作用，它与其他的因素共同决定人格。

最后，早期儿童经验是否对人格造成永久性影响要因人而异。

(六) 个人主观因素

人格是在与环境相互作用的实践活动中形成和发展起来的，但任何环境因素都不能直接决定人格，它必须通过个体已有的心理发展水平和心理活动才能发生作用。社会上各种影响因素，首先要为个体接受和理解，才能转化为个体的需要、动机和兴趣，才能推动个体去思考与行动。

六、个别差异与因材施教

(一) 中学生的认知差异

认知过程是指个体获得信息、做出计划和解决问题的心理过程。这个过程存在着个体之间的认知方式和智力等方面的个别差异。

视频讲解

1. 认知方式差异

认知方式又称认知风格，是指个体所偏爱使用的信息加工方式。认知方式是个体在知觉、思维、记忆和解决问题等认知活动中加工和组织信息时所显示出来的独特而稳定的风格。学生之间认知方式的差异主要表现在场依存型与场独立型、沉思型与冲动型、辐合型与发散型等方面。

真题及解析

(1) 场依存型与场独立型。

场依存型的人对事物的认知加工倾向于以外部信息为参照依据，容易受到周围人们的影响与干扰；容易接收与人有关的社会信息，对社会科学比较有兴趣，在职业选择上比较喜欢从事与人的活动有关的工作；在心理需要上，在同学接纳与教师鼓励方面有较强的需求。而场独立型的人则恰恰相反，他们对客观事物做判断时，常利用自己的内部参照，不易受外部因素的影响，倾向于自己对事物做出判断；喜欢独立思考，适合学习自然科学，在职业选择上倾向于人际关系简单而且可独自作业的工作，如机械、实验等；在内在动机作用下学习会产生较好的效果。针对这两种不同的认知风格的特点，教师在教育过程中要因材施教、扬长避短。

(2) 沉思型与冲动型。

美国发展心理学家卡根等人曾经在对儿童的认知风格分类进行研究时发现，有些儿童的反应很快，但另一些儿童则并不急于反应，而是会用更多的时间进行思考。在有几种可能解答的问题情境中，有些儿童倾向于深思熟虑且错误较少，这种认知方式被称为沉思型认知方式；另一些儿童则倾向于很快地检验假设，且常常出错，这种认知方式被称为冲动型认知方式。沉思型与冲动型的标准是反应时间与精确性。反应速度的差异与智力并没有直接的关系，但是却与儿童在校的学习成绩有关。沉思型儿童在中等难度的知觉任务上的成绩比较好，与沉思型儿童相比，他们更容易分心、急于求成、成绩较差。所以，在进行教育时，教师要给冲动型的儿童呈现沉思型学习的榜样，并且给予积极的反馈。

（3）辐合型与发散型。

根据美国心理学家吉尔福特的研究，辐合型认知方式是指个体在解决问题的过程中常表现出辐合思维的特征，表现为收集或综合信息与知识，运用逻辑规律，缩小解答范围，直至找到最适当的唯一正确的解答。而发散型认知方式则是指个体在解决问题的过程中常表现出发散思维的特征，表现为个人的思维沿着许多不同的方向扩展，使观念发散到各个有关方面，最终产生多种可能的答案而不是唯一正确的答案，因而容易产生有创见的新颖观念。

2. 智力差异

由于智力是个体先天禀赋和后天环境相互作用的结果，因此个体智力的发展存在明显的差异，包括个体差异和群体差异。

（1）智力的个体差异。

智力的个体差异反映在个体间和个体内。个体间的差异是指个人与其同龄群体的常模比较表现出来的差异。大量的研究表明，人们的智力水平呈常态分布（又称钟形分布），绝大多数人的聪明程度属于中等，智商分数极高与极低的人很少。一般认为，智商超过140的人属于天才，他们在人口中的比例不到1%。

智力的个体内差异主要表现在智力的发展水平、表现早晚和结构上。有些人接受能力强，教一遍就学会；有些人则慢一些，需要教很多遍才能学会，这是智力在发展水平上的差异。有些人早聪早慧，有些人则大器晚成，这是智力在表现早晚上的差异。有些人容易感知周围的各种事物，有些人的记忆力好，有些人具有丰富的想象力等，这是智力在结构上的差异。

（2）智力的群体差异。

智力的群体差异是指不同群体之间的智力差异，包括智力的性别差异、年龄差异和种族差异等。目前，研究的基本结论如下：

第一，男女智力的总体水平大致相等，但男性智力分布的离散程度比女性大；

第二，男女的智力结构存在差异，各自具有优势领域。

3. 认知差异的教育含义

认知方式没有优劣好坏之分，只是表现为学生对信息加工方式的某种偏爱，主要影响中学生的学习方式。智力是影响学习的一个重要因素，在传统教学条件下，智力是学习成绩的一个可靠的预测指标。然而，智力并不决定学习能否发生，它主要影响学习的速度、数量、巩固程度和学习的迁移。所有这些认知差异表明，教师必须根据学生认知差异的特点与作用，不断改革教学，做到因材施教。

首先，教师应创设适应学生认知差异的教学组织形式。其次，教师应采用适应认知差异的教学方式，努力使教学方式个性化。最后，教师应运用适应认知差异的教学手段。

（二）中学生的个性差异

在个体的发展过程中，人格的形成和发展受到遗传、成熟等先天因素及环境、教育等后天因素的共同影响，具有独特性。

1. 气质差异

气质是指在人的认识、情感、言语、行动中，心理活动发生时力量的强弱、变化的快慢和均衡程度等稳定的动力特征。气质具有稳定性，它是由人的生理素质或身体特点反映出的人格特征。

教师应了解学生的气质特点，这对于做好教育工作、培养学生良好的个性具有重要意义。首先，教师应根据学生的气质特点组织教育活动。其次，对于不同气质类型的学生，教师应采取不同的教育方式和教育方法。最后，教师要教育学生正确地剖析自己气质的优点和缺点。

2. 性格差异

性格是指个体在生活过程中形成的对现实的稳定的态度以及与之相适应的习惯化了的行为方式。个体对现实的稳定的态度和习惯化了的行为方式即为性格。在外界环境特别是社会环境的影响下，个人生活实践时的认知、情绪和意志活动所形成的特有的行为模式，就是这个人的性格。性格具有直接的社会意义，不同性格特征的社会价值是不一样的。性格的个别差异表现在性格的特征差异和性格的类型差异两个方面。

（1）性格的特征差异。

关于性格的特征差异，心理学家一般从四个方面进行分析：一是对现实态度的性格特征，包括对社会、集体、他人的态度，对劳动、工作和学习的态度，对自己的态度。在这几个方面个体之间存在很大的差异。二是性格的理智特征，是指人在感知、记忆、思维、想象等认知过程中所表现出来的习惯化的行为方式的特征。三是性格的情绪特征，这是指个体在情绪活动时的强度、稳定性、持续性以及主导心境等方面表现出来的个别差异。四是性格的意志特征，主要表现在个体对自己行为的控制和调节方面，如自觉性、果断性、自制力以及坚韧性等方面表现出来的个别差异。

（2）性格的类型差异。

性格的类型是指在一类人身上所共有的性格特征的独特结合。许多心理学家都试图划分性格的类型，依据个人心理活动的倾向性，可以把人的性格分为外倾型与内倾型两类；依据一个人独立或顺从的程度，可以把人的性格分为独立型与顺从型两类。

（3）性格差异的教育含义。

性格虽然不会决定学习能否发生，但它却会影响学生的学习方式。性格也作为动力因素而影响学习的速度和质量。性格的个别差异不仅会影响学生对学习内容的选择，而且还会影响学生的社会性学习和个体社会化。

因此，为了促进学生的全面发展，学校教育应更加重视情感因素的作用，使教育内容的选择和组织更好地适应学生的性格差异。

3. 气质与性格的相互影响

从气质对性格的影响来看，首先，气质会影响个体性格的形成。因为性格特征直接依赖于教育和社会相互作用的性质和方法。气质作为性格形成的一种变量在个体发展的早期阶段就表现出来，从而会影响父母或其他人的不同行为反应，形成不同性质的个体与社会环境的交互作用。其次，气质可以按照自己的动力方式渲染性格特征，从而使性格特征具有独特的色彩。例如，同样是乐于助人的性格特征，多血质的人在帮助别人时往往动作敏捷，情感明显表露于外；而黏液质的人则可能动作沉着，情感不表露于外。最后，气质还会影响性格特征形成或改造的速度。例如，要形成自制力，胆汁质的人往往需要做极大的努力和克制；而抑郁质的人则比较容易形成，用不着特别抑制自己就能办到。

从性格对气质的影响来看，性格也可以在一定程度上掩盖或改变气质，使它服从于生活实践的要求。例如，侦察兵必须具备冷静沉着、机智勇敢等性格特征，在严格的军事训练的实践活动中，这些性格特征的形成有可能掩盖或改造胆汁质的人易冲动和不可遏止的气质特征。

七、中学生良好人格的塑造

中学生良好人格的塑造需要遵循必要的原则，其实施途径和方式方法是多种多样的，主要需要做好以下七个方面的工作：

（一）激发中学生自我教育的意识

中学生的自我意识在自身人格发展中发挥着组织者和推动者的作用，影响并塑造着人格品质结构的其他成分和这些成分的相互关系，制约着个人行为。教育者必须充分尊重和调动青少年的主体能动性，想方设法促使中学生成为人格教育的主人，使其意识到自我的需要、自我存在的价值。教师要激发中学生进行人格教育的意向，确立人格教育的目标，培养进行人格教育的能力，这些都依靠人格自我教育积极性的发挥。

（二）进行人格素质的整合教育

经历了儿童期人格的发展，中学生的人格素质具备了一定的水平，对其进行人格教育应当在重视发展各方面人格素质的同时，把重点放在人格素质的整合上。中学生要在继承和发扬原有人格品质的基础上进一步发展及改进那些新时期、新生活所需要的新的人格成分，补充已有人格成分的不足，抛弃那些已落后于社会发展需要的旧有人格成分，把新老人格成分按照新时期、新生活的要求进行调整和融合，实现生理与心理的统一、思想与行为的统一，知识、能力、品德的协调。

（三）实施以提高文化素质为基本内容的综合素质教育

良好人格的培养与塑造必须以提高中学生的文化素质为前提和基础。在现实工作中，教师尤其要注意：一是要走出应试教育的泥潭，切实贯彻落实德、智、体、美、劳全面发展的素质教育，通过综合教育培养全面的素质；二是在丰富文化底蕴的同时，教师要强化思维训练；三是教师要注意传授新思想，学习新知识，及时用反映当代世界发展的新知识、新科技武装青少年的头脑，促使其人格尽快现代化。

（四）强化情感陶冶与行为训练

良好的人格品质是知、情、意、行等要素的和谐发展与统一。在中学生的人格培养中要注意和尊重情感、意志等因素在人格品质形成中的特殊地位和功能，要强化情感的陶冶以及行为的训练。在现实生活的特定情境中获知、育情、炼意、导行，实现知、情、意、行的和谐、均衡、健康发展，达到身心的统一、人与社会的协调。

（五）优化育人环境，协调家庭、学校、社会教育，形成人格培养的正合力

学校在进行人格教育时，不仅要在学校内部形成齐抓共管的合力局面，而且也要依赖于社会教育、家庭教育各自功能的发挥和三者的密切配合，才能收到良好的效果。因而，三合一教育必须建立以学校教育为主体、家庭教育为基础、社会教育为延伸的人格教育体系，实现人格教育的整体化、系统化、一体化。

（六）大力开展心理健康教育和咨询

大力开展心理健康教育和咨询工作是当前德育及其人格培养的重要任务。心理健康教育的水平很大程度上决定了人格培养的水平，普及心理健康知识、发展个性心理品质、培养心理调适能力、预防心理障碍、矫治行为偏差等都需要心理健康教育和咨询来完成，这样才有可能促使中学生的人格健康发展。

（七）建立健全良好人格培养的激励机制和约束机制

完善的激励机制和约束机制不仅对组织教育过程是必要的，而且对中学生自身进行人格自我训练也是必不可少的。通过健全的激励机制和约束机制，鼓励和强化那些社会需要的思想行为，制约或惩罚那些超越社会规范的言行，让中学生知道什么该做、什么不该做，什么是社会倡导的、什么是社会反对的，从而明确是非，掌握行为的准则和规范，逐步形成健全高尚的人格。

第 29 章　中学生的身心发展

知识体系及思维脉络

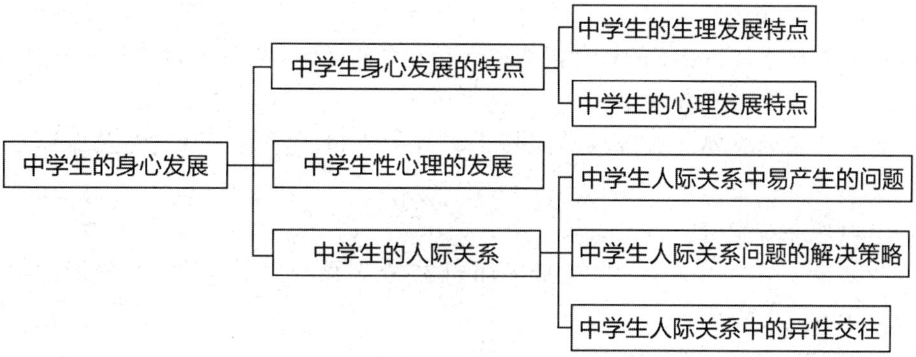

核心考点及学习提示

◆核心考点

中学生身心发展的特点。

◆学习提示

考试重点：中学生的心理发展特点。

考试难点：根据中学生的心理发展特点采取的教育策略。

一、中学生身心发展的特点

（一）中学生的生理发展特点

中学生处于青春发育期，生理上变化多端、发展迅速，主要包括体形、内脏和性三个方面的变化。

1. 身体外形剧变

青春期是人的一生中的第二个生长高峰。由于内分泌系统的发育，四五年之内，中学生的身体外形会发生急剧变化。

（1）身高增长迅速。

中学生在第二个生长高峰期中每年可以增高 6 ～ 8 厘米，甚至可以增高 11 ～ 12 厘米。

(2) 体重急剧增加。

在第二个生长高峰期中，男生的体重平均增长31千克左右，女生的体重平均增长24千克左右。每年体重增加5～6千克，有些可以增加8～10千克。

(3) 骨骼和肌肉迅速生长。

处于青春发育期的中学生，骨骼生长急速，上下两肢骨特别是下肢骨长得最快。另外，胸骨横径增大，男生的肩膀加宽，女生的骨盆增大。同时，脸变长，颈部变粗，肌肉随骨骼的变化而加大加粗。这一阶段是大肌肉急速生长的时期，而小肌肉的发展则相对处于停滞状态。

2. 体内机能增强

人体内各种器官和组织的各种机能在青春发育期迅速增强，并逐步趋向成熟。

(1) 心血管系统发育方面。

心脏发育趋于成熟，脉搏跳动减慢，心脏的重量、形状、恒定性及血压都接近成人。

(2) 呼吸系统发育方面。

一般来说，16岁时男生的肺活量增加到3500多毫升，女生的肺活量增加到2500多毫升，接近成人的水平。

(3) 脑和神经系统发育方面。

中学生脑的平均重量、体积、脑电波与成人基本没有差别。大脑机能显著地增强，兴奋与抑制过程逐步平衡，特别是内抑制的机能逐步发育成熟，第二信号系统的作用明显增强。但由于机体第二性征的出现和性激素的产生，对脑垂体的正常活动产生了影响，使兴奋和抑制的交替不稳定，有时甚至会产生急剧变化，降低了大脑皮层上第二信号系统对行为活动的调节作用。

3. 性的发育成熟

中学时期是人的性成熟最快的关键阶段，中学生的器官与机能迅速发育成熟，性的成熟表现为三大性征的变化。

第一性征的变化是指生殖器官（睾丸、阴茎、卵巢、子宫等）的增大，接近成人。

第二性征的变化是指体态上出现的新特征，如男生的喉结突出，嗓音变粗且低沉，长出胡须、腋毛、胸毛，夜间梦遗；女生的乳房发育隆起，阴毛、腋毛长出，皮下脂肪增厚，出现月经现象等。第二性征的出现，有人形象地称之为青少年的“第二次诞生”。

与此同时，男生的男性气质和女生的女性气质也逐渐明朗化：男生一般身材较高大，肩宽腿长，肌肉发达，显示出男子汉的壮美；女生大多骨盆变宽、体态丰满，具有青春期女性的曲线美，这是第三性征的出现。

(二) 中学生的心理发展特点

中学生在生理上正处于青春发育期，生理上急剧变化，智力迅速发展，情绪与情感的内容及形式日渐丰富，集中表现出以下四个特点：

1. 过渡性

过渡性即从幼稚期向成熟期的过渡，主要表现为以下两个方面：

（1）中学生的身心发展既具有儿童期的特点，又具有成熟期的特点，处于半幼稚、半成熟状态；

（2）青少年期是人由童年向成年的转变时期，各种心理特征逐渐接近成人，如由发育迅速趋向平稳，由人格差异不稳定到形成比较稳定的人格再到形成稳定的人格，特别明显地表现在由对成人的依赖到相对的独立方面。

2. 闭锁性

所谓闭锁性，是指人的心理活动具有某种含蓄、内隐的特点。它是相对于人的外部行为表现与内部心理活动之间的一致性而言的。中学生的心理逐渐显示出闭锁性，即他们的内心世界逐渐复杂，开始不大轻易将内心世界表露出来。

由于闭锁性的特点，中学生在心里的话常常是不愿对长辈说的。中学生的年龄越大，这个特点就越为明显。中学生在存在闭锁性心理的同时还有一个心理特点，就是容易对同龄、同性别的人，特别是知己暴露自己真正的思想。

3. 社会性

在青少年期，由于社会地位的变化、活动社会性的增强，青少年对社会生活越来越关注。同时，他们与社会环境的接触越来越多，社会环境对青少年社会化的影响也越来越明显。

青少年的社会性主要表现在：他们已不拘泥于儿童时那种仅仅对自己或自己周围生活中具体事物的关心，而是开始以极大的兴趣观察、思考和判断社会生活中的种种现象与问题，政治、历史、文学艺术、法律道德、社会风气、人际关系等都成了他们认识和思考的对象，成了他们十分关心的问题。他们希望从中找出现象的本质，形成自己的看法；他们的社会性情感越来越丰富、越来越稳定；他们已逐步形成一定的为人处世的态度和行为方式，动机、兴趣、品德、自我意识、世界观与人生观都开始逐渐形成并趋于稳定。

4. 动荡性

中学生的思想比较敏感。然而，中学生也容易走向另一个极端。中学生希望受人重视，把他们看成“大人”，当成社会的一员。他们思想单纯，很少有保守思想，敢想、敢说、敢作、敢为。但在他们的心目中，什么是正确的幸福观、友谊观、英雄观、自由观和人生观等，还都是个谜。他们对于别人的评价十分敏感，好斗好胜，但思维的片面性很大，容易偏激，容易摇摆。他们往往把坚定与执拗、勇敢与蛮干、冒险混同起来。他们的精力充沛，能力也在发展，但性格未最后定型。因此，对处于青少年阶段的中学生的教育和培养工作，在整个国民教育中起着关键性的作用。

真题及解析

二、中学生性心理的发展

性心理是指在性生理的基础上，与性生理特征、性欲望、性行为有关的心理状态和心理过程。性心理也包括与异性交往和婚恋等心理状态。随着第二性征的出现和性机能的成熟，中学生对性的关注加强，处于青春期的中学生性心理发展最主要的特征就是性意识的逐渐觉醒和对性的敏感。中学生性心理的发展特点包括：(1)渴望了解性知识；(2)对异性充满了好奇和爱慕；(3)在异性的面前容易紧张和兴奋；(4)性冲动和性欲望的出现;(5)出现性幻想。

三、中学生的人际关系

人际交往是中学生成长过程中非常重要的一个环节，关系到中学生爱与归属、自尊与被尊重需要的满足及其正确的自我概念的建立，所以必须予以高度的重视和关注。

(一) 中学生人际关系中易产生的问题

中学生涉世不深、经验不足，对人际关系的认识不够。另外，由于自身成长过程中的固有特点，难免出现这样或那样的交往障碍，主要有:(1)认知障碍;(2)情感障碍;(3)人格障碍;(4)能力障碍。

(二) 中学生人际关系问题的解决策略

要解决中学生在人际关系中产生的种种问题，必须做到:(1)指导中学生积极地调整认知;(2)提高中学生人际交往的能力;(3)培养中学生良好的交往品质;(4)引导中学生完善自我。

(三) 中学生人际关系中的异性交往

中学生正处在朝气蓬勃、独立意识强烈的青春期，随着性生理的成熟，性意识也逐渐形成和发展，自然会产生一种喜欢接近异性的感情倾向。作为教师，一定要理解、宽容，要引导中学生在把握良好尺度的前提下与异性健康交往。

1. 教师对中学生异性交往中的引导

(1) 抓好青春期教育。

(2) 提倡异性学生的正常交往。

(3) 开展丰富多彩的集体活动。

(4) 指导行为，让中学生能够正确地处理性冲动，恰当地与异性交往。

2. 中学生异性交往应遵守的准则

(1) 要自然适度。

(2) 要注意交往的场所和方式。

(3) 要留有余地。

(4) 不能伤害对方的自尊心。

模块五 练习题

答案解析

一、单项选择题

1. 在紧急或者困难情况下表现得镇定、果断等属于性格的（　　）。

A. 情绪特征　　B. 理智特征　　C. 态度特征　　D. 意志特征

2. 当小倩得知自己的雅思成绩为 7.5 时，她兴奋地拉着妈妈转了好几圈。此时，小倩的情绪状态为（　　）。

A. 激情　　B. 热情　　C. 心境　　D. 应激

3. 王明同学活泼、好动、乐观、灵活，喜欢交朋友，爱好广泛，但稳定性差，缺少耐心，见异思迁。他的气质类型属于（　　）

A. 多血质　　B. 胆汁质　　C. 黏液质　　D. 抑郁质

4. 李小坤做作业时，常常依据身边老师的面部表情来判断自己做题的对错并迅速更改答案。李小坤的认知风格很可能属于（　　）

A. 场依存性　　B. 场独立型　　C. 冲动型　　D. 沉思型

二、简答题

简述中学生思维发展的特点。

模块六　中学生心理辅导

考纲要求

1. 了解心理健康的标准，熟悉中学生常见的心理健康问题，包括抑郁症、恐惧症、焦虑症、强迫症、网络成瘾等。

2. 理解心理辅导的主要方法，包括强化法、系统脱敏法、认知疗法、来访者中心疗法、理性-情绪疗法等。

考试权重

模块	分值比例	分值	题型	重点提示
中学生心理辅导	约 5%	约 5 ～ 10 分	单项选择题 简答题 辨析题	本模块的权重较小，其中各种心理健康问题和心理辅导方法是命题的重点，多以单项选择题的形式进行考查

第 30 章 心理健康的概述

知识体系及思维脉络

- 心理健康的概述
  - 心理健康的概念
  - 心理健康的标准
    - 心理健康的六条标准
    - 对心理健康标准的理解
    - 中学生心理健康的标准

核心考点及学习提示

◆核心考点

心理健康的概念和标准。

◆学习提示

考试重点：心理健康的概念。

考试难点：心理健康的标准。

一、心理健康的概念

现代的健康观念不仅是没有疾病，而且包括躯体健康、心理健康和社会适应良好。其中，心理健康在健康的概念中占有重要的位置。心理健康至少包括两层含义：一是无心理疾病；二是有一种积极发展的心理状态。

二、心理健康的标准

（一）心理健康的六条标准

（1）对现实的有效知觉。

（2）自知、自尊与自我接纳。

（3）具有自我调控能力。

（4）具有与人建立亲密关系的能力。

(5) 人格结构的稳定与协调。

(6) 对生活充满了热情,工作效率高。

(二) 对心理健康标准的理解

在理解与把握心理健康的标准时,主要应该考虑以下三个方面:

(1) 判断一个人的心理健康状况应兼顾个体内部协调与对外良好适应两个方面。

(2) 心理健康的概念具有相对性。心理健康有高低层次之分。其中,高层次的(积极的)心理健康不仅没有心理疾病,而且能充分发挥个体的潜能,发展建设性人际关系,从事具有社会价值和创造性的活动,追求高层次的需要满足,追求生活的意义。

(3) 心理健康既是一种状态,也是一个过程。心理健康不是无失败、无冲突、无痛苦,而是能在这些情况下做有效的自我调整,且能保持良好的学习效率。

另外,心理健康与否,在相当程度上可以说是一个社会评价问题。不同的社会由于其主流文化、价值观念、社会规范不同,对于同一行为正常与否往往会做出不同的判断。

(三) 中学生心理健康的标准

依据中学生的心理特征,中学生心理健康的标准可以归纳为以下七个方面:

1. 认知能力发展正常,智力水平在正常值以上

智力与认知能力发展正常,是中学生就学阶段的重要心理条件,是中学生心理健康的重要标准。衡量中学生的智力与认知能力,关键在于看其能否正常地发挥出效能,主要标准为:(1)有强烈的求知欲,乐于学习;(2)对新问题、新事物有兴趣和探索精神,表现出能动性;(3)智力各因素在活动中能够有机结合、积极协调,正常地发挥作用。

2. 积极、乐观的情绪,愉悦的心情

情绪健康是心理健康的重要标志之一,中学生情绪健康的内容主要有:(1)以积极情绪为主,使自身经常保持乐观、积极、向上的心态;(2)以情绪反应强度与引发情境相符合;(3)善于适度地表达和控制自己的情绪,能够采取积极的方法及时摆脱消极情绪。

3. 良好的意志品质

良好的意志品质主要表现为:(1)行动的知觉性、果断性、顽强性和自制力;(2)有较强的心理承受能力和自我调控能力。心理健康的中学生在遇到挫折和困境时,能够表现出较高的耐受性和平衡性,不因此而影响或改变自己的目标和正常的学习生活;能驾驭自己的情绪,以良好的意志力克服前进中遇到的困难;自觉地运用自我防御机制,随时可以排除影响学习和健康的情绪困扰,消除各种焦虑、紧张、恐惧、烦恼等情绪,使自己的心理保持良好的平衡状态。

4. 自我观念正确,了解自我,悦纳自我,体验到自我存在的价值和意义,具有健全统一的个性

这方面的标准为:(1)有自知之明,对自己的认识比较接近现实,不产生自我同一性混乱,对自己的能力、特长和性格中的优点及缺点能做到客观、恰当地自我评价,既不自傲,也不自卑;(2)能愉快地接受自己,对自己的生活、学习、现状和未来有一

定程度的满足感和发展感，生活目标和学习目标符合实际，不怨天尤人，也不自寻苦恼；(3)对自己无法弥补的缺陷，也能正确对待、安然处之；(4)以积极进取的人生观作为个性的核心，把自己的需要、愿望、目标和行为统一起来。

5. 和谐的人际关系

中学生和谐的人际关系主要表现为：(1)能接受他人，正确地对待他人的短处和缺点，乐于与人交往，在与人交往中不卑不亢，保持自己的个性；(2)宽以待人，乐于助人，客观地评价自己和别人；(3)取人之长，补己之短；(4)积极的交往态度多于消极的交往态度。

6. 行为反应协调、适度

当环境发生变化时，中学生就要做出行为上的变化，以调整与社会、环境的协调关系。这种适应能力的标准是：(1)能和集体保持良好的接触和同步关系，自己的需要和愿望与社会的要求、集体的利益发生矛盾时，能迅速地进行自我调节，谋求与社会协调一致，对社会现状有较清晰的认识，明确自己所处的位置；(2)学会调控、解决生活中遇到的各种问题，掌握排解心理困扰、减轻心理压力的方法；(3)学会学习，掌握学习的方法与策略。

7. 心理特点符合年龄特征

对于中学生而言，心理行为如果严重偏离自己的年龄特征，那就是不健康的表现。中学生表现得像老年人那样深沉或出现过多的幼儿行为都是不应该的。

第31章 中学生常见的心理健康问题

知识体系及思维脉络

- 中学生常见的心理健康问题
  - 焦虑症
    - 焦虑症的含义
    - 焦虑症的表现
    - 中学生常见的焦虑反应
  - 抑郁症
    - 抑郁症的含义
    - 抑郁症的主要表现及产生原因
    - 抑郁症的治疗
  - 强迫症
    - 强迫症的含义
    - 强迫症的产生原因
    - 强迫症的治疗
  - 恐惧症
    - 恐惧症的含义
    - 恐惧症的解释
    - 恐惧症的治疗
  - 网络成瘾
    - 网络成瘾的含义
    - 网络成瘾的指标与诊断
    - 网络成瘾的原因
    - 网络成瘾的治疗

核心考点及学习提示

◆核心考点

中学生各种常见的心理健康问题。

◆学习提示

考试重点：中学生各种常见的心理健康问题。

考试难点：中学生各种常见的心理健康问题的具体表现。

一、焦虑症

真题及解析

（一）焦虑症的含义

焦虑症又称焦虑性神经症，是中学生情绪障碍的一种，是指以与客观威胁不相适合的焦虑反应为特征的神经症，这是将焦虑作为一种独立的神经症来看。另外，焦虑也是包括焦虑症、抑郁症、强迫症、恐惧症等在内的各种神经症的共同特征。

焦虑是个体不能达成目标或不能克服困难的威胁，致使自尊心、自信心受挫，或使失败感和内疚感增加，由紧张、不安、焦急、忧虑、恐惧交织而成的一种情绪状态。正常人在面临压力情境特别是在个人的自尊心受到威胁时，也会出现焦虑反应，但其焦虑与客观情境的威胁程度是相适合的。

（二）焦虑症的表现

1. 心理感受方面

焦虑症在心理感受方面的表现为紧张不安，忧心忡忡，集中注意困难，极端敏感，对轻微刺激做出过度反应，难以做决定。

2. 躯体症状方面

焦虑症在躯体症状方面的表现为心跳加快、过度出汗、肌肉持续性紧张、尿频尿急、睡眠障碍等不适反应。

（三）中学生常见的焦虑反应

1. 考试焦虑的表现

中学生常见的焦虑反应是考试焦虑。其表现是：随着考试临近，心情极度紧张；考试时不能集中注意力，知觉范围变窄，思维刻板，出现慌乱，无法发挥正常的水平；考试后又持久地不能松弛下来。

2. 考试焦虑产生的原因

中学生考试焦虑产生的原因是：(1)学校的统考、升学造成的持久的、过度的压力；(2)家长对子女的期望过高；(3)学生个人过分地争强好胜；(4)学业上多次失败的体验；(5)某些中学生具有容易诱发焦虑反应的人格基础，即遇事易于紧张、胆怯，对困难情境做过高程度的估计，对身体的轻微不适过分关注，在发生挫折与失败时过分自责。这些人格倾向可称为焦虑品质。

3. 考试焦虑的治疗

为了防止考试焦虑的发生，学校的咨询人员可以通过一些早期干预的措施，如对中学生进行集体指导、讲授自我放松缓解紧张的方法等来进行早期干预。

另外，采用肌肉放松、系统脱敏方法，运用自助性认知矫正程序，指导中学生在考试中使用正向的自我对话，如“我能应付这个考试”“成绩并不重要，学会才是重要的”“无论考试的结果如何，都将不会是最后一次”等，对于缓解中学生的考试焦虑都有较好的效果。

二、抑郁症

（一）抑郁症的含义

抑郁症又称抑郁性神经症，是指一种持久的心境低落状态，常伴有焦虑、躯体不适和睡眠障碍的神经症。过度的抑郁反应，通常伴随有严重的焦虑感。焦虑是个体对紧张情境的最先反应。如果一个人确信这种情境不能改变或控制时，抑郁就会取代焦虑成为主要症状。

（二）抑郁症的主要表现及产生原因

视频讲解

1. 抑郁症的主要表现

（1）情绪消极、悲伤、颓废、淡漠，失去满足感和生活的乐趣，不愿与人交往，孤独离群，对身边的人和事表现得十分淡漠，缺少热情。

（2）消极的认识倾向，低自尊、无能感，从消极的方面看事物，好责难自己，对未来不抱多大希望，动机缺失、被动。一些中学生总认为自己笨，同时又十分敏感，总将老师或他人对第三者的批评揽上自身，久而久之因悲观、低落的情绪缠绕心头而失去了进取心。

真题及解析

（3）具有周期易发性，个别患者会表现得固执，烦躁不安、易发脾气，周期性的喜怒无常，且发作前无先兆，有时甚至伴有挑衅行为和破坏性（攻击性）行为倾向，甚至自杀。

（4）伴随躯体上出现疲劳、失眠、食欲不振、消瘦、全身游走性疹痒或疼痛等。

2. 抑郁症的产生原因

（1）感情上受到巨大的打击，如亲人过世、父母的关系紧张、好友离去等带来的情感负担过重。

（2）自尊心、自信心受挫，如成绩不好，特别是在关键考试中。

（3）不良性格的影响，如过于内向、孤僻。

抑郁症的产生原因，不同的理论有不同的解释。行为主义学派认为，抑郁症是由多次不愉快的经历和生活中缺乏积极强化造成的。认知学派则认为，抑郁源自于自我贬低的个体思维模式或对他们自身、周围环境和未来都产生消极的看法。此外，抑郁症也与个体过强的成就需要有关。由于个体对成功抱有过高的期望，一旦遭遇失败无法面对时，就会感到绝望、破灭，进而产生抑郁。

（三）抑郁症的治疗

大多数抑郁症患者经过治疗或不经治疗就可以逐渐恢复正常，但有的患者有复发的倾向。心理专家在对有抑郁症症状的中学生进行辅导时，首先要注意给其以情感支持和鼓励；以坚定而温和的态度激励其做一些力所能及的事情，积极行动起来，从活动中体验到成功和人际交往的乐趣；也可以采用认知行为疗法，改变中学生已习惯的自贬性的思维方式和不适当的成败归因模式，发展对自己、对未来更为积极的看法。另外，服用抗抑郁药物也可以缓解症状。

三、强迫症

真题及解析

（一）强迫症的含义

强迫症即强迫性神经症，是一种神经官能症，属于焦虑症的一种。强迫症的特点是有意识的自我强迫和反强迫并存，两者的强烈冲突使个体感到焦虑和痛苦。强迫症包括强迫观念和强迫行为：强迫观念是指当事人身不由己地思考自己不想考虑的事情；强迫行为是指当事人反复去做自己并不希望执行的动作，如果不这样想、不这样做，就会感到极端焦虑。强迫洗手、强迫计数、反复检查（门是否上锁）、强迫性仪式动作是生活中常见的强迫症状。大多数人都有过强迫观念，但只有当它干扰了正常生活时才是强迫症的表现。患强迫症的人可以在相当长的一段时间里总是思考同一个问题，因为知道没有必要想这些问题但又控制不住自己去想它，于是觉得很痛苦。有些患者则整天反复洗手、洗衣服，或整天举着两只手，什么也不敢碰，也不让别人碰自己，以避免污秽。

（二）强迫症的产生原因

中学生患强迫症的病因与他的先天素质及性格有关。有人认为，强迫观念与强迫动作是人们无意识地防止具有威胁性的冲动进入意识的一种替代方式，一个忙于强迫性仪式动作的人，一个脑中充满了琐碎强迫观念的人，必然没有机会思考那些具有威胁性的事件与观念。首先，患有强迫症的中学生大都好思虑，犹豫不决，谨小慎微、拘谨，不敢出头露面，沉默寡言，主观任性，过分爱干净，注意琐事，拘泥于细节，生活习惯刻板，往往有强烈的道德观念。其次，父母的不良性格、教育方法不当等也是强迫症的病因之一。如成人禁止子女表达负面的情感，是子女产生强迫症状的十分具有代表性的背景特征。最后，严重的疾病、头部外伤、突然严重的心理创伤，或长期处于过度的心理紧张状态、心理负担过重等均可诱发相关症状。

（三）强迫症的治疗

强迫症发病比较缓慢，容易被教师和家长忽视。因此，教师要注意细致地观察中学生心理与行为的微小变化。如果发现有关症状，要对中学生的病态有一个正确的认识，不要过分焦虑，更不能乱用惩罚。

日本的森田疗法强调当事人力图控制强迫症状的努力以及这种努力所导致的对症状出现的专注和预期，对强迫症起维持和增强作用。因此，为了矫治强迫症，当事人应放弃对强迫观念做无用控制的意图，而采取“忍受痛苦，顺其自然”的态度。治疗强迫行为的另一种有效方法是“暴露与阻止反应”，主要用于控制患者的刻板行为。例如，让有强迫性洗涤行为的患者接触他们害怕的“脏”东西，同时坚决阻止他们想要洗涤的冲动，不允许他们洗涤。

四、恐惧症

（一）恐惧症的含义

恐惧症是指对特定的无实在危害的事物与场景的非理性惧怕。恐惧症可以分为单纯恐惧症（如对一件具体的东西、一个动作或情境的恐惧；动物恐惧，如恐惧多毛的动物；恐惧尖锐的物体，如剪刀；见血恐惧，如看到血会产生昏厥等）、广场恐惧症（如害怕大片的水域、空荡荡的街道，人群聚集恐惧，登高临渊恐惧）和社交恐惧症。在中学生中，社交恐惧症较多见（包括与异性交往的恐惧）。患有社交恐惧症的人害怕在社交场合讲话（如在会场上讲演、在公共场合进餐时交谈），担心自己会因双手发抖、脸红、声音发颤、口吃而暴露自己的焦虑，觉得自己说话不自然，因而不敢抬头，不敢正视对方的眼睛；回避与人接触，厌恶一切与人交往的活动。

（二）恐惧症的解释

1. 精神分析的观点

精神分析的观点认为恐惧是焦虑的移置。即个人将焦虑转移到不太危险的事物之上，从而避免对焦虑来源的忧虑。

2. 行为主义的观点

行为主义观点认为，恐惧是学习得来的，或者由直接经验中学习得来（如在受到狗的一次攻击后，发展起对狗的恐惧），或者由观察学习得来（如观察父母对某种场景的恐惧，而使子女形成同样性质的恐惧），或者由信号学习得来（如一个学生在采黄花时被蜜蜂蜇了，就形成了对黄花的恐惧）。

3. 认知派的观点

认知派心理学家认为恐惧症源于个人对某些事物或情境的危险作了不现实的评估。

（三）恐惧症的治疗

系统脱敏法是治疗恐惧症的常用方法，使用这个方法最好要及时进行。例如，为了帮助中学生克服学校恐惧症，第一，父母要有耐心，要坚决而友善地要求孩子回到学校并习惯学校生活；第二，教师要努力营造和谐的氛围，改善中学生在班级中的人际关系；第三，适当地减轻中学生的学习压力，使其获得成功的体验，这对于中学生克服学校恐惧症也具有很重要的意义。

治疗恐惧症也可以采用情景疗法，即让中学生在一个假想的空间里，不断地模拟发生恐惧的场景，不断地练习重复发生症状的情节，不断地鼓励中学生面对这种场面，让中学生从假想中适应这种产生焦虑紧张的环境。

另外，还可以采用认知疗法来治疗恐惧症，治疗者通过不断地告诉中学生产生恐惧是非正常的，从而让中学生掌握正确的应对方法。

五、网络成瘾

（一）网络成瘾的含义

网络成瘾指的是个体无法控制自己的上网行为，从而导致情绪焦虑，进而对日常生活造成一定影响的行为表现。其主要特征是：(1)网络过度使用者的思维、情感和行为都被上网活动所控制，上网成为其主要活动，在无法上网时会体验到强烈的渴望；(2)网络过度使用者的情绪改变，如果停止使用可能会产生激愤、焦躁和紧张等情绪体验；(3)网络过度使用者必须逐渐增加上网时间和投入程度，才能获得以前曾有的满足感；(4)网络过度使用行为会导致网络过度使用者与周围环境的冲突和其他活动的冲突，如影响学习、工作、社会活动和其他爱好等；(5)网络过度使用者的内心对成瘾行为呈现矛盾心态，能意识到过度上网的危害但又不愿放弃上网带来的各种精神满足。有研究者将网络成瘾分为网络性成瘾、网络关系成瘾、网络强迫行为、信息超载和电脑成瘾五类。

（二）网络成瘾的指标与诊断

判断中学生是否属于网络成瘾可以依据以下六个指标：

1. 上网时间

上网时间是判断网络成瘾的自然标准。不过，时间只是一个参考指标，不能武断地规定上网时间超过多少个小时就算是网络成瘾。如果上网已经侵占了中学生正常的学习和休息时间，并且为家人、朋友和同学所显见，则在多数情况下上网时间就成为一个重要的标准。

2. 网上行为

中学生在网上的活动内容对于判断其是否成瘾具有间接的意义。如果中学生的网络活动与学习和生活毫无关系，而是无节制的聊天或者游戏等消极行为，即使时间不算太长，也有网络成瘾的倾向。

3. 个体的心理指标和行为指标

心理指标主要表现在两个方面：(1)上网改变了中学生的情绪状态，中学生只有在网上才能体验到放松、兴奋和自信等积极情感，而在现实生活中则只能体验到压抑、焦虑和无助等消极情感；(2)上网改变了中学生的认知方式，导致中学生产生适应不良和泛化的灾难性认知模式。

行为指标主要有：(1)中学生需要不断地增加上网时间以维持一定的满意感的获得；(2)中学生对自己的过度上网行为感到焦虑但无法抵制上网的诱惑；(3)中学生不上网时会产生消极的情绪体验和不良的生理反应等。

4. 生活事件指标

依据生活事件指标，在进行网络成瘾判断时应了解中学生近期的各方面情况，以确定中学生是否把上网作为逃避现实的手段。

5. 直接指标

正常社会生活的恶化是网络成瘾的直接指标，也是网络成瘾的临床判断基准。主要表现在成瘾行为影响了中学生正常的学习和生活等方面，导致人际关系恶化、学习能力减弱、学习效率降低、生活质量下降等。

6. 典型指标

主要表现在中学生的主要社会生活来自虚拟空间而没有适当的现实生活环境。

网络成瘾学生自身有一些躯体症状，如头晕、心烦、胸闷气憋、紧张性兴奋、懒散等，并且与家长、朋友交流的次数减少，下网后变得空虚、失落，不愿与人交流。由此可见，网络成瘾倾向影响了中学生的身体健康、学业进步和人际责任感。

（三）网络成瘾的原因

网络成瘾的原因包括：(1)网络自身的诱惑；(2)与网络的相关法规不健全；(3)家庭环境的影响；(4)上网者的自身因素等。

（四）网络成瘾的治疗

目前，国内外对网络成瘾进行的心理干预措施一般是采用传统的认知行为疗法。在治疗过程中，网络成瘾者要接受心理医生教给他的观念和行为，并反复加以练习以使大脑得到新的学习，久而久之这种练习就变成他们自发或习惯性的行为。网络成瘾者需要了解网络与现实生活的区别，控制自己的上网时间，调节在网上的行为，并积极与人交往、参加社会活动。

治疗网络成瘾主要采取心理干预的手段，常用的心理干预法有以下五种：

1. 强化干预

在网络成瘾的干预中，奖励的使用条件是一旦发现网络成瘾学生有了减少上网的行为时，就给予奖励、表扬或肯定性评价。惩罚的使用条件是一旦发现网络成瘾学生的上网时间增加时，立即给予处罚。处罚可以是物质性的，如取消网络成瘾学生获得他最想要的东西的权利；也可以是精神上的，如校纪处分等。

2. 厌恶干预法

厌恶干预法是指治疗者采用惩罚性的厌恶刺激来减少或消除一些不良行为的一种干预方法。其常用做法有橡皮圈拉弹法、不赞成干预、内隐致敏法等。

3. 转移注意力法

转移注意力法是指学校或班级通过组织各类有意义的文体活动，让网络成瘾学生参与其中，从而转移他的注意力和减轻他对网络的迷恋程度的一种干预方法。

4. 替代、延迟满足法

一方面，学校和教师要帮助网络成瘾学生培养替代活动（如感兴趣的课外活动）以吸引其注意力，并弄清他的上网习惯，然后使他反其道而行之，在原来上网的时间里做其他的事情。另一方面，了解网络成瘾学生的上网时间（起初要控制上网时间，不必绝对戒除），将他的上网总时间列表，纳入周计划，在可以控制的前提下，逐步减少上网时间，最终实现戒除网络成瘾的目标。

5. 团体辅导法

治疗者将患有网络成瘾症的学生组合成一个团体，由富有经验的教师作为指导者，运用团体动力理论作为理论基础，综合运用团体咨询的原则和各种方法，达到使参加团队的成员整体戒除网瘾的目标。

对于中学生的网络成瘾，重点应是预防，而不只是对网络成瘾学生的补救性矫治。

第 32 章　中学生心理辅导的主要方法

知识体系及思维脉络

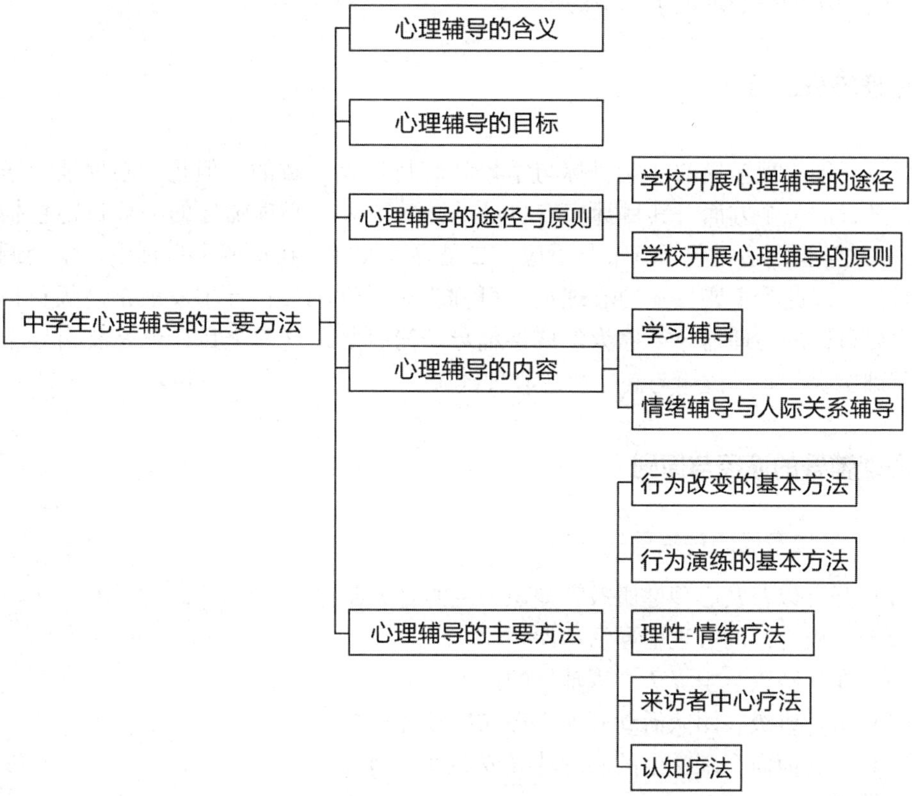

核心考点及学习提示

◆核心考点

学校开展心理辅导的目标是促使学生全面发展，各种心理辅导方法使用过程中的针对性。

◆学习提示

考试重点：各种心理辅导方法的具体使用。

考试难点：对各种心理辅导方法的理解。

一、心理辅导的含义

心理辅导是指学校教育者根据中学生心理发展的特征与规律，在一种新型的、建设性的人际关系中，运用心理学等专业知识技能，设计与组织各种教育性活动，以帮助中学生形成良好的心理素质，充分发挥个人潜能，正确地了解自己、认识环境，根据自身条件确立有益于个人发展和社会进步的生活目标，使其能克服成长中的障碍，在学习、工作及人际关系等各个方面，调整自己的行为，增强社会适应，做出明智的抉择，进一步提高心理健康水平的过程。

二、心理辅导的目标

学校开展心理辅导的一般目标与学校教育目标是一致的。但是，心理辅导毕竟只是学校教育的一个方面，其目标应有自己的独特之处。心理辅导的一般目标包括两个方面：一是学会调适，包括调节与适应；二是寻求发展。在这两个目标中，学会调适是基本目标，以此为主要目标的心理辅导可称为调适性辅导；寻求发展是高级目标，以此为主要目标的心理辅导可称为发展性辅导。简言之，这两个目标就是要引导中学生达到基础层次的心理健康与高层次的心理健康。

三、心理辅导的途径与原则

（一）学校开展心理辅导的途径

（1）开设以普及心理健康教育知识为主的有关课程。
（2）开设专门的心理辅导活动课。
（3）在学科教学中渗透心理辅导的内容。
（4）结合班级、团队活动开展心理辅导教育。
（5）开展面向个别学生的心理辅导或心理咨询。
（6）开展小组辅导。
（7）进行对学生家庭的心理辅导教育。

（二）学校开展心理辅导的原则

真题及解析

学校开展心理辅导的原则包括：(1) 面向学生全体原则；(2)预防与发展相结合原则；(3)尊重与理解学生原则；(4)学生主体性原则；(5)个别化对待原则；(6)整体性发展原则。

四、心理辅导的内容

（一）学习辅导

1. 增强学习动机

学习动机是中学生学习活动的内部动因，它能够激发中学生的学习行为，引导中学生的学习行为指向一定的目标，维持、增强（或减弱）学习行为，达到学习目标。中学生的学习动机主要由成就动机、交往动机和求知欲所构成。因此，增强学习动机就意味着中学生树立适当的抱负水平，充分发挥自己的能力，建立良好的人际环境。教师除了运用传统的方式——以学习成绩的反馈来提高中学生的学习动机之外，更要注重调整自身对中学生的期望水平，促使中学生成功，从而让中学生能够体验到成就感，进行自我激励。

2. 培养学习兴趣

兴趣是人对客观事物的选择性态度，它通过情绪反应可以影响一个人的行为的积极性。即如果面对自己感兴趣的学习，做起来就会觉得心情舒畅和愉快，学习效率也高；相反，面对自己不感兴趣的学习，学习效率就低。对中学生而言，他们的学习在一定程度上受兴趣和情绪的支配，所以，培养中学生的学习兴趣就是要帮助他们了解兴趣对学习的影响，了解自己的学习兴趣的状况，寻找缺乏学习兴趣的原因，培养各个学科的学习兴趣。

3. 端正学习态度

教师可以组织学生进行讨论：自己的学习态度是否正确；有没有怠慢、冷漠、依赖或退避的心理；什么是良好的学习态度；不同的学习态度对学习有哪些影响；在学习态度上，自己有哪些良好的表现和不足；怎样改进不良的学习态度等。

4. 掌握学习方法

中学生的不良学习方法主要有：学习没有计划；注意力不够集中；不能科学地利用时间；死记硬背；对概念和原理缺乏理解；不重视学习策略；没有形成良好的认知结构；不能利用信息等。教师应引导中学生掌握正确的学习方法。

5. 调整应试心态，学会正确归因

考试是教学的一个重要环节，它可以检验中学生的学习水平；考试也是一种竞争，使中学生产生紧张和焦虑。每个中学生都有自尊心和上进心，当他预感到学习成绩不佳有损个人的自尊和前途时就会产生焦虑。这种考试的焦虑过强和过弱都会影响中学生的学习效率。适当的焦虑有助于中学生集中精力，全神贯注地准备考试。

6. 形成正确的学习信念

影响中学生有效学习和思维的因素是中学生的情感性特征，即中学生在某个学科领域所持有的信念，也就是说他们是否了解自身在学习和问题解决过程中的动因和能力。因此，教师帮助和指导中学生形成正确的学习信念，有助于中学生避免因情感性因素而影响有效的学习。

（二）情绪辅导与人际关系辅导

1. 情绪辅导

情绪是人对于客观事物是否满足自己的需要而相应产生的态度体验。根据情绪对人的影响，情绪可以分为积极的情绪和消极的情绪。积极的情绪有利于人的身心健康。中学生在情绪的特征上表现为好冲动、不稳定、极端化等特点，对自己的不良情绪缺乏深刻的认识。所以，教师在教学中：首先，要让中学生了解情绪的各种表现及其对身心健康的影响；其次，要让中学生了解自己的情绪特点；最后，要让中学生学会调节自己的情绪。教师除了要鼓励中学生培养积极的情绪之外，还要注意情绪反应的程度，即情绪过于强烈和持久、过度的快乐和悲伤也不利于人的身心健康。

2. 人际关系辅导

人际关系包含三种成分：第一种是认知成分，指对人际关系状况的了解，是人际知觉的结果；第二种是情感成分，是人际关系的基础，指双方在情感上的留意程度和亲疏关系；第三种是行为成分，指双方实际交往的结果和外在表现。中学生的人际关系是指在班集体中人与人之间在思想上和情感上直接相互作用的关系。

中学生人际关系困难主要表现在以下三个方面：

第一，孤独。孤独感是指个体因离群而产生的一种无依无靠、孤单烦闷、不愉快的情绪体验。

第二，社交恐惧。社交恐惧症的特征就是个体对正常的社交活动有一种超常的害怕和焦虑反应。

第三，侵犯性行为。侵犯性行为表现为个体在受到挫折时，出现焦虑不安、暴怒、伤人、毁坏物品等行为，对父母、老师和同学蛮横无理，行为具有攻击性。

同学关系是中学生最基本的人际关系。教师要教会中学生如何处理好同学之间发生的冲突。师生关系也是中学生要学会处理的另一个重要的人际关系。

五、心理辅导的主要方法

教师在进行心理辅导时，不论采用何种方法，都必须以建立良好的辅导关系为前提。教师与受辅导学生之间要建立起一种新型的、建设性的、具有辅导与治疗功能的人际关系，主要特点是：积极关注、尊重、真诚与同感。为此，学校开展心理辅导必须遵循以下基本原则：面向全体学生；预防与发展相结合；尊重与理解学生；学生主体性；个别化对待；整体性发展。

(一) 行为改变的基本方法

1. 强化法

视频讲解

强化法又称操作条件疗法，是根据斯金纳的操作条件反射原理设计出来的，是指教师应用强化手段增进某些良好行为，以减弱或消除某些不良行为的一种心理治疗方法。这是中小学校常用的心理健康教育的方法。强化法用来培养中学生新的适应行为。根据学习原理，一个行为发生后，如果紧跟着一个强化刺激，这个行为就会再一次发生。强化手段分为正强化、负强化和惩罚。正强化是指那些施加之后有助于某种行为增加的刺激，如鼓励、表扬、奖励等。负强化是指移除某种不利影响或条件以有助于某种行为增加，即减少或取消厌恶刺激来增加某种行为在以后发生的概率。惩罚则是指通过厌恶刺激的呈现来降低不良行为反应在将来发生的概率。例如，一个学生不敢同老师说话，在学习上遇到了疑难问题时也没有勇气向老师请教。当他一旦敢于主动向老师请教，老师就应该给予表扬，并耐心地解答问题，以后这个学生就能更主地动向老师请教。

真题及解析

2. 代币疗法

代币是一种象征性强化物，筹码、小红星、盖章的卡片、特制的塑料币等都可以作为代币。当学生做出所期待的良好行为时，教师就发给数量相当的代币作为强化物。学生用代币可以兑换有实际价值的奖励物或活动。代币奖励可以使奖励的数量与学生良好行为的数量、质量相适应。在学校心理教育工作中，代币疗法在治疗中学生的不良行为、上课注意力不集中、做小动作以及学习成绩不佳等方面都取得了很好的疗效，已被广泛运用于中学生不良行为的矫正。

3. 行为塑造法

行为塑造法主要是指通过不断强化逐渐趋近目标的反应形成某种较复杂行为的一种心理治疗方法。有时候所期望的行为在某个中学生的身上很少出现或很少完整地出现，此时教师可以依次强化那些渐趋目标的行为，直到合意行为的出现。例如，有人曾用行为塑造法让一个缄默无语的孩子开口说话。

4. 示范法

观察、模仿教师呈示的范例（榜样），是中学生社会行为学习的重要方式。模仿学习的机制是替代强化。替代强化的含义是指当事人（学习者）因榜样受强化而使自己也间接受到强化。示范法是通过当事人（学习者）的观察和模仿来矫正其不良行为与神经症反应的。其基本原理是：人的各种行为，无论是适应性行为还是不良行为，都是通过后天的学习获得的。

5. 暂时隔离法

暂时隔离法是指指导者在某种特定时间不对不良行为给予强化，同时转移情境，使行为不良者对新的情境产生厌恶的一种心理治疗方法。如当儿童有不良行为发生后，将他立即置于一个单调、乏味的地方，直到定时器响了以后方可离开。暂时隔离意味着奖励、强化、关注、有趣活动的终止。

6. 自我控制法

自我控制法是指让当事人自己运用学习原理，进行自我分析、自我监督、自我强化、自我惩罚，以改善自身行为的一种心理治疗方法。从理论指导来说，它是一种经过人本主义心理学改善过的行为改变技术。自我控制的好处是，强调了当事人（学习者）个人责任感，增加了改善行为的练习时间。

7. 消退法

所谓消退法，是指通过撤销促使某些不良行为的强化因素，从而减少这些行为发生的行为矫正方法。简单地说，就是指导者对不良行为不予关注、不予理睬，那么这种行为发生的频率就会下降，甚至消失。例如，小明经常在课堂上捣乱以引起老师和同学的注意，为此老师跟同学约定，不管小明在课堂上如何捣乱，大家都不要看他、不要关注他，时间长了之后，小明在课堂上捣乱的次数就会明显减少。

真题及解析

（二）行为演练的基本方法

1. 全身松弛训练

全身松弛训练又称全身松弛法，是指指导者通过训练有意识地控制训练者的心理、生理活动来改善机体功能紊乱的心理辅导方法。

全身松弛训练有不同的操作方式，紧张-松弛对照训练是最常见的一种全身松弛训练法，由心理学家雅各布松在20世纪20年代首创，经后人修改完成。其要点是，训练者要学会接受自身生理状态的信息，辨认肌肉紧张、放松的感觉，对肌肉做“紧张—坚持—放松”的练习，从紧张与放松的感觉对比中学会放松；对全身多处肌肉按照固定次序依次放松，每日练习，坚持不断。全身松弛训练在中学生平时产生紧张和焦虑时即可使用，特别是在考试前，可以通过全身松弛训练来缓解因焦虑和紧张带来的压力。

真题及解析

2. 系统脱敏法

系统脱敏法的创立者是美国精神病学家沃尔普，是由交互抑制发展起来的一种心理辅导方法。系统脱敏法是指当某些人对某事物、某环境产生敏感反应时，指导者可以在当事人身上发展起一种不相容的反应，使其对本来可引起敏感反应的事物，不再发生敏感反应。其主要用于当事人在某一特定的情境下产生的超出一般紧张的焦虑或恐惧状态。系统脱敏法主要是诱导当事人缓慢地暴露出导致神经症焦虑、恐惧的情境，并通过心理的放松状态来对抗这种焦虑情绪，从而达到消除焦虑或恐惧的目的。如果一个刺激所引起的焦虑或恐惧状态在当事人所能忍受的范围之内，经过多次反复的呈现，他便不再会对该刺激感到焦虑或恐惧，治疗目标也就达到了。这就是系统脱敏疗法的治疗原理。

系统脱敏法包括三个步骤：一是训练当事人松弛肌肉；二是建立焦虑层次（从最轻微的焦虑到引起最强烈的恐惧依次安排）；三是让当事人在肌肉松弛的情况下，从最低层次开始想象产生焦虑的情境，这样直到当事人能从想象情境转移到现实情境，并能在原引起恐惧的情境中保持放松状态，直至焦虑情绪不出现为止。

3. 肯定性训练

肯定性训练也叫自信训练，是指促进个体在人际关系中公开表达自己的真实情感和观点，维护自己的权益也尊重别人的权益，发展人的自我肯定行为的心理辅导方法。自我肯定行为主要表现在：请求他人为自己做某事，以满足自己合理的需要；拒绝他人的无理要求而又不伤害对方；真实地表达自己的意见和情感。肯定性训练通过角色扮演来增强个体的自信心，再将学得的应对方式应用到实际生活情境中。

真题及解析

（三）理性-情绪疗法

美国心理学家艾里斯曾于20世纪50年代提出理性-情绪疗法。他认为人的情绪是由其思想决定的，合理的观念导致健康的情绪，不合理的观念导致负向的、不稳定的情绪。理性-情绪治疗是认知心理治疗中的一种疗法，它也采用行为治疗的一些方法，故成为一种认知行为治疗的方法。

1. 理性-情绪疗法的特点

（1）人本主义倾向。

理性-情绪疗法信赖、重视个体自己的意志，理性选择的作用，强调个体能够“自己救自己”，而不必仰赖魔法、上帝或超人的力量。

（2）教育的倾向。

理性-情绪疗法具有很浓厚的教育色彩，也可以说它是一种教育的治疗模式，强调理性、认知的作用。在治疗途径上，指导者广泛采纳情绪和行动方面的方法。但它更突出地重视理性、认知的作用。这是理性-情绪疗法也是所有认知疗法的一个最本质的特点。理性－情绪疗法总是把认知矫正摆在最突出的位置，给予最优先的考虑。

艾里斯提出了一个解释人的行为的情绪ABC理论。他认为：人的情绪和行为障碍不是由于某一激发事件（Activating Event）直接所引起，而是由于经受这一事件的个体对它不正确的认知和评价所引起的信念（Belief），最后导致在特定情境下的情绪反应和行为后果（Consequence）。这就称为情绪 ABC 理论。

在情绪 ABC 理论中：A 表示个体遇到的主要事实、行为、事件；B 表示个体对 A 的观念、观点；C 表示事件造成的情绪结果。

情绪反应是由观念直接决定的。可是，许多人只注意到诱发性事件与情绪反应的关系，而忽略了情绪反应是由观念造成的。观念如果是一个非理性的观念，就会造成负向情绪。个体若要改善情绪状态，就必须驳斥（Disprove）非理性观念，建立新观念并获得正向的情绪效果（Effect）。这就是理性情绪治疗的 ABCDE 步骤。

按照理性-情绪疗法的观点，人们有难以计数的信念，包括认知、想法和主意等。这些观念是影响认知、情绪和行为结果的直接因素和主要因素。尽管看起来好像是诱发性事件引起结果，但观念处于诱发性事件与情绪反应之间，是诱发性事件的更直接的原因。人们总是按照自己的信念认识诱发性事件，并按照带有偏见的信念和一定的情绪结果去认识和体验诱发性事件。因此，人们实际上从来不会体验到没有观念和结果的诱发性事件；而没有诱发性事件，也体验不到观念和结果。信念可以有不同的形式，因为人们有各种各样的认知形式。在理性-情绪疗法中，主要关注的是合理的信念和不合理的信念，前者导致自助性的积极行为，而后者则会引起自我挫折和反社会的行为。

2. 理性-情绪疗法的方法与技术

理性-情绪疗法认为，人们的情绪障碍是由人们的不合理信念所造成的。因此，简要地说，这种疗法就是要以理性治疗非理性，帮助求助者以合理的思维方式代替不合理的思维方式，以合理的信念代替不合理的信念，从而最大限度地减少不合理的信念给情绪带来的不良影响，通过以改变认知为主的治疗方式来帮助求助者减少或消除他们已有的情绪障碍。

理性-情绪疗法的治疗过程一般分为以下四个阶段：

（1）心理诊断。

心理诊断（Psychodiagnosis）是治疗的最初阶段。首先，治疗者要与求助者建立良好的工作关系，帮助求助者建立自信心。其次，治疗者要摸清求助者所关心的各种问题，将这些问题根据所属性质和求助者对它们所产生的情绪反应进行分类，从其最迫切希望解决的问题入手。

治疗者根据情绪 ABC 理论对求助者的问题进行初步的分析和诊断，然后通过与求助者交谈，找出其情绪困扰和行为不适的具体表现以及与这些反应相对应的诱发性事件，并对两者之间的不合理信念进行分析。

（2）领悟。

领悟（Insight）阶段主要是治疗者帮助求助者认识到自己不适当的情绪和行为表现或症状是什么，产生这些症状的原因是自己造成的，要寻找产生这些症状的思想或哲学根源，即找出他们的非理性信念。

(3) 修通。

在修通 (Working Through) 阶段，治疗者主要采用辩论的方法动摇求助者的非理性信念，用夸张或挑战式的发问要求助者回答他有什么证据或理论对诱发性事件持与众不同的看法等。通过反复不断的辩论，求助者理屈词穷，不能为自己的非理性信念自圆其说，使他真正认识到，自己的非理性信念是不现实的、不合乎逻辑的，也是没有根据的，这样让求助者开始分清什么是理性信念、什么是非理性信念，并用理性信念取代非理性信念。

这个阶段是理性-情绪疗法最重要的阶段，治疗者在治疗时还可以采用其他的认知行为疗法。如布置求助者做认知性的家庭作业（阅读有关本疗法的文章，或写一份与自己的某些非理性信念进行辩论的报告等），或进行放松疗法以加强治疗效果。

(4) 再教育。

再教育 (Reeducation) 是治疗的最后阶段，为了进一步帮助求助者摆脱旧有思维方式和非理性信念，治疗者还要探索是否还存在与本症状无关的其他非理性信念，并与治疗者进行辩论，使治疗者学习到并逐渐养成与非理性信念进行辩论的方法。

(四) 来访者中心疗法

来访者中心疗法是由美国人本主义心理学家罗杰斯创立的，是人本主义心理疗法的主要代表。人本主义心理学是当前西方心理学的一个重要派别。它崛起于美国20世纪60年代的反文化运动与旨在治疗、发展、改造心理的人类潜能活动，被称为心理学中除了行为主义和精神分析之外的“第三势力”。来访者中心疗法是罗杰斯基于多年的研究经验和工作经验提出的。罗杰斯认为，心理治疗的目标就是让求助者的人格得到成长、发展和改变，使求助者真正成为一个机能完善的人，它的最终效果在于人性的自我实现和人格的改变。

1. 来访者中心疗法的特点

(1) 以来访者为中心。

治疗者要以求助者为中心，充分调动他们的潜能，帮助其进行自我治愈。治疗者的责任是创造一种良好的气氛，使求助者感到温暖、不受压抑，得到充分的理解。这种真诚和接纳的态度，会促使求助者重新评价自己和周围的事物，并按照新的认识来调整自己和适应生活。

(2) 将咨询看成是转变的过程。

心理咨询是求助者调整自我结构和功能的过程。在这个过程中，治疗者帮助求助者消除不理解和困惑，产生一种新的体验方式，并放弃旧的自我形象。通过以求助者为中心的咨询所建立起的新型人际关系，使求助者体验到“自我”的价值，学会如何与他人交往，从而达到咨询的目标。

(3) 采用非指导性咨询的技巧。

治疗者要采用一种非指导性的咨询方式，不能操纵和支配求助者，尽量少提问题，避免代替求助者做出决定。治疗者应让求助者确定讨论的问题，让求助者发表意见和展开来谈，并用求助者对咨询的反应来说明和解释交谈的情况。

2. 治疗者的基本治疗态度

（1）真诚。

真诚是来访者中心疗法的一个重要的条件。真诚即治疗者能做到表里如一，不加任何掩饰，以自己的本来面目出现，还就意味着治疗者在治疗过程中真实地表现自己的情感和行为。

（2）无条件地积极关注。

无条件的尊重是治疗者对求助者的态度，也是心理治疗的前提。所谓无条件地积极关注，是指无论求助者所表述的情感的内容是多么得不可思议，治疗者都要乐于接受，对求助者表示理解和接纳，并且这种关注与理解是没有任何先决条件的，不管求助者的情感正确与否或合适与否。

（3）移情。

移情也称共情或通情，是指治疗者站在求助者的立场上，设身处地地去体会他们的痛苦、看待他们的问题，这是体验别人内心世界的能力。移情包括两个方面：一方面是治疗者的言语行为，如重复求助者谈话中的要点；另一方面是治疗者的非言语性行为，如治疗者的身体姿势、面部表情、语气、与求助者的目光交流等。

共情是来访者中心疗法的关键点。共情对于治疗关系的建立，对于促进求助者的自我探讨等都起着核心性的影响作用。

（五）认知疗法

认知疗法是 20 世纪六七十年代在美国迅速发展起来的一种心理咨询与治疗的理论和方法。

认知疗法是以认知论为理论基础发展而成的一类心理治疗法的总称。它强调认知过程在决定行为中的重要作用，认为人类一切有目的的行为和一般情绪都由认知发动和维持，认知上的歪曲与局限则导致情绪紊乱与适应不良。治愈病态的行为与情绪，关键在于矫正错误的认知过程及由此而形成的错误观点。

认知疗法的四个过程如下：

（1）建立求助的动机。在此过程中，治疗者要认识适应不良的认知-情感-行为类型。求助者和治疗者要对求助者的问题达成认知解释上意见的统一；对不良表现给予解释并且估计矫正所能达到的预期结果。比如，可以让求助者自我监测思维、情感和行为，然后治疗者给予指导、说明和认知示范等。

（2）适应不良性认知的矫正。在此过程中，治疗者要使求助者发展新的认知和行为来替代适应不良的认知和行为。比如，治疗者指导求助者广泛应用新的认知和行为。

（3）在日常生活中培养观念的竞争，用新的认知对抗原有的认知。在此过程中，治疗者要让求助者练习将新的认知模式用到社会情境之中，取代原有的认知模式。比如，治疗者可以使求助者先用想象的方式来练习处理问题或模拟一定的情境，或在一定的条件下让求助者以实际经历进行训练。

（4）改变有关自我的认知。在此过程中，治疗者作为新认知和训练的结果，要求求助者重新评价自我效能以及自我在处理认识和情境中的作用。比如，在练习过程中，治疗者让求助者自我监察行为和认知。

这种心理疗法最早是由瑞士心理学家霍姆于20世纪初提出。它与其他的传统疗法是有区别的：它强调认知的首要作用，而传统心理治疗更多地强调情绪；它一般不太关心无意识内驱力和无意识防御，认为绝大部分心理问题不用深入追寻埋在无意识之中的根源便能解决。它与认知行为疗法的区别在于其将心理现象放在了更重要的地位上，认为正统行为主义太狭隘，不考虑心理现象，致使许多问题不能解决。

第 33 章　压力与挫折

知识体系及思维脉络

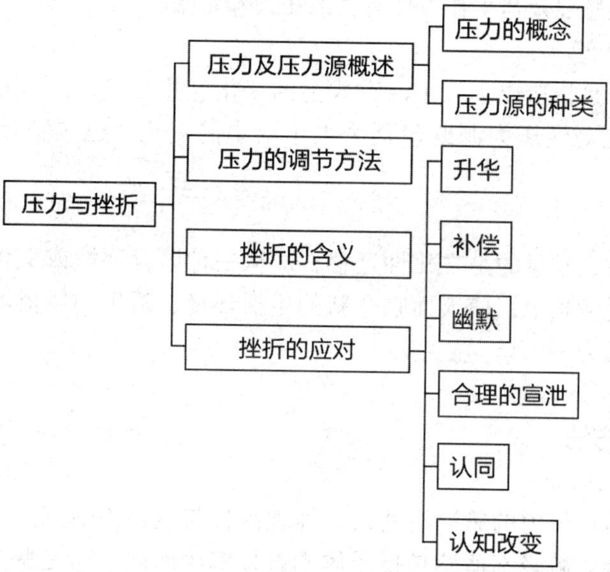

核心考点及学习提示

◆核心考点

挫折的应对方法。

◆学习提示

考试重点：挫折的应对方法。

考试难点：压力的调节方法。

一、压力及压力源概述

（一）压力的概念

压力是指由于刺激引起的、伴有躯体机能以及心理活动改变的一种身心紧张状态。

（二）压力源的种类

压力源即心理压力产生的原因，是指具有威胁性或伤害性并因此带来压力感受的事件或环境。心理学家在研究中通过分析造成压力的各种生活事件，提出了以下四种类型的压力源：

1. 躯体性压力源

躯体性压力源是指通过对人的躯体直接发生刺激作用而造成身心紧张状态的刺激物，包括物理的、化学的、生物的刺激物，如过高或过低的温度、微生物、变质的食物、酸碱刺激等。

2. 心理性压力源

心理性压力源是指来自人们头脑中的紧张性信息，如心理冲突与挫折、不切实际的期望、不祥的预感以及与工作责任有关的压力和紧张等。

3. 社会性压力源

社会性压力源是指造成个人生活方式上的变化，并要求人们对其做出调整和适应的情境与事件。社会性压力源既包括个人生活中的变化，也包括社会生活中的重要事件。

4. 文化性压力源

文化性压力源最常见的是文化性迁移，即从一种语言环境或文化背景进入到另一种语言环境或文化背景中，使人面临全新的生活环境、陌生的风俗习惯和不同的生活方式，从而产生压力。

真题及解析

二、压力的调节方法

一般而言，应对压力的策略有两类：处理困扰与减轻不适感。处理困扰是指个体直接改变压力来源。减轻不适感是指个体不直接解决问题，而是调节自己，以消解不良反应。具体来说，个体应对压力有以下六种方法：

(1) 了解自己的能力，制定切实可行的目标；

(2) 劳逸结合，积极休息，培养业余兴趣爱好；

(3) 加强体育锻炼，生活有规律，睡眠充足；

(4) 建立和扩展良好社会支持系统，拥有朋友；

(5) 积极面对人生，自信豁达，知足常乐，笑口常开；

(6) 改变不合理的观念，通过有意地改变自己的内部语言来改变不适应状况。

三、挫折的含义

挫折是指个体的动机、愿望、需要和行为受到内部因素和外部因素阻碍的情境和相应的情感态度。挫折具有挫折情境、挫折认知和挫折反应三个方面的含义。

挫折情境，即导致个体确定的目标不能实现的干扰事件或阻碍达到目的的行动条件以及情境等。

挫折认知，即个体对挫折情境的认识、态度、评价与解释状况，这是产生挫折和如何应对挫折的关键。

挫折反应，即伴随着挫折认知产生的情绪和行为反应。

四、挫折的应对

通过训练和有意识的辅导，教师可以帮助中学生掌握积极适应挫折的方法和技术，使他们学会如何对挫折做出积极、主动的适应，这是挫折教育不可忽视的内容。适应可以分为消极适应和积极适应两个方面。常见的积极适应方式有升华、补偿、幽默、合理的宣泄、认同、认知改变等。以下是一些常见的心理防御机制：

（一）升华

升华是指心理欲望从社会不可接受的方向转向社会可接受的方向的过程。

（二）补偿

补偿是指个体所追求的目标、理想受到挫折，或由于本身的某种缺陷而达不到既定目标时，用另一种目标来代替或通过另一种活动来弥补，从而减轻心理上的不适感。

（三）幽默

幽默是指个体遇到挫折、处境困难或尴尬时，用一种机智、双关、讽喻、诙谐、自嘲等语言、动作的良性刺激来化解困难，以摆脱内心的失衡状态。

（四）合理的宣泄

合理的宣泄是指通过创设一种情境，使个体能自由抒发受压抑的情绪。个体遇到挫折、失败时，最好是一吐为快，想办法把内心的不满、不愉快的情感宣泄出来。

（五）认同

认同是指一个人以各种各样的方式去建立与另一个人、一个团体或一个目标的同一性。也就是把别人具有的使自己感到羡慕的品质加在自己的头上，或是将自己与所崇拜的人视为一体，以提高自己的信心、声望、地位，从而减轻挫折感。

（六）认知改变

个体对挫折情境的认知评价如何会直接影响挫折感的产生。比如，高考落榜是考生产生挫折的情境，如果考生改变对高考落榜严重性的认识，看到上大学并非唯一的成才之路，这样就可以减轻挫折感。

真题及解析

模块六　练习题

答案解析

一、单项选择题

1. 为了防止考试焦虑症的发生，学校的心理咨询人员提前对学生集体进行指导，讲授自我放松、缓解紧张的方法属于（　　）。

A. 早期干预　　B. 缺陷矫正　　C. 发展指导　　D. 问题预防

2. 一个学生总是一遍遍地数课本，或其他图书的人物数量，或自己走过了多少级台阶，判定这个学生可能有的心理问题是（　　）。

A. 学习困难综合征　　B. 焦虑反应　　C. 厌学症　　D. 强迫症行为

二、简答题

简述教师心理健康的自我调适方法有哪些。

模块七　中学德育

考纲要求

1. 了解品德结构，理解中学生品德发展的特点。

2. 理解皮亚杰和柯尔伯格的道德发展理论，理解影响品德发展的因素，掌握促进中学生形成良好品德的方法。

3. 熟悉德育的主要内容，包括爱国主义和国际主义教育、理想和传统教育、集体主义教育、劳动教育、纪律和法制教育、辩证唯物主义世界观和人生观教育等。

4. 熟悉和运用德育过程的基本规律（包括德育过程是具有多种开端的对学生知、情、意、行的培养提高过程；德育过程是组织学生的活动和交往，对学生多方面教育影响的过程；德育过程是促使学生思想内部矛盾运动的过程；德育过程是一个长期的、反复的、不断前进的过程），分析和解决中学德育实际中的问题。

5. 理解德育的原则，掌握和运用德育的方法，熟悉德育的途径。

6. 了解生存教育、生活教育、生命教育、安全教育、升学就业指导等的意义及基本途径。

考试权重

模块	分值比例	分值	题型	重点提示
中学德育	约 17%	约 25 分	单项选择题 简答题 辨析题 材料分析题	本模块是国家教师资格考试“教育知识与能力（中学）”考查的重点。要求重点理解并掌握品德结构，德育过程的基本规律，德育的原则和方法，以及新时期德育的时代内容等。

第 34 章　中学生品德发展概述

知识体系及思维脉络

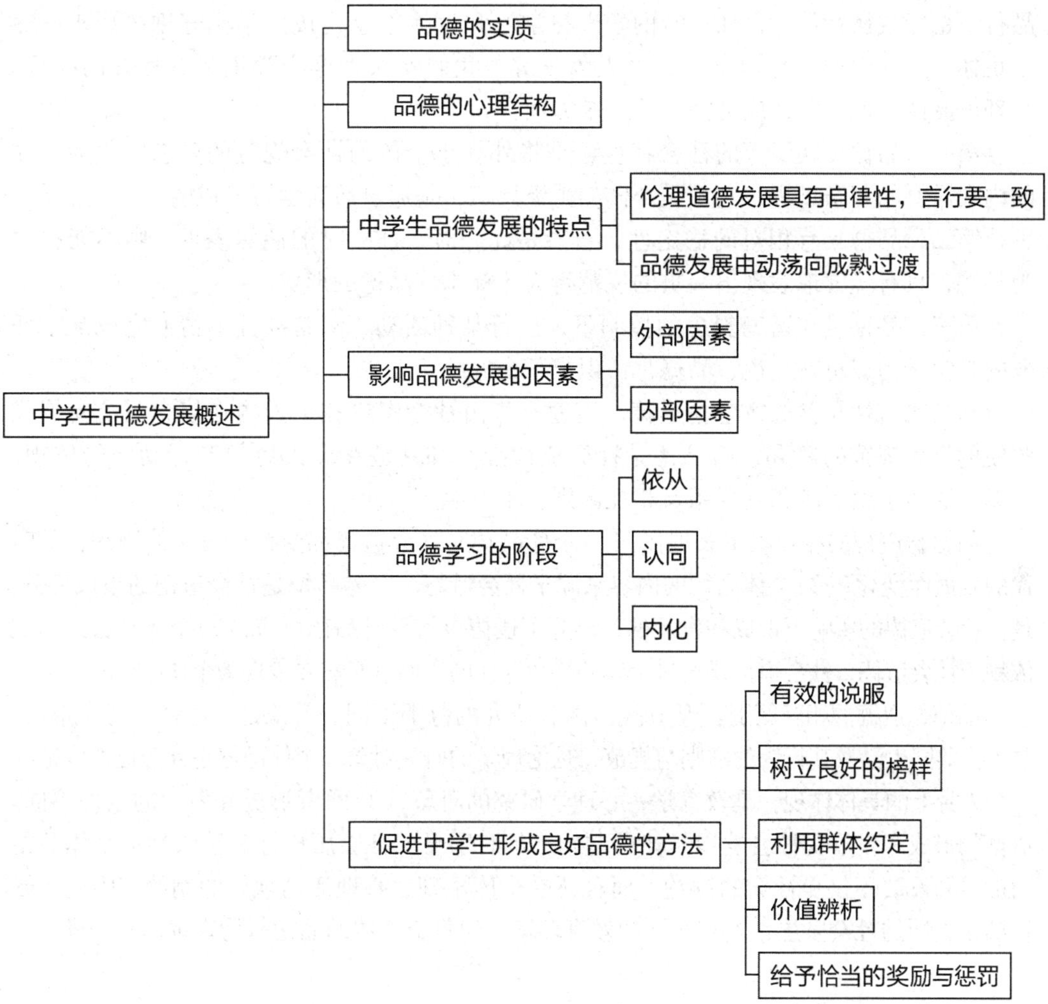

核心考点及学习提示

◆核心考点

品德的实质、心理结构以及影响品德发展的因素。

◆学习提示

考试重点：品德的实质，品德与道德的相互关系，影响品德发展的因素。

考试难点：影响中学生品德发展的因素。

一、品德的实质

品德是道德品质的简称，是社会道德在个人身上的体现，是指个体依据一定的社会道德行为规范行动时表现出来的比较稳定的心理特征和心理倾向。品德在我国又称品行、德行或操行等。例如，有的学生在学习和生活中总是按照学生守则的要求，热爱集体、遵守纪律、努力学习、助人为乐等，我们就认为这个学生具有良好的品德。在理解品德的概念时，应把握以下三个方面：

第一，品德反映了人的社会特性，是将外在于个体的社会规范的要求转化为个体的内在需要的复杂过程。它不是个体的先天禀赋，是通过后天学习形成的。

第二，品德具有相对的稳定性，若只是此一时、彼一时的偶然表现，则不能称之为品德，只有经常地表现出一贯的规范行为才标志着品德的形成。

第三，品德是在道德观念的控制下，进行某种活动、参与某件事情或完成某个任务的自觉行为，也就是说，品德是认识与行为的统一。

与品德密切相关的概念是道德。道德是指由社会舆论和个人内在信念系统支持或驱使的行为规范的总和，而品德是社会道德准则和规范在个人思想和行动中的体现。显然，这两个概念既相互联系又相互区别，不可混为一谈。

品德与道德的相互联系表现在：(1)个体品德与社会道德都受社会发展的制约，随时代的发展而变化；(2)个体品德的内容来源于社会道德，个体品德是社会道德的组成部分，是在社会道德的影响下形成和发展的，离开了道德也就没有品德可言；(3)个体品德的形成依赖于社会道德，社会道德是通过个体品德而存在的，而且必然要表现为个体品德。

品德与道德的相互区别表现为：(1)两者研究的范围不同。道德是一种社会意识形态，是人们共同生活及其行为的准则与规范，是伦理学的研究对象。个体品德是社会道德规范在一个人身上的具体体现，是教育学、心理学研究的对象。(2)两者形成和发展的条件不同。道德的形成和发展受社会发展规律的制约，具有明显的社会历史性和阶级性；个体品德的形成和发展不仅受社会的制约，而且还受个体生理、心理活动规律的制约。因此，尽管属于相同的社会阶层，具有相同的教育环境，但每个个体的品德行为表现却不一样。

二、品德的心理结构

品德的心理结构是指品德的构成要素及其相互关系，是个体在社会规范的学习过程中，通过外在的规范作用与主体对规范的反映与反作用，在人脑中逐渐建立起来的。品德的结构极为复杂，一般可以将品德分为四个部分，即品德的心理结构包括道德认识、道德情感、道德意志和道德行为。这四种成分相互联系、相互渗透、相互影响，有机结合，缺一不可。

真题及解析

三、中学生品德发展的特点

随着中学生身体发育的不断成熟和中学阶段活动内容的更新，中学生的品德日趋成熟。中学生品德发展的特点可以归纳为以下两个方面：

（一）伦理道德发展具有自律性，言行要一致

在整个中学阶段，中学生的品德迅速发展，处于伦理形成时期。伦理是人与人之间的关系以及必须遵守的行为准则，是道德关系的概括。伦理道德是道德发展的最高阶段。同时，中学时期学生的自我意识发展迅速，从效仿他人的评价发展到独立进行道德评价，品德心理中自我意识成分明显增强。

1. 形成道德信念与道德理想

中学阶段是道德信念与道德理想形成，并以此指导行动的时期。中学生逐渐掌握了伦理道德，并服从于它。其表现为中学生独立、自觉地依据道德信念、价值标准等去行动，道德行为更有原则性和自觉性。中学生道德信念的形成要经历一个长期的阶段，表现出阶段性：道德信念的准备期，大约在 10 岁以前；道德信念的萌发期，在 10—15 岁；道德信念的确定期，大约在 15 岁以后。

2. 自我意识增强

中学生的品德心理中的自我意识成分明显增强，从仿效他人的评价发展到独立进行道德评价。在品德发展的过程中，中学生更加关注自我道德修养，并努力加以提高。可以说，中学生对自我道德修养的反省性和监控性有了明显的提高，这为产生自觉的道德行为提供了有效的前提。

3. 道德行为习惯逐步巩固

中学阶段是人的一生中道德行为习惯形成的关键时期。由于不断地实践、练习，加之较为稳定的道德信念的指导，中学生逐渐形成了与道德伦理相一致的、较为定型的道德行为习惯。

4. 品德结构更为完善

中学生品德结构的组织形式逐渐完善，道德认识、道德情感与道德行为三者相互协调，形成了一个较为完善的动态结构，使他们不仅按照自己的道德准则去行动，而且也逐渐成为稳定的个性心理结构的一部分。

（二）品德发展由动荡向成熟过渡

1. 初中阶段品德发展具有动荡性

从总体上来看，初中阶段即少年期，中学生的品德虽然具有伦理道德的特性，但仍旧不成熟、不稳定，具有动荡性，表现在：(1)道德观念的原则性、概括性不断增强，但还带有一定程度的具体经验特点；(2)道德情感表现丰富、强烈，但又好冲动；(3)道德行为有一定的目的性，渴望独立自主地行动，但愿望与行为经常有距离。在活动中，中学生容易被“诱因”引起的欲望所驱使，道德动机简单，情境性动机、情绪性动机、兴奋性动机突出，动机容易发生变化。随着社会化水平的提高，中学生的理智性动机发展，兴趣趋向稳定，道德动机向稳定性发展。此时期既是中学生人生观开始形成的

时期，又是容易发生品德两极分化的时期。品德不良、违法犯罪多发生在这个时期。根据研究，初中二年级是中学生品德发展的关键期。

2. 高中阶段品德发展趋向成熟

高中阶段或青年初期，中学生的品德发展进入以自律为主要形式、应用道德信念来调节道德行为的成熟时期，表现在中学生能自觉地应用一定的道德观点、道德信念来调节行为，并初步形成人生观和世界观。

从总体来看，初中生的伦理道德已开始形成，但具有两极分化的特点。高中生的伦理道德的发展具有成熟性，可以比较自觉地运用一定的道德观念、道德原则、道德信念来调节自己的行为。

3. 中学生品德发展的基本特征对教学的启示

教师应以中学生态度与品德发展的基本特征为德育工作的出发点，在德育的内容、形式、评价标准等方面都应该遵循品德发展规律，重视品德发展过程中的关键期，采取合理的教育措施，有的放矢，因材施教。

四、影响品德发展的因素

（一）外部因素

1. 家庭教养方式

有研究表明，中学生的态度和品德特征与家庭的教养方式有密切关系。若家庭教养方式是民主、信任、容忍的，则有助于中学生的优良态度与品德的形成与发展。若家长对待子女过分严格或放任，则中学生容易产生不良的、敌对的行为。

2. 社会风气

社会风气由社会舆论、大众媒介传播的信息、各种榜样的作用等构成。青少年由于自身的道德、自我的发展尚未成熟，不善于做出正确的选择，易受社会不良风气的影响，教师要特别重视这个因素的影响。作为社会的成员，中学生不可能与社会隔绝，也无力控制、净化社会环境，再加上自身的选择、判断能力有限，因此，社会上良好与不良的风气都有可能影响其道德信念与道德价值观的形成，这也加大了德育工作的难度。

3. 同伴群体

归属于某个团体是个体的一种基本需要，因此，正式的班集体、非正式的小团体等对中学生都具有一定的吸引力，他们试图使自己的言行态度与同伴群体保持一致，以得到同伴群体的接纳和认可。可以说，中学生的态度与道德行为在很大程度上受到他们所归属的同伴群体的行为准则和风气的影响。小团体思想的健康与不健康都对青少年品德的形成和改变具有重要影响。

（二）内部因素

1. 认知失调

认知失调理论是由美国心理学家费斯廷格提出的。他认为，人类具有一种维持平衡和一致性的需要，即力求维持自己的观点、信念的一致，以保持心理平衡。当认知不平衡或不协调时，比如，新出现的事物与自己原有的经验不一致或者自己的观点与他人的、社会的观点或风气不一致等，内心就会有不愉快或紧张的感受，此时个体就会试图通过改变自己的观点或信念，以达到新的平衡。可以说，认知失调是态度改变的先决条件。

2. 态度定式

个体由于过去的经验，对所面临的人或事可能会具有某种肯定或否定、趋向或回避、喜好或厌恶等内心倾向性，这种事先的心理准备或态度定式常常支配着人对事物的预料与评价，进而影响其是否接收有关的信息和接收的量。假如中学生对教师有消极的态度定式，则教师的教诲与要求可能会成为耳旁风，甚至引发冲突。帮助中学生形成对教师、对集体的积极的态度定式或心理准备是使中学生接受道德教育的前提。

3. 道德认知

态度与品德的形成与改变取决于个体头脑中已有的道德准则、规范的理解水平和掌握程度，取决于已有的道德判断水平。根据皮亚杰和美国心理学家柯尔伯格的研究，要改变或提高个体的道德水平，必须考虑其接受能力，遵循先他律而后自律、循序渐进的原则。比如，当学生的道德判断能力处于其发展的第三个阶段时，最好向他们讲解第四个阶段的道理。否则一味地向学生灌输第五个阶段或第六个阶段的大道理，即使他们可以熟记这些大道理，也不能被他们的认知结构所同化，自然也不能作为一种内在的道德信念来指导其行为。教师在实施道德教育时，不应只注意道德教育的形式，进行道德说教，而应结合中学生的实际生活和切身体验，晓之以理。

4. 受教育程度

品德行为是个人价值内化的结果。中学生的道德认知能力和道德判断能力无疑与教育密切相关。随着受教育程度的提高，道德认知能力和道德判断能力都有所提高。总体上，教育程度与品德的关系类似于智力与品德的关系。

此外，个体的智力水平、年龄等因素也对态度与品德的形成与改变有不同程度的影响。

五、品德学习的阶段

一般认为，品德学习的过程经历了依从、认同与内化三个阶段。

(一) 依从

依从是指个体为了获得奖励和避免惩罚而采取的与他人的要求在表面上相一致的行为。依从包括从众和服从两种。从众是指个体对于某种行为要求的依据或必要性缺乏认识与体验而随他人行动的现象。服从是指个体在权威命令、社会舆论或群体气氛的压力下，放弃自己的意见而采取与大多数人一致的行为。

(二) 认同

认同是指个体在思想、情感、态度和行为上主动接受他人的影响，使自己的态度和行为与他人相接近。认同实质上就是对榜样的模仿，其出发点就是试图与榜样一致。

真题及解析

（三）内化

内化是指个体在思想观点上与他人的思想观点一致，将自己所认同的思想和自己原有的观点、信念融为一体，构成一个完整的价值体系。在内化阶段，个体的行为具有高度的自觉性和主动性，并具有坚定性，表现为“富贵不能淫，贫贱不能移，威武不能屈”。此时，稳定的态度和品德就形成了。

六、促进中学生形成良好品德的方法

教师可以综合应用一些方法来帮助中学生形成或改变态度和品德。常用且有效的方法有说服、榜样示范、群体约定、价值辨析、奖励与惩罚等。

（一）有效的说服

教师用言语说服学生，主要通过向学生提供信息作为论据，或者支持学生原来的态度和品德，或者反对学生原来的态度和品德。

（二）树立良好的榜样

班杜拉的社会学习理论以及大量的实践经验都证明，社会学习是通过观察、模仿而完成的，态度与品德作为社会学习的一项内容，也可以通过观察、模仿榜样的行为而习得。

真题及解析

（三）利用群体约定

有研究发现，经集体成员共同讨论决定的规则、协定，对其成员具有一定的约束力，可以使成员承担需要执行的责任。一旦某位成员出现越轨或违反约定的行为，则会受到其他成员的有形或无形的压力，迫使其改变态度。

（四）价值辨析

价值辨析实际上是让人们对于自己的价值观有清醒的认识，并且能够履行自己的价值观。有研究者认为，人的价值观刚开始不能被个体清醒地意识到，必须经过一步步地辨别和分析，才能形成清晰的价值观并指导自己的道德行动。

（五）给予恰当的奖励与惩罚

奖励与惩罚作为外部的调控手段，不仅影响认知、技能或策略的学习，而且对个体的态度与品德的形成也起到了一定的作用。

除了上述所介绍的各种方法之外，角色扮演、小组道德讨论等方法对于态度与品德的形成和改变也都是非常有效的。

第 35 章　品德发展的阶段理论

知识体系及思维脉络

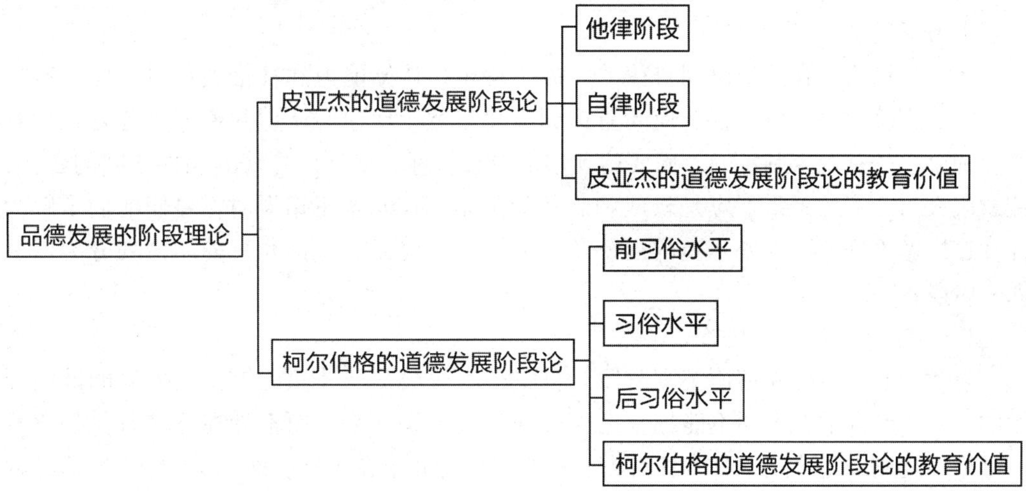

核心考点及学习提示

◆核心考点

几种主要的道德发展阶段理论。

◆学习提示

考试重点：皮亚杰、柯尔伯格的道德发展阶段论。

考试难点：皮亚杰、柯尔伯格的道德发展阶段论中道德发展各阶段的基本特征。

一、皮亚杰的道德发展阶段论

早在 20 世纪 30 年代，瑞士著名心理学家皮亚杰就对儿童的道德判断进行了系统研究。同时，皮亚杰也是第一位系统考察儿童道德规范形成与道德认知发展的心理学家，他的研究为儿童道德发展研究提供了理论框架和研究方法，初步奠定了品德心理研究的科学基础。他认为儿童的道德发展大致分为以下两个阶段：

（一）他律阶段

在 10 岁以前，儿童对道德行为的判断主要是依据他人设定的外在标准，称为他律道德。在这个阶段，儿童的道德判断受外部的价值标准所支配和制约，表现出对外在权威的绝对尊敬和顺从的愿望。他们认为规则是必须遵守的，是不可更改的，只要服从权威就是对的。比如，听父母或大人话的就是好孩子。这个阶段的儿童对行为的判断主要是依据客观结果，而不考虑主观动机。

（二）自律阶段

10 岁以后，儿童的判断主要是依据自己认可的内在标准，称为自律道德。他们开始认识到规则不是绝对的、一成不变的，可以与他人合作，共同决定或修改规则，规则只是维护自己与他人的关系。儿童的思维已从自我中心解脱出来，能够站在他人的立场上考虑问题。

皮亚杰认为，在从他律到自律的发展过程中，认知能力和社会关系对个体具有重大影响。道德教育的目标就是使儿童达到自律道德，使他们认识到道德规范是在相互尊重和合作的基础上制定的。而要达到这个教育目标就必须注意培养同伴之间的合作，注意成人与儿童的关系不应是权威和服从的关系。在儿童犯错误时，要使他们了解为什么这样做不好，以发展儿童的道德认识。同时，皮亚杰还把儿童的品德划分为以下四个阶段：

1. 自我中心阶段（2—5 岁）

自我中心阶段即无道德规则阶段。自我中心阶段是从儿童能够接受外界的准则开始的。这个时期的儿童还不能把自己同外在环境区别开来，而把外在环境看作是自身的延伸，规则对他来说不具有约束力。皮亚杰认为儿童在 5 岁以前还是“无律期”，顾不得人我关系，而是以“自我中心”来考虑问题。

2. 权威阶段（6—8 岁）

权威阶段也称他律期。这个时期的儿童服从外部规则，接受权威指定的规范，把人们规定的准则看作是固定的、不可变更的，而且只根据行为后果来判断对错。例如，妈妈不在家，一个小孩为了帮助妈妈做事，打碎了几个玻璃杯；另一个小孩为了偷柜子上的糖果吃，打碎了一个玻璃杯。让这个时期的儿童作判断，他往往认为前者的错误更大，因为他打碎了很多的玻璃杯，而不考虑两个小孩的动机。有人称这个时期为道德现实主义或他律的道德。

3. 可逆性阶段（8—10 岁）

这个时期的儿童已不把准则看成不可改变的，而把它看作同伴之间共同约定的。儿童一般都形成了这样的概念：如果所有的人都同意的话，规则是可以改变的。儿童已经意识到一种同伴间的社会关系，应当相互尊重。准则对他们来说已具有一种保证他们相互行动、互惠的可逆特征。同伴之间的可逆关系的出现标志着品德由他律阶段开始进入自律阶段。因此，这个时期也称自律期，也就是自主期。

道德发展到这个时期，儿童不再无条件地服从权威。当然，这个时期儿童的判断还是不成熟的，要到十一二岁后才能进行独立判断。有人称这个时期为道德相对主义或合作的道德。

4. 公正阶段（10—12 岁）

这个时期的儿童的公正观念是从可逆的道德认识脱胎而来的。他们开始倾向于主

真题及解析

持公正、平等。公正的奖惩不能是千篇一律的，应根据每个人的具体情况进行。

（三）皮亚杰的道德发展阶段论的教育价值

1. 重视提高学生的道德判断能力

在皮亚杰的道德发展阶段论中，道德判断能力的发展是一个重要的方面。学校德育应该改变重视道德知识传授、忽视能力培养的理论倾向，要把重点放在发展学生的道德判断能力上，选择符合学生年龄发展水平的、健康的德育内容，同时给学生提供更多的实践机会，逐步提高学生的道德判断能力。

2. 不同年龄阶段的儿童需采取不同的德育方法

皮亚杰认为，年幼的儿童虽然在成人的道德要求下，能够按照成人的要求做事，但实际他们上并不明白为什么要做，而部分成人利用权威对儿童发号施令，随便对他们的行为加以强制和约束，这样不能达到促进儿童智慧和道德发展的目的，对儿童智慧和道德的发展造成了严重的不良影响。年长的儿童能够根据自己观念上的价值标准对道德问题做出判断，已能用公道或不公道这一新的道德标准去判断是非。对这个阶段的儿童施以强制和约束是没有用处的，应该晓之以理、以理服人才会取得良好的效果。

二、柯尔伯格的道德发展阶段论

真题及解析

美国心理学家柯尔伯格系统地扩展了皮亚杰的理论和方法，并在此基础上，进一步做了修改、提炼和扩充，依据不同年龄段的儿童进行道德判断的思维结构提出了自己的一套儿童道德发展的阶段模式。

柯尔伯格同皮亚杰一样，承认儿童的认知发展是道德发展的必要条件，道德发展有一个固定不变的连续发展顺序，也都强调社会相互作用在道德发展中的作用。他们的不同首先表现在研究方法上，皮亚杰用编成的对偶故事，与儿童谈话来研究儿童道德认识的发展；柯尔伯格则认为对偶故事法不能很好地揭示儿童道德推理的过程，他主张采用两难故事法。例如，经典的《海因茨偷药》的故事中包含了一个在道德价值上具有矛盾冲突的情境，让被试听完故事后对故事中人物的行为进行评论，从而了解被试的道德发展水平。

柯尔伯格提出了人类道德发展的顺序原则，并认为道德认知是可以通过教育过程加以培养的。根据不同年龄的儿童和青少年所做出的反应，柯尔伯格将道德判断分为三个水平，每个水平又包括两个阶段，因此提出了三水平六阶段的道德发展阶段论。

（一）前习俗水平

前习俗水平大约出现在幼儿园及小学低中年级阶段。这个时期的特征是：儿童遵守规范，但尚未形成自己的主见，根据行为的具体结果及其与自身的利害关系来判断好坏是非，认为道德的价值不是取决于人或准则，而是取决于外在的要求。

前习俗水平又分为以下两个阶段：

1. 惩罚服从取向阶段

在这个阶段，儿童根据行为的后果来判断行为是好是坏及其严重程度，他们还没有真正的道德概念，服从权威或规则只是为了避免惩罚，衡量是非的标准是由惩罚决定的，认为只要受到惩罚，不管其理由是什么，那一定是错的。对成人或准则采取服从的态度，缺乏是非善恶的观念，判断好坏只注意行为的结果，而不注意动机。

2. 相对功利取向阶段

处于这个阶段的儿童形成了一种朴素的利己主义。此时，儿童判定某一行为的好坏，主要看是否符合自己的要求和利益，具有较强的自我中心性，认为符合自己需要的行为就是正确的。儿童不再把规则看成是绝对的、固定不变的东西。评定行为的好坏主要看是否符合自己的利益。他们能部分地根据行为者的意向来判断过错行为的严重程度。

(二) 习俗水平

习俗水平是在小学中年级以上出现的，一直到青年、成年。这个阶段的儿童为了得到赞赏和表扬或维护社会秩序而服从于父母、同伴、社会集体所确立的准则，能着眼于社会的希望和要求，从社会成员的角度思考道德问题，开始意识到个体的行为必须符合社会的准则，能够了解和认识社会规范，并遵守和执行社会规范。规则已被内化，按照规则行动被认为是正确的。

习俗水平又分为以下两个阶段：

1. 寻求认可取向阶段

寻求认可取向阶段也称“好孩子”定向阶段。处于这个阶段的儿童认为凡是社会大众认可的，就是对的；反之就是错的。他们顺从传统的要求，谋求他人的赞赏。判断行为的好坏主要依据动机：认为有利于他动机的就是好的，有利于己动机的就是坏的。这个阶段的儿童主要是考虑社会或成人对“好孩子”的期望与要求，并力求达到这一标准。

2. 遵守法规取向阶段

处于这个阶段的儿童习惯于服从权威，遵守公共秩序，接受社会习俗，尊重法律权威，有责任感和义务感。他们认为准则和法律是维护社会秩序的，只要行为违反了规则，并给他人带来伤害，不论是何种动机，都是不道德的。相反，凡是维护权威和社会准则的行为，就是好的、正确的。

(三) 后习俗水平

后习俗水平的特点是道德行为由共同承担的社会责任和普遍的道德准则支配，道德标准已被内化为儿童自己内部的道德命令，所以也称原则水平。这时，儿童能以普遍的道德原则作为自己行为的基本准则，能从人类正义、良心、尊严等角度来判断行为的对错，并不完全受外在的法律和权威的约束，而是力图寻求更恰当的社会规范。

后习俗水平又分为以下两个阶段：

1. 社会契约取向阶段

在这个阶段，人们认识到法律或习俗的道德规范是一种社会契约，看重法律的效力，大家可以相互承担义务和享有权利，利用法律可以维持公正。同时人们也认识到，契约可以根据需要而改变，使之更符合社会大众的权益。在强调按照契约和法律的规定享受权利的同时，认识到个人应尽义务和责任的重要性。

2. 普遍伦理取向阶段

人们能够根据自己的人生观、价值观去判断是非善恶，超越现实规范的约束，即以良心、正义、公平、尊严、人权等最一般的原则为标准去进行道德判断，行为完全自律。当根据自己所确立的原则活动时，个体就会觉得身心愉快；相反，当行为背离了自己的道德标准时，个体就会产生内疚感和自我谴责感。

柯尔伯格认为，个体的道德认知由低级阶段向高级阶段发展，而且年龄与道德发展阶段有一定的关系，但不完全对应，道德发展的顺序是固定的，并不是所有的人都在同样的年龄达到同样的发展水平，事实上有许多人永远无法达到道德判断的最高水平。有研究表明，大多数 9 岁以下的儿童以及少数青少年处于前习俗水平，大部分青年和成人都处于习俗水平，后习俗水平一般要到 20 岁以后才能出现，而且只有少数人才能达到。

（四）柯尔伯格的道德发展阶段论的教育价值

1. 提倡民主化的道德教育

柯尔伯格的道德发展阶段论提倡的是一种公正、民主的原则。在进行道德教育时也应体现出一种民主化的教育氛围，教师与学生之间、学生相互之间都应该充分地体现出一种民主，彼此之间平等信任、相互尊重，改变传统道德教育具有高低地位区别的道德教育方式。

2. 遵循学生的道德发展规律

柯尔伯格提出的三水平六阶段的道德发展阶段论反映的是个体从低级向高级发展的一般趋势。根据柯尔伯格的道德发展阶段论，每个阶段的发展都各具特点，在进行道德教育的实践活动中，应遵循学生的道德发展规律，只有抓住学生每个阶段的特点，才能有针对性地开展教育，促使学生向更高更好的水平发展。

3. 尊重学生的主体性地位

柯尔伯格的道德发展阶段论提倡民主化的师生关系，体现在道德教育过程中，很重要的一个方面是尊重学生的主体地位。因此，在现代的学生教育过程中应改变传统的教育模式，尊重学生的主体地位，发挥学生的主观能动性，教育主体与教育客体之间平等地交流，注重学生的自我教育和自我管理，变被动地学习为主动地学习。

4. 采用多样化的教育方式

单一的教育方式不能吸引学生的兴趣，不能激发学生的学习积极性。在进行道德教育的实践活动中，倡导多样化的教育方式，应注重教师的引导作用，发挥学生的主体作用，将多种教学方式灵活地融合在一起，同时结合学生道德发展的实际情况进行，启发学生的思想觉悟，提高学生的道德水平。

第36章 德育的概念、意义和内容

知识体系及思维脉络

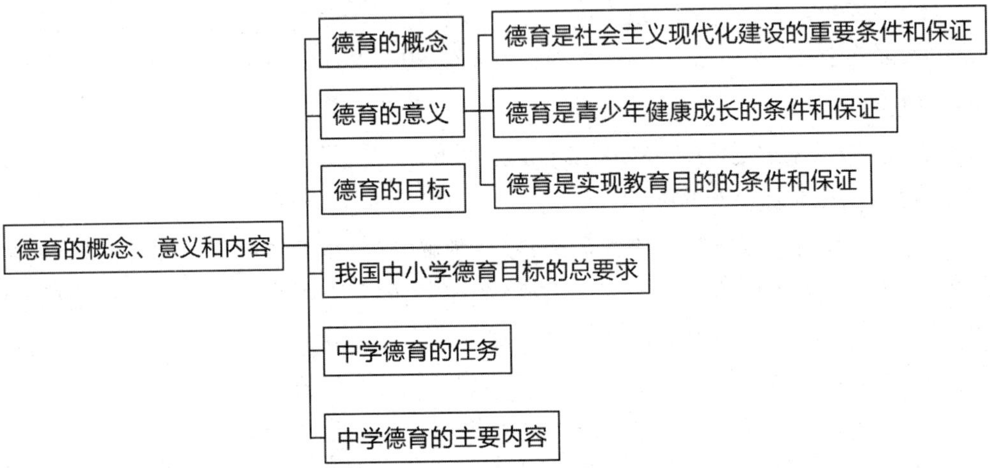

核心考点及学习提示

◆核心考点

德育的概念，中学德育的任务和主要内容。

◆学习提示

考试重点：德育的概念，中学德育的任务和主要内容。

考试难点：新时期德育的目标。

一、德育的概念

广义的德育泛指所有有目的、有计划地对社会成员在政治、思想与道德等方面施加影响的活动，包括社会德育、社区德育、学校德育和家庭德育等方面。

狭义的德育专指学校德育。学校德育是指教育者按照一定社会或阶级的要求，有目的、有计划、有系统地对受教育者施加思想、政治和道德等方面的影响，并通过受教育者积极的认识、体验与践行，使其形成一定社会与阶级所需要的品德的教育活动。简言之，学校德育就是教师有目的地培养学生品德的活动。

学校德育由政治教育、思想教育、道德品质教育和法纪教育四个部分构成。其中，道德品质教育是核心，即引导学生逐步掌握社会主义的道德规范，履行道德义务，以形成高尚的品德；政治教育是方向，即引导学生坚持社会主义道路，坚持中国共产党的领导，逐步形成爱憎分明的政治态度和政治立场；思想教育是基础，即引导学生逐步掌握辩证唯物主义和历史唯物主义的基本观点，以形成正确的人生观和科学的世界观；法纪教育是保障，它们共同塑造完整、健全的个体。

在我国社会主义建设的新时期，德育对于社会、人和教育的发展都有重要意义，具体可以归纳为：(1)德育是进行社会主义精神文明建设的重要条件；(2)德育是培养社会主义新人的必要条件；(3)德育是学校全面发展教育的基本组成部分，是实现教育目的的重要保证。

真题及解析

二、德育的意义

（一）德育是社会主义现代化建设的重要条件和保证

德育是精神文明建设的重要组成部分之一，同时，又贯穿于物质文明和民主政治的建设之中。社会主义学校是培养建设人才的必要场所，是进行社会主义精神文明建设的重要阵地。从长远来看，学校德育具有重大的战略意义，把现在的中学生培养成具有社会主义思想道德的一代新人，将对我国未来的社会风气、民族精神和社会主义现代化建设产生决定性影响。

（二）德育是青少年健康成长的条件和保证

德育直接关系到青少年学生的健康成长。青少年正处在长身体、长知识、思想道德品质形成发展时期，因此，必须运用正确的思想和方法对他们进行教育，以使他们形成良好的品德，增强抵制错误思想影响的能力，引导他们沿着社会主义要求的方向发展，促使他们健康成长，否则就可能误入歧途。

（三）德育是实现教育目的的条件和保证

德育作为全面发展教育的重要组成部分，它可以确保其他各育沿着正确的方向发展，在素质教育中起着灵魂和核心的作用。只有抓好德育，才能有效地促进青少年一代全面健康地发展，才能保证实现教育目的。

三、德育的目标

德育的目标是指通过德育活动在受教育者品德形成发展上所要达到的总体规格要求，亦即德育活动所要达到的预期目的或结果的质量标准。德育的目标是德育工作的出发点，它不仅决定了德育的内容、形式和方法，而且还制约着德育工作的基本过程。

制定德育的目标的主要依据是：时代与社会发展的需要；国家的教育方针和教育目的；民族文化及道德传统；受教育者思想品德形成、发展的规律及心理特征。

四、我国中小学德育目标的总要求

我国现阶段的德育目标可以这样来表述：根据中小学生身心发展的规律，有系统、有层次、有针对性地进行有中国特色的社会主义思想政治教育、道德教育和法制教育，使广大中小学生掌握基本的现代政治、思想、法律和道德知识，培养他们积极的政治、法律和道德责任感、荣誉感，使他们具有良好的政治、思想、法律和道德品质与行为习惯，为最终成为“有理想、有道德、有文化、有纪律”的社会主义公民奠定牢固的基础。

《国家中长期教育改革和发展规划纲要（2010—2020年）》中明确指出，坚持德育为先。立德树人，把社会主义核心价值体系融入国民教育全过程。加强马克思主义中国化最新成果教育，引导学生形成正确的世界观、人生观、价值观；加强理想信念教育和道德教育，坚定学生对中国共产党领导、社会主义制度的信念和信心；加强以爱国主义为核心的民族精神和以改革创新为核心的时代精神教育；加强社会主义荣辱观教育，培养学生团结互助、诚实守信、遵纪守法、艰苦奋斗的良好品质；加强公民意识教育，树立社会主义民主法治、自由平等、公平正义理念，培养社会主义合格公民；加强中华民族优秀文化传统教育和革命传统教育。这就是新时期我国确立的德育目标。

五、中学德育的任务

中学德育的任务就是以共产主义思想和道德规范教育青少年，引导他们主动积极地进行社会实践，逐步养成高尚的社会主义品德，成为全面发展的社会主义国家的公民。具体地说，包括以下三个方面的任务：

（1）逐步提高中学生的道德修养能力和形成社会主义和共产主义的道德观；

（2）培养中学生坚定的政治立场和高尚的道德情操；

（3）养成中学生良好的道德行为习惯。

六、中学德育的主要内容

德育内容是指实施德育工作的具体材料和主体设计，是形成受教育者品德的社会思想政治准则和道德规范的总和，它关系到用什么道德规范、政治观、人生观、世界观来教育中学生的重大问题，标志着应当培养中学生具有哪些品德，是进行思想品德教育的依据，是完成德育任务、实现德育目的的重要保证。

德育内容的选择或确定，一般受三个方面因素的制约：(1)德育目标，它决定了德育的内容；(2)受教育者的身心发展特征，它决定了德育内容的深度和广度；(3)德育所面对的时代特征和学生思想实际，它决定了德育工作的针对性和有效性。

中学德育的主要内容主要包括：(1)爱国主义和国际主义教育；(2)理想教育；(3)集体主义教育；(4)劳动教育；(5)自觉纪律教育；(6)民主和法制教育；(7)人道主义和社会公德教育；(8)科学世界观和人生观教育。

第 37 章　德育过程

知识体系及思维脉络

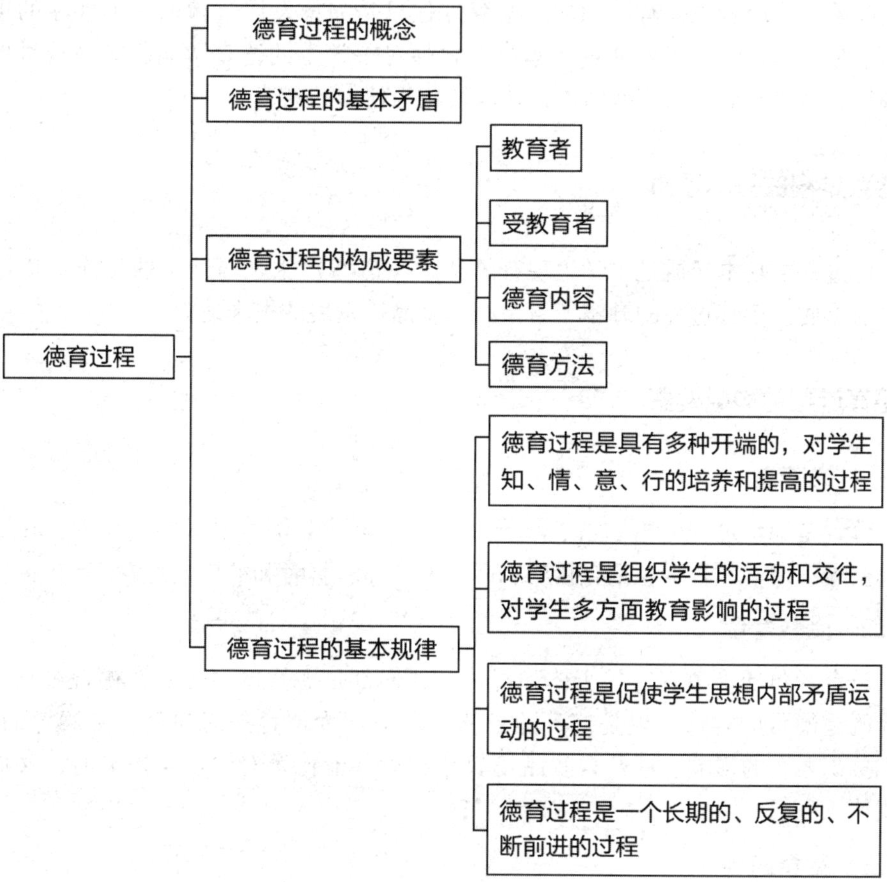

核心考点及学习提示

◆核心考点

德育过程的概念，德育过程的基本规律。

◆学习提示

考试重点：德育过程与品德发展过程的关系，德育过程的基本规律。

考试难点：运用德育过程的基本规律的相关知识有针对性地开展中学德育工作。

一、德育过程的概念

德育过程即进行思想品德教育的过程，是教育者和受教育者双方借助于德育内容和德育方法，对其政治意识、思想观点和道德品质等方面施加影响，进行施教传道和受教修养的统一活动过程，是促使受教育者道德认识、道德情感、道德意志和道德行为发展的过程，是个体社会化与社会规范个体化的统一过程。

德育过程引导并促进着中学生品德的发展，因而德育过程与品德发展过程之间有内在的联系。但两者也是有区别的，德育过程只是品德发展过程的一个外在的重要条件，而不是中学生的品德发展过程本身。教师对中学生的德育影响，必须经过他们主体的选择、吸取与能动的实践活动，才能转化为他们的品德。

真题及解析

二、德育过程的基本矛盾

德育过程的基本矛盾是中学生现有的品德（道德）水平与社会的品德（道德）要求之间的矛盾。德育过程的基本矛盾是中学生品德发展的根本动力。

三、德育过程的构成要素

(一) 教育者

教育者是德育过程的组织者、领导者，是一定社会德育要求的体现者，在德育过程中起主导作用。教育者包括直接的和间接的个体教育者和群体教育者。

(二) 受教育者

受教育者包括受教育者的个体和群体，他们都是德育的对象。在德育过程中，受教育者既是德育的客体，也是德育的主体。当他们为德育的对象时，是德育的客体；当他们接受德育的影响，进行自我品德教育和对其他德育对象产生影响时，又成为德育的主体。

(三) 德育内容

德育内容是指用以形成受教育者品德的社会思想、政治和道德规范，是受教育者学习、修养和内在化的客体。中学德育的基本内容是根据学校德育目标和学生品德形成发展规律确定的，它具有一定的范围和层次。

(四) 德育方法

教育者借助一定的德育方法将德育内容作用于受教育者，受教育者借助一定的德育方法来学习、修养、内化德育的内容并将其转化为自己的品德。

四、德育过程的基本规律

视频讲解

（一）德育过程是具有多种开端的，对学生知、情、意、行的培养和提高的过程

1. 知、情、意、行是构成品德的四个基本要素

德育过程是培养学生的品德的过程。学生的品德是由思想、政治、法纪、道德方面的认识、情感、意志、行为等因素构成的，这几个因素简称为知、情、意、行。构成品德的知、情、意、行的这四个基本因素是相对独立的，同时又是相互联系的。

（1）知。

知也叫道德观念，是学生的品德形成的基础，是人们对道德规范及其意义的理解和掌握，对是非、善恶、美丑的认识、判断和评价，以及在此基础上形成的道德识辨能力，也是人们确定对客观事物的主观态度和行为准则的内在依据。它是学生产生道德情感、形成道德意志、指导道德行为的基础。在掌握道德知识的基础上，可以对某些道德行为的善恶进行分析、评价，形成道德判断。

（2）情。

情也叫道德情感，是产生道德行为的内部动力，是人们对社会思想道德和人们行为的爱憎、好恶等情绪态度，是进行道德判断时引发的一种内心体验。道德情感对学生的品德行为起着重要的调节作用。

（3）意。

意也叫道德意志，是为实现道德行为所做的自觉努力，是人们通过理智权衡，解决思想道德生活中的内心矛盾与支配行为的力量。道德意志是调节学生的品德行为的精神力量。它表现为：在确定道德动机时，能用理智战胜欲望；在实践道德行为时，能排除各种干扰，坚持到底。

（4）行。

行也叫道德行为，它是通过实践或练习形成的，是人们在行动上对他人、社会和自然所做出的行为反应，是人的内在的道德认识和道德情感的外部行为和外部表现。道德行为是衡量思想道德水平高低的根本标志，是衡量少年儿童认识与修养水平高低的重要标志。

2. 知、情、意、行之间的关系及其发展

真题及解析

在德育过程中，知、情、意、行四个要素既是相对独立的，又是相互联系、相互影响、相互渗透、相互促进的。其中，知是基础，行是关键。

在德育过程中，培养学生的品德一般可以按照提高道德认识、陶冶道德情感、锻炼道德意志和培养道德行为习惯的顺序进行，这四个要素缺一不可，必须是统一和谐地发展。

应当指出，学生品德的知、情、意、行四个方面，在发展方向和发展水平上又具有不平衡性，表现为通情不达理、达理不通情、言行不一、口是心非等。德育过程的一般顺序可以概括为知、情、意、行，以知为开端，以行为终结。由于知、情、意、行的辩证统一性和不平衡性，因而在德育的具体实施过程中，又具有多种开端，可以

根据学生品德发展的具体情况，或从导之以行开始，或从动之以情开始，或从锻炼品德意志开始，最后达到使学生品德在知、情、意、行等方面的和谐发展。

(二) 德育过程是组织学生的活动和交往，对学生多方面教育影响的过程

活动和交往是学生品德形成和发展的基础和源泉。学生的品德是在积极的活动和交往过程中，接受外界教育的影响，逐步形成、发展并表现出来，从而进一步接受外界检验的。教育性活动和交往过程是德育过程的基础。形成一定品德的目的也是为了更好地适应和参与社会新生活的创造，能加快学生的品德发展速度，对学生的品德发展方向起规范和保证作用。因此，教师应有目的、有计划地按照学生的品德形成和发展的规律来组织和指导学生进行社会活动。

德育过程中的活动和交往的主要特点有：(1)具有引导性、目的性和组织性；(2)不脱离学生学习这一主导活动和主要交往对象的教师和同学；(3)具有科学性和有效性，这是按照学生的品德的形成发展规律和教育学、心理学原理组织的，因而能更加有效地影响学生品德的最终形成。

品德形成是学生能动地接受多方面教育影响的过程。多方面教育影响广泛多样，既有校内的正式影响，也有校外的非正式影响；既有积极正面的影响，也有消极负面的影响。

学校德育应在多方面教育影响中发挥主导作用，将多方面教育影响统一到教育目的上来，形成学校与家庭、社会教育的合力，促使学生良好品德的形成和发展。

(三) 德育过程是促使学生思想内部矛盾运动的过程

德育过程既是社会道德内化为个体的思想品德的过程，又是个体的思想品德外化为社会道德行为的过程。要实现这“两化”，必然伴随着一系列的思想矛盾和斗争。

德育过程的基本矛盾，是教育者提出的德育要求（社会所要求的道德规范）与受教育者现有的品德水平之间的矛盾，其实质是社会矛盾在德育过程中的反映。

要实现矛盾向教育者期望的方向转化，教师要给学生创造良好的外因，还要了解学生的心理矛盾，促使其积极接受外界的教育影响，有效地形成新的道德品质。

德育过程也是教育和自我教育的统一过程。在德育过程中，教师还要引导学生能动地进行道德活动，培养学生的自我教育能力，发挥学生在德育过程中的自觉能动性。

1. 学生品德的任何变化都必须依赖学生个体的心理活动

任何外界的教育和影响都必须通过学生思想状态的变化，经过学生思想内部的矛盾斗争才能发生作用，从而促使学生品德的真正形成。

2. 在德育过程中，学生思想内部的矛盾斗争，实质上是对外界教育因素的分析、综合过程

学生不断地做出反应、斗争的过程也就是学生的品德不断发展的过程。教师应当自觉地利用矛盾运动的规律，促进学生的思想矛盾向社会需要的方向转化。

3. 青少年学生的自我教育过程，实际上也是他们的思想内部矛盾斗争的过程

德育过程是促使学生思想内部矛盾运动的过程，要求教师在重视对学生进行德育教育的同时，高度重视培养学生的自我教育能力，发挥学生在德育过程中的主观能动性。

（四）德育过程是一个长期的、反复的、不断前进的过程

人类社会不断地发展进步，要使德育适应社会不断变化的要求，就需要在德育的内容、手段、方法等方面不断地加以调整、补充。一个人良好品德的提高和不良品德的克服，都要经历一个反复的培养教育或矫正训练的过程，这是一个无止境的认识世界、认识自我的过程。特别是道德行为习惯的培养，是一个需要长期反复培养、实践的过程，是逐步提高的渐进过程。在意识形态领域里，不同的思想斗争长期存在，必然会反映到学生的思想中来，这就决定了德育过程必然是一个长期的过程。

在德育过程中，教师既要注意学生的品德形成与变化，坚持长期抓、反复抓，还要注意学生的品德形成过程中的反复性。

少年学生正处于成长时期，世界观尚未形成、思想很不稳定。学生在德育过程中的反复是不断深化的过程，这也就要求教师要正确地认识和对待这种现象，耐心细致地教育学生，引导学生在反复中逐步前进。

真题及解析

第 38 章 德育的原则、途径和方法

知识体系及思维脉络

- 德育的原则、途径和方法
  - 德育的原则
    - 导向性原则
    - 疏导性原则
    - 尊重学生与严格要求学生相结合原则
    - 教育的一致性与连贯性原则
    - 因材施教原则
    - 发扬积极因素、克服消极因素原则
    - 知行统一原则
    - 正面教育与纪律约束相结合原则
    - 集体教育原则
  - 德育的途径
    - 思想品德课与其他学科的教学
    - 课外活动与校外活动
    - 劳动
    - 共青团活动
    - 班主任工作
    - 校会、班会、周会、晨会、时事政策的学习
    - 社会实践活动
  - 德育的方法
    - 说服教育法
    - 榜样示范法
    - 实际锻炼法
    - 情感陶冶法
    - 品德评价法
    - 自我教育法

核心考点及学习提示

◆*核心考点*

德育的原则和方法，德育的途径。

◆*学习提示*

考试重点：中学常用的德育原则及其贯彻要求；中学德育的常用方法及其运用要求。

考试难点：运用德育原则或方法评析中学德育实践活动。

一、德育的原则

德育的原则是指根据教育目的、德育目标和德育过程的基本规律提出的指导德育工作的基本要求。它是教师对学生进行德育教育必须遵循的基本要求，反映了德育过程的规律性，是对德育实践经验的概括和总结。德育的原则对制定德育大纲、确定德育内容、选择德育方法、运用德育组织形式等具有指导作用。

我国中学德育原则的确定一般受我国社会主义教育的目的和任务、德育过程的客观规律、中学生身心发展的特点以及我国学校德育实践经验的总结等因素的制约。

我国中学主要的德育原则有以下九个方面：

（一）导向性原则

导向性原则是指教师在进行德育教育时要有一定的理想性和方向性，以引导学生向正确的方向发展，坚持社会主义方向，坚持以马克思主义为指导，加强社会主义核心价值观教育，抵制各种错误思想的影响。导向性原则是德育过程中的一条重要原则，因为学生正处在品德迅速发展的关键时期，一方面他们的可塑性大，另一方面他们缺乏社会经验与识别能力，易受外界社会的影响。学校的德育教育要坚持导向性原则，为学生的品德健康发展指明方向。

贯彻导向性原则的基本要求是：(1)坚持正确的政治方向；(2)德育目标必须符合新时期的方针政策和总任务的要求；(3)要把德育的理想性和现实性结合起来。

（二）疏导性原则

真题及解析

疏导性原则也叫循循善诱原则，是指教师进行德育教育要循循善诱，以理服人，从提高学生的认识入手，调动学生的主动性，使他们积极向上。

贯彻疏导性原则的基本要求是：(1)讲明道理，疏导思想；(2)因势利导，循循善诱；(3)以表扬激励为主，坚持正面教育。

（三）尊重学生与严格要求学生相结合原则

真题及解析

尊重学生与严格要求学生相结合原则是指教师进行德育教育要把对学生个人的尊重和信赖与对他们的思想和行为的严格要求结合起来，使教师对学生的影响与要求易于转化为学生自身的品德。苏联教育家马卡连柯也说:“要尽量多地要求一个人，也要尽可能地尊重一个人。”

贯彻尊重学生与严格要求学生相结合原则的基本要求是:(1)爱护、尊重和信赖学生;(2)教师对学生提出的要求，要做到合理正确、明确具体和严宽适度;(3)教师对学生提出的要求要认真执行，坚定不移地贯彻到底，督促学生切实做到;(4)严要有度;(5)严要有方;(6)严要有恒;(7)尊重学生的个性发展;(8)不能迁就学生。

真题及解析

（四）教育的一致性与连贯性原则

教育的一致性与连贯性原则是指教师进行德育教育应当有目的、有计划地把来自各方面对学生的教育影响加以组织、调节，使其相互配合、协调一致、前后连贯地进行，以保障学生的品德能按照教育目的的要求发展。

贯彻教育的一致性与连贯性原则的基本要求是:(1)充分发挥教师集体的作用，要统一学校内部各方面的教育力量;(2)要统一社会各方面的教育影响，争取家长和社会的配合，逐步形成以学校为中心的家庭、学校、社会三位一体的德育网络;(3)对学生进行德育教育要有计划、有系统地进行;(4)处理好衔接工作，保持德育工作的经常性、制度化、连续性、系统性。

视频讲解

（五）因材施教原则

因材施教原则是指教师进行德育教育要从学生的思想认识和品德发展的实际出发，根据他们的年龄特征和个性差异进行不同的教育，使每个学生的品德都能得到最好的发展。我国的孔子提出了“视其所以，观其所由，察其所安”的了解学生的有效方法，并根据学生的特点进行有区别的教育。

贯彻因材施教原则的基本要求是:(1)深入了解学生的个性特点和内心世界;(2)根据学生个人的特点有的放矢地进行教育;(3)根据学生的年龄特征有计划地进行教育。

真题及解析

（六）发扬积极因素、克服消极因素原则

发扬积极因素、克服消极因素原则又称长善救失原则，是指教师进行德育教育要调动学生进行自我教育的积极性，依靠和发扬他们自身的积极因素去克服他们品德上的消极因素，实现品德发展内部矛盾转化。

贯彻发扬积极因素、克服消极因素原则的基本要求是:(1)“一分为二”地看待学生，全面进行分析，客观地评价学生的优点和不足;(2)长善救失，通过发扬优点来克服缺点;(3)引导学生自觉地评价自己、进行自我修养，启发他们自觉地进行思考，克服缺点，发扬优点。

（七）知行统一原则

知行统一原则又称理论与实践相结合原则，是指教师进行德育教育既要重视思想道德的理论教育，又要重视组织学生参加实践锻炼，把提高认识和行为养成结合起来，使学生做到言行一致、表里如一。

贯彻知行统一原则的基本要求是:(1)加强思想道德的理论教育，提高学生的思想道德认识;(2)组织和引导学生参加各种社会实践活动，促使他们在接触社会的实践活动中加深情感体验，养成良好的行为习惯;(3)对学生的评价和要求要坚持知行统一的

原则；(4)教师要以身作则，严于律己。

(八) 正面教育与纪律约束相结合原则

正面教育与纪律约束相结合的原则是指德育教育既要正面引导、说服教育、启发自觉，调动学生接受教育的内在动力，又要辅之以必要的纪律约束，并使两者有机结合起来。

贯彻正面教育与纪律约束相结合原则的基本要求是：(1)坚持正面教育原则；(2)坚持摆事实、讲道理，以理服人；(3)建立健全学校的规章制度和集体组织的公约、守则等，并且严格管理、认真执行。

(九) 集体教育原则

集体教育原则是指教师进行德育教育要注意依靠学生集体，通过集体进行教育，以便充分发挥学生集体在教育中的巨大作用。

马卡连柯指出，“只有建立了统一的学校集体，才能在儿童的意识中唤起舆论的强大力量，这种舆论的力量，是支配儿童行为并使其纪律化的一种教育因素”。他认为，教师要影响个别学生，首先要去影响这个学生所在的集体，然后通过集体和教师一起去影响这个学生，便会产生良好的教育效果。

学生集体不仅是教育的对象，而且也是教育的主体，具有巨大的教育力量。

贯彻集体教育原则的基本要求是：(1)引导学生关心、热爱集体，为建设良好的集体而努力；(2)通过集体教育学生个人，通过学生个人的转变来影响集体；(3)把教师的主导作用与集体的教育力量结合起来。

真题及解析

二、德育的途径

德育的途径是指德育的实施渠道或形式，又称德育的组织形式。我国中学德育的途径有多种，如思想品德课与其他学科的教学、课外活动与校外活动、劳动、共青团活动、班主任工作等。其中，德育的基本途径是思想品德课与其他学科的教学。

(一) 思想品德课与其他学科的教学

学校工作以教学为主，教学是学校教育的主要组织形式，教学具有教育性。这是学校有目的、有计划、系统地对学生进行德育教育的基本途径。通过教学实施教育是通过教师传授和学生学习文化科学知识来实现的。各学科的教材中都包含着丰富的教育内容，只要充分发掘教材所固有的德育因素，把教学的科学性和思想性统一起来，就能在教学的同时，使学生受到科学精神和社会人文精神的熏陶，从而使学生形成良好的品德。当然，教学这个途径也不是万能的，仅仅通过思想品德课和其他学科的教学进行德育培养，容易使学生脱离社会生活实际。

(二) 课外活动与校外活动

课外活动是指学校在课堂教学任务之外，利用课余时间对学生实施的各种有意义的教育活动。校外活动是指由学校以外的教育机构组织和领导的课余教育活动。

课外活动与校外活动是整个教育体系中的一个组成部分，是进行全面发展教育的一条重要途径，也是学校实施德育教育的一条重要途径。因为这两种活动的形式生动活泼，不受教学计划的限制，符合中学生身心发展的特点和需要，能够充分调动他们的积极性，所以课外活动与校外活动特别有助于培养学生识别是非、自我教育等道德能力和互助互爱、团结合作、纪律性与责任感等良好品德。因此，教师可以让学生根据兴趣、爱好自愿选择参加，自主地组织、开展丰富多彩的活动。

（三）劳动

劳动是学校进行德育教育，尤其是劳动教育的重要途径。通过劳动，学生容易产生对劳动、科学与技术的兴趣与爱好，激发出巨大的热情与力量，经受思想上与行为上的磨炼和考验，从而能够培养学生勤俭、朴实、顽强等优良品德。

（四）共青团活动

共青团是中国共产党领导下的先进青年的群众组织，是广大青年学习共产主义的学校，更是学生自己的组织。共青团活动不仅能调动学生的主体性和积极性，培养学生的主人翁意识以及自我教育和自我管理的能力，是学生进行自我教育的最好途径，而且能激发学生的上进心、荣誉感，使他们能够严格地要求自己，提高思想觉悟，培养良好品德。

（五）班主任工作

班级是学校教育工作的基本单位，班主任是班级教育系统的主导力量。班主任是全面负责一个班学生工作的教师，基本任务是带好班级、教好学生。对学生进行教育是班主任一项重要的职责和任务。班主任要做好学生的德育工作，必须全面深入了解，并获取社会有关方面和学生家长的配合，共同对学生进行教育。班主任特别要精心组织、培养健全的班集体，并通过班集体对学生进行教育，并把集体教育和个人教育结合起来。通过班主任，学校可以强有力地管理学校基层学生集体，教育每个学生，更好地发挥上述各个德育途径的作用。严格地说，这个德育的途径与上述德育的途径不能平列，它通过班主任的自觉能动作用，能够对其他的德育途径起调节作用，对学生品德的发展产生巨大的影响。

（六）校会、班会、周会、晨会、时事政策的学习

校会是学校组织的全校师生参加的活动，班会是教学班组织的全班学生参加的活动，它们能持久地、潜移默化地影响学生，能及时地、有针对性地解决学生的思想问题。周会每周一次，主要是对学生进行社会主义道德教育和时事政策教育。晨会一般在每天早晨进行，对随时出现的问题予以及时解决，是对学生进行德育教育的重要形式。

时事政策的学习是国情教育的重要途径，一般采用做政策报告，学生自己阅读报纸或收听广播、收看电视等形式，让学生了解国内外形势和政治生活中的重大事件，了解党和国家当前的基本路线和重大举措等。

（七）社会实践活动

学生的思想品德是在活动和交往中形成，并通过活动和交往表现出来的。社会实践活动有助于培养学生各种良好的品德和弘扬良好的道德风尚。因此，社会实践活动也是学校德育不可缺少的重要途径。社会实践活动一般包括三种类型：一是社会生产劳动；二是社会宣传和服务活动；三是社会调查，包括参观、访问、考察等。

以上几条德育的途径有各自的特点与功能，它们相互联系、相互补充，构成了德育途径的整体。学校应全面利用各个德育途径的作用，科学地配合使用，以便最大限度地发挥德育途径的效应。

三、德育的方法

德育的方法是指为达到德育目的，在德育过程中采用教育者和受教育者相互作用的活动方式的总和。它包括教育者的施教传道方式和受教育者的受教修养方式。

我国中学德育的方法主要有以下六种：

（一）说服教育法

视频讲解

说服教育法是指教师通过摆事实、讲道理，使学生提高认识、形成正确观点的方法。它重在提高学生的认识，培养学生明辨是非、善恶、美丑的能力。说服教育法是对学生进行德育的基本方法，包括运用语言进行说服的方式（讲解、谈话、报告、讨论、阅读书籍和报刊等）和运用事实进行说服的方式（参观、调查、访问等）。说服教育法的运用很广，其他的德育方法都需要综合运用这种方法来提高学生的认识。

真题及解析

运用说服教育法时要注意四点要求：(1)明确目的；(2)富有知识性、趣味性；(3)注意时机；(4)以诚待人。

说服教育法的方式多种多样，一般都要相互配合、综合运用。但是，无论采用哪种方式都必须遵循的基本要求包括：(1)说服教育要有针对性；(2)说服教育要有感染性；(3)说服教育要讲究科学性和艺术性。

（二）榜样示范法

真题及解析

榜样示范法是指教师以他人的高尚思想、模范行为和卓越成就来影响学生品德的方法。由于榜样能把社会真实的思想、政治和法纪、道德关系表现得更直接、更典型，因而能给人以极大的影响、感染和激励，教育、带动和鼓舞人们前进。学生的思维方式以形象思维为主，越形象的事物越容易被接受，榜样形象生动，具有巨大的感染力和吸引力，能引导学生积极向上；学生正处于善于模仿的时期，可塑性强，榜样使抽象、高深的思想具体化、人格化，能给其以极大的感染和激励。榜样包括伟人的典范、教育者的示范、学生中的好榜样等。榜样示范法符合青少年学生爱好学习、善于模仿、崇拜英雄、追求上进的年龄特点，也符合人的认识由生动直观到抽象的发展规律。

运用榜样示范法时要注意以下三点要求：

（1）选好学习的榜样。选好榜样是学习榜样的前提。教师应根据时代需要和学生的实际，指导他们选择好学习的榜样，获得明确前进的方向与巨大动力。

（2）激起学生对榜样的敬慕之情。要使榜样能对学生产生力量，推动他们前进，就需要学生了解榜样。榜样的人格具体、生动、形象，对学生具有巨大的感染力和说服力，易于为学生所领会和模仿。

（3）引导学生用榜样来调节行为、提高修养。引导学生向榜样人物学习，决不能仅仅停留在故事情节的介绍或学生一时的情感冲动上。教师要及时地把学生的情感、冲动引导到行动上来，把敬慕之情转化为道德行动和道德习惯，并逐步巩固，以加深这种情感。

真题及解析

（三）实际锻炼法

实际锻炼法是指教师有目的地组织学生进行一定的实践活动以培养他们良好品德的方法。锻炼的方式主要是学习活动、社会活动、生产劳动和课外文体科技活动等。

运用实际锻炼法时要注意三点要求：(1)坚持严格要求；(2)调动学生的主动性；(3)注意检查和坚持。

真题及解析

（四）情感陶冶法

情感陶冶法是指教师通过创设良好的情境，通过有教育意义的文艺作品对学生进行感化和熏陶，潜移默化地培养学生品德的方法。它的具体方式包括人格感化、环境陶冶和艺术熏陶等。良好的环境、气氛对人的身心发展、品德发展有着重要的作用。情感陶冶法的重点在于让学生生活在积极的情感气氛中，因而要求教师善于创设自然情境，而且不断地深化对学生的情感陶冶。

运用情感陶冶法时要注意三点要求：(1)创设良好的情境；(2)与启发、说服相结合；(3)引导学生参与情境的创设。

真题及解析

（五）品德评价法

品德评价法又称奖惩法，是指教师通过对学生品德进行肯定或否定的评价而予以激励或抑制，促使其品德健康形成和发展的方法。它的具体方式包括奖励、惩罚、评比和操行评定。

运用品德评价法时要注意三点要求：(1)公平、正确、合情合理，以表扬、奖励为主，以批评、惩罚为辅；(2)发扬民主，评比过程中要让学生发表意见，获得学生的支持；(3)注重宣传与教育，要定期检查，及时宣传、表彰好人好事。

（六）自我教育法

自我教育法又称品德修养指导法或个人修养法，是指在教师的引导下，学生经过自我学习、自我反思和自我行为调节而最终不断完善的方法。

自我教育法是教师指导学生自觉主动地进行学习、自我反思，以实现思想转化及行为控制的方法。这种方法可以增强学生的主体意识，促进其自我意识及自我修养能力的提高，调动他们自觉主动地接受教育，增强他们抵制不良思想道德影响的免疫能力，推动学校德育工作的发展以及学校德育目标、内容的实现。自我教育法对学生的自觉意识和自制力提出了较高的要求，适合高年级学生使用。

品德修养是建立在自我意识、自我评价能力发展基础上的人的自觉能动性的表现。如孔子的“内自省”，曾子的“吾日三省吾身”，孟子的“自反”“自强”，荀子的“君子博学而日参省乎己，则知明而行无过矣”等。自我教育法包括学习、座右铭、立志、自我批评、慎独等方式。慎独是自我修养的最高境界，即要求一个人在无人监督的独处情况下也能自觉地、坚定不移地按照道德规范要求自己。

运用自我教育法时要注意三点要求：(1)培养学生自我修养的兴趣和自觉性；(2)指导学生掌握修养的标准；(3)引导学生积极参加社会实践。

真题及解析

第 39 章 “三生”教育、安全教育及升学就业指导

知识体系及思维脉络

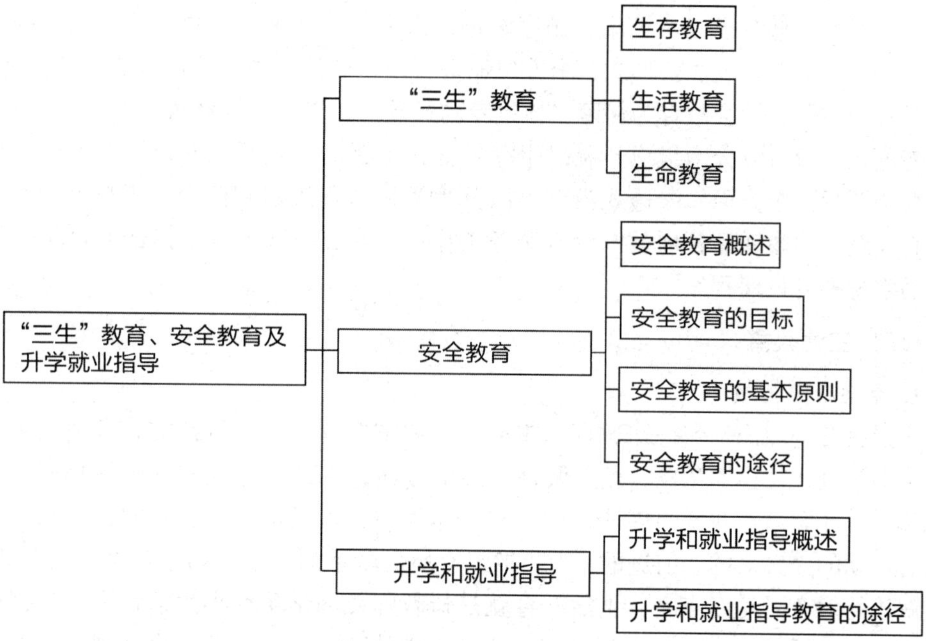

核心考点及学习提示

◆核心考点

“三生”教育、安全教育及升学和就业指导的含义和路径。

◆学习提示

考试难点:“三生”教育、安全教育及升学和就业指导的路径。

考试难点:“三生”教育的意义和原则。

一、“三生”教育

所谓“三生”教育，就是教育者对受教育者进行关于生存、生活、生命的教育，使受教育者形成符合一定时代要求的生存观、生活观、生命观的过程。

(一) 生存教育

1. 生存教育的概念

生存教育就是指教师通过开展一系列与生命保护和社会生存有关的教育活动和社会实践活动，向学生系统地传授生存的知识和经验，有目的、有计划地培养学生的生存意识、生存能力和生存态度，树立科学的生存价值观，从而促进学生自由、全面、健康发展，实现人与自然的和谐统一的教育。

2. 生存教育的途径

生存教育是一项整体性强、关联度高的系统工程。因此，要确立下移重心、面向全体，高标准、低起点、严要求，循序渐进，由表及里、虚实结合、从低到高的工作思路，多层次、多角度、多形式、全方位地来实施。概括来说，要以家庭教育为基础，学校教育为主干，社会教育为保障，通过专题式教育和渗透式教育两大类途径来实施。

专题式教育可以分为组织开展以生存教育为主题的专题活动和以综合课程的思路开设此类课程两个方面。渗透式教育可以分为学科课程渗透和活动课程渗透两种。生存教育要及时地渗透到各项教育管理服务工作中，在充分研究和实践的基础上，再组织编写教材和开设课程。

(二) 生活教育

1. 生活教育的概念

生活教育的理论是陶行知教育思想的主线和重要基石。陶行知的教育理论主要包括生活即教育、社会即学校、教学做合一三个方面，主张教育同实际生活相联系，反对死读书，注重培养儿童的创造性和独立工作能力，后又把生活教育的特点归结为生活的、行动的、大众的、前进的、世界的、有历史联系的几个方面，是争取大众解放、民族解放的教育。简而言之，生活教育就是指教师帮助学生获得生活常识、掌握生活技能、确立生活目标、实践生活过程、获得生活体验、树立正确的生活观念、追求幸福生活的教育。

2. 学校生活教育的方法与途径

生活教育统摄了家庭、学校、社会三大层面，学校生活教育更发展出一套课程来实施教学，而家庭生活教育与社会生活教育则仅是约定成俗或社会约束等潜在的道德修养。学校生活教育更应在教育发展中做出贡献，在学校教育中体现生活教育。学校生活教育实施的相关内容涵盖了日常生活教育、健康生活教育、道德生活教育、学习生活教育、公民生活教育、劳动生活教育、职业生活教育、休闲生活教育等。

由此可见，生活教育整合了学校教育、家庭教育、社会教育的力量，从日常生活入手，培养学生的生活能力：

(1) 抓好学校教育。一是充分挖掘其他各门课程中生活教育的显性内容和隐性内容，在教学中潜移默化地渗透生活教育。二是将生活教育列入地方课程或校本课程，保证学时，给予学分。

(2) 重视家庭教育。密切学校与家庭的联系，向学生家长宣传实施生活教育的意义，帮助家长树立正确的家庭教育观念，选择适合的教育内容，掌握正确的教育方法，提高家庭生活教育的能力。

（3）争取社会教育。争取社会各方面力量的参与，整合各种社会教育资源，共同推进生活教育。

学校生活教育的方法和途径主要有：首先，从职业和生涯规划指导中，体现生活教育的内容，为以后的生活做准备；其次，通过学校实践的活动以及教学内容的“知行统一”，在行动中实现教育为生活质量提高的准备。

（三）生命教育

1. 生命教育的概念

生命教育有狭义与广义两种。狭义的生命教育指的是对生命本身的关注，包括个人与他人的生命，进而扩展到一切自然生命。广义的生命教育是一种全人的教育，它不仅包括对生命的关注，而且包括对生存能力的培养和生命价值的提升。

生命教育既是一切教育的前提，同时还是教育的最高追求。因此，生命教育应该成为指向人的终极关怀的重要教育理念，是在充分考察人的生命本质的基础上提出来的，符合人性要求，它是一种全面关照生命多层次的人本教育。

2. 生命教育的途径

（1）提高教师的生命意识，营造和谐的生命教育环境。

教师在学生的成长过程中，对其身心发展起着重要的作用。教师要有强烈的生命教育意识和有效实施生命教育的能力。学校可以采取集体培训与个人自学、在实践中探索相结合的方法来加强生命教育。实施学校生命教育，学校要着力培养教师的生命意识及自觉的生命教育意识。在平时的教育教学工作中，教师要热爱学生、关爱学生，赏识每个学生，要为学生创造出一个温馨和谐、充满生命活力的教育环境。

（2）结合学科特点，有机渗透生命教育。

结合我国的教育实际，学校可以在各科和德育工作中渗透生命教育，而不必将生命教育作为独立的课程来开。在显性学科（如自然、社会、思想品德、体育、健康教育等学科）中，开展生命知识和生命伦理的教育；在隐性学科（如地理、生物、语文、音乐、美术等学科）中，挖掘生命教育的元素，有机融入生命教育。例如，在语文教学中可以渗透人性教育和人文意识，提高学生对生命的意义和价值的正确认识和理解；在体育教学中教给学生生命运动常识及保健方法；在音乐与美术教学中教会学生欣赏生命之美等。

（3）通过专题教育，培养学生正确的生命观。

学校经常组织开展的道路交通安全教育、学校安全教育、法制教育、消防安全知识讲座及消防演练、食品安全教育、青春期教育、心理教育、安全教育、健康教育、环境教育、禁毒和预防艾滋病教育等专题教育活动，就是专门针对学生进行的与生命相关的教育。这些活动从不同的侧面、不同的角度对学生进行关注生命、珍视生命、热爱生命的教育，全面融合生命教育，从关爱生命的视角将学校进行的各种教育内容进行整合，将科学精神和人文精神相结合，赋予各种教育和管理以人文关怀，对学生进行安全告知，使他们学到了安全知识、增强了生命意识、提高了自我保护的能力。

（4）在课外活动中加强生命教育。

教师在课外活动前要讲清楚注意事项，要强调安全的重要性，教育学生要遵守游戏规则，如未成年人不能驾驶机动车；做事前要观察是否存在安全隐患，如骑自行车上街；有些活动要在家长或成人的带领下进行，如游泳；有些不适合未成年人的活动，不要去做，如不能冒险过河；活动中要教育学生不蛮干、不做傻事，珍惜自己的生命，懂得生命只有一次。教师还要教育学生在与他人合作中，要关注他人的安全和生命，让学生懂得每个人的生命都一样的宝贵，利用德育活动课、节日活动、纪念活动、仪式活动、社会实践等来实践生命教育。其中，德育活动课是实施生命教育的主要渠道。通过德育活动课，可以让学生在活动中掌握生命知识，从而形成正确的生命意识、生命态度。

(5) 按照学段分层教育，形成教育体系。

由于学生的年龄、认知水平等存在差异，所以对不同年级段的教学内容也应有所不同。例如，针对初中阶段和高中阶段的学生，在进行生命教育时就要有不同的侧重点。

(6) 重视家庭、社会的力量，形成生命教育合力。

生命教育是一项系统的工程，要想取得满意的成效就离不开社会的支持系统，需要家庭、学校、社会密切的配合，共同参与，如良好的家庭关系、和睦的邻里交往、融洽的社区氛围、积极向上的社会风气等。

总之，在探索生命教育的过程中，学校应充分发挥各条途径的作用，有机整合生命教育资源，构建包括学校、家庭、社会、自我四个教育支点在内的综合教育体系。

二、安全教育

(一) 安全教育概述

安全教育是学校思想政治教育的一个重要组成部分，是指学校教育学生确立自主维护生命安全、财产安全的意识，严防危及生命安全的犯罪，是帮助和引导学生了解基本的保护个体生命安全和维护社会公共安全的知识和法律法规，树立和强化安全意识，正确处理个体生命与自我、他人、社会和自然之间的关系，了解保障安全的方法并掌握一定技能的教育。安全教育涉及的内容非常广泛，应与学校的一切教育活动相联系，应与学校的思想政治教育、道德教育、民主法制教育、校纪校规教育、心理健康教育等相结合。

学校进行安全教育应注意内容的系统性和全面性。学校安全教育的内容主要包括：交通安全教育；日常生活安全教育；活动安全教育；社会治安教育；意外事故处理教育；消防安全；卫生防病、饮食及家居安全等。

(二) 安全教育的目标

学校安全教育的目标是：通过开展公共安全教育，培养学生的社会安全责任感，使学生逐步形成安全意识，掌握必要的安全行为的知识和技能，了解相关的法律法规常识，养成在日常生活和突发安全事件中正确应对的习惯，最大限度地预防安全事故发生和减少安全事件对中小学生造成的伤害，保障中小学生健康成长。

(三) 安全教育的基本原则

学校安全教育的基本原则是：中小学公共安全教育要遵循学生身心发展规律，把握学生的认知特点，注重实践性、实用性和实效性；坚持专门课程与其他学科教学中的渗透相结合；课堂教育与实践活动相结合；知识教育与强化管理、培养习惯相结合；学校教育与家庭教育、社会教育相结合；国家统一要求与地方结合实际积极探索相结合；自救自护与力所能及地帮助他人相结合。此外，还要做到由浅入深，循序渐进，不断强化，养成习惯。

（四）安全教育的途径

1. 切实提高对学生进行安全教育工作重要性的认识

安全教育是维护学生安全的一项基本教育，是学生素质教育的一部分，是人才保障的根本教育，它始终贯穿于人才培养的全过程。因此，学校和教师要把做好学生安全教育工作提高到能不能营造优良的育人环境、能不能维护校园和社会的稳定、能不能实现学校的教育培养目标这一高度来认识，时刻把对学生进行安全教育工作摆在重要位置。

2. 充分调动各方面力量开展宣传教育活动，形成齐抓共管的局面

事实证明，对学生的安全教育，仅靠保卫部门和学校是远远不够的，还要依靠学生管理工作者和学生组织及学生家长等有关部门和人员的共同参与，以形成齐抓共管的局面，才能收到良好的效果。特别是要发挥思想教育阵地的作用，利用学校思想政治教育的工作体系和优势。此外，学校要发挥课堂教学的主渠道作用，在有关课程和教学环节中由科任老师结合课程内容适时地对学生进行安全教育和法制教育。

3. 突出重点，注意提高教育实效

加强学生的安全教育，既要全面展开，更要有重点地进行，要做到点面结合、以点带面。一是教育的内容要以防人身伤害、防财物受损、防心理失常、防违法犯罪、保学业完成为重点。二是针对不同的教育对象开展不同内容的教育。如对有不良行为的“后进生”要以防违法犯罪为主要内容，帮助、引导他们健康成长，使其成为一个遵纪守法的好学生；对喜爱运动，行为又过于冒险的学生，要加强防运动损伤教育，教育他们做好安全防护工作；对有心理失常表现的学生要加强心理健康教育，帮助他们消除心理障碍等。

4. 组织学生积极参与学校的安全管理工作

让学生参与学校的安全管理工作是提高学生安全防范意识的有效途径。学校要注意激发学生的参与意识，提高他们进行自我教育、自我管理、自我服务的能力，引导他们积极主动地参与校园安全管理工作。

5. 争取相关部门协作，整治校园周边环境，优化育人环境

学校在加大对校园安全保卫力量的投入、提高保卫人员的素质和学校安全教育水平的同时，要积极争取地方政府、公安机关的支持，严厉打击危害学校及学生安全的不法行为，切实改善校园周边的治安状况，优化育人环境。

三、升学和就业指导

（一）升学和就业指导概述

升学和就业指导是指教师根据社会的需要指导学生树立正确的职业观，帮助他们

了解社会职业，进而引导他们按照社会的需要和自己的特点为将来升学选择专业与就业选择职业，在思想上、学习上和心理上做好准备。

（二）升学和就业指导教育的途径

实施升学和就业指导教育可以利用多种途径与方法，如渗透于各学科课程中，组织专题报告会，开展系列主题教育活动，开展与家长、社区协作的其他校外活动等。其中，家庭教育是基础，学校教育是关键，社会教育是保障，必须坚持学校教育、家庭教育、社会教育有机统一的基本途径。

升学和就业指导教育主要包括：(1)要充分发挥学校教育的主渠道作用，有目的、有计划，分层次、分阶段，适时、适量地对学生进行联系实际、针对性强的升学和就业指导教育；(2)学校应密切与家庭的联系，主动引导、帮助和协同家庭实施升学和就业指导教育，帮助家长转变家庭教育观念，选择适合的家庭教育内容，开展正确的家庭教育，形成有利于实施升学和就业指导教育的家庭氛围；(3)争取各有关部门的配合，争取社会各方面力量的支持，整合各种社会教育资源，优化社会环境，最大限度地调动和发挥社会对实施升学和就业指导教育的正面影响和积极作用，共同推进升学和就业指导教育。

模块七 练习题

答案解析

一、单项选择题

1. 利用良好的班风和校风来教育学生，这属于（　　）。

A. 榜样示范法　　B. 说服教育法　　C. 情感陶冶法　　D. 实际锻炼法

2. 王老师教育学生有方，他很注意培养班集体，并能统一各方面的力量，做到有计划、有系统地对学生进行教育，他主要贯彻了（　　）的德育原则。

A. 教育的一致性与连贯性　　B. 疏导性

C. 尊重学生与严格要求学生相结合　　D. 知行统一

3. 李林同学一直以苏霍姆林斯基的名言"美——是道德纯洁、精神丰富和体魄健全的强大源泉"作为自己的道德准则和行为标准的依据，自觉主动地学习，体现了德育的（　　）。

A. 说服教育法　　B. 品德评价法　　C. 个人修养法　　D. 实践锻炼法

4. 利用校园的文化墙和黑板报来影响学生的品德，这种德育方法是（　　）。

A. 品德评价法　　B. 榜样示范性　　C. 情感陶冶法　　D. 说服教育法

5. 古代学者朱熹认为"论先后，知为先；论轻重，行为重"，这体现的德育原则是（　　）。

A. 一致性原则　　B. 正面引导原则　　C. 知行统一原则　　D. 严格要求原则

6.（　　）是指有目的地组织学生开展实践活动，以培养他们的良好品德的方法。

A. 情感陶冶法　　B. 实际锻炼法　　C. 品德评价法　　D. 榜样示范法

7. 赵老师关心学生的一举一动，对学生的各种愿望都是有求必应，其做法违背了德育原则中的（　　）。

A. 尊重学生与严格要求学生相结合原则　　B. 疏导性原则

C. 因材施教原则　　D. 发扬积极因素，克服消极因素原则

8. 通过对学生的道德言行进行评价以促进其品德成长的方法是（　　）。

A. 自我教育法　　B. 形象感染法　　C. 实际锻炼法　　D. 品德评价法

9. 在《董存瑞舍身炸碉堡》一课的教学中，一位老师首先利用录音来烘托战斗气氛，他一边放背景音乐，一边朗读课文。同时，老师还利用视频来再现英雄的形象，使学生了解董存瑞无所畏惧的民族使命感和责任感，培养了学生的爱国主义情操。该教师主要运用了（　　）。

A. 情感陶冶法　　B. 说服教育法　　C. 品德评价法　　D. 道德修养法

10. 生存教育要以（　　）教育为基础，（　　）教育为主干，（　　）教育为保

障，通过专题式教育和渗透式教育两大类途径来实施。

A. 家庭、学校、社会　　B. 学校、家庭、社会
C. 社会、学校、家庭　　D. 家庭、社会、学校

11. “让学校的每一面墙壁都开口说话”，这充分运用了下列哪种德育方法？(　　)

A. 情感陶冶法　　B. 榜样示范法　　C. 实践锻炼法　　D. 品德评价法

12. 学生在思想、情感、态度和行为上主动接受他人的影响，使自己的态度和行为与他人相接近。这说明其品德发展达到(　　)。

A. 服从阶段　　B. 依从阶段　　C. 认同阶段　　D. 内化阶段

13. “身教胜于言教”体现的德育方法主要是(　　)。

A. 情感陶冶法　　B. 榜样示范法　　C. 实际锻炼法　　D. 品德评价法

二、简答题

1. 简述德育过程中知行统一原则的含义及其贯彻要求。
2. 简述德育过程中贯彻尊重学生与严格要求学生相结合原则的要求。

三、辨析题

1. 道德意志是道德行为的直接动因。
2. 所有的教学活动中都渗透着德育。
3. 德育过程应该从提高道德认识开始。

四、材料分析题

材料：

陶行知当校长时，有一天看到一个学生用泥块砸自己班上的同学，当场喝止了他，并令他放学到校长办公室去。放学后，陶行知来到校长办公室，这个学生已经等在门口了。一见面，陶行知掏出一块糖给他，说:“这是奖给你的，因为你按时来到了这里，而我却迟到了。”学生惊讶地接过糖，陶行知又掏出一块糖放到他的手里，说:“我让你住手你就住手了，这说明你很尊重我，这块糖奖励你对我的尊重。”那个学生更惊异了，陶行知又掏出第三块糖塞到他的手里，说:“我调查过了，你用泥块砸那些男生，是因为他们欺负女生，你砸他们，说明你很有正义感。”那个学生感动极了，他流着泪后悔地说:“校长，我错了，我不应该动手。”陶行知随即掏出第四块糖塞到他的手里，说:“你已经认识到自己的错误了，我的糖也用完了，我们的谈话也结束吧!”

问题:(1)陶行知的做法体现了哪些德育的原则;(2)材料体现的德育教育过程的规律有哪些?

模块八　中学班级管理与教师心理

考纲要求

1. 熟悉班集体的发展阶段。

2. 了解课堂管理的原则，理解影响课堂管理的因素；了解课堂气氛的类型，理解影响课堂气氛的因素，掌握创设良好课堂气氛的条件。

3. 了解课堂纪律的类型，理解课堂结构，能有效管理课堂；了解课堂问题行为的性质、类型，分析课堂问题行为产生的主要原因，掌握处置与矫正课堂问题行为的方法。

4. 了解班主任工作的内容和方法，掌握培养班集体的方法。

5. 了解课外活动组织和管理的有关知识，包括课外活动的意义、主要内容、特点、组织形式以及课外活动组织管理的要求。

6. 理解协调学校与家庭联系的基本内容和方式，了解协调学校与社会教育机构联系的方式等。

7. 了解教师角色心理和教师心理特征。

8. 理解教师成长心理，掌握促进教师心理健康的理论与方法。

考试权重

模块	分值比例	分值	题型	重点提示
中学班级管理与教师心理	约 10%	约 15 分	单项选择题 简答题 辨析题	本模块是国家教师资格考试“教育知识与能力（中学）”的必考内容。其中，尤以班级管理、班主任工作、课外活动为考核重点，同时还要了解教师角色心理、教师心理特征，理解教师成长心理，掌握促进教师心理健康的理论与方法

第 40 章　班级与班集体的形成

知识体系及思维脉络

- 班级与班集体的形成
  - 班级的概念
  - 班级的发展
  - 班级管理
    - 班级管理的概念
    - 班级管理的功能
    - 班级管理的内容
    - 班级管理的主要模式
    - 班集体的基本特征
  - 班集体的发展阶段
    - 组建阶段
    - 初步形成阶段
    - 发展阶段
    - 成熟阶段
  - 班集体的形成与培养的方法
    - 确定班集体的发展目标
    - 建立班集体的核心队伍
    - 建立班集体的正常秩序
    - 组织形式多样的教育活动，发挥集体活动的教育作用
    - 培养正确的舆论和良好的班风

核心考点及学习提示

◆核心考点

班级的概念，班级管理，班集体的发展阶段，班级管理的功能，班集体的形成与

培养的方法。

◆学习提示

考试重点：班集体形成与培养的方法。

考试难点：班集体发展阶段及班级管理的功能。

一、班级的概念

班级是指学校为实现一定的教育目的，将年龄和知识程度相近的学生编班分级而形成的，有固定人数的基本教育单位。班级是学生集体的基层组织，是学校进行教育教学活动的基本单位。

二、班级的发展

班级是历史发展的产物。16 世纪，随着资本主义工商业的发展和科学技术的进步，班级应运而生，率先正式使用“班级”一词的是文艺复兴时期的著名教育家埃拉斯莫斯。

17 世纪，夸美纽斯在《大教学论》中对班级授课制进行了理论上的论证和分析，奠定了班级的理论基础。后来，这一教学模式经德国教育家赫尔巴特的发展而基本定型。此后，班级组织在欧洲许多国家的学校中开始逐步推广。

中国采用班级的组织形式，最早的雏形始于 1862 年清政府开办的京师同文馆。20 世纪初，在“癸卯学制”中正式确立了这种教学组织形式的地位和作用。由此，在废科举、兴学校的浪潮后，全国各地的学校开始采用班级组织的形式，使其在中国逐步推广开来。

三、班级管理

(一) 班级管理的概念

班级管理是指教师根据一定的目的与要求，采用一定的措施和手段，带领全班学生，对班级中的各种资源进行计划、组织、协调、控制，以实现教育目的的组织过程。班级管理的好与坏直接关系学生的生活、学习以及教师的教学质量，因而在学校工作中处于极其重要的地位。班级管理的主要功能是实现教育目标，提高学习效率。维持班级秩序，形成良好的班风是班级管理的基本功能，班级管理还有助于锻炼学生的能力，使学生学会自治、自理。

(二) 班级管理的功能

1. 有助于实现教育目标，提高教学效率

班级组织产生的根本原因是为了更有效地实施教学活动。因此，教师精心设计各种不同的教学活动，组织、安排、协调各种不同类型学生的学习活动，是班级管理的主要功能。

2. 有助于维持班级秩序，形成良好的班风

班级是学生群体活动的基础，是学生交往的主要场所。因此，调动班级成员参与班级管理的积极性，共同建立良好的班级秩序和健康的班级风气，是班级管理的基本功能。

3. 有助于锻炼学生的能力，学会自治、自理

班级管理不但是要帮助学生成为学习自主、生活自理、工作自制的人，而且还要帮助学生进行社会角色的学习，获得认识社会、适应社会的能力，这对于促进学生的人格成长是极其重要的。

（三）班级管理的内容

1. 班级组织管理

班级组织管理主要是指对班级组织机构的管理。班级组织机构包括班委会制度、值周班长制、建立各种类型的小组、班级学生会制度等。

2. 班级制度管理

班级制度管理主要包括班级组织制度、行为规范、集体舆论和班风等方面的管理。

3. 班级教学管理

班级教学管理主要包括教学态度以及教学活动的常规管理。

4. 班级活动管理

班级活动是学校教育活动的重要组成部分，是班级教育的重要形式，也是发展学生素质的基本途径。班级的教育管理是通过各种活动实现的，组织开展相关活动是班级管理的重要内容。

（四）班级管理的主要模式

1. 常规管理

常规管理是指教师通过制定和执行规章制度去管理班级的经常性活动的一种管理方法。

2. 平行管理

平行管理是指教师通过对集体的管理去间接地影响个人，又通过对个人的直接管理去影响集体，从而把对集体和个人的管理结合起来的一种管理方法。

3. 民主管理

民主管理是指班级成员在服从班集体的正确决定和承担责任的前提下，参与班级管理的一种管理方法。

4. 目标管理

目标管理是指教师与学生共同确定班级总体目标，然后转化为小组目标和个人目标，使其与班级总体目标融为一体，形成目标体系，以此推动班级管理活动，实现班级目标的一种管理方法。

（五）班集体的基本特征

班级是学校中开展各类活动的最基本的基础组织，班集体是按照班级授课制的培养目标和教育规范，按照一定的教育目的、教学计划和教育要求组织起来的学生群体。

视频讲解

但是，一个班的学生群体还不能称为班集体，班集体必须具备以下五个基本特征：

1. 明确的共同目标

提出共同目标是开展班级建设的关键环节。当班级成员具有共同的目标定向时，就为全班学生明确了奋斗方向，群体成员在实现目标的过程中便会在认识上和行动上保持一致，相互之间形成一定的依存性，促使班集体沿着德、智、体、美、劳等全面发展的轨道前进。

共同目标是班集体形成的基础，它为确定小组目标、个人目标提供了依据。另外，班集体的奋斗目标一定要具体、明确，并切合班级的实际。

2. 一定的组织结构

班级中的每个成员都是通过一定的班级机构组织起来的，一定的组织结构是一个班集体所不可或缺的。良好的班级结构可以从横向和纵向两个维度来建立。从横向上来说，按照兴趣、能力等把学生分为不同的小组，使学生在各自的小组中充分发挥自己的潜力和特长，从而得到最大限度的发展；从纵向上来说，可以组成教师、班委会、学生这样的管理层级结构，这样的结构以点带面，有助于整个班级的有效管理。

同时，班级还要按照组织结构建立相应的机构，维持和控制班级成员之间的关系，从而完成共同任务和实现共同目标。

3. 健全的规章制度，共同生活的准则

健全的班集体不仅要有一定的组织结构，而且还要受到相应的规章制度的约束，并把取得集体成员认同的、为大家自觉遵守的行为准则作为完成共同任务和实现共同目标的保证。

在一个班集体中，准则可以是明文规定的，也可以是无形的。明文规定的准则具有外在的约束力，是班级学生的行为准则；无形的规则是班级在集体生活中逐步形成的、约定俗成的行为标准，是学生行为的内在制约因素。

4. 集体成员之间平等、心理相容的氛围

在班集体中，成员之间在人格上应处于平等的地位，在思想感情和观点信念上是比较一致的，这样的班集体才有凝聚力，才能更好地开展各项工作。

成员个体要对集体有自豪感、依恋感、荣誉感等积极的情感体验。积极的情感体验是增强学生对班集体感情的必需条件，因此，教师在班级管理中要通过各种方式增强学生对班集体的感情，使学生以班为家，具有主人翁责任感。

5. 宽松的个性发展空间

宽松的个性发展空间使班级中的每个学生都能在集体活动中积极表现自己的个性和才能，不同的性别、不同的水平、不同的层次以及不同个性的学生，包括班主任，都能在集体环境中快乐、心情舒畅地成长。

四、班集体的发展阶段

一般来说，新组建的学生班级要发展成为班集体，需要经历一个有序的、动态发展的过程。这个过程可以分为以下四个阶段：

（一）组建阶段

在这个阶段，学生初进学校，尽管在形式上同属于一个班级，实际上都是一个个孤立的个体。班集体靠教师来组织、指挥，教师靠行政手段组织班级。班集体的目的、任务都来自教师个体自身的要求。

（二）初步形成阶段

在这个阶段，学生之间开始相互了解，在班主任的引导、培养下，涌现出了一批积极分子，班集体有了核心人物，开始协助班主任开展各项工作。但是，此时正确的舆论与良好的班风尚未形成。

（三）发展阶段

在这个阶段，班集体已成为教育主体，不仅学生干部，而且多数学生也能相互严格要求。教育要求已转化为集体成员的自觉需要，也无需外在监督，已能自己管理和教育自己。学生之间团结友爱，形成强有力的舆论与良好的班风。

（四）成熟阶段

这个阶段是班集体趋向成熟的时期，集体的特征得到充分的体现，并为集体成员所内化。全班已成为一个组织制度健全的有机整体，整个班级洋溢着一种平等、和谐、上进、合作的心理氛围，学生积极参与班级活动，并使自己的个性和特长得到发展。

五、班集体的形成与培养的方法

真题及解析

（一）确定班集体的发展目标

目标是集体发展的方向和动力，一个班集体只有具有共同的目标，才能使班级成员在认识上和行动上保持统一，才能推动班集体的发展。为此，教师要精心设计班集体的发展目标。

班集体的发展目标一般可以分为近期目标、中期目标和远期目标三种，这三种目标必须有机结合才能使整个班集体处于不断前进的状态。而且，目标的提出应由易到难、由近及远，逐步提高。

在实现班集体的发展目标的过程中，教师要充分发挥班级成员的积极性：一方面，在目标制定过程中要广泛采取学生的意见，使他们的个人目标与集体目标相一致；另一方面，要采取各种具体措施来促进目标的实现，如各种激励措施或奖励措施。这样，目标的实现过程对于学生来说就变成了教育与自我教育的过程。

（二）建立班集体的核心队伍

一个良好的班集体都会有一批团结在教师周围的积极分子，他们是带动全班同学实现集体发展目标的核心。因此，建立一支核心队伍是培养班集体的一项重要工作。班集体中的积极分子有多种类型，可以是全面发展的，也可以是单项突出的，而且积极分子的队伍也不是一成不变的。

建立班集体的核心队伍，首先，教师要善于发现和培养积极分子，这就需要教师在了解学生的基础上，及时发现并选拔出热心为集体服务、团结同学并且具有一定管理能力的学生干部。其次，教师应该把对积极分子的使用与培养结合起来：既要鼓励积极分子独立地开展工作，又要创造机会耐心地帮助他们提高工作能力；既要尽量在同学面前树立和维护他们的威信，又要对他们严格要求；既要肯定他们的工作成绩，又要指出他们工作中的不足。

（三）建立班集体的正常秩序

班集体的正常秩序是维持和控制学生在校生活的基本条件，是教师开展工作的重要保证。班集体的正常秩序包括必要的规章制度、共同的生活准则以及一定的活动规律。

教师在班集体的组建阶段，就应着手正常秩序的建立工作。在建立正常秩序的过程中，教师要依靠班干部的力量，由他们来带动全班同学，一旦初步形成了班级秩序，就不要轻易去改变它。在班级管理中，教师可以适当地创造条件和机会，让学生对秩序建立前后的学习和生活进行比较和对照，从中让学生体验到正常的秩序为他们的学习、生活所带来的便利与成效。

（四）组织形式多样的教育活动，发挥集体活动的教育作用

班集体是在全体学生参加各种教育活动中逐步成长起来的，而各种教育活动又可以使每个学生都有机会为集体出力并显示自己的才能。设计并开展班级教育活动是教师的经常性工作之一。

根据班级教育活动的时间分布，教育活动主要由日常性的教育活动与阶段性的教育活动两个部分组成。其所涉及的内容有主题教育活动、文艺体育活动、社会公益活动等。教师在组织各种教育活动时，要有明确的目的和要求，要精心设计活动内容，力争把活动的开展过程变成教育学生的过程。

（五）培养正确的舆论和良好的班风

班集体舆论是班集体生活与成员意愿的反映。正确的班集体舆论是一种巨大的教育力量，对班集体的每个成员都有约束、感染、同化、激励的作用，是形成、巩固班集体和教育集体成员的重要手段。教师要注意培养正确的集体舆论，善于引导学生对班集体的一些现象与行为进行评议，要努力把舆论中心引导至正确的方向。

良好的班级作风是一个班级舆论持久作用而形成的风气，是班集体大多数成员的精神状态的共同倾向与表现。良好的班风一旦形成，就会无形地支配着集体成员的行为，它是一种潜移默化的教育力量。教师可以通过讲道理、树立榜样、严格要求、反复实践等几个方面来培养与树立良好的班风。

第 41 章 课堂管理

知识体系及思维脉络

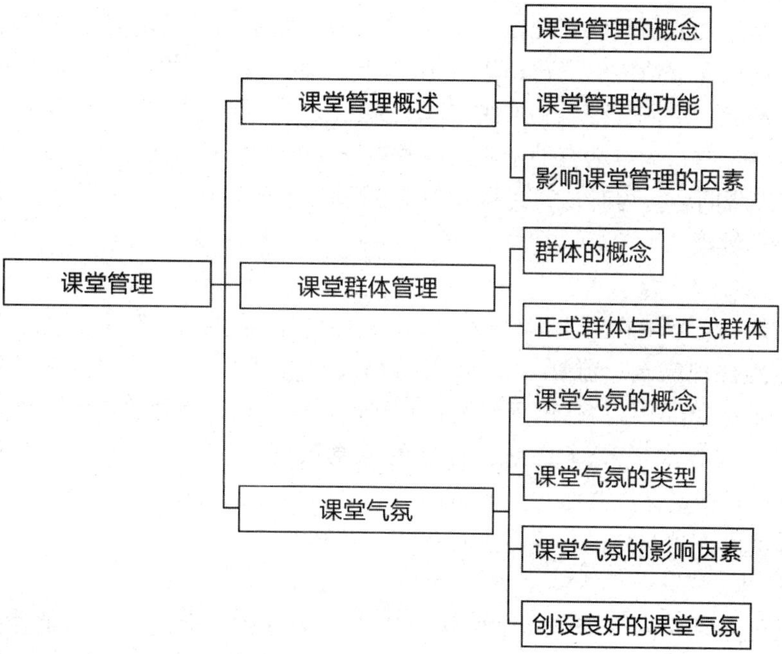

核心考点及学习提示

◆核心考点

课堂管理的概念、功能，课堂气氛，影响课堂管理的因素和课堂气氛的影响因素。

◆学习提示

考试重点：影响课堂管理的因素和课堂气氛的影响因素。

考试难点：课堂管理的功能以及课堂气氛。

一、课堂管理概述

（一）课堂管理的概念

课堂管理是一种协调和控制的过程，是指教师通过协调课堂内的各种人际关系而有效地实现预定教学目标的过程。

课堂是教学的基本场所，课堂中集结、交织着各种教学因素以及由这些教学因素相互之间形成的各种关系。课堂管理主要就是协调、控制、整合这些教学因素及其关系，使之形成一个有序的整体，从而保证课堂教学活动的顺利进行。

(二) 课堂管理的功能

1. 维持功能

维持功能是指教师在课堂教学中持久地维持良好的学习环境，有效地排除各种干扰因素，使学生充分参与到学习活动中，从而保证教学任务的顺利完成。维持功能是课堂管理的基本功能，具体表现在：(1) 当课堂教学面临新的情境时，通过课堂管理使学生迅速地适应课堂情境的变化；(2) 当课堂出现师生或生生关系紧张时，通过课堂管理缓解各种冲突，形成并维持和谐的人际关系；(3) 当课堂纪律发生问题时，在课堂管理中所制定的课堂行为准则有助于协调课堂教学步骤，排除各种干扰，维持课堂纪律；(4) 当课堂出现问题行为时，通过课堂管理调节学生的过度紧张和焦虑，减轻心理压力，维护心理健康。

2. 促进功能

促进功能是指教师在课堂内创设对教学起促进作用的良好学习环境，满足课堂内个体和集体的合理需要，激励学生潜能的释放以促进学生的学习。它具体表现在：(1) 形成尊师爱生、团结协作的师生关系和互帮互学、和睦相处的学生关系，促进师生共同努力以完成教学任务；(2) 培养良好的课堂风气，促进学生自觉遵守课堂规范；(3) 明确群体目标，促进群体对其成员的吸引力，增强群体内部的凝聚力；(4) 正确处理正式群体和非正式群体的关系，促进班集体结构的完善。

3. 发展功能

发展功能是指课堂管理能使学生学会遵守行为准则，促进学生从他律走向自律，帮助学生获得自我管理的能力，使学生逐步走向成熟。

真题及解析

(三) 影响课堂管理的因素

1. 教师的因素

(1) 教师的领导风格。

教师的领导风格对课堂管理有直接影响。普雷斯顿曾将教师的领导方式划分为参与式领导和监督式领导，并认为参与式领导和监督式领导对课堂管理有不同的影响。参与式领导注意创造自由空气，鼓励自由发表意见，不把自己的意见强加于人；而监督式领导则待人冷淡，只注重集体讨论的进程，经常监督人的行为有无越轨。此外，教师的学识、教学能力和人格品质对课堂管理也有一定的影响。

(2) 教师的威信。

具有较高威信的教师，只要一句话、一个眼神就能使乱哄哄的课堂迅速安静下来。因此，教师要努力提高学识、能力水平和品行修养，树立职业声望，增强课堂管理的威信和影响力。

(3) 教师的教育机智。

教育机智是指教师对课堂教学中的偶发事件快速、敏捷地做出恰当的应对与处理的能力。教师是否具有教育机智既关系课堂秩序也会影响教师的教学威信，对教师的课堂管理效力会产生连带影响。

此外，教师的语言、声调、动作、表情以及教师注意的分配情况等都会在一定程度上影响课堂管理。

2. 学生的因素

（1）学生的责任感。

学生的责任感是有效课堂管理中重要的可利用资源。在课堂管理中，各种外在影响、教育干预等都是在学生选择并接受后才能实际发生作用。因此，学生应为自己的选择和行为负责，愿意为自己的行为承担责任。这不仅能激发学生的学习兴趣和求知欲，使学生认真地参与课堂学习，养成良好的课堂学习风气，而且也有助于培养学生的自制力，并通过自我控制有效地管理课堂。

（2）对教师的期望。

人们对教师在学校情境中履行教学任务往往有一种比较固定的看法，即相对定型的期望，即使某位教师的外貌谈吐并不符合这种固定的看法，人们还是会按照这种固定的看法去看待和解释教师的行为，这就是定型的期望。它包括人们对教师理应表现的行为及其所具有的动机和意向的期望。一般来说，它的形成是教师长期人际交往方式和一般行为的结果。班内的学生对教师的课堂行为同样会形成定型的期望。他们期望教师以某种方式进行教学和课堂管理。这种定型的期望必然会影响课堂管理。如有的学生期望教师是德、才、学、识等方面的楷模，有的学生则期望教师公正客观地对待每个学生。如果教师的实际行为与学生的定型期望不一致，学生就会表现出失望、沮丧，课堂中就会产生种种不满，从而给教师的课堂管理增加难度。

3. 课堂学习环境

（1）班集体的特点。

班集体是学生课堂学习的社会环境，班集体的特点对课堂管理具有重要的影响，表现在以下三个方面：

①班级的规模。

班级的规模会直接影响课堂管理行为的有效性。班级的大小是影响课堂管理的一个重要因素。一般来说，班级规模越大，学生人数越多，课堂管理的难度也就越大，原因如下：

第一，班级的大小会影响成员之间的情感联系。班级越大，学生之间相互交往的次数越少，感情淡化，情感纽带的力量就越弱。

第二，班内的学生越多，学生之间的个别差异就越大，难免发生矛盾，产生利害冲突，课堂管理所遇到的阻力也可能越大。

第三，班级的大小也会影响交往模式。班级越大，成员之间相互交往的频率就越低，对教师课堂管理技能的要求也就越高。

第四，班级越大，内部越容易形成各种非正式小群体，而这些小群体又会影响课堂教学目标的实现。

因此，适度控制班级的规模无论是对提高课堂管理效率，还是最终提高教学质量都具有重要意义。

②班级的凝聚力。

凝聚力是对课堂管理行为效果产生重要影响的因素，也是班级中和谐关系、良好班风的反映，常表现为成员集聚在一起的愿望和高度的承诺，同时尊重和鼓励行为上与思想上的个别差异存在。不同的班集体往往具有不同的集体规范和不同的凝聚力，教师采取不同的课堂管理模式才能获得理想的管理效果。

③班级的性质。

不同的班级往往有不同的群体规范和不同的凝聚力，因此，教师不能用固定不变的课堂管理模式对待不同性质的班级，而应该在深入了解的基础上，掌握班集体的特点，运用促进和维持的技巧，获得理想的管理效果。

(2) 教室环境。

安静优雅的教室环境、教室的色彩，直观教具的运用情况，教师的装束、言谈、举止，座位编排情况等，都是教室环境的重要组成部分。良好的教室环境既有利于学生的学习，又有利于教师的课堂教学管理。

4. 其他因素

(1) 师生关系。

和谐的师生关系有助于课堂管理的顺利进行，不良的师生关系则会成为课堂管理的严重障碍。

(2) 课堂常规。

课堂常规是指课堂中的所有人都应接受的行为准则和行为模式，它既是组织教学的基础，又是学生遵守教学秩序的行为依据，有助于教师控制、指导学生的课堂行为，促使学生养成自觉遵守纪律的良好习惯，为创造严肃、活泼、和谐的课堂气氛和学习情境奠定基础。

二、课堂群体管理

(一) 群体的概念

群体是指人们为了实现共同的目标，以一定方式的共同活动为基础而结合起来的联合体（人群）。课堂里的每个学生不是孤立存在的个体，他们通过相互交往，形成各种群体。学校可以说是个大群体，年级、班级则是不同层次上的群体。

(二) 正式群体与非正式群体

1. 正式群体

正式群体是指在学校行政部门、班主任或社会团体的领导下，按照一定章程组成的学生群体。班级、小组、共青团等都属于正式群体。正式群体的目标与任务明确，成员稳定，有一定的组织纪律和工作计划，这对增强集体凝聚力能起到非常重要的作用。正式群体的发展要经历松散群体、联合群体和集体三个阶段。松散群体是指学生在空间上和时间上结成群体，但成员之间尚无共同活动的目的和内容。联合群体的成员已有共同的活动目的，但活动还只具有个人意义。集体是群体发展的最高阶段，是指为实现有公益价值的社会目标而严密组织起来的有纪律、有心理凝聚力的群体。成员的共同活动不仅对每个成员有个人意义，而且还有重要的社会意义。

教师在管理正式群体时要注意：(1) 选好正式群体中的领导；(2) 注意引导和支持；(3) 适当授权，鼓励学生的自主管理。

2. 非正式群体

真题及解析

在同伴交往的过程中，一些由学生自由结合、自发形成的小群体称为非正式群体。它是同伴关系的一种重要形式。非正式群体的特点包括：(1) 成员之间相互满足心理需要；(2) 成员之间具有强烈的情感联系和较强的凝聚力，但有可能存在排他性；(3) 受共同的行为规范和行动目标的支配，行为上具有一致性；(4) 成员的角色和数量不固定。

非正式群体是以个人好恶、兴趣爱好为联系纽带，具有强烈的情感色彩。它对个体的影响是积极的还是消极的，主要取决于非正式群体的性质以及与正式群体的目标的一致程度。因此，对于非正式群体，教师既不能采取高压政策，也不能放任自流，要正确地引导，使其发挥积极作用，避免消极作用。教师在管理非正式群体时，要注意：(1) 摸清非正式群体的性质；(2) 对积极的非正式群体给予鼓励和帮助；(3) 对消极的非正式群体给予适当的引导和干预。

3. 正式群体与非正式群体的协调

课堂管理必须注意协调正式群体与非正式群体的关系，要注意：(1) 不断巩固和发展正式群体，使班内的学生之间形成共同的目标和利益关系，产生共同遵守的群体规范，并以此协调大家的行动。满足成员归属感和彼此之间的相互认同，从而使班级成为团结的集体。(2) 正确对待非正式群体。在支持、保护积极的非正式群体的同时，还要对消极的非正式群体给予教育、引导和改造，必要时依据校规进行处理。

三、课堂气氛

（一）课堂气氛的概念

课堂气氛作为教学过程的软情境，通常是指课堂里某些占优势的态度与情感的综合状态。课堂气氛具有独特性，不同的课堂往往有不同的气氛。课堂气氛形成后，往往能维持相当长的时间，使不同学科的课堂教学笼罩在相同的课堂气氛下。良好的课堂气氛，可以使班级的目标、规范得以遵守，使学生之间保持良好的人际交往，有助于学生学习效率的提高，有利于课堂师生的互动。

（二）课堂气氛的类型

课堂气氛是一种综合的心理状态，包括知觉、注意、思维、情绪、意志及定式等。依据这些心理状态综合表现的不同特点，在通常情况下，课堂气氛可以分成积极的、消极的和对抗的三种类型。

1. 积极的课堂气氛

积极的课堂气氛是恬静与活跃、热烈与深沉、宽松与严谨的有机统一。其基本特征是课堂情境符合学生的求知欲和心理特点，师生之间、学生之间的关系正常和谐，学生产生满意、愉快、羡慕、互谅、互助等积极的态度和体验。

真题及解析

2. 消极的课堂气氛

消极的课堂气氛的基本特征是课堂情境不能满足学生的学习需要，脱离了学生的心理特点，师生关系不融洽，学生之间不友好，学生产生不满意、烦闷、厌恶、恐惧、紧张、焦虑等消极的态度和体验。

3. 对抗的课堂气氛

对抗的课堂气氛是失控的气氛，学生过度兴奋、各行其是、随便插嘴、故意捣乱。

（三）课堂气氛的影响因素

影响课堂气氛的因素可以归结为教师、学生和课堂物理环境等三种因素。

1. 教师的因素

教师在课堂教学中起着主导作用，教师的领导方式、教师对学生的期望以及教师的情绪状态便成为影响课堂气氛的主要因素。

（1）教师的领导方式影响课堂气氛。

教师的领导方式是教师用来行使权力与发挥其领导作用的行为方式。美国心理学家勒温曾在 1939 年将教师的领导方式分为集权型、民主型和放任型三种类型（参见表 8–1）。

表 8–1　教师的领导方式

教师的领导方式的类型	特征表现	整体评价
集权型	集权型的教师只注重教学目标，只关心学习任务和学习效率，对班级的学生不够关心，师生的社会心理距离较大	这三种不同的领导方式产生不同的行为反应，从而形成不同的课堂氛围。其中，以民主型的课堂气氛最佳
民主型	民主型的教师对学生的学习加以鼓励和协助，关心并满足学生的需要，营造一种民主与平等的氛围，师生之间的社会心理距离比较近	
放任型	放任型的教师采取的是无政府主义的领导方式，对群体学生的需要都不重视，无规章、无要求、无评估，工作效率低，人际关系淡薄	

（2）教师期望影响课堂气氛。

现有的研究表明，教师期望通过四种途径来影响课堂气氛：①接受。教师通过接受学生意见的程度，为不同的学生创造不同的社会情绪气氛。②反馈。教师通过输入信息的数量、交往频率、目光注视、赞扬和批评等向不同期望的学生提供不同的反馈。③输入。教师向不同期望的学生提供难度不同、数量不等的学习材料，对问题做出程度不同的说明、解释、提醒或暗示。④输出。教师是否允许学生提问和回答问题，听取学生回答问题的耐心程度等都会对课堂气氛产生不同的影响。

（3）教师的情绪状态影响课堂气氛。

教师的积极情绪状态往往会投射到学生的身上，使教师与学生的意图、观点和情感联结起来，从而在师生之间产生共鸣性的情感反应，有利于创造良好的课堂气氛。焦虑是教师对当前或预计到的对自尊心有潜在威胁的任何情境所具有的一种类似于担忧的反应倾向。只有当教师焦虑适中时，才会激发教师努力改变课堂现状，从而推动教师不断地努力以谋求最佳课堂气氛的出现。

（4）教师的教学能力。

课堂气氛与教师的教学能力密切相关。如教师的语言表达能力在很大程度上会影响教学效果，进而制约课堂气氛。教师的语言表达清晰、语速适度、语调抑扬顿挫，富有感染力，有利于形成积极的课堂气氛。

2. 学生的因素

（1）学生对集体目标的认同是良好课堂气氛形成的必要前提。

（2）学生自觉遵守课堂纪律，具有良好的品德和学习习惯，有利于良好课堂气氛的形成。

（3）课堂中的集体舆论、角色期待以及学生之间的合作与竞争关系都会影响课堂气氛。

3. 课堂物理环境的因素

课堂物理环境又称教学的时空环境，主要是指由教学时间和空间因素构成的特定的教学环境，包括教学的时间安排，班级规模，教室内的设备、光线、座位编排等。能让大多数学生感觉舒适的课堂物理环境，有利于良好课堂气氛的形成和维持。

（四）创设良好的课堂气氛

1. 发挥教师的主导作用

教师在营造良好的课堂气氛的过程中起着主导作用。如果教师能精心组织课堂教学，巧妙地把握语言艺术，善于用良好的情绪与情感感染学生，并善于处理课堂问题，就更容易创造出良好的课堂气氛。

2. 尊重学生的主体地位

创造良好的课堂气氛，关键在于教师能否切实地调动学生学习的主观能动性，使学生真正成为教学的主体、学习的主人。因此，教师必须调动学生参与的积极性和主动性，让学生保持最佳的学习心态。

3. 构建和谐的师生关系

课堂中的师生关系直接制约并影响课堂气氛。教师可以采取以下措施来使师生关系更加和谐：(1)师生民主平等；(2)树立一定的教师威信；(3)教师要关心爱护学生。

4. 准确地评鉴、分析课堂气氛

准确地鉴定、分析课堂气氛是营造良好课堂气氛的前提和基础。教师应该通过多种方法的综合运用，了解课堂气氛的状况，发现问题、分析问题并寻找到解决问题的有效路径。

第42章 课堂纪律的管理

知识体系及思维脉络

- 课堂纪律的管理
  - 课堂纪律的概念
  - 课堂纪律的类型
    - 教师促成的纪律
    - 集体促成的纪律
    - 任务促成的纪律
    - 自我促成的纪律
  - 课堂结构与课堂纪律
    - 课堂情境结构
    - 课堂教学结构
  - 课堂问题行为
    - 课堂问题行为的性质
    - 课堂问题行为的类型
    - 课堂问题行为产生的原因
    - 课堂问题行为的处置与矫正

核心考点及学习提示

◆核心考点

课堂纪律的概念、类型，课堂结构与课堂纪律，课堂问题行为产生的原因和处置与矫正的策略。

◆学习提示

考试重点：课堂问题行为产生的原因和处置与矫正的策略。

考试难点：运用课堂问题行为的处置与矫正策略有针对性地开展中学课堂问题行为的矫正工作。

一、课堂纪律的概念

视频讲解

为了维持正常的教学秩序，协调学生的行为，以求课堂目标的最终实现，必然要求学生共同遵守课堂行为规范，从而形成课堂纪律。课堂纪律是指教师对学生的课堂行为所施加的准则与控制。

良好的课堂纪律是课堂教学得以顺利进行的重要保障条件。课堂纪律具有约束性、标准性和自律性三大特征。

二、课堂纪律的类型

真题及解析

美国心理学家林格伦根据课堂纪律形成的途径或原因将课堂纪律分成以下四种类型：

（一）教师促成的纪律

所谓教师促成的纪律，主要是指在教师的帮助、指导下形成的班级行为规范。这类纪律在不同的年龄阶段发挥的作用有所不同。学生的年龄越小，对教师的依赖就越强，教师促成的纪律所发挥的作用也越大。随着年龄的增长和自我意识的增强，学生一方面会反对教师的过多限制，另一方面又需要教师对他们的行为提供一定的指导和帮助。即使是比较成熟的青少年学生，他们还是需要教师为他们的行为提供指导。所以，在课堂管理中，教师促成的纪律是不可缺少的。

（二）集体促成的纪律

所谓集体促成的纪律，主要是指在集体舆论和集体压力的作用下形成的群体行为规范。从儿童入学开始，同辈人的集体在学生社会化方面起着越来越大的作用。随着学生年龄的增长，同伴群体对学生个体的影响会越来越大。当一个儿童从对成人的依赖中逐渐解放出来时，他开始对自己的同学和同辈人察言观色，以便决定应该如何思考、如何信仰、如何行事。

（三）任务促成的纪律

所谓任务促成的纪律，主要是指某一具体任务对学生行为提出的具体要求。这类纪律在学生的学习过程中占有重要地位。

任务促成的纪律是以个人对活动任务的充分理解为前提的，学生对任务的意义理解越深刻，就越能自觉地遵守任务的纪律要求，即使遇到困难和挫折也不会轻易退却。

（四）自我促成的纪律

所谓自我促成的纪律，简单来说就是自律，是指学生对自己所施加的准则与控制，它是在个体自觉努力下由外部纪律内化而成的个体内部约束力。在自我促成的纪律的约束下，学生通常能够正常地评价各种行为，较好地进行自我控制、自我调节。自我促成的纪律是课堂纪律管理的最终目的。当一个学生能够自律并客观评价自己和集体的行为标准时，便意味着他能够为新的、更好的集体标准的发展做出贡献，同时也标志着学生的成熟水平大大提高。

三、课堂结构与课堂纪律

课堂是以教室为活动场所，通过师生之间的分工合作和职权、责任的制度化而有计划地协调师生活动，以达到教育目标的一种组织系统。在这个组织系统中，在教师的指导下进行学习的学生、学习过程和学习情境是课堂的三大要素。这三大要素的相对稳定的组合模式就是课堂结构，包括课堂情境结构与课堂教学结构。课堂结构是影响课堂纪律的重要因素。为了有效地控制课堂纪律，教师必须优化课堂结构。

（一）课堂情境结构

课堂情境结构与具体的教学内容无关，主要是指班级的规模、课堂常规、座位分配等方面。

（二）课堂教学结构

课堂教学结构是指在一定的教育思想的指导下为了完成一定的教学目标，对构成教学的诸因素在时间、空间方面所设计的比较稳定的、简化的组合方式及其活动程序。课堂教学结构是同教学内容相关的课堂结构，主要涉及教学时间的利用、课程表的编排以及教学过程的规划等方面。

四、课堂问题行为

（一）课堂问题行为的性质

课堂问题行为是指不能遵守公认的正常的学生行为规范和道德标准，不能正常与人交往和参与学习的行为。这样的行为不仅会影响学生的身心健康，而且还常常会引起课堂纪律问题，从而影响教学质量。课堂问题行为主要表现为学生漫不经心、感情淡漠、逃避班级活动、与教师和同学的关系紧张、容易冲动、上课插嘴、坐立不安、活动过度等。

课堂问题行为是消极、负面的，而且具有普遍性。不同学生的问题行为在程度上存在着个别差异。

（二）课堂问题行为的类型

目前，最普遍的一种分类方式是根据学生行为表现的倾向，将课堂问题行为分为两类：一类是外倾性问题行为；一类是内倾性问题行为。

1. 外倾性问题行为（外向攻击型问题行为）

表现及危害：外倾性问题行为主要表现为相互争吵、挑衅、推撞等攻击性行为等。外倾性问题行为容易被觉察，它会直接干扰课堂纪律，影响正常教学活动的进行。

教师对策：教师面对这类行为应果断、迅速地加以制止，以防其在课堂中蔓延。

2. 内倾性问题行为（内向退缩型问题行为）

表现及危害：内倾性问题行为主要表现为在课堂上心不在焉、胡思乱想、做白日梦、发呆等注意力涣散行为。内倾性问题行为大多不会对课堂秩序构成直接威胁，因而不易被教师察觉。但这类问题行为对教学效果有很大的影响，对学生个人的成长危害也很大。

教师对策：教师在课堂管理中不能只根据行为的外部表现来判断问题行为，不能只控制外倾性问题行为，对内倾性问题行为也要认真防范、及时矫正。

（三）课堂问题行为产生的原因

1. 教师方面的因素

教师指导思想的错误、管理的失范或教学的偏差都可能引发学生的课堂问题行为。有些教师滥用惩罚的手段，不仅不能增强课堂纪律，反而会引发学生攻击性或退缩性的问题行为。

（1）要求不当。

有的教师要求过严，造成师生矛盾和冲突逐渐尖锐化；有的教师则要求过低，只要学生不惹是生非，其他一概不管，这样的课堂纪律必然涣散。

（2）滥用惩罚手段。

惩罚虽然能迅速而有效地制止课堂问题行为，但若不分青红皂白地加以惩罚，则会降低教师在学生中的威信，使学生产生怨恨情绪，从而诱发攻击性或退缩性的课堂问题行为。

（3）教师缺乏自我批评精神。

当问题行为严重干扰课堂教学时，教师常对学生严厉惩处，而很少进行自我反思，这更会加剧学生的不满情绪，导致问题行为变本加厉。此外，教师的教学内容与教学方法不当，营造过于强烈的竞争氛围，也会引起不同的课堂问题行为。

2. 学生的因素

学生的因素包括学生的性别差异、生理障碍和心理缺失对课堂问题行为都会产生一定的影响。

（1）适应不良。

适应不良也叫个体人格的适应不良，是指个体不能很好地根据环境的要求改变自己，或个体不能积极作用于环境并改造环境，由此产生的各种情绪上的干扰。学校中常见的学生人格适应不良的症状是注意广度低、多动、寻衅闹事、学术志向水平低和人格的不成熟等。

（2）厌烦。

教学内容不适合学生的程度和水平，太难或太容易都会使学生对学习失去信心或兴趣，感到索然无味。而教师的教学方法过于单调或语言平淡也会使学生感到厌烦，从而失去学习的积极性。

（3）挫折与紧张。

在课堂教学中，教师提出的学习和行为上的要求不可能适合每个学生的情况，这就不可避免地会使有的学生面临失败或挫折的威胁。而挫折容易使学生感到紧张，积累到一定程度就会发泄，导致寻衅闹事等问题。也有的学生采取逃避的方式，表现出回避批评、嘲笑及被人抛弃的不利情境的退缩性问题行为。

（4）寻求注意与地位。

有些学习成绩差的学生知道自己在学习方面不可能得到教师和其他同学的注意和

认可，但他们发现，教师为了维持课堂秩序对问题行为比较注意，于是他们就会故意出现某些问题行为，以引起教师或同学的注意，并获得自己在班级中的地位。

（5）过度活动。

过度活动的学生，有的是由于情绪冲突，有的是由于脑功能失调，使他们对于刺激过于敏感或有过度反应的倾向，因而在课堂上对一些无关刺激也易做出反应从而造成问题行为。其主要表现为注意力无法集中在课堂上，行为冲动，容易扰乱课堂秩序。对于由于生理原因造成课堂问题行为的学生，教师要热情地帮助他们学会控制自己的冲动，且不要滥用药物。

（6）性别差异。

一般来说，男学生的课堂问题行为比女学生要多一些。这既可能是由于男孩的语言技能发展较慢，导致其社交学习较晚造成的，也可能是因为低年级中女教师多，而使男学生出现了学习适应上的困难。

3. 环境因素

家庭、大众传媒和课堂内部环境都可能引发问题行为的产生，尤其是家庭因素的影响最为明显。一般来说，单亲家庭、离异家庭或父母外出务工型家庭是容易导致学生出现课堂问题行为的家庭类型。

（1）家庭。

单亲家庭的孩子可能自制力差，极易冲动，容易产生对抗性逆反行为。父母不和、经常打闹家庭的孩子，在课堂上会表现出孤僻退缩、烦躁不安。有的家长对孩子过于溺爱，容易造成孩子的自我中心、放荡不羁，促使孩子产生课堂问题行为。

（2）大众媒体。

现在正处于信息时代，大众媒体在某些情况下也对学生产生了消极的影响。一些暴力、色情等低级庸俗的内容会激发学生去效仿，这些行为可能会延伸到课堂上。

（3）课堂内部环境。

课堂内部环境，诸如课堂内的温度、色彩、课堂气氛、课堂座位的编排方式等都会对学生的课堂行为产生十分明显的影响。

（四）课堂问题行为的处置与矫正

1. 正确对待学生的课堂行为

课堂行为往往有积极、中性与消极之分。积极的课堂行为是指与促进课堂教学目的实现相联系的行为。对于积极的课堂行为，教师要给予肯定和鼓励。中性的课堂行为是指既不促进也不干扰课堂教学的行为。对于中性的课堂行为，教师不宜在课堂里停止教学而公开指责，以免干扰其他学生的注意力。消极的课堂行为是指那些干扰课堂教学的行为。对于消极的课堂行为，适当的惩罚是必要的，教师要明确惩罚的目的是为了让学生最终经过努力避免惩罚，而不是让学生去“体验”惩罚。但是，教师不能采用讽刺挖苦、体罚、剥夺学习权利等惩罚手段。

行为矫正是用条件反射的原理来强化学生良好的课堂行为以取代或消除其课堂问题行为的一种方法。采用行为矫正技术，可以有效地减少或消除课堂问题行为，促进学生良好行为的发展。而心理辅导不像行为矫正那样以完全改变外部行为表现为目标，而是通过改变学生的认知、信念、价值观念和道德观念来改变学生的外部行为的一种方法。心理辅导是一种合作式、民主式的协助学生解决问题的方式，更强调协助正常人的教育与发展。

2. 课堂问题行为的矫正

真题及解析

（1）制订适宜的教学计划。

获得学习成就是学生的根本需要。因此，教学计划中的教学目标、教学内容和教学方法必须要适合学生的程度和水平，使学生通过学习能取得较满意的成绩或成就，提高学生的自信心和自尊心。同时，较好的学业成就也能缓解学生的焦虑情绪，提高在班集体和家庭中的地位，改善人际关系，从而使其能更好地适应课堂环境。

（2）帮助学生调整学习的认知结构。

新的学习任务常会打破学生原有的知识结构，如果这时学生处于良好的认知准备状态，从而顺利地完成认知结构的转换，那么学生就能进一步增强学习的信心和能力。否则，学生就会产生焦虑，不知所措。所以，教师在引进新知识、新内容时，要交代清楚它的来龙去脉，把新知识与旧知识联系起来，也就是把新知识整合到学生头脑中已有的认知结构中去，使他们具备进行新的学习的知识结构基础。

（3）给予精确而严格的指导。

一般来说，学生对于自己的课堂作业是严肃认真的，但他们往往准备不足，不知道该怎么做，因而产生问题行为。因此，教师应给予学生清晰的指导，包括学生将做什么，为什么做、怎样做，怎样获得帮助以及完成课堂作业后干什么，完成作业需要多少时间，不能按照指定时间完成时该怎么办等，这样才能使学生得到足够的信息。否则，学生会有一种不确定的感觉，就会反复提出问题或表现出急躁、厌烦和焦虑，甚至产生问题行为。指导除了言语方式之外，还可以采用写黑板字、放投影或用纸写指导语等多种形式。

（4）建立良好的教学秩序。

良好的教学秩序会营造出愉快、和谐的课堂气氛，从而使教师与学生情绪平静、思维活跃，减少课堂问题行为的发生。而要建立良好的教学秩序，首先教师就要建立合理的课堂结构，也就是良好的课堂情境结构和良好的课堂教学结构。

（5）行为矫正与心理辅导。

对已经产生问题行为的学生，教师就要采取行为矫正和心理辅导的方法来处理。

行为矫正是强化学生的良好行为，排除不良行为的一种方法。这实际上是一种行为疗法，具体步骤是：①确定需要矫正的课堂问题行为；②制定矫正问题行为的具体目标；③选择适当的强化物与强化时间的安排；④排除维持或强化课堂问题行为的刺激；⑤以良好行为逐渐取代或消除课堂问题行为。需要注意的是，行为矫正必须以师生之间的密切配合为前提。

对于复杂的课堂问题行为，尤其是那些由内在刺激引起与维持的课堂问题行为，矫正效果并不显著，需要心理辅导来解决。心理辅导主要是通过改变学生的认知、信念、价值观念、道德观念来改变学生的外部行为。

（6）协调同伴关系。

有课堂问题行为的学生，往往表现出人际关系适应不良。因此，教师必须为他们创设一个良好的人际环境，创设更多地让他们在班集体中发挥才能和积极作用的机会，使他们能得到同伴的同情、尊重和认可，从而提高他们的自信心和在班集体中的地位。同时，教师还要注意制止学生中对他们造成伤害的行为，如讽刺、挖苦、嘲笑等。

（7）与家长合作。

亲子关系对于形成和纠正课堂问题行为是十分重要的。所以，教师必须主动地与家长合作，互通信息，共同配合，采取有效的措施纠正学生的不良行为，促进学生积极行为的发展。

第 43 章　班主任

知识体系及思维脉络

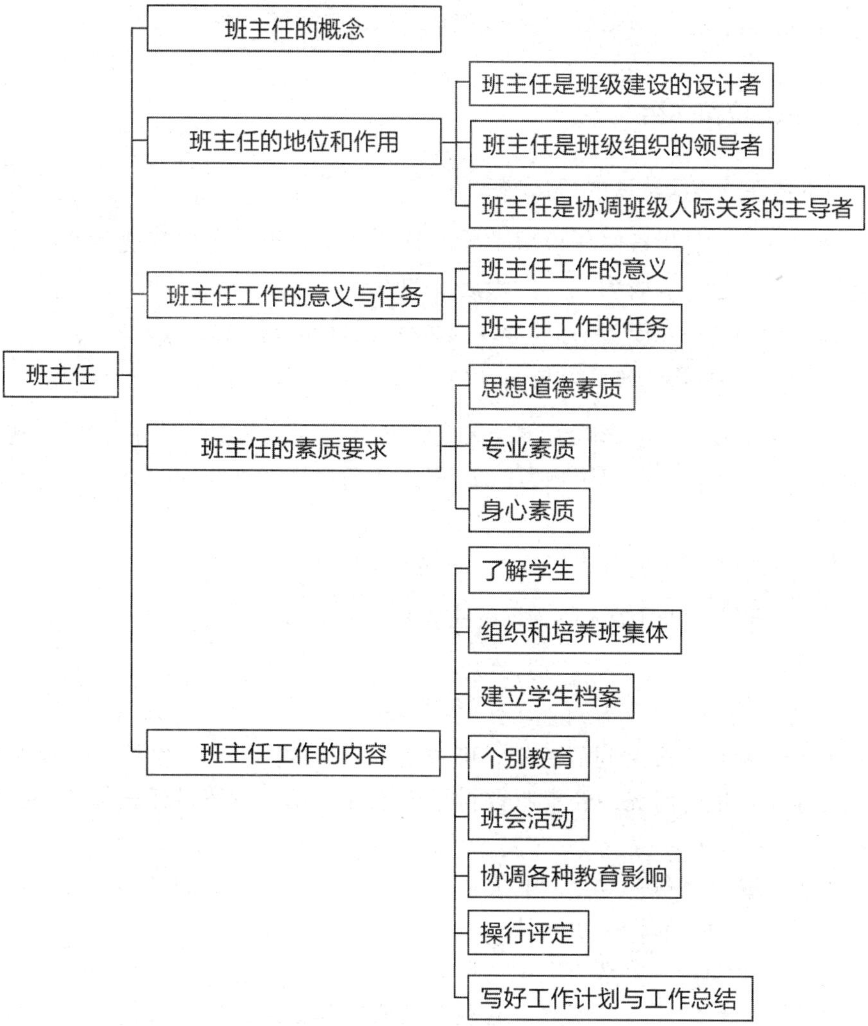

核心考点及学习提示

◆ 核心考点

班主任的概念、地位和作用，班主任的工作任务、素质要求，班主任工作的内容。

◆学习提示

考试重点：班主任工作的内容。

考试难点：班主任如何进行班级的培养和建设。

一、班主任的概念

班主任是指学校中全面负责一个班学生的思想、学习、生活等工作的教师，是班级的组织者、领导者和教育者，是学校办学思想的贯彻者，是联系班级科任教师和学生团队组织的纽带，是沟通学校、家长和社会的桥梁。

二、班主任的地位和作用

(一) 班主任是班级建设的设计者

班级建设的设计是指班主任根据学校的整体办学思想，在主客观条件许可的范围内所提出的相对理想的班级模式。班级建设的设计包括班级建设的目标、实现目标的途径、具体方法和工作程序。其中，又以班级建设目标的制定最为重要。

(二) 班主任是班级组织的领导者

班主任在班级管理中的影响力主要表现在两个方面：(1)班主任的权威、地位、职权，这些构成了班主任的职权影响力；(2)班主任的个性特征与人格魅力，这些构成了班主任的个性影响力。

班主任的领导方式可以分为权威型、民主型和放任型。

(三) 班主任是协调班级人际关系的主导者

班主任主要要协调好以下三大类关系：

1. 协调学校内部各种教育因素之间的关系

(1) 协调与科任教师之间的关系。班主任必须与科任教师团结协作，要经常与科任教师沟通本班学生的情况，经常听取科任教师的意见，邀请科任教师参加、指导班级的活动。

(2) 协调与学校各级领导之间的关系。

(3) 指导和协助共青团、少先队工作。

2. 协调学校教育与家庭教育之间的关系

教育的主阵地是学校，但家庭也有教育的职责和义务，一个人的性格、能力和信念及责任心的形式都是在家庭环境中逐步形成和发展起来的。因此，班主任要协调好学校教育与家庭教育之间的关系。

3. 协调学校教育与社会教育之间的关系

教育是一种社会现象，人是社会的人，社会也在影响着学生的成长。因此，班主任也要协调学校教育与社会教育之间的关系。

三、班主任工作的意义与任务

（一）班主任工作的意义

班主任是班级工作的组织者、领导者和教育者，又是学校进行教育工作的骨干力量，在学校、家庭、社会的沟通中起到了举足轻重的作用。班主任工作的意义在于：(1)班主任工作是贯彻教育方针、完成教育任务和实现教育目标的重要保证；(2)班主任工作是提高教学效率的重要手段；(3)班主任工作为学生健康、全面、和谐发展提供了条件；(4)班主任是学校联系各班级的纽带，是沟通学校与家庭、社会教育力量的桥梁。

（二）班主任工作的任务

班主任工作的任务主要包括：(1)向学生进行政治、思想、品德教育和心理素质教育；(2)教育学生努力完成学习任务；(3)指导学生参加各种劳动和活动；(4)加强班集体建设，进行班级的日常管理。

四、班主任的素质要求

班主任的素质要求主要可以概括为三个方面，即思想道德素质、专业素质和身心素质。

（一）思想道德素质

在思想道德素质方面，表现为教师要有坚定、正确的政治方向，忠于人民的教育事业，关爱学生，品德高尚，作风正派，为人师表。

（二）专业素质

在专业素质方面，表现为教师要爱岗敬业，具有符合素质教育要求的教育观和较强的教育教学能力，以及组织管理能力、教育科研能力；具有较强的团队协作能力和较强的人际沟通能力；善于与学生、学生家长以及各科任教师进行沟通、协作。

（三）身心素质

在身心素质方面，表现为教师要身体健康，勤于锻炼身体，能够胜任班主任工作的辛苦；要勤于思考、勇于探索，具有自信、乐观向上的人格品质；善于进行自我调节，保持心理健康。

五、班主任工作的内容

班主任工作的内容可以总结归纳为以下八个方面：

（一）了解学生

了解学生是班主任开展教育工作的前提。班主任对学生的了解包括对学生个体的了解和对学生群体的了解两个部分。对学生个体的了解包括思想品德、学习、身体状况、心理、家庭和社会交往情况等。对学生群体的了解包括对正式群体和非正式群体的了解。

班主任了解学生一般采用四种方法，包括：(1)观察法；(2)谈话法；(3)书面材料和学生作品分析法；(4)调查访问法。

真题及解析

(二) 组织和培养班集体

组织和培养班集体是班主任工作的中心环节，班主任应有计划、有组织地在短时间内有效地组建班集体。健全的班集体不仅是班主任实施教育工作的有力保障，而且也是班主任获取工作经验的宝贵资源之一。所以，班集体是班主任工作的目的和结果，是班主任开展工作的有力助手和途径。

(三) 建立学生档案

在全面了解学生的基础上，班主任对所掌握的材料进行分析处理，并将整理结果分类存放起来，即建立学生档案。建立学生档案一般分四个环节，即收集—整理—鉴定—保管。

学生档案有集体档案和个体档案两种。集体档案是指班主任将全班学生在各个时期各方面的表现，班级的历史、现状、趋势分析等记录下来，作为今后教育集体的依据或参考的档案。个体档案是指将学生德、智、体、美、劳诸方面的表现和发展的动态收集起来作为个体教育依据的档案。学生档案中最常见的是学生个人档案。学生档案的内容最常见的形式有文字表述和表格调查两种。

(四) 个别教育

个别教育是指教师根据学生个人的特点、需要和问题单独进行的一种教育，一般包括个别谈心、单独谈话、个别指导、辅导与帮助等。班主任要使每个学生都能得到最大限度的发展就必须深入了解每个学生，根据学生的个别特点进行教育，使每个学生都有所获益。

1. 先进生的教育

要想做好先进生的教育工作，班主任应注意：一是严格要求，防止自满；二是不断激励，弥补挫折；三是消除嫉妒，公平竞争；四是发挥优势，全班进步。

2. 后进生的教育

对后进生的转化教育是个别教育工作的重点。要想做好后进生的教育工作，班主任应注意：一是分析原因，对症下药；二是热爱关心，不厌不弃；三是要求合理，循序渐进；四是正视反复，持之以恒。

3. 中等生的教育

要想做好中等生的教育工作，班主任应注意：一是重视对中等生的教育；二是根据中等生的不同特点有的放矢地进行个别教育；三是给中等生创造充分展示自己才能的机会，增强他们的自信心。

(五) 班会活动

班会活动是班主任进行教育活动的重要手段，是培养优秀班集体的重要方法，也是锻炼学生活动能力的基本途径。所以，有计划地组织与开展班会活动也就成为班主任工作的一项重要内容。

班会有三个特点，即集体性、自主性和针对性。班会一般有常规班会、生活班会和主题班会三类。组织主题班会一般要经过确定主题、精心准备、具体实施、效果深化等阶段，同时，班主任还应注意：(1)主题不能过杂；(2)要有的放矢；(3)班主任要做好“导演”而不是“演员”。

（六）协调各种教育影响

个体的发展受到多种因素的影响，家庭、社会和学校等都会对学生的发展产生影响，因此班主任应协调好校内外各种因素。班主任需要做的工作包括：(1)要统一科任教师的教育影响；(2)要统一学校领导的教育影响；(3)要统一班委会的教育影响；(4)要统一家庭教育的影响；(5)要统一社会教育的影响。

（七）操行评定

操行评定是指以教育目的为指导思想，以学生守则为基本依据，对学生一个学期（或一学年）内在学习、劳动、生活、品行等方面的表现进行小结与评价。操行评定是学校对学生进行教育的重要方法，其目的在于：教育学生奋发向上，肯定优点，找出缺点，指出努力的方向，鼓励学生上进；帮助家长全面了解子女在学校的情况，以便与教师密切配合，共同教育学生；帮助班主任总结工作经验，找出问题以改进工作。

操行评定的一般步骤包括：(1)学生自评；(2)小组评议；(3)班主任评价；(4)信息反馈。

操行评定的要求包括：操行评语要实事求是，抓住主要问题，具有针对性，能反映学生思想品德的全面表现和发展趋向；要充分肯定学生的进步，适当指出他们的主要缺点，指明努力方向，不可罗列现象，主次不分；文字要简明、具体、贴切，使人一看就明白，能够接受，切忌空洞、抽象、一般化，严防用词不当，伤害学生的情感，造成家长的误解。

在义务教育阶段，班主任对学生的操行评定较为流行的方式主要有三种：撰写评语、评定操行等级和学生档案袋记录。班主任在评定操行时，既要使学生明白自己的现状，也要使他们知道自己的发展方向。

（八）写好工作计划与工作总结

班主任的工作计划一般分为学期计划、月计划或周计划以及具体的活动计划。学期计划比较完整，一般包括三个部分：(1)基本情况；(2)班级工作的内容、要求和措施；(3)本学期的主要活动与安排。

班主任的工作总结一般分为全面总结和专题总结两类，一般在学期、学年末进行。班主任做好工作总结应注意：(1)平时注意对班主任工作资料的积累；(2)注意做阶段小结。

第 44 章 课外活动

知识体系及思维脉络

- 课外活动
  - 课外活动概述
    - 课外活动的概念
    - 课外活动的特点
    - 课外活动的意义
  - 课外活动的内容
    - 科技活动
    - 学科活动
    - 文学艺术活动
    - 体育活动
    - 社会活动
    - 传统的节假日活动
  - 课外活动的组织形式
    - 群众性活动
    - 小组活动
    - 个人活动
  - 课外活动组织管理的要求
    - 开展好课外活动的基本要求
    - 中学课外活动计划的制订与实施

核心考点及学习提示

◆核心考点

课外活动的概念、特点，课外活动的组织形式，课外活动组织管理的要求。

◆学习提示

考试重点：课外活动的组织形式。

考试难点：课外活动组织管理的要求。

一、课外活动概述

（一）课外活动的概念

课外活动是指学校在课堂教学任务以外，由学校组织指导或由校外教育机构组织指导的，用以补充课堂教学，实现教育方针要求的一种教育活动，是根据受教育者的需要和自己的努力以及教育教学的需要，在教育者的直接指导或间接指导下来实现教育目的的一种活动。即为了发展学生的个性、兴趣、爱好和特长，开发学生的韧力，根据学生自由选择参加的原则，有目的、有计划、有组织地对学生进行的多种多样的教育活动。

（二）课外活动的特点

课外活动是整个学校教育的重要组成部分。把握课外活动的特点，有助于驾驭课外活动的规律，充分发挥课外活动的重要功能。课外活动主要有以下四个特点：

1. 自愿性

在课外活动中，学生可以根据个人的爱好和特长自愿选择和参加不同的活动。教师应尽可能地为学生创造自由的活动环境，组织多种多样的活动供学生选择，对不同的学生给予不同的指导，诱发他们参加活动的动机，但最终参加与否，决定权还在于学生自己。课外活动要充分照顾学生的兴趣和爱好，符合学生的需要和特点，不仅有利于发展学生的爱好和特长，而且也有利于提高学生参加活动的积极性。

2. 自主性

与课堂教学相比，学生在课外活动中具有更大的自主性。活动由学生自己组织、自己设计、自己动手。学生是课外活动的主体，从确定活动的目的、内容、要求到选择活动的方式，从安排活动的具体步骤到组织实施，都是由学生自主进行的。教师是活动的指导者、辅导者，对学生活动的组织起辅导作用。当然，教师在课外活动中的指导主要采用启发、咨询、建议、讨论、答疑、活动过程中的巡视与个别指导、活动结果的评析、共同制订活动计划等方法。

3. 灵活多样性

课外活动的内容和形式具有灵活多样性。课外活动的具体内容是根据活动的目的、学生的兴趣和发展需要、教师的特点和能力、学校的物资设备条件来确定的，具有较大的伸缩性。课外活动的组织形式也是多种多样的，包括群众性活动、小组活动和个人活动等。无论是活动的内容，还是活动的形式，都体现了灵活性。各地区、各学校都可以根据各自的情况和条件，开展各种课外活动。

4. 实践性

课外教育活动注重学生的实践环节。在活动中，学生的知识和技能主要是通过自己设计、动手获得的。那些经由辅导教师获得的知识和技能，学生可以运用到实践当中来验证它们的科学性，这样也就培养了学生的能力。

（三）课外活动的意义

1. 丰富学生的课余生活，培养学生良好的思想道德品质

中学生正处于发育阶段，他们精力充沛、活泼好动、富于幻想。但是，他们还未成熟，易受不良思想的影响。因此，教师要用有意义的健康活动去充实他们的课余生活，丰富多彩的课外活动不仅可以使他们避免不良影响，而且能够把他们旺盛的精力、浓厚的兴趣爱好引导到健康发展的轨道上来，以培养他们良好的思想道德品质。

2. 促进学生在全面发展的基础上充分发挥各自的特长

作为基础教育的中学教育，应当通过课堂教学和课外活动，促使每个学生都能得到全面发展，满足学生在身体、能力、兴趣、社交等各方面的需要。同时，由于不同的学生在身心发展方面存在着差异，通过课外活动，学生可以充分培养自己的兴趣爱好，发挥自己的特长。

3. 丰富学生的知识，开阔学生的视野

随着科学技术的迅猛发展，课外活动传递的信息量之多、之快、之广，已大大超过课堂教学这个信息传递的形式。课外活动不受课程、教材的束缚，它可以运用报刊、广播、电视、电影、课外书籍等传播信息的工具，通过各种灵活多样的活动形式，帮助学生吸收新的知识，对于扩大学生的知识面，增加信息量，了解世界新的动向和趋势，培养学生主动获取信息、处理信息的能力都是十分重要的。

4. 培养学生的独立性、创造性

课外活动是一个主要靠学生自己努力学习、实践，自己动脑筋克服困难、处理问题、解决矛盾、运用知识，并发挥聪明才智和创造性的过程，可以有效地培养学生的思维能力、自学能力及各种实际工作能力。这就能够使学生在实际锻炼中培养独立性，增强独立工作的能力。在活动中，学生通过自己的努力认识新事物、新现象，大胆地提出新问题和解决新问题，这可以培养学生的创造性，发挥他们积极探索、主动创造的精神。

5. 促进学生全面发展，促进学生社会化

课外活动由于强调学生自主参与、自愿组合，充分发挥了学生的个性。在活动过程中，学生的主体作用得到了充分发挥，才能得到了施展，学生的独立性、责任心、参与意识等也进一步发展。有人认为“交往和社交策略尤其可以通过参与课外活动而获得”，校内外活动为学生提供了一个理想的环境，在这里，学生渐渐习得一些成人社会的行为。同时，学生还要解决一些与同伴相处的问题，这些都有助于学生从儿童向成人转化。

6. 促使学生在社会化过程中个性化

没有个性化，所谓个性的社会化就失去了现实意义，甚至是不可能的。社会要求各种各样的人才为它服务，在这一点上，个体的社会化与个性化是一致的，课外活动恰好能够在促进个体社会化的过程中最大限度地满足个体在个性化方面的需要。

7. 课外活动给学习生活增添了乐趣

一般来说，课外活动是学生自愿参加的，他们没有多少心理负担，有的只是探索的愉悦；另外，相对于课内学习来说，课外活动的内容比较新颖，容易给人以新鲜刺

激，使人的身心得到享受；课外活动也能帮助学生学会利用闲暇时间，培养健康的兴趣爱好，丰富精神生活。

二、课外活动的内容

课外活动的内容，是根据教育的培养目标、课外活动的具体要求、青少年身心发展的特点以及校内外实际情况来安排的。课外活动的范围广泛、形式多样，按照其性质可以分为以下六类：

（一）科技活动

科技活动是指让学生学习现代科学技术知识，进行各种科技实践性作业的活动。如举办科技讲座，参观游览，成立无线电小组、航模小组、园艺小组等，开展小发明、小创造、小制作、小实验、小论文“五小活动”，这些活动能扩大学生的知识视野，培养学生的实际操作能力，并在学生中形成学科学、爱科学、用科学的良好风尚。

（二）学科活动

学科活动是指以学习和研讨某一学科的知识或培养某一方面的能力为主要目的的活动。学生既可以按照学科成立小组，如语文活动小组、数学活动小组等，也可以按照某一学科领域中的某些专题成立小组，如以作文优选为专题的小组、以气象观察为专题的小组等。

（三）文学艺术活动

文学艺术活动的主要目的是培养学生的兴趣爱好，发展他们鉴赏美、表现美、创造美的能力，丰富他们的精神生活。学校可以开展诸如朗诵、舞蹈、戏剧、创作表演等活动，还可以成立美术、音乐、摄影等文艺小组，以生动活泼和富有感染力的形式来吸引学生。

（四）体育活动

体育活动的主要目的是发展学生的体力，增强他们的体质，培养他们对体育活动的兴趣和吃苦耐劳的精神，同时还有利于提高学生的运动水平，发现和培养有体育特长的学生。体育活动包括体育竞赛和体育表演、组织野营和行军等活动。体育活动的形式多样，主要有各种球类活动、长短跑、登山、划船、游泳、滑冰、滑雪、健美运动和各式各样的游戏活动。

（五）社会活动

社会活动的主要目的是培养学生热爱劳动、关心集体和他人以及为人民服务的思想品德，同时，还可以使学生掌握一些基本的劳动技能。社会活动一般包括社会调查、参观、考察、访问以及各种无偿的社会服务和公益劳动等。

（六）传统的节假日活动

国庆节、校庆日、学校文化节等都是传统的节假日活动。这类活动的准备过程和活动过程都可以对学生进行教育。当然，这类活动要注意思想性和内容的丰富生动性，要避免空洞的说教。

三、课外活动的组织形式

课外活动的组织形式是多种多样的，一般按照活动的人数和规模可以将其分为群众性活动、小组活动和个人活动三类。

(一) 群众性活动

群众性活动是指一种面向多数或全体学生的，带有普及性质的活动。参加活动的具体人数根据活动的目的、内容而定。群众性活动的优点是可以在较短的时间内使较多的学生受到教育，能激发学生的参与热情，有利于活动的开展，对丰富学生的学校生活有较大的帮助。群众性活动的活动方式主要包括：(1)报告和讲座；(2)集会活动；(3)竞赛活动；(4)参观、访问、游览和调查；(5)社会公益活动；(6)墙报、黑板报。

真题及解析

(二) 小组活动

小组活动是课外活动的基本组织形式。课外活动小组是指在教师或辅导员的指导下，以自愿结合原则为主，根据学生的兴趣爱好和学校的具体条件，以某一课题为内容，进行有目的、有计划的经常性活动。小组活动的主要特点是自愿组合、小型分散、灵活多样。小组活动的形式主要包括学科小组、技术小组、艺术小组、体育小组。

(三) 个人活动

个人活动也称个别活动，是指学生在教师的指导和帮助下，在课外根据个人的爱好、特长和能力水平单独进行的各种学习和实践的活动。它往往与群众性活动或小组活动结合在一起进行，由小组或班级分配任务，根据学生个人的兴趣、才能，个别单独地进行。个人活动的作用在于充分发挥每个学生的积极性和创造性，丰富学生的个人生活，扩大和加深他们的知识，培养他们独立作业的能力，如课外阅读、绘画创作、各种体育技术和训练等。

四、课外活动组织管理的要求

(一) 开展好课外活动的基本要求

1. 要有明确的目的性和计划性

作为课堂教学不可替代的教育形式，课外活动应当具有明确的教育目的。学校组织每项课外活动都要有明确而具体的目的，要始终坚持寓教育于活动之中，必须从全面贯彻教育方针、落实中学培养目标的高度来确定每项课外活动的具体目标与具体要求。同时，学校还要加强课外活动的计划性，在开展课外活动时要有周密的计划，要周密考虑每项具体活动能够使学生受到什么样的思想品德教育，掌握何种类型的知识与技能，发展什么样的智力因素与非智力因素，要防止活动形式化。学校还要保证课外活动有步骤地进行，并取得良好的教育效果。

2. 课外活动的内容要丰富多彩，形式要变化多样，富有吸引力

课外活动要充分考虑每个学生的兴趣和爱好，要符合他们的年龄特征，让他们自

主选择自己喜欢的活动。同时，课外活动的内容和形式要具有知识性、趣味性和新颖性，让知识教育、思想教育寓于生动活泼的形式之中，做到寓教于乐、寓学于乐，使活动本身对学生具有强烈的吸引力，激发他们参加课外活动的积极性和自觉性。

3. 充分发挥学生的积极性、主动性和创造性，并与教师的辅助作用相结合

课外活动是学生的自主性活动，因此要充分依靠和发挥学生的积极性和主动性，教师要让学生以主人翁的姿态来组织和参加活动，鼓励他们进行独立思考，并注意培养他们的创造能力。同时，在课外活动中，教师应处于辅助的地位，为学生参加活动提供条件，帮助学生把握活动的方向，在学生遇到困难时给予及时的指导和帮助，在学生有创见的地方给予肯定和表扬。

4. 课堂教学与课外活动相互配合、相互促进

课堂教学与课外活动联系密切，两者都是实现教育目的的途径。因此，两者应当相互配合、相互促进。通过课堂教学，学生掌握了一定的文化科学知识、技能和思想理论，发展了智力和体力；通过课外活动，可以加深理解和运用学生在课堂上学到的知识，扩大视野，丰富知识，极大地提高实践能力。

（二）中学课外活动计划的制订与实施

1. 中学课外活动计划的制订

学校制订中学课外活动计划，既要考虑中学课外活动的一般规律与特点，又要考虑上级机关有关的指示建议和本校的实际情况。课外活动计划确定的目标要有实现的可能性，活动内容要具体而不空泛，采取的措施要具有针对性和可行性。

2. 中学课外活动计划的实施

为了保证中学课外活动计划的实施，学校要做好以下三个方面的工作：

（1）做好计划实施的发动工作。

课外活动计划顺利实施的基础是使活动的参加者充分认识到开展课外活动的意义，了解所要实施的课外活动计划的特点、步骤、方法以及自己所要承担的工作任务与应当达到的目标要求。

（2）加强计划实施中的检查与指导。

课外活动计划实施中，学校领导要定期进行检查，要有目的、有计划地抓好一些典型项目，用典型人、典型事来推动课外活动的开展。对于直接组织学生课外活动的教师来说，同样需要抓好典型，用典型带动更多的学生参加课外活动，使其受到更深刻的教育。

（3）搞好计划实施的总结工作。

课外活动计划实施的终结性环节是总结。学校要搞好课外活动的总结，不仅要积累具体的数据与事实，而且还要积累平时对材料的分析与体会，尽量做到定量分析与定性分析相结合。课外活动总结的一般表现形式是写出总结报告，为了使总结报告更有说服力，学校还应该注意活动成果的登记和展出。

第45章 学校、家庭、社会三结合教育

知识体系及思维脉络

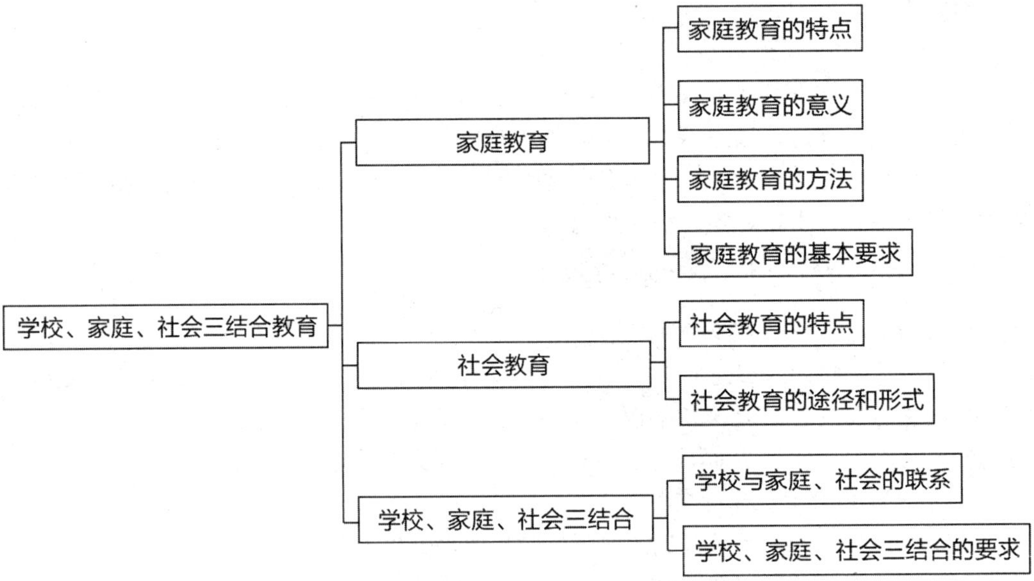

核心考点及学习提示

◆核心考点

家庭教育的含义和特点，社会教育的含义、特点、途径和方式，学校、家庭、社会三结合的要求。

◆学习提示

考试重点：学校、家庭、社会三结合的要求。

考试难点：家庭教育和社会教育的特点。

一、家庭教育

家庭教育有狭义和广义之分。狭义的家庭教育是指在家庭内由父母或其他年长者对新生一代和其他家庭成员所进行的有目的、有意识的教育。广义的家庭教育是一个人在家庭中所受的教育，一般指一个人从出生到自己组成家庭之前所受到的来自家庭

各方面的影响，包括有意识的知识传授、道德教育和家庭生活氛围的陶冶。

（一）家庭教育的特点

1. 家庭教育的先导性

在个体的发展过程中，家庭教育为孩子的心理奠定了基础，孩子在接受新的影响时总是在不断地依据家庭先前灌输给他的价值观来修正自己的经验，并不断地把自己的价值观和经验与家庭成员的经验相对照。因此，孩子在家庭接受的初步教育对后来的学校教育、社会教育具有先导性质。

2. 家庭教育的感染性

感染性是指一个人的各种情感能引起别人产生同样的，或与之相联系的情感。由于父母子女之间存在着天然的血缘关系，彼此心心相通，情感的感染性就显得特别强烈。家庭教育的感染性是一种潜移默化的教育力量，在教育中有着特殊的意义。

3. 家庭教育的权威性

与学校、社会相比，家长更具有权威性，这是因为子女对父母有着特殊的依恋和依赖感，再加上父母具有丰富的阅历和经验、成熟的思想意识等，都使得子女产生了对父母尊崇和信任的心理。子女一旦形成这样的心理定式，就会自觉自愿地去接受父母的要求和劝导，向家长希望的方向发展。

4. 家庭教育的针对性

孩子在家庭中成长，与父母接触的时间最多，在父母的面前表现得最真实，父母也将较多的精力花费在孩子的身上。因此，家长最了解自己的孩子，能比较清楚地知道他的个性、能力等，这样就使家庭教育比较容易做到从实际出发、对症下药、有的放矢、因人而异、因材施教，从而进行有针对性的教育。

家庭教育的上述特点，使它具有其他形式的教育所不具备的优势。但是，家庭教育也存在局限性，主要表现在家庭教育内容的零散性和家庭教育方式的随意性。因此，家庭教育必须结合学校教育和社会教育，三者协同起来对孩子进行教育，才能更好且有效地促进孩子的健康发展。

（二）家庭教育的意义

在个人成长方面，正确的家庭教育可以为学校教育提供良好的基础，补充学校教育的不足，影响和调整学校教育的效果。在社会发展方面，良好的家庭教育能提高整个中华民族的科学文化水平，是建设社会主义物质文明和精神文明的重要条件。

（三）家庭教育的方法

1. 独立探索法

独立探索法主要是指家长要让孩子自己独立实践、探索，不能事事包办。如果父母过分溺爱孩子，不给孩子独立的空间，孩子就会养成依赖父母的习惯，而不具备独立的意识和能力。

2. 以身示教法

以身示教法是指父母要用自己的良好行为长期影响孩子。孩子的模仿性很强，但是这种模仿是缺少鉴别能力的，所以父母要树立良好的榜样。

3. 因材施教法

因材施教法是指家长要根据自己孩子的不同情况，施行不同的教育。这就要求家长要了解孩子，根据孩子的实际情况进行教育，切不可照搬教条。

4. 情感陶冶法

在教育过程中，爱和理解要比其他任何的技巧、理论和科学方法都重要。情感陶冶法是指教师通过创设良好的情境，通过有教育意义的文艺作品对学生进行感化的熏陶，潜移默化地培养学生品德的方法。

（四）家庭教育的基本要求

（1）家长要创设和谐的家庭环境。

（2）家长对孩子的要求要合理、统一。

（3）家长要理解和尊重孩子。

（4）家长应不断地提高自己的文化素养和思想素养。

二、社会教育

社会教育的概念有狭义和广义两种。狭义的社会教育是指学校教育之外的教育机构，包括少年宫、文化馆、体育馆、博物馆、图书馆等开展的一切有计划、有组织的活动。广义的社会教育是指除了家庭教育和学校教育之外的一切方式，包括看电视、交谈、他人的示范行为等一些无组织、无意识的带有教育性质的活动。

（一）社会教育的特点

1. 教育范围的广阔性

社会教育直接面向全社会，又以社会政治经济为背景，它比学校教育和家庭教育具有更广阔的活动余地，影响面更为广泛，更能有效地对整个社会发生积极作用。

2. 教育对象的多层次性

社会教育不仅面向学校，面向青少年，而且更面向社会的成人劳动者。这不仅可以弥补学校教育的不足，满足成人继续学习的要求，有效促进经济发展，而且还可以通过政治、道德教育，促进社会安定与进步。

3. 灵活性和民主性

社会教育的形式灵活多样，没有制度化教育的严格约束性，很少受阶级、地位、年龄资历的限制，能很好地体现教育的民主性。

（二）社会教育的途径和形式

1. 同辈群体对学生的教育

由于年龄、爱好、认识水平等程度相近，居住在同一社区的孩子很容易组成校外的同辈群体。这种同辈群体对学生的影响力极大，应引起各方面教育者的重视。

2. 社区对学生的教育

社区教育是指学生生活的街道、居民区、街巷的环境对学生进行的影响，它的实质是教育的社会化与社会的教育化的统一。

3. 各种校外教育机构对学生的教育

各种校外教育机构主要是指少年宫、少年科技站等。各种校外教育机构对满足青少年成长所需要的多方面要求起着重要作用，可以弥补学校教育的不足，在培养儿童和青少年不同的兴趣爱好和特长方面发挥着重要作用，是学校教育的重要补充。

4. 大众传播媒介对学生的教育

大众传播媒介对青少年的影响具有两面性，教师和家长应以科学、开放的态度对待大众传播媒介，使它发挥积极健康的教育作用。同时，教师和家长在指导青少年和儿童接受宣传教育时，也要培养学生的辨别能力和批判能力，自觉抵制不良影响。

三、学校、家庭、社会三结合

在教育中，既要充分发挥学校、家庭、社会各方面的独立功能，又要协调好三者之间的关系，形成强大的教育合力。学校教育是主体，是完整的文化教育传递过程；家庭教育能够为学生自身修养、个人习惯奠定良好的基础；良好的社会教育是学校教育、家庭教育的补充和扩展，是学生健康成长的重要条件。

（一）学校与家庭、社会的联系

1. 学校与家庭的联系方式

（1）互相访问。

学校的教师、班主任、家长和社会教育工作者通过相互访问、交流情况，共同商讨教育问题和对策，可以统一教育意见，相互配合。这种方式灵活、及时，有利于教育工作的适时、协调。

（2）通信联系。

学校、家长和社会教育工作者可以通过经常互通信息来加强联系。学校可以通过成绩单、学生手册、书面通知书等书面材料，以及电话等通信形式同家长保持联系。同样，家长也可以利用书面材料、即时通信软件等手段经常同学校沟通，相互了解教育信息，便于统一教育步调，协调教育方略。

（3）召开家长会。

家长会是学校同家长保持联系的一种有效方式。它可以在短时间内同大多数家长取得联系。家长会有利于学校向学生家长一般性通报学校的教育情况和提出总体教育要求，或者讨论带有共性的教育问题。个别学生的教育问题只能在家长会后进行。

（4）举办家长学校。

家长学校是普及家庭教育知识、提高家庭教育水平、优化家庭教育环境的有效途径。通过开办家长学校，学校可以向家长传递科学的家庭教育知识，丰富家长的家庭教育理论，提高家长的家庭教育水平。

2. 协调学校与社会教育机构的联系

（1）建立学校、家庭、社会三结合的教育组织，使学校与学生形成稳定的联系。

（2）学校系统与社会宣传部门建立联系，共同开展一些对学生有益的活动。

（3）学校与社会公共文化机构建立和保持经常性的联系。

（4）学校与社会专门性的社会教育机构建立稳定的联系。

（5）学校有选择地与有关企业、村镇、部队等建立联系。

（二）学校、家庭、社会三结合的要求

1. 教育要求的一致性

无论是学校、家庭还是社会，对学生提出的教育要求，在方向上要保持一致和统一，共同的教育和要求会使学生的努力方向更明确。家庭教育要配合学校，家长要和教师沟通配合好，不能各行其是；社会教育也要根据当地的实际情况，与学校携起手来对学生进行教育。

2. 教育作用的互补性

要使学校、家庭、社会的教育形成合力，除了统一要求之外，还要充分发挥好各自的作用。家庭应该侧重于为学生提供良好的家庭学习环境、创造和谐的家庭成员关系，培养良好的道德品质和生活习惯；社会应该通过各种活动和宣传，使学生树立远大的理想和抱负，培养学生奋发向上的竞争意识；学校则应该按照教育目标，从德、智、体、美、劳等几个方面培养学生，为学生的全面发展打下良好的文化知识基础。

3. 发挥学校教育的优势作用

在学校、家庭、社会三个方面的教育中，学校教育更自觉，目的性更强一些，并且是有计划、有组织、有系统地进行，因此，要充分发挥学校教育的优势。学校要经常同家庭、社会进行联系，获得它们的支持，这样才可以扬长避短、将校内外相结合，充分发挥学校教育的主导作用。

第 46 章　教师心理

知识体系及思维脉络

- 教师心理
  - 教师角色心理
    - 教师角色的概念
    - 教师的职业角色
    - 教师角色的形成
    - 教师的角色冲突
    - 教师的角色冲突的表现及原因
    - 教师威信
  - 教师的心理特征
    - 教师的认知特征
    - 教师教学能力的结构
    - 教师的人格特征
    - 教师的行为特征
    - 教学效能感
    - 教师期望对学生的影响
  - 教师成长与发展的基本途径
    - 观摩和分析优秀教师的教学活动
    - 开展微格教学
    - 进行专门训练
    - 反思教学经验
  - 教师的心理健康
    - 心理健康的概念
    - 教师心理健康的标准
    - 影响教师心理健康的因素
    - 教师心理健康的维护

核心考点及学习提示

◆核心考点

教师角色心理，教师的心理特征，教师的成长与发展，教师的心理健康。

◆学习提示

考试重点：教师角色形成的阶段和教师的心理特征。

考试难点：促进教师心理健康的理论与方法。

一、教师角色心理

视频讲解

(一) 教师角色的概念

教师角色是指教师在社会群体中的地位与身份，包括社会对教师个人行为模式的期望和教师对自己应有行为的认识两个方面。

(二) 教师的职业角色

由于教师在人类历史进程中做出了巨大的贡献，夸美纽斯称赞教师为“太阳底下最光辉的职业”。教师职业的最大特点在于职业角色的多样化。一般来说，教师的职业角色主要有以下八个方面：

1. 传道者角色

教师负有传递社会传统道德观、价值观的使命。进入现代社会，虽然道德观、价值观呈现出多元化的特点，但学校、教师的道德观、价值观总是代表着社会主导地位的道德观、价值观，并用这种观念来引导年轻一代。

2. 授业、解惑者角色

教师是社会各行各业建设人才的培养者，他们在掌握了人类经过长期的社会实践活动所获得的知识经验、技能的基础上，对其进行精心的加工整理，然后以特定的方式传授给年轻一代，并帮助他们解除学习中的困惑，启发他们的智慧，形成一定的知识结构和技能技巧，成为社会有用的建设者。

3. 示范者角色

在学生的心目中，教师是知识的源泉，是智慧的化身与行为的典范，教师的言行是学生学习和模仿的榜样，在学生的心灵上打下了深深的烙印。教师对学生的影响是巨大的，因此在教育中强调身教重于言教。夸美纽斯曾说过，教师的职务是用自己为榜样教育学生。学生具有倾师性的特点，教师的言论行为、为人处世的态度对学生具有耳濡目染、潜移默化的作用。

4. 管理者角色

教师是学校教育教学活动的组织者和管理者，需要肩负起教育教学管理的职责，包括确定目标、建立班集体、制定和贯彻规章制度、维持班级纪律、组织班级活动、协调人际关系等，并对教育教学活动进行控制、检查和评价。

5. 父母与朋友的角色

教师往往被学生视为自己的父母或朋友。低年级的学生倾向于把教师看作是父母的化身，对教师的态度类似于对父母的态度。高年级的学生则往往愿意把教师当作他们的朋友，也期望教师能把自己当作朋友来看待，希望得到教师在学习、生活、人生等多方面的指导，希望教师能与他们一起分担痛苦与忧伤，分享欢乐与幸福。

6. 研究者的角色

教师的工作对象是充满生命力的、千差万别的、活的个体，传授的内容是不断发展变化着的人文和科学知识。这就决定了教师要以一种发展变化的态度和研究者的精神来对待自己的工作对象、工作内容和各种教育活动，不断地学习新知识、新理论，不断地反思自己的实践，不断地发现新问题并对其进行探究，从而积累丰富的经验，以使自己的工作适应不断变化的形势。

7. “严格管理者”的角色

“严格管理者”的角色主要表现在教师是学生集体的领导者和纪律的执行者两个方面。教师作为学生班级的管理者，应有计划地去培养班集体，创造一种和谐、民主、进取的集体环境，形成良好的班风，运用奖罚来控制、调节学生的活动，帮助学生形成“律己”的习惯，加强自我管理。

8. “心理调节者”或“心理医生”的角色

“心理调节者”或“心理医生”的角色主要是教师要帮助学生学习和适应更有效的生活方式；掌握心理疏导技术，减轻、消除心理压力和矛盾，帮助学生学会主动地调节自己的情绪，以保持积极向上的精神状态；对较差的学生给予更多的关怀，消除其压抑感；了解学生常见的心理异常症状，及时发现问题；尊重学生的个别差异，帮助学生形成健康人格等。

教师职业的这些角色特点，决定了教师职业的重要意义和重大责任，决定了对教师的高素质要求。

（三）教师角色的形成

教师角色的形成是一个循序渐进的过程。一般来说，一名新教师成长为一名成熟教师，其角色的形成要经过以下三个阶段：

1. 教师角色的认知

教师角色的认知是指角色扮演者对某一角色行为规范的认识和了解，知道哪些行为是合适的，哪些行为是不合适的。在教师职业角色的认知阶段，教师能够对教育有深刻的理解，包括教育工作的性质，它所承担的社会职责，它在历史、现实中的地位等。通过这种理解，教师才能产生一种自豪感和光荣感，才能积极地投身于教育事业。

2. 教师角色的认同

教师角色的认同是指个体亲身体验、接受教师角色所承担的社会职责，并用来控制和衡量自己的行为。对教师角色的认同包括：(1)在认识上，了解教师角色的行为规范、社会价值和评价，用优秀教师的标准来衡量自己的心理和言行，自觉地评价与调节自己的行为；(2)在情感上，表现出较强的职业情感，如热爱教育事业、热爱学生等。

3. 教师角色的信念

信念是个体确信并愿意以之作为自己行为指南的认识。信念表现在教师职业中就是为教育事业献身的精神。在此阶段中，教师角色中的社会要求转化为个体需要，形成了教师职业特有的自尊心和荣誉感。

(四) 教师的角色冲突

角色冲突是当一个人扮演一个角色或同时扮演几个不同的角色时所造成的矛盾和冲突。教师身兼数职，同样会发生角色的冲突。

(五) 教师的角色冲突的表现及原因

1. 教师的角色冲突的表现

有研究表明，教师的角色冲突表现在：(1)角色职能与角色期望的冲突；(2)社会角色定式与个体角色行为的冲突；(3)角色活动性质与角色活动成果的冲突；(4)角色的责任要求与个人事业成就的冲突；(5)角色职责与不同价值之间的冲突；(6)群体组织性与教师个人自我形象维护的冲突；(7)职业劳动价值与职业劳动报酬的冲突。

2. 教师的角色冲突的原因

教师的角色冲突比其他大多数职业角色的冲突更为突出，其原因是多方面的：(1) 教师角色的弥散性质造成的冲突；(2)教师角色定式造成的冲突；(3)学校机构的特征造成的冲突；(4)教学中角色责任与个人事业方向造成的冲突；(5)不同价值观造成的冲突；(6)角色的边缘地位造成的冲突。

3. 教师的角色冲突的解决

解决教师的角色冲突，可以从社会、学校和个人三个方面进行。

(1) 社会方面。

教师的角色冲突与社会大环境有一定的关系。首先，要在社会上树立正确的教师观，通过相应的社会改革为教师的角色活动提供必要条件和创造良好的外部大环境。其次，社会各界要充分理解、合理评价、切实尊重教师的角色活动，提高教师的经济待遇和社会地位。

(2) 学校方面。

学校是教师的工作场所，对教师角色的影响是直接的、重要的。因此，学校要抓好内部的管理体制改革，管理科学化，充分调动教师工作的积极性，为教师的工作与发展营造一个和谐适宜的学校氛围。

(3) 个人方面。

个人是角色改变的关键，因此，教师要提高角色的知觉水平，加强角色学习，了解和掌握角色的行为规范、权利和义务、态度和情感、必要的知识和技能。另外，教师还要重视角色技能，如角色的视角转换、角色排练的适宜性、角色行为的折中性以及防御性机制的合理运用等。

(六) 教师威信

1. 教师威信的概念及分类

(1) 教师威信的概念。

教师威信是指教师在学生心目中的威望和信誉。教师威信是教师成功地扮演教育者角色、顺利地完成教育使命的重要条件。教师威信的作用主要体现在：第一，有利于教师作为学习的引导者和促进者角色的实现；第二，有利于教师作为班集体管理者角色的实现；第三，有利于教师作为行为规范的示范者角色的实现。

（2）教师威信的分类。

教师威信有两种：一种是权力威信，即教师根据教育法律法规、学校规章制度、教育传统以及社会心理优势而建立起来的威信；另一种是信服威信，是指由于教师良好的思想品德、教学能力、教学态度与民主作风而使学生自愿接受、内心佩服而树立起来的威信。教师应该树立信服威信，而不应该追求权力威信。

教师威信主要包括人格威信、学识威信和情感威信三个方面的内容。

2. 教师威信的形成与发展

教师威信形成的过程，一般来说，是由“不自觉威信”向“自觉威信”发展。新教师在学生的心目中是有一定的吸引力和威信的，但这种威信是短暂的“不自觉威信”。随着学生对教师德才方面的了解，师生之间的感情的日益加深和融合，教师的威信就由“不自觉威信”发展为“自觉威信”，这才算是真正的威信。当然，教师必须经过不断地努力，“不自觉威信”才有可能发展为“自觉威信”，否则“不自觉威信”可能会逐渐消失。

建立教师威信有以下六种途径：

真题及解析

（1）教师要培养自身良好的道德品质。良好的道德品质是教师获得威信的基本条件。教师在日常生活和工作中，应当时时、处处加强道德修养，争取从人格上赢得学生的尊重。

（2）教师要培养自身良好的认知能力和性格特征。良好的认知能力和性格特征是教师获得威信所必需的心理品质。教师要想有效地传授知识，就必须勤奋刻苦、好学多思，拥有渊博的知识、独到的见解以及精湛的教学技巧，能够给学生以深刻启迪，并激发他们对问题进行深入思考。这样的教师，教学效果才好，威信才高。

（3）教师要注重良好的仪表、风度和行为习惯的养成。教师的仪表、生活作风和行为习惯对威信的获得也有重要影响，许多的研究表明，教师仪表大方，衣着整洁、朴素，会引起学生的好感。

（4）教师要给学生以良好的第一印象。

（5）教师要维护良好的师生关系，做学生的朋友、知己。师生平等交往是教师获得威信的重要条件。

（6）教师要高效率地传授系统的科学文化知识。教师工作的中心在于传授科学文化知识，因此，教师的教学能力对教师威信的建立有重要影响。

教师威信建立后，具有一定的稳定性，但不是一成不变的，因此，教师在建立威信后维护和发展已形成的威信也是十分重要的。教师可从以下几个方面来维护自己的威信：教师要有坦荡的胸怀，实事求是的态度；教师要正确认识和合理运用自己的威信；教师要有不断进取的敬业精神；教师要言行一致，做学生的楷模。

二、教师的心理特征

教师的心理特征是指教师在教育教学实践活动中长期扮演的各种不同的角色并随

之逐渐形成的特有的心理品质。教师的职业特点、职业角色决定了教师应具备一系列特定的心理素质，其中，教师的认知特征和人格特征与职业成就有着尤为密切的关系。

真题及解析

（一）教师的认知特征

教师的认知特征包括教师的知识结构和教学能力。教师的知识结构主要包括专业学科内容知识、教育教学知识、心理学的知识和实践性知识。教学能力包括组织和运用教材的能力、言语表达能力、组织教学的能力、对学生学习困难的诊治能力、教学媒体的使用能力以及教育机智等。教师如何呈现知识，是影响教学有效性的一个重要因素，也是判断教师认知能力的重要参考。提高认知能力，一方面，教师要熟练地掌握教材，透彻地了解某一学科的结构；另一方面，教师还必须了解和研究学生已有的认知发展水平及知识的准备状态。也就是说，高水平的教师必须具备适当的认知教材、认知学生和认知自我的能力。

（二）教师教学能力的结构

教师教学能力的结构包括以下四个方面：

（1）基础能力素养方面，包括智力素养，如观察、思维、想象、记忆能力素养，语言表达素养。其中，语言表达素养是影响教师教育教学效果的重要因素。

（2）专业能力素养，包括教学设计能力、组织管理能力和研究能力。

（3）心理素养，包括认知因素、兴趣因素、情绪因素、意志因素、性格因素等。

（4）身体素养，包括体格状况、体能状况、身体的适应能力情况。

（三）教师的人格特征

教师的人格特征即教师的个性品质或者说个性心理，简单地说包括教师的气质、性格和能力。教师的个性品质对学生的个性品质的形成与发展、教育教学的效果和教师的工作效率都会产生很大的影响，也直接影响着教师的职业成就。

有研究表明，在教师的人格特征中有两个重要特征对教学效果有显著影响：一是教师的热心和同情心；二是教师富于激励和想象的倾向性。教师良好的人格特征不仅会影响学生人格的健康发展，而且对学生的品德及各方面能力的形成也有一定的促进作用。

（四）教师的行为特征

教师的行为特征一般包括教师教学行为的明确性、多样性、启发性、参与性、任务取向性和及时的教学效果评估及其对学生产生的期望效应。

其中，教师的期望效应也叫罗森塔尔效应或皮格马利翁效应。该效应的发生，既取决于教师自身的因素，又取决于学生的人格特征、归因风格、自我意识等心理因素。在实际工作中，教师总是把自己的期望传达给学生，并进行一些特殊的指导。由于这种特殊的期望和对待，学生也会按照教师期望的方式来塑造自己的行为，其成绩就朝着教师期望的方向提高。

（五）教学效能感

真题及解析

在心理学上，把人对自己进行某一活动能力的主观判断称为效能感，效能感的高低往往会影响一个人的认知和行为。教师在进行教学活动时也有一定水平的效能感。所谓教师的教学效能感，是指教师对自己影响学生的学习行为和学习成绩能力的主观判断。这种判断会影响教师对学生的期待、对学生的指导等行为，从而影响教师的工作效率。

（六）教师期望对学生的影响

真题及解析

教师期望是指教师基于对学生已有智力、学业或品德水平等方面的评价表现出的对学生未来可能达到的水平的估计。教师对学生的期望通过教师自觉或不自觉的言行直接或间接地作用于学生，在学生的身上会产生意想不到的教育效果。

美国心理学家罗森塔尔等人对教师期望进行了研究。他们对小学生做了一次所谓的学习潜力测验（实际上只是普通的智力测验）。然后，他们随机地在各个班级抽取少数学生，故意告诉教师说他们是班级里最有发展潜力的学生，并要求教师注意长期观察，但不要告诉学生本人。8 个月后他们发现，这些学生的学习成绩的确比其他的学生进步得快。十分明显，由实验者提供的假信息引起教师对学生的期望，产生了预言效应。也就是说，教师期望或明或暗地传递给了学生，学生会按照教师所期望的方向来塑造自己的行为，教师的预言似乎自动地应验了。

三、教师成长与发展的基本途径

视频讲解

教师成长与发展的基本途径主要有两个方面：一方面是通过师范教育培养新教师，以此作为教师队伍的补充；另一方面是通过实践训练提高在职教师的素质。提高教师的素质是一项庞大的系统工程，教师的成长与发展有以下基本途径：

（一）观摩和分析优秀教师的教学活动

课堂教学观摩可以分为组织化观摩和非组织化观摩。组织化观摩是有计划、有目的的观摩，一般在观摩之前制订较详细的观察计划，确定观察的主要行为对象、角度以及观察的大致程序，也可以进行有组织的讨论分析。非组织化观摩则没有这些特征。

一般来说，为了培养、提高新教师和教学经验欠缺的年轻教师宜进行组织化观摩，这种观摩可以是现场观摩（如组织听课），也可以是观看优秀教师的教学录像。非组织化观摩要求观摩者有相当完备的理论知识和洞察力，否则难以达到观摩学习的目的。通过观摩分析，可以学习优秀教师驾驭专业知识、进行教学管理、调动学生积极性等方面的教育机智和教学能力。

（二）开展微格教学

微格教学是指以少数学生为对象，在较短的时间（5 ～ 20 分钟）内尝试做小型的课堂教学，可以把这种教学过程摄制成录像，课后再进行分析的一种教学方式。这是训练新教师、提高教学水平的一条重要途径。

微格教学虽有各种方法，但基本采用以下的程序：

（1）明确选定特定的教学行为作为重点分析的对象（如解释的方法、提问的方法等）。

（2）观看有关方面的教学录像。这时，指导者要说明这种教学行为具有的特征，使教师理解要点。

（3）教师制订微格教学的计划，以一定数量的学生为教学实验对象，实际进行微格教学，并进行录音或摄制成录像。

（4）教师和指导者一起收听录音或观看录像，分析自己的教学行为。指导者帮助教师分析特定的行为是否合适，并考虑改进行为的方法。

（5）在以上分析和评论的基础上，再次进行微格教学，这时要考虑实施改进教学的方案。

（6）教师进行以另外的学生为对象的微格教学，并进行录音或录像。

（7）教师和指导者一起分析第二次微格教学的录音或录像。

微格教学能使教师更加直接和深入地分析自己的教学，增强了改进教学的针对性，因而往往比正规课堂教学的经验更有效。有研究表明，微格教学的效果在 4 个月后仍很明显。

（三）进行专门训练

要想促进新教师的成长，也可以对他们进行专门化训练。有人曾将某些“有效的教学策略”教给新教师，其中的关键程序有：(1) 每天进行回顾；(2) 有意义地呈现新材料；(3) 有效地指导课堂作业；(4) 布置家庭作业；(5) 每周、每月都进行回顾。

（四）反思教学经验

1. 反思性教学的含义

对教学经验的反思又称反思性实践或反思性教学，是指教师以自己的教学活动为意识对象，对自己的教育理念、教学行为、教学决策以及由此所产生的结果进行认真的自我审视、评价、反馈、控制、调节、分析的过程。

真题及解析

2. 教学反思的必要性

美国心理学家波斯纳指出，没有反思的经验是狭隘的经验，至多只能形成肤浅的知识。如果教师仅仅满足于获得经验而不对经验进行深入思考，那么他的发展将受很大的限制。教师通过反思，对自己应该使用哪些方法来引导学生学习，如何安排教学环境会有更加清楚的认识，自信心将得以提高，满足感将得到增强，能更加清晰地表达自己的想法，从而形成自己的教学风格，增强自身的教学能力。他还提出了教师成长公式：经验 + 反思 = 成长。

3. 教学反思的过程

科顿等人于 1993 年提出了一位教师进行教学反思的框架，描述了教学反思的过程。

（1）教师选择特定问题加以关注，并从可能的领域，包括课程方面、学生方面等，收集相关问题的资料。

（2）教师开始分析收集来的资料，形成对问题的表征，以理解这一问题。他们可以利用自我提问来帮助理解。提出问题后，教师会在已有的知识中搜寻与当前问题相似或相关的信息。如果搜寻不到，教师就会去请教其他的教师和通过阅读专业书籍来获取这些信息。这种调查研究的结果有助于教师形成新的、有创造性的解决办法。

（3）一旦对问题情境形成了明确的表征，教师就开始建立假设以解释情境和指导行动，并且还在内心对行动的短期效果和长期效果加以考虑。

（4）考虑过每种行动的效果后，教师就开始实施行动计划。当这种行动再被观察和分析时，就开始了新一轮的循环。

4. 教学反思能力的培养

布鲁巴奇等人于1994年提出了以下四种反思的方法供教师参考：

（1）反思日记。在一天的教学工作结束后，要求教师写下自己的经验，并与其指导教师共同进行分析。

（2）详细描述。教师相互观摩彼此的教学，详细描述自己所看到的情景，教师们对此进行讨论和分析。

（3）交流讨论。来自不同学校的教师聚集在一起，首先提出课堂上发生的问题，然后共同讨论解决的办法，最后得到的方案为所有的教师所共享。

（4）行动研究。为了弄明白课堂上遇到的问题的实质，探索用以改进教学的行动方案，教师以及研究者会进行某些调查和实验研究，它不同于研究者由外部进行的旨在探索普遍法则的研究，而是直接着眼于教学实践的改进。

四、教师的心理健康

（一）心理健康的概念

心理健康这一概念有狭义和广义之分。从狭义上来讲，心理健康是指人的基本心理活动的过程内容完整、协调一致，即认识、情感、意志、行为、人格完整和协调，能适应社会，与社会保持同步。从广义上来讲，心理健康是指一种高效而满意的、持续的心理状态。

（二）教师心理健康的标准

1. 能积极地悦纳自我

即教师能够真正了解、正确评价、乐于接受并喜欢自己和自己的事业，不追求完美，允许自己在某些方面不如别人，能够客观地评价自己和他人。

2. 有良好的教育认知水平

教师要对教育教学工作有正确的认识，具备教育的基本能力和优良的综合素质，能面对现实并积极地适应环境与教育工作要求。

3. 热爱教师职业，热爱学生

教师对教师职业和学生保持着热情和热爱，能从爱的教育中获得自我安慰与自我实现，从有成效的教育教学中得到成就感。

4. 具有稳定而积极的教育心境

教师的教育心境要稳定、乐观、积极向上，这将影响教师队伍的整个心理状态及行为，也关系到教育教学的工作效果。

5. 具有较高的自我调适能力

繁重、艰巨的教育工作要求教师要有良好的、坚强的意志品质，能够运用各种理性的应对策略和心理防御机制加以调节，及时转移、摆脱不良情绪，保持自己的心理平衡。自我调适能力具体包括：教学工作目标的明确性和坚定性；处理问题时决策的果断性和坚持性；面对矛盾时的沉着、冷静的自制力；给予爱和接受爱的能力。

6. 具有和谐的教育人际关系

即教师要有健全的人格，在交往中乐于与人交往，能与他人和谐相处，愿意交流教育教学的经验和思想，具有的积极态度多于消极态度，能以大局为重。

7. 能适应和改造教育环境

教师要能适应教育的发展、改革与创新的形式，为积极营造优良的教育环境、提高教学质量献计献策。

（三）影响教师心理健康的因素

1. 职业压力

教师的职业压力是教师个体因感受到工作环境中无法应付的情境或工作环境不能满足自己的需要时所产生的一种情绪变化和生理反应，是机体的内部状态。了解教师的职业压力的来源，能够帮助教师有效地应对职业压力，是维护和促进教师的心理健康的重要途径。

（1）引起教师职业压力的因素。

引起教师职业压力的因素主要包括两个方面：①个人的技能和能力与工作环境及职业要求不相符或短时间内完成过多的工作量（即职业要求超过其负荷）；②个人的需要在工作环境中得不到满足，当这种差距越大时，职业压力产生的可能性就越大。

另外，具有不同个性特征的教师，产生职业压力的“差距”值也不一样。

（2）职业压力的两面性。

教师的职业压力是一把“双刃剑”，适度的压力对教师具有一定的积极作用，可以增加心理警觉，引发高级认知与行为表现，有益于教师的心理成长，增加生活情趣，激发教师的敏捷思维，并且能给教师个体提供创造性完成一项工作的唤醒动机。

但是，过度的压力或压力刺激超载则会产生消极的体验或行为反应过度。压力的消极影响主要体现在：①工作压力感会严重影响教师的身心健康；②引发教师产生消极的情绪、情感；③导致教师产生消极的工作态度，进而有消极行为的产生；④影响团队的凝聚力。

真题及解析

2. 职业倦怠

教师的职业倦怠是教师不能顺利地应对教师职业压力时的一种极端反应，是教师在长期的紧张状态下产生的情绪、态度和行为的衰竭状态。

（1）教师的职业倦怠的表现。

①生理特征。

有职业倦怠的教师经常会产生疲劳感，总觉得浑身无力，有强烈的耗竭感，对疾病的抵抗力差，食不香、寝不安，体重下降，女教师还会出现生理紊乱现象。

②心理特征。

主要表现为生活没有目标、没有激情，整天无所事事、无精打采，对周围发生的一切要么漠不关心，要么产生强烈的抵触情绪，总觉得事事不如意；情绪低落或急躁；对事业和生活缺乏信心等。

③行为特征。

主要表现为行为冲动、言语过激、好发脾气，人际摩擦多，得过且过，有时会体罚、打骂学生，对刺激物的依赖性增强，不愿参加集体活动，在极端状态下会出现自伤或自杀行为。

（2）教师的职业倦怠的不良影响。

①教学效果下降。

教师的身心疲劳会使他对学生的观察、教育能力在无形中降低，对学生的心理援助、管理指导等也会变得低下。随之而来的是教育教学方法的不灵活或出现失常现象，在工作上变得机械，没有主动性，工作效率低，工作能力下降，最终导致教学质量降低。

②人际关系紧张。

教师在人际关系上变得疏离、退缩、摩擦增多，情绪充满忧郁和攻击性。有些教师情绪急躁，使用粗暴的体罚行为来对待学生，对学校工作会表现出明显的抵触情绪。教师患心理疾病会导致严重的后果，有时会给学生带来难以弥补的伤害。

③造成自我身心伤害。

教师的职业倦怠会造成教师的心理问题，轻则是教师的消极态度和不良情绪表现明显，重则会因不良心理状态而引起神经衰弱，或因不堪承受压力而导致精神崩溃，这些都会直接影响教师的身心健康。

（四）教师心理健康的维护

1. 维护教师心理健康的外部条件

（1）社会要给予教师更多的支持。

全社会对教师的支持和认可是解决教师心理健康问题的根本途径。国家和社会应通过制定各种政策和法律法规来提高教师的社会地位、福利待遇等，维护教师的合法权益，让教师体验到被尊重、被关爱，感到工作有价值，从而建立起职业自豪感。

（2）学校要营造良好的心理环境。

首先，学校管理者应帮助教师解决一些实际问题，如住房、工资等。其次，学校管理者还要为教师提供一定的教学及管理的自主权，提供更多的晋升机会。最后，学校管理者要恰当地为教师分配角色任务，缓解或消除教师的角色冲突。

（3）营造和谐美满的家庭氛围。

美满的家庭、幸福的婚姻能在教师遇到困难时给予鼓励和帮助，缓解心理压力，这一点对教师来说尤为重要。在工作中遇到困扰、受到压力的教师如果回到家中能感受到家庭的温馨，在工作中本应体验到而没有体验到的满足感就能够在家庭中得到弥补。否则，教师很容易产生孤独、忧郁等消极情绪，不利于心理健康。

2. 维护教师心理健康的方法

(1) 树立正确的自我概念。

自我概念是个体心目中对自己的印象，包括对自己的身体、能力、性格、态度、思想等方面的认识。教师只有树立正确而稳定的自我概念，才能正确地认识自己，客观地评价自己，合理地要求自己。同时，对自己具有明确认识的教师也能够客观地评价别人，接纳并理解别人的错误和缺点。

(2) 掌握自我调节策略。

教师应当学会调节自己的情绪，保持心理平衡。教师情绪控制的方法可以从两个方面入手：一是从认识上分析造成不良情绪的原因，看自己的反应是否合理、是否适度；二是控制可能发生的冲动行为，采用合理手段或间接手段适当地疏导情绪。

(3) 加强锻炼，保持健康。

生理健康与心理健康之间有密切的关系，身体健康能促进心理健康。因此，教师要坚持体育锻炼，增强自身体质，预防生理疾病也是维护心理健康的良方。

第 47 章　教师和学生

知识体系及思维脉络

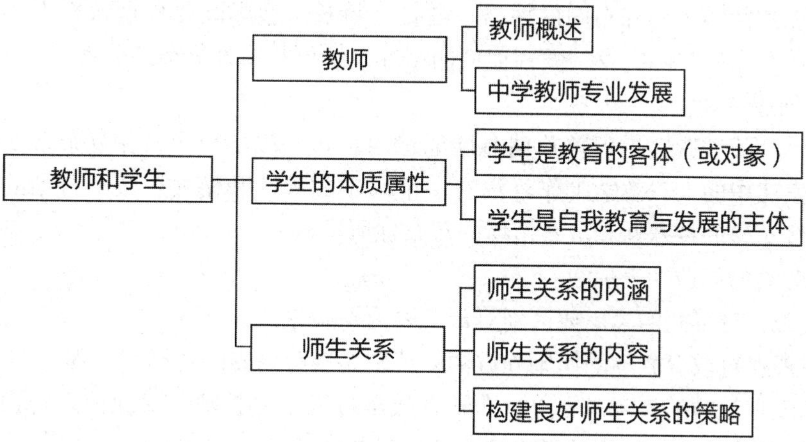

核心考点及学习提示

◆核心考点

教师的含义、教师劳动的特点，学生的本质属性，师生关系的内涵、内容、良好的师生关系。

◆学习提示

考试重点：教师的职业责任，教师劳动的特点，教师专业发展的内容与要求，教师专业发展的途径与方法；学生的本质属性，师生关系的类型、内容，良好师生关系的基本特点及其构建策略。

考试难点：运用教师专业发展观或科学的学生观，评析我国中学教育教学的实际问题。

一、教师

（一）教师概述

1. 教师的含义

教师是指履行教育教学职责的专业人员，承担着教书育人，培养社会主义事业建设者和接班人，提高民族素质的使命。

真题及解析

真题及解析

2. 教师的职业责任

教师的根本职责就是教书育人，全面实现教育目的。教师要通过教书育人来体现自己的劳动价值，创造精神财富，把学生培养成全面发展的社会有用之才。

3. 教师劳动的特点

（1）复杂性。

第一，表现在教师劳动目的的全面性（全面发展）和劳动任务的多样性（教书育人）方面。

第二，还表现在学生的千差万别上。教师的劳动对象是活生生的人，都具有一定的自觉意识和情感，具有不同的性格、爱好和特长。教师既要根据教学大纲的统一要求，又要从学生的实际出发，发挥他们的个性，这更是一种复杂的劳动。

真题及解析

（2）创造性。

教师劳动的创造性是指教师创造性地运用教育、教学规律，在复杂多变的教育情境中塑造发展中的人。教学工作绝没有一个固定的程序和模式。教师劳动的创造性主要是由教育对象的特殊性和教育情境的复杂性所决定的。

教师劳动的创造性表现在：

① 表现在对不同的学生要区别对待，要因材施教。

② 表现在对教育教学的原则和方法，特别是教育内容的选择和处理。

③ 表现在教师的教育机智上。在教育教学过程中，教师针对课前未曾预料到的偶发事件，要能够快速、敏捷地做出恰当的应对与处理。

（3）长期性。

教师的劳动成果是培养合格的人才，而人才培养的周期较长，“十年树木，百年树人”。教师要把一个一无所知的幼儿培养成具有科学文化知识的人才，具有一定思想品德和健全体魄的、合格的、社会需要的人才，绝不是一蹴而就的。教师的劳动价值具有滞后性，他们今天的劳动要到若干年后才能见到收获。

（4）示范性。

第一，这是由教育的本质特点决定的。教育是培养人的活动，这就决定了教师的劳动必然带有强烈的示范性。教师的劳动与其他劳动的一个显著不同点，就在于教师主要是用自己的思想、学识和言行，通过示范的方式直接影响劳动对象。即教师劳动的手段是教师自身，是凝结在自身的知识、智慧、才能、思想品德等。

第二，是由学生“向师性”和模仿性的心理特征所决定的。教师的示范是学生最直接、最经常的表率，是引导和规范学生成长所不可缺少的手段。如“其身正，不令而行；其身不正，虽令不从”“桃李不言，下自成蹊”。

（二）中学教师专业发展

真题及解析

1966 年，国际劳工组织和联合国教科文组织在《关于教师地位的建议》中指出，“教学应被视为一种专业”。同时认为，“在提高教师地位的整体策略中，专业化是最有效的中长期策略”。职业是指社会分工条件下个人所从事的作为主要生活来源的工作。我们日常生活中所说的“各行各业”，指的就是职业。教师是社会职业的一种。与“职业”相关的“专业”概念，是指社会职业种类中那些有特别从业要求的

“专门性”的职业。由此可见，教师工作作为一种专门职业，具有专业的基本特征，表现在：第一，教师职业具有一定的职业声望；第二，教师需要经过严格的职前专业训练；第三，教师具有专业自主性；第四，教师职业具有自己的专业标准；第五，教师实践是现代教育科学重要的专业研究领域。因此，教师工作既是一门职业，也是一门专业。

我国于1995年开始实施的《教育法》明确规定“教师是履行教育教学职责的专业人员”，这是我国教育史上第一次从法律上确认了教师的专业地位和专业性要求。1995年国务院颁布了《教师资格条例》，2000年教育部颁布了《〈教师资格条例〉实施办法》，教师资格制度在全国开始全面实施。1999年，我国出版的第一部对职业进行科学分类的权威性文件《中华人民共和国职业分类大典》，首次将我国的职业归类为八大类，教师属于“专业技术人员”一类。2001年4月1日起，国家首次全面实施教师资格认定工作，教师资格制度进入实际操作阶段。

1. 教师专业化的含义

当前，对教师专业化主要有以下两种理解。

第一，教师专业化是指教师职业具有自己独特的职业要求和职业条件，有专门的培养制度和管理制度。教师专业化包含下述四层意思：

（1）教师专业化既包括学科专业化，又包括教育专业性，国家对教师任职既有规定的学历标准，又有必要的教育知识、教育能力和职业道德的要求；

（2）国家有教师教育的专门机构、专门教育内容和措施；

（3）国家有对教师资格和教师教育机构的认定制度和管理制度；

（4）教师专业化发展是一个持续不断的过程，教师专业化也是一个发展的概念，既是一种状态，又是一个不断深化的过程。

第二，也有人认为，教师专业化是教师按照职业岗位的需要，实现学科专业发展和教育专业发展的过程。教师专业化包括两个方面的内容：一是学科知识的专业化；二是教育科学素养的专业化。教师专业化包括两种行为：一种是教师行为；另一种是国家行为。教师专业化是各级各类职业教师的专业化。

教师专业化是针对教师群体队伍而言的，而教师专业发展则是针对教师个体而言的，即教师个体的专业化。

2. 教师专业化的具体内容

教师专业化的具体内容包括以下六个方面：

（1）教师具有法定的专业地位；

（2）教师具有双学科的专业要求；

（3）教师具有专业标准；

（4）教师具有明确的职业道德规范；

（5）教师培养培训有专门机构；

（6）教师具有专门的认定制度和聘任制度。

3. 教师专业发展的阶段

1969年，福勒通过对教育职前关注和研究，提出了教师专业发展需要经历的四个阶段。

真题及解析

(1) 教学前关注阶段。

教学前关注阶段就是职前准备阶段。渴望担任教师的人一般比较关注职前需要做好哪些准备。如做教师需要具备哪些职业知识与技能，通过什么途径才能获得教职等问题。

(2) 早期生存关注阶段。

早期生存关注阶段一般是刚入职的新教师所处的阶段。一些新教师会花大量的时间用于如何与领导、同事和学生搞好个人关系上。他们非常关注自己的生存适应性，比较担心诸如“我的课学生喜欢吗”“同事们如何看我”“领导觉得我干得怎么样”“在教师岗位上我能站得住脚吗”等问题。

(3) 教学情境关注阶段。

经过一段时间的逐渐适应，教师感到自己已经完全能够适应学校的生活，便把关注点投向提高学生的成绩上，即进入教学情境关注阶段。他们比较关心的是如何教好每一堂课的内容、教学时间是否够用、备课材料是否充分等与教学情境相关的问题，诸如“内容是否充分恰当”“如何呈现教学信息”“如何掌握教学时间”等。传统教学评价集中关注这个阶段。一般来说，老教师比新教师更关注这个阶段。

(4) 对学生关注阶段。

教师顺利地适应了前几个阶段后，成长的下一个目标便是关注学生。教师将考虑学生的个别差异，认识到不同发展水平的学生有不同的需要，根据学生的差异采取适当的教学，促进学生的发展。能否自觉地关注学生是衡量教师专业发展是否成熟的标志。

真题及解析

4. 教师专业发展的途径与方法

(1) 终身专业学习。

教师，作为履行教育教学职责的专业人员，必须具备良好的专业素养，这就需要持续加强专业学习。教师的专业发展，尤其离不开专业知识学习。教师无论是在专门的教育机构中系统地接受专业教育，还是以非正规的方式接受专业教育，或是通过校本训练获得专业发展，都应当重视专业知识的学习。教师的专业知识体系丰富而庞大，教师专业知识体系还在不断地发展，这就要求教师在专业发展中不断地学习和丰富自己的专业知识。教师只有经过系统的专业知识训练，才能保障作为专业人员的条件。为此，教师要树立终身学习的理念。终身学习有助于提升教师自己的学习能力，有助于促使教师加强教育学、心理学领域的理论学习与探索，以保证教师自身的持续发展。

① 职前培养。

职前培养主要指职前师范教育。师范教育阶段是师范生进行专业准备和学习，初步形成教师职业所需要的知识与能力的关键时期，是教师专业发展的起始和奠基阶段。师范教育的质量直接决定新入职教师的水平，并最终影响教师今后的发展。

② 职后培训。

职后培训，即新教师培训，主要是为了让新入职的教师尽快转变角色、适应环境。

职后培训是为在职教师提供继续教育，目的是为了适应教育改革与发展的需要。即采取理论学习与实践反思相结合、专家引领与学员互动相结合、典型示范与案例分析相结合的培训形式，积极引领教师在学习中反思、在参与中成长、在实践中提升。

③自我教育。

自我教育是教师专业发展最直接、最普通的途径，也是教师专业化理想确立、专业情感积淀、专业技能提高、专业风格形成的关键。其主要方式有自我反思、主动收集教改信息、研究教育教学中的各种关键事件、自学现代教育教学理论等。

（2）教育反思。

真题及解析

教育反思就是教师将自己已有的教育实践作为思考的对象，对自己的行为、决策及其相应的结果进行审视和分析的活动，旨在促进教育观念转变、教育行为改进和教育效果提升的过程。教育反思是促进教师专业成长的必要途径。

（3）校本教研。

校本教研就是教师通过建立教育教学共同体，运用多种方式和方法追踪或汲取他人的经验，以解决自身的问题、改进教学，从而促进教师个体专业成长的活动。校本教研以教师所面对的各种具体问题为对象，以教师为研究的主体，专业人员共同参与。

二、学生的本质属性

学生的本质属性，亦即学生的基本特点。

（一）学生是教育的客体（或对象）

1. 学生是教育的客体（或对象）的依据

（1）学生具有可塑性。学生处在长身体、长知识，以及品德、人格正在形成的时期，各方面都很不成熟，还具有巨大的发展潜力，且尚未定型，极易受到外界的影响。

（2）学生具有依附性。学生多属于未成年人，还不完全具备独立能力，无论是在生活上还是学习中，都会对家人和教师具有依赖性。

（3）学生具有向师性。学生入学后，在接受教育教学的过程中，会产生亲近、信赖、尊敬甚至崇拜教师的心理，在各方面都会把教师当作自己效仿的楷模。

2. 客体的具体表现

（1）学生明确自己的主要任务是学习，具有接受教育的心理倾向。

（2）学生愿意服从教师的指导，接受教师的帮助，期待从教师那里汲取知识的营养，进而促进自身的身心发展。

（二）学生是自我教育与发展的主体

1. 学生是自我教育与发展的主体的依据

（1）学生具有主观能动性。学生是有知识、有思想、有个性、有血有肉的人，他们不会机械、盲目、消极被动地接受教育，而是具有选择性。

（2）学生具有自我教育的素质和能力。学生在接受教育的过程中具有一定的素质，他们能够进行自我教育。

2. 主体的具体表现

（1）独特性。

每个学生都是一个独立的个体，承认学生的独立性，也就意味着承认学生成长中

真题及解析

的多样性和差异性。教师也只有尊重每个学生的独特性，才能好好地对待学生，让每个学生在学习中获得成功的机会，体验生命成长的快乐。

（2）选择性。

学生是教育的对象，但学生对教育教学所施加的影响并不是无条件地接受，而是有选择性地接受。学生会根据自身的条件（如目标、能力等），选择符合自身需求的学习内容、学习方式，以及对学习的态度和努力的程度，调整自身的学习过程，进而影响教育教学结果。因此，教师只有充分认识到学生作为学习主体所拥有的选择性，才能尊重每个学生，激发学生内在的学习动力，充分调动学生学习的主动性和积极性，有效地促进学生的发展。

（3）创造性。

这是学生作为学习主体的最高表现形式。学生的有效学习过程绝对不是一个简单的复制过程，而是一个有机的内化过程。在学习过程中，学生可以超越教师和时代的认识，提出不同的观点和看法，个性化地理解和掌握教育教学内容，实现超越。

三、师生关系

（一）师生关系的内涵

1. 师生关系的概念

师生关系是指教师和学生之间在教育教学过程中形成的相互关系，包括彼此所处的地位、作用和相互对待的态度。

师生关系是教育过程中人与人关系中最基本、最重要的方面。它是在教育过程中为完成一定的教育任务，以“传道、授业、解惑”为中介而形成的一种特殊的社会关系。

2. 师生关系的教育作用

学校的一切教育教学活动都是教师和学生双方共同的活动，是在教师和学生的持续交往中完成的，良好的师生关系是有效教育教学活动的必要保证。

（1）良好的师生关系是教育教学活动顺利进行的必要条件。

良好的师生关系有助于使学生乐于接受教师的教育和影响，以积极主动的心态面对教育教学过程。反过来，学生良好的学习心态也易于激发教师的教学热情，使教师与学生双方在愉悦的教育教学环境中完成教学任务。

真题及解析

（2）良好的师生关系影响着教师和学生的学校生活质量。

师生关系不仅是学校中最基本、最重要的人际关系，而且也是教师和学生在学校生活中生存方式的具体表达。教师和学生在双方的持续交往中，体验着人生的价值和幸福，感受着人格的尊严，以及人与人之间的亲密关系，影响着学生和教师的人生态度和行为选择，进而影响着教师和学生的学校生活质量。

（3）良好的师生关系本身就蕴含着教育意义。

良好的师生关系不仅有助于提高教育教学活动的质量，而且师生关系本身也在生成着教育资源，并对学生的人际交往、信任感、民主平等的意识和行为、尊重他人等方面产生直接或间接的影响。因此，良好的师生关系是校园人文环境的重要组成部分，对学生的健康成长具有直接的教育意义。

3. 师生关系的类型

（1）专制型。

专制型师生关系呈现命令、权威、服从、疏远的特征。

（2）放任型。

放任型师生关系呈现无序、随意、放纵的特征。师生之间交往甚少，交流有限，既缺少相互期望和帮助，又无明显的冲突和对抗，关系冷淡。

（3）民主型。

民主型师生关系呈现开放、平等、互尊、互助的特征。民主型是师生关系的最佳模式。

（二）师生关系的内容

1. 教学上的授受关系

教学上的授受关系是师生之间的一种业务关系。在教育内容的教学上，教师与学生的关系是一种授受关系，教师处于教育和教学的主导地位。

2. 人格上的平等关系

人格上的平等关系是师生之间的一种心理关系。

（1）学生是在人格上与教师平等的责权主体。

学生是具有独立的社会地位和法律地位的人，享有宪法、民法所赋予的一切权利，同时还享有《未成年人保护法》等赋予的权利。他们有自己独立的人格和精神世界，在人格上与教师处于平等的地位，是以独立的个体与教师共同完成教育活动。

（2）民主的师生关系是一种朋友式的互尊互惠的关系。

传统的“师道尊严”的师生关系，在管理上则表现为“以教师为中心”的专制型的师生关系，其结果必然是导致学生的被动性和消极态度，造成师生关系紧张。而于19世纪末出现的“以儿童为中心”的师生关系模式，强调学生的主体地位，强调儿童的积极性和创造性，有助于改变传统的师生对立状态，但在管理上却出现了放任主义的倾向，这不利于学生活动的积极性和良好师生关系的形成。所以，民主型的师生关系应该是一种朋友式的互尊互惠的关系。在这种关系下，不仅师生关系和谐，而且学习效率较高。

3. 道德上的相互促进关系

道德上的相互促进关系是师生之间的一种伦理关系。

（1）师生关系在本质上是一种人与人的关系。

从教学的角度来看，师生关系是一种教与学的关系，是教师角色与学生角色的互动关系；从社会角度来看，师生关系在更深刻的意义上是师生之间的思想交流、情感沟通、人格碰撞的社会互动关系。

（2）教师对学生的影响是多方面的。

教学永远具有教育性，这是教学活动的一条基本规律。教师对学生不仅仅是知识上和智力上的影响，更是思想上和人格上的影响。因此，高尚的教师人格对于成长中的学生有着特别的意义，同时，教学的教育性也对教师的人格提出了更高的要求。

（三）构建良好师生关系的策略

1. 良好师生关系的基本特点

（1）尊师爱生。

尊师爱生是我国新型师生关系的本质特征。尊师爱生就是学生应当尊重教师，教师应当热爱关心学生，师生之间彼此尊重、相互友爱，这是建立良好师生关系的基础。热爱学生是教师的师德的基本核心，是教师职业责任感的反映，它能使教师对教育教学工作高度负责。而且，热爱学生是尊敬教师的基础，它能激发起对学生和对教师的尊重和信赖，拉近师生之间的距离，使学生易于接受教师的教育和影响。

（2）民主平等。

尊重学生是对现代教师最基本的要求，也是学校教育的基本原则。师生之间民主平等的关系是社会主义民主平等的人际关系的反映，是教育活动取得良好效果的重要条件。教师尊重学生的人格，发扬民主教学，并不意味着削弱权威，反而还会有助于教师创造性和主导作用的发挥。因此，民主平等是建立良好师生关系的基本要求。

（3）教学相长。

教学相长是指在教育教学过程中教师和学生是相互制约、相互促进、共同提高的。教师只有了解学生及教育目的，才能正确地引导和教育学生，使自己的知识和教育得以发挥和发展；学生只有了解教师和教师职业的特点，才能积极参与教育活动，在教育活动中获得自己的知识，促进智能和品德的发展。所以，师生双方是相互促进、彼此推动的关系。同时，教学相长是良好师生关系的一个重要特征。

（4）心理相容。

心理相容是指教师与学生之间在心理上相互认同、情感融洽，相互理解，相互信任，协调一致。心理相容是形成良好师生关系，保证教育效果的必要条件。学生只有在心理上承认、赞同，愿意接受教师，才能对教育内容认同、相信、信服。正所谓“亲其师，信其道”。

2. 构建良好师生关系的基本策略

（1）了解和研究学生。

了解和研究学生包括教师要了解学生的思想意识、道德品质、兴趣、需要、知识水平、学习态度和方法、个性特点、身体状况和班集体的特点及其形成原因等。

（2）树立正确的学生观。

教师必须树立正确的学生观，承认学生既是教育的对象，也是自我教育和自我发展的主体，是发展中的人，才能在与学生的交往中，平等地对待学生，热爱所有的学生，尊重学生的人格和自尊心，维护学生的合法权益，保证教育任务的顺利完成。

（3）加强自身修养。

教师的素质是影响师生关系的核心因素，提高教师的自身修养是建立良好师生关系的基础。因此，教师要加强师德修养，“身正为范，以身立教”。

（4）发扬民主教育。

教师要以平等的态度对待学生，不能以“权威”自居；要鼓励学生质疑，发表不同的意见，尊重学生的看法；保护学生的积极性，营造民主氛围。

（5）主动与学生沟通，善于人际沟通。

教师要经常与学生保持沟通与交往，同时还要掌握与学生交往的策略和技巧。因此，教师要善于驾驭自己的情绪，冷静、全面地分析矛盾，正视自身的问题；敢于做自我批评，对学生的错误进行耐心的说服教育；要能与学生心理互换，理解学生，帮助学生解决困难，满足学生的正当要求，启发学生自省改错。

答案解析

模块八　练习题

一、单项选择题

1. 中小学班主任管理班级的方式一般分为三种类型，即（　　）。

A. 民主型、惩罚型、放任型　　B. 权威型、放任型、民主型

C. 放任型、监督型、正义型　　D. 惩罚型、正义型、权威型

2. 群体发展的最高阶段性是（　　）。

A. 松散群体　　B. 联合群体　　C. 非正式群体　　D. 集体

3. 李老师的教学能力强，善于与学生交流，经常倾听学生对于开展教学活动的意见。班上的学生学习积极性高、兴趣广泛，和老师配合默契。这种师生关系属于(　　)。

A. 专制型　　B. 放任型　　C. 民主型　　D. 权威型

4. 虽然（2）班是全年级成绩倒数第一的班级，但陈老师坚信自己一定能提高他们的成绩。这主要反映了陈老师具有较高的教学（　　）。

A. 认知能力　　B. 效能感　　C. 操作能力　　D. 监控能力

5. 学期结束时，班主任都会对学生的思想品德的发展变化情况进行评析，这项工作属于（　　）。

A. 建立学生档案　　B. 班主任工作总结　　C. 班主任工作计划　　D. 操行评定

二、简答题

1. 简述课堂问题行为的处置与矫正方法。

2. 简述我国中学班级管理的主要模式。

三、材料分析题

材料：

某班级是全校有名的一个“乱班”，在近半年内已先后有两个同学因为打架等违纪行为而受到学校的批评和处理。班级的教室经常垃圾遍地、脏乱不堪。这个班级有几个“刺头儿”学生经常在上课时敲桌子、乱起哄，扰乱课堂秩序。在该班任课的几位老师对这几个同学的调皮、捣蛋也颇感头痛，并多次向班主任老师表达对了该班状况的不满。有一位青年女老师上课时甚至被学生的起哄行为气得大哭，向学校提出不再

担任该班的科任老师的要求。班里的学生干部对少数同学的违纪行为也是束手无策。班里虽然也有不少同学希望能够有一个理想的班级环境，但面对班里的种种乱象，也感到心灰意冷。

问题：(1)你认为一个良好的班集体应当具备什么特征；(2)如果你担任了这个班的班主任，你将采用哪些措施来改变这个班的面貌？

参考文献

[1] 陈琦，刘儒德. 当代教育心理学 [M]. 2 版 . 北京：北京师范大学出版社，2007.

[2]〔德〕F. W. 克罗恩. 教学论基础 [M] . 李其龙，等译. 北京：教育科学出版社，2005.

[3] 樊富珉，何瑾. 团体心理辅导 [M]. 上海：华东师范大学出版社，2017.

[4]〔德〕赫尔巴特 . 普通教育学 · 教育学讲授纲要 [M]. 李其龙，译. 北京：人民教育出版社，2002.

[5] 黄济，王策三 . 现代教育论 [M]. 北京：人民教育出版社，2012.

[6] 黄希庭. 心理学导论 [M]. 3 版 . 北京：人民教育出版社，2015.

[7] 李方 . 课程与教学论 [M]. 2 版 . 南京：南京大学出版社，2016.

[8] 李森，陈晓端 . 课程与教学论 [M]. 北京：北京师范大学出版社，2015.

[9] 联合国教科文组织国际教育发展委员会. 学会生存——教育世界的今天和明天 [M] . 北京：教育科学出版社，2017.

[10] 刘济良. 德育原理 [M]. 北京：高等教育出版社，2010.

[11] 彭聃龄. 普通心理学 [M]. 4 版 . 北京：北京师范大学出版社，2012.

[12] 石中英. 教育哲学导论 [M]. 北京：北京师范大学出版社，2004.

[13] 王道俊，郭文安 . 教育学 [M]. 7 版 . 北京：人民教育出版社，2016.

[14]〔美〕谢弗，等. 发展心理学 [M]. 邹泓，等译 . 9 版. 北京：中国轻工业出版社，2016.

[15] 闫守轩. 课程与教学论：基础、原理与变革 [M]. 北京：北京师范大学出版社，2015.

[16] 叶澜. 教育概论 [M]. 北京：人民教育出版社，2006.

[17] 易连云. 德育原理 [M]. 武汉：武汉大学出版社，2010.

[18] 张斌贤，王晨. 外国教育史 [M]. 2 版 . 北京：教育科学出版社，2015.

[19] 张大均. 教育心理学 [M]. 3 版 . 北京：人民教育出版社，2015.

[20]〔日〕佐藤正夫 : 教学原理 [M]. 钟启泉，译. 北京：教育科学出版社，2001.